창업과 기업가정신

Business Startup & Entrepreneurship

한광식 저

이프레스

머리말

시장의 변화는 수요와 공급의 원칙에 의해 이루어집니다. 또한, 새로운 욕구(Wants)와 필요(Needs)에 의해 신규시장이 창출되고, 새로운 제품과 서비스는 시장의 변화를 더욱 가속화시키고 있습니다. 이와 관련하여, 소비가 경제 활성화를 견인하는 시장경제에서 사업아이디어와 창조적인 기술은 경쟁력 확보 차원에서 매우 중요한 것이 현실입니다.

본격적인 창조경제시대에 접어들면서 제조업보다 서비스산업이 경제를 주도하고 창의적인 아이디어와 기술융합으로 새로운 제품과 서비스를 창조하여 공급하는 경영시스템이 더욱 절실해지고 있습니다. 새로운 시장을 창출하는 벤처창업은 아이디어, 새로운 지식, 기술 및 정보를 바탕으로 합니다. 기업을 창업하고 효과적으로 자본을 조달함으로써 기업을 보다 효율적으로 성장시킬 수 있습니다. 새로운 기업의 창업과 경영은 수요를 창출하는 창조경제의 중요한 경제활동입니다.

이번에 출간하는 《창업과 기업가정신》은 그동안 강의와 컨설팅을 수행한 경험을 바탕으로 사업을 전개하고자 하는 대학생은 물론 창업자, 예비창업자 등 창업에 관심이 있는 분들에게 실질적인 도움을 주기를 바라는 마음에서 집필하게 되었습니다.

세부적인 내용을 보면, 제1장에서는 기업가와 기업가정신을 다루었고, 제2장은 창업과 창업준비에 대해서, 제3장은 창업아이템 발굴 및 선정에 대해서 기술하였습니다. 또한, 제4장에서는 지식재산권 기초에 대해서, 제5장은 창업마케팅에 대해서 작성하였습니다. 그리고 제6장은 창업자가 알아야 할 세무기초, 제7장은 아이디어 사업화 전략에 대해 다루었습니다. 제8장은 사업계획서 작성방법에 대해서, 제9장은 사업타당성 분석, 제10장은 자금조달에 대해서 기술하였습니다. 끝으로 제11장은 정부의 창업정책에 대해서 설명하였으며, 각 장마다 꼭 필요한 이론적 지식과 실무적인 감각을 익힐 수 있도록 집필하였습니다.

예비창업자가 창업을 하기 위해서 꼭 필요한 아이디어 탐색에서부터 아이템 개발,

사업타당성 분석, 사업계획서 작성, 법인설립 등 실제 창업에서 경험하게 되는 실무적인 내용들을 중심으로 실질적인 창업에 도움이 될 수 있도록 하였습니다.

끝으로, 창업이라면 막연히 어렵고 특별한 사람이 한다고 생각하고 있는 많은 학생과 일반인들에게 창업마인드를 제고시키고, 인생행로의 작은 희망이 될 수 있기를 바라며, 이 책이 출간될 때까지 마음을 다하여 주신 이프레스의 최용구 대표님과 집필에 도움을 준 김현주 연구원, 졸업생 김희정에게도 깊은 감사를 드립니다.

김포대학교 집무실에서

한광식

차례

CONTENTS

CONTENTS

CHAPTER 05 창업마케팅

CONTENTS

CONTENTS

CONTENTS

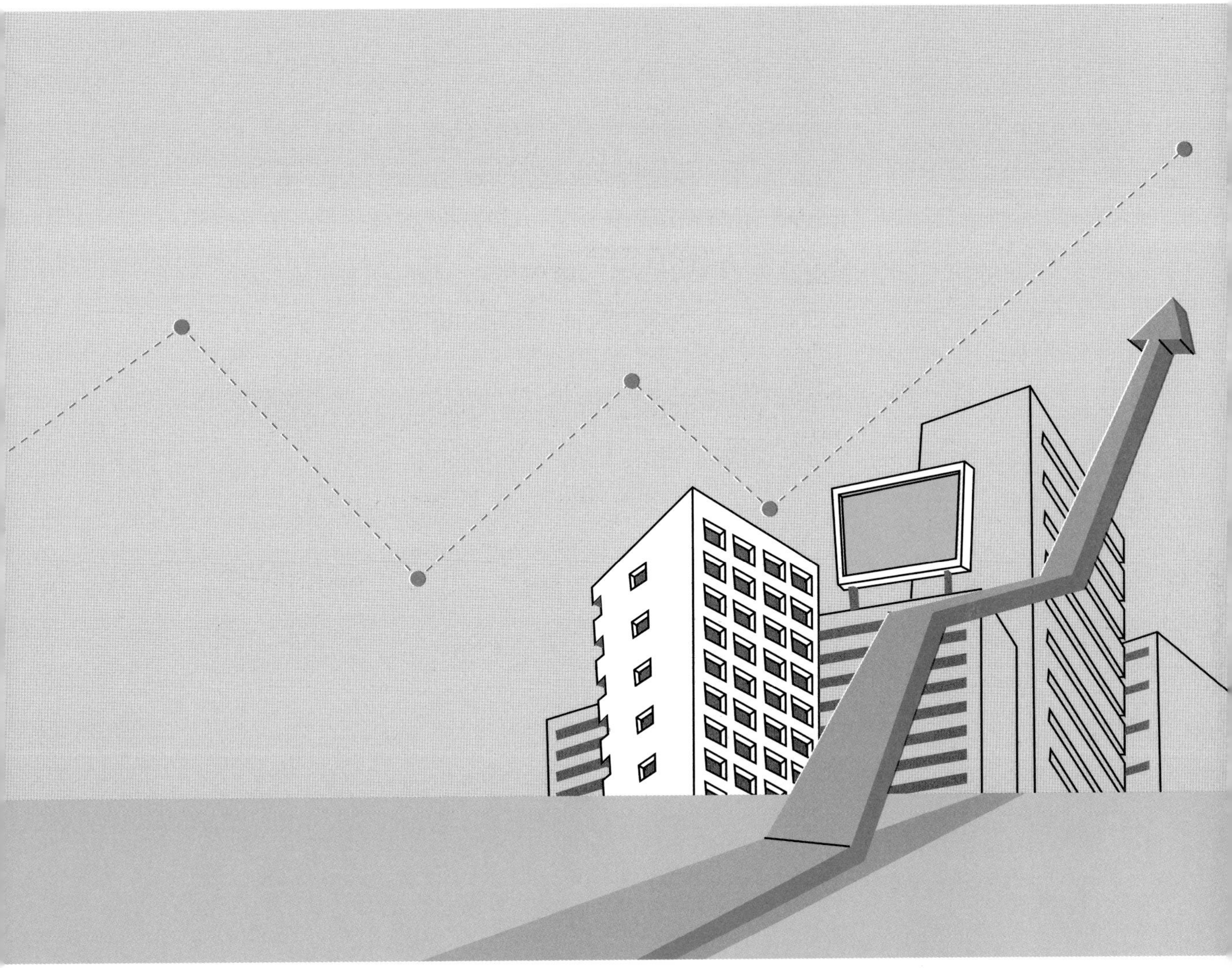

CHAPTER 1 기업가와 기업가정신

1. 기업가(Entrepreneur)
2. 기업가정신(Entrepreneurship)
3. 창업자 체크리스트

학/습/목/표

성공한 기업가들은 남다른 리더십과 투철한 신념을 가지고 있다. 또한, 기업가정신을 가진 사람들은 미래의 성공을 위해 현재의 불확실한 상황 속에서 위험을 감수하면서 미래를 향한 비전을 가지고 성취동기, 개척정신, 도전정신을 통해 불확실성을 유연하게 수용하고 성취할 수 있는 열정을 가지고 있다. 이와 관련하여 이 장에서는 기업가가 갖추어야 할 능력 및 기업가정신에 대해서 학습하기로 한다.

단/원/키/워/드

기업가(Entrepreneur), 기업가정신(Entrepreneurship), 창의성(Creativity), 혁신(Innovation), 기업가 자질 테스트, 창업적성검사, 창업자 자질 측정 테스트, 창업적성 체크리스트, 창업자 창업환경 체크리스트

CHAPTER 01

기업가와 기업가정신

1. 기업가(Entrepreneur)

1) 기업가란?

기업가란 기업가정신(Entrepreneurship)을 발휘하여 기업을 창업한 사람이다. 일반적으로 성공한 기업가들은 험난한 역경을 통해 남다른 리더십과 투철한 신념을 가지고 있다. 기업가는 낡은 것을 파괴하고 새로운 것을 창조하는 혁신가(Innovator), 즉 창조적 파괴자(Creative Destructor)라고 할 수 있다. 신제품을 개발하고, 고객확보 과정에서 자연스럽게 경쟁에 직면하게 되며, 더 나은 기업활동을 위해 혁신과 새로운 가치창출의 순환과정을 겪게 된다.

또한, 소비자에게 더 나은 제품을 공급함으로써 더 많은 이익을 창출하고자 하는 기업가의 열정과 의지는 새로운 부가가치를 창출하게 되며, 이는 기업과 국가 경제발전의 밑거름이 되는 것이다. 일반적인 성공한 기업가들의 특징으로는 다음과 같이 일에 대한 열정과 강한 책임의식, 강한 모험심과 빠른 기회 포착, 자신감이 강하고 긍정적, 실현욕구가 강함, 유연성과 미래에 대한 비전을 들 수 있다.

- 일에 대한 열정과 강한 책임의식

  성공한 기업가들은 결과중심적이며, 보통사람들보다 일에 대한 열정이 강하다. 또한, 본인이 수행하고 있는 사업에 대한 강한 책임의식을 가지고 있으며, 결과에 대해 빠르게 승복할 줄 안다.

- 강한 모험심과 빠른 기회 포착

  성공한 기업가들은 모험심이 강하며, 새로운 가치를 창조하는 것에 대해서 보람을 느끼고, 고객의 요구(needs)와 욕구(wants)를 파악하여 고객중심적인 의사결정을 내리는 것에 익숙하다.

- 자신감이 강하고 긍정적

성공한 기업가들은 긍정적이며, 자신감이 강해서 스스로 원하는 것에 대해서는 무엇이든지 얻을 수 있다고 생각한다. 비교적 스트레스와 갈등을 잘 견디며 불확실한 일에 잘 적응한다.

- 실현욕구가 강함

성공한 기업가들은 실수에 대해서 승복하는 자세를 가지고 있으며, 본인의 지식을 활용하여 더 좋은 성과를 얻으려는 욕구가 강하다. 또한 현재보다는 미래에 대한 목표달성을 중시한다.

- 유연성과 미래에 대한 비전

성공한 기업가들은 상황적응력이 뛰어나고 강한 추진력을 가지고 있으며, 타인에게 미래에 대한 비전과 신뢰를 준다.

2) 기업가의 조건

성공하는 기업가가 되기 위한 조건으로 다음의 사항들을 권장할 필요가 있다.

- 부지런한가?

창업에 성공하는 사람들은 대부분 아침에 일찍 일어나는 공통점을 가지고 있다.

- 고객의 마음을 잘 읽는가?

고객의 마음을 잘 헤아리는 사람은 친절한 사람으로 여겨진다. 이는 곧 소비자의 욕구를 잘 파악하는 것으로 연결된다.

- 일을 스스로 찾아서 하는가?

대부분의 월급쟁이는 수동적인 일을 한다. 그러나 기업가는 스스로 기획하고 결정한다.

■ 돈 씀씀이가 헤프지 않은가?

'개같이 벌어 정승같이 쓰라'는 말이 있다. 돈을 헤프게 쓰는 사람은 단기적으로는 성공할지 몰라도 오래 가지 못한다.

■ 신용은 잘 지키는가?

신용은 돈만이 아니다. 시간 약속, 특히 자기가 한 말에 대해 책임을 지는가가 중요하다. 가급적 허튼 소리를 하지 말자.

■ 건강한가? 그리고 건강관리를 잘 하는가?

'돈을 잃으면 일부를 잃는 것이고, 건강을 잃으면 전부를 잃는 것이다'라는 말을 명심해야 한다. 건강하지 못하면 사업도 못한다.

3) 기업가가 갖추어야 할 능력

사업에 성공하기 위해서 기업가가 갖추어야 할 능력은 [그림 1-1]과 같다.

[그림 1-1] 기업가가 갖추어야 할 능력

- **기회의 포착 능력** : 다른 사람들이 인지하고 있는 사업기회를 발견할 수 있는 능력이 요구된다.
- **리더십** : 종업원들의 잠재력을 최대한 이끌어낼 수 있는 리더십을 발휘할 수 있어야 한다.

- **강한 성취의욕** : 사업과 일에 대해 열정적으로 몰입하는 데 도움을 준다. 특히, 새로운 사업을 구상하고 운영하는 데에는 많은 노력과 열정이 요구되기 때문에 이러한 개인특성은 중요한 역할로 작용한다. 그러나 열심히 일만 한다고 성공이 보장되는 것은 아니듯 강한 성취의욕만으로는 부족하다. 합리적인 계획과 판단이 결여된 채 의욕만 앞서 추진하다가 실패한 사례는 수없이 많다. 따라서 강한 성취의욕은 사업성공의 필요조건이지 충분조건은 아니다.
- **정신적 능력** : 지적 능력, 창조력, 분석적 사고력 등을 의미한다. 기업가는 이러한 정신적 능력에 의하여 사업의 당면문제를 효과적으로 해결할 수 있다. 따라서 정신적 능력은 기회를 포착하여 사업을 현실화하는 데 매우 중요한 역할을 담당한다.
- **인간관계 능력** : 주로 정서적 안정성, 대인관계 및 사교성, 타인에 대한 배려도, 감정이입 능력 등을 의미한다. 기업가는 고객이나 종업원 등 이해관계자들과 좋은 관계를 유지하여야 하기 때문에 인간관계 능력은 사업성공에 있어 매우 중요한 요소로 작용한다.
- **의사소통 능력** : 자신의 의사를 효과적으로 전달하는 능력을 말한다. 기업가는 사업을 원활하게 운영하기 위해 고객, 종업원, 공급자, 금융기관 등과 효과적인 의사소통을 하여야 한다. 따라서 이러한 의사소통 능력은 성공적인 사업운영을 위해 꼭 필요한 요소라고 할 수 있다.
- **기술적 지식** : 사업에 성공하기 위해서는 궁극적으로 시장에서 판매될 수 있는 제품과 서비스를 만들어내야 한다. 이러한 기술적 지식은 고객이 원하는 제품과 서비스를 제공하는 데 필요한 지식과 기술적 노하우를 포함한다.
- **의사결정 능력** : 정확한 의사결정을 신속하게 내리는 것은 사업성공에 있어 중요한 영향을 미친다. 이러한 의사결정은 사업의 성장과 관련하여 중요한 요소로 작용한다.
- **개념적 능력** : 복잡한 현상의 핵심을 간파하고 문제를 간결한 형태로 재구성함으로써 보다 효과적인 해결책을 제시할 수 있는 능력을 말한다. 기업가는 이러한 개념적 능력에 기초하여 사업기회를 포착하고 효과적인 대안을 제시할 수 있다.

위에서 제시한 능력은 사업성공에 있어서 필요조건이지 반드시 갖추어야 할 필요

충분조건은 아니다. 즉, 기업가가 위에서 열거한 능력을 모두 갖추었다고 해도 반드시 성공하는 것은 아니다. 비록 능력을 보유했다고 하여도 그것이 발휘되지 못하는 경우가 많기 때문이다. 또한, 사업성공에는 이러한 개인적 특성과 함께 외부환경이 중요한 요소로 작용한다. 그럼에도 불구하고 이러한 능력을 갖춘 기업가는 그렇지 못한 기업가에 비해 성공할 확률이 훨씬 높다고 할 수 있다.

창업Tip

페르난데스 창업자 10계명

① 고객의 소리를 들어라.
② 끈기를 가져라.
③ 창업 초기에 절대로 돈을 많이 쓰지 마라.
④ 창업인력 모두가 충성을 다 하리라고 기대하지 마라.
⑤ 투자를 받을 때 부가가치를 요구하라.
⑥ 뛰어난 상상력과 기술력을 갖출 수 있도록 노력하라.
⑦ 팀워크를 중시하라.
⑧ 노력을 할 때 운이 따라온다는 것을 명심하라.
⑨ 최악의 상황에서도 희망을 버리지 마라.
⑩ 창업자 혼자서 전부를 가지려 들지 마라.

2. 기업가정신(Entrepreneurship)

창업에는 많은 위험부담이 따른다. 일반적으로 열 명이 창업을 하는 경우에 2~3명만 사업을 지속하고 나머지 7~8명은 실패한다고 한다. 창업을 희망하는 사람들의 가장 큰 소망이 바로 성공창업이다. 성공창업을 위해 가장 중요한 요소는 바로 기업가정신이다.

1) 기업가정신이란?

기업가정신은 기업가들의 위험감수를 강조한 리처드 드 칸틸런(Richard de Cantillon)이 처음 사용한 용어이다. 기업가정신은 1980년 미국을 중심으로 발전하기 시작하여 지금까지 미국기업의 주요한 성장동력으로 인정받고 있다. 기업가정신은 위험(risk)이 있는 새로운 사업을 운영하기 위한 기업가들의 창의적이고 모험적인 성향을 의미하며, 한 국가의 경제성장과 기업활동에서 가장 기본이 되는 행위이다.

일반적으로 기업가정신을 가진 사람들은 미래의 성공을 위해 현재의 불확실한 상황 속에서 위험을 감수하면서 미래를 향한 비전을 가지고 성취동기, 개척정신, 도전정신을 통해 불확실성을 유연하게 수용하고 성취하는 사람이라고 할 수 있다. 이와 관련하여, 기업가정신에 대한 학자들의 정의를 살펴보면 〈표 1-1〉과 같다.

〈표 1-1〉 기업가정신에 대한 학자들의 정의

학자	기업가정신의 정의
나이트(Knight)	성공적으로 미래를 예측하는 능력
슘페터(Schumpeter)	새로운 콤비네이션을 수행하는 능력 창조적 파괴, 즉 한마디로 혁신이라고 할 수 있음, 신제품의 발명 또는 기술개발, 새로운 생산방법의 혁신, 신시장의 개척, 새로운 원료나 부품의 공급
콜(Cole)	수익 지향적 사업을 시도하고, 개발시키는 데 목적을 둔 활동능력
킬즈너(Kirzner)	불안전하고 불균형한 미래시장을 정확히 예측할 수 있는 능력
라이벤스타인(Leibenstein)	경쟁자들보다 더 훌륭히 그리고 열심히 일을 할 수 있는 능력
밀러(Miller)	위험을 감수하고, 진취적이며, 혁신을 추구하는 조직적 능력
론슈타트(Ronstadt)	지속적인 부를 창출하는 능력
피터슨(Petersen)	혁신을 자극하는 기회 추구적 관리 스타일
스티븐슨(Stevenson)	기회의 지각에 의해 주도되는 것
가트너(Gartner)	새로운 조직을 창조하는 것
자라(Zara)	제품과 공정을 혁신 및 시장개발을 통해서 새로 사업을 창출할 목적으로 행하는 공식적, 비공식적인 활동
히스리치(Hisrich)와 브러시(Brush)	위험부담과 그에 상응하는 보상을 전제로 하여 가치 있는 그 무엇인가를 창조하는 과정

학자	기업가정신의 정의
카오(Kao)	사업기회의 인지, 위험부담의 적절한 관리, 적절한 자원동원의 기술을 통하여 가치를 창출하려는 시도
드러커(Drucker)	새로운 문제나 새로운 기회에 대해 적절히 대응해 나가는 경영관리의 적응, 그리고 이노베이션을 경영관리에 실천하는 능력
빌게이츠(Bill Gates)	새로운 원료나 부품의 공급이나, 단기적 비전과 장기적 꿈이 잘 조화된 확고한 자신감으로 전문적 하이테크 지식이 잘 배합된 전략가로서의 리더십

2) 기업가정신의 필요성

세계경제의 흐름은 제조업에서 서비스업으로, 지식경제시대에서 창조경제시대로 이동하고 있다. 이는 성장동력이 혁신에서 창의성으로 대체되면서 가치의 원천이 '지식과 정보'에서 '상상력과 창의성'으로 전환되고 있음에 기인한 것이다. 새로운 지식을 창출하고 위험을 감수하며 그것을 사업화하거나 사업에 반영하려는 의지와 행동, 즉 기업가정신은 개인 및 기업이나 국가차원에서 매우 중요해지고 있다. 정부와 국민, 기업이 협력하여 과감한 투자와 기술개발, 인재육성 등을 실천해 나갈 때 비로소 국가경쟁력을 높일 수 있다. 〈표 1-2〉는 기업가정신에서 강조되는 중요한 요소를 나타낸 것이다.

〈표 1-2〉 기업가정신에서 강조되는 중요한 요소

요소	핵심내용
혁신성	새로운 제품과 서비스, 그리고 창조적 프로세스를 통한 새로운 시도를 기꺼이 하려는 마음
위험감수성	위험(risk)이 생길 수 있는 새로운 것에 과감히 도전할 수 있는 열정
진취성	미래 수요를 예측하고 기회를 포착할 수 있는 통찰력을 가진 진취적 특성
자율성	조직의 관료주의를 탈피하여 새로운 가치와 아이디어를 추구하는 기업가적인 독립성
경쟁적 공격성	시장에서 경쟁사를 앞서기 위해 직접적이고 집중적으로 경쟁하려고 하는 성향

3) 기업가정신과 창의성 및 혁신의 관계

창의성(Creativity)이란 이전에 없었던 새로운 것을 생각해 내는 것 또는 원하는 만큼 충족되지 못한 욕구가 무엇인지를 생각해 내는 것이다. 창의성의 영역은 기업 간의 경쟁상대와 경쟁방법에 국한되지 않으며 소비자의 취향, 제품 및 서비스의 범위, 진출 시장의 지리적 위치, 유통 및 구매채널 등 광범위하다. 오늘날 창의성은 기업경쟁력의 중요한 요소이다. 창의성과 관련해서 바이크스랜드(G. Vikesland)는 경영자와 종업원들이 알아야 할 여러 가지 내용들을 제시하고 있는데, 몇 가지만 소개하면 다음과 같다.

- 창의성은 어느날 갑자기 생기는 것이지 누가 예측하거나 통제되는 것이 아니다. 따라서 창의성이 생길 때를 기다리는 것이 중요하다.
- 창의성은 학력, 나이, 근무기간, 직무와 관련이 없다. 창의적 활동은 크기나 모양에 관계가 없으며, 복잡하면서도 간단하게 일어난다.
- 창의적인 아이디어를 냈다고 해서 부자가 되는 것은 아니다. 스스로 보상을 느끼는 것이며, 창의적 활동에 보낸 시간만큼 만족을 느끼게 된다.
- 창의적인 아이디어는 회사가 정치적인 분위기에 싸여 있거나 관료적 구조에서는 만들어지지 않는다.

반면, 혁신(Innovation)은 더욱 새롭게(to renew) 또는 다시 시작하는(being again)이라는 뜻이며, 멈춰 있는 상황 속에서 새 출발하는(start fresh) 과정으로 이해하면 된다. 피터 드러커(Peter Ferdinand Drucker) 교수는 "혁신이란 기업가의 특수한 도구이며, 색다른 사업을 하거나 보다 나은 서비스의 향유를 위한 과정이다"라고 말했다. 다시 말하면 혁신은 부를 창출하기 위한 새로운 능력을 갖춘 자원들을 얻으려는 행위라고 정의할 수 있다. 새로운 아이디어를 가지고 실행에 옮기는 것은 매우 중요하다. 창의성의 발휘를 위한 특유의 수단이다. 이미 존재하고 있는 자원으로부터 부를 창조하는 잠재력을 새롭게 변화시키는 어떠한 행위도 혁신이라 할 수 있다. 즉, 기술적인 측면 이외에도 서비스, 유통, 종업원의 훈련기준 등 매우 다양하게 적용될 수 있다. 혁신에 대해서는 누가 혁신가(Innovator)인가를 설명하는 하나의 보고서가 있다.

첫째, 혁신가는 아이디어 창출자가 아니라 발견자이다. 혁신가는 새로운 아이디어를 누구보다도 먼저 받아들인다. 더블 클릭(Double Click)의 창업자로 잘 알려진 미국의 벤처기업가 오코너(O'Connor)는 "아이디어는 도처에 널려 있지만, 이를 발견하지 못할 뿐"이라고 말한 바 있다. 그러나 누구보다도 앞장서서 아직 검증되지 않은 새로운 아이디어를 받아들이고 직접 실험에 옮기는 성향을 갖고 있는 사람이 혁신가이다.

둘째, 혁신가는 다양한 실험을 통해 아이디어의 가치를 평가한다. 그렇지만 혁신가가 새로운 아이디어의 잠재적 가치를 한눈에 알아보는 통찰력을 갖고 있는 것은 아니다. 대신에 혁신가는 남보다 앞서서 다양한 실험과 시행착오의 과정을 통해 새로운 아이디어의 전략적 가치, 즉 수익창출가능성을 이해하게 된다. 혁신가는 "나는 결코 실패해 본 적이 없다. 다만, 전구에 불을 켜지 못하는 1,000가지의 다른 방법들을 개발해 내었을 뿐이다"라는 에디슨(Thomas Edison)의 사고방식으로 무장하고 한 번에 한 가지씩 실험하는 접근방식에 따라 아이디어의 가치를 찾아 나간다.

셋째, 혁신가는 아이디어를 실행에 옮김으로써 가치를 창출한다. 혁신가의 역할 중 가장 두드러진 것은 실행능력이다. 아무리 좋은 아이디어를 먼저 포착하더라도 이를 실행에 옮기지 못하면 아무 소용이 없다. 혁신가의 실행능력은 아이디어를 구체적인 제품이나 서비스, 또는 사업모델로 구현하여 소비자에게 전달함으로써 가치를 창출하는 것이다. 물론 이 과정에서는 재무적 · 인적 자원은 물론 이해관계자 네트워크의 지지를 획득하는 등의 폭넓은 능력이 요구된다.

창업Tip

나는 하느님이 주신 세 가지 은혜 덕분에 크게 성공할 수 있었다.

첫째, 집이 몹시 가난해 어릴 적부터 구두닦이, 신문팔이 같은 고생을 통해 세상을 살아가는 데 필요한 많은 경험을 쌓을 수 있었고,

둘째, 태어났을 때부터 몸이 몹시 약해 항상 운동에 힘써 왔기 때문에 건강을 유지할 수 있었으며,

셋째, 나는 초등학교도 못 다녔기 때문에 모든 사람을 다 나의 스승으로 여기고 누구에게나 물어가며 배우는 일을 게을리하지 않았다.

– 마쓰시타 고노스케 –

3. 창업자 체크리스트

다음의 기업가 자질 테스트, 예비창업자의 창업적성검사, 창업자 자질 측정 테스트, 창업적성 체크리스트, 창업자 창업환경 체크리스트는 대전충남지방중소기업청에서 발간한 창업 다이어리에서 발췌한 내용을 재구성한 것이다. 이러한 체크리스트의 대부분의 항목들은 주관적인 판단이 요구되기는 하나 가능하면 객관적인 시각에서 작성하여야 한다. 그러나 이러한 체크리스트들이 모범답안은 아님을 명심하여야 하며, 이는 다만 창업자의 부족한 부분을 채우는 데 활용하여야 한다.

1) 기업가 자질 테스트

다음은 기업가로서의 자질이 어느 정도인지를 확인해 보고자 하는 것이다. 다음의 각 항목을 1~5점 척도로 표시한다.

No	평가 항목	5점	4점	3점	2점	1점
1	돈을 많이 벌고 싶다.					
2	꼭 내 사업장을 갖고 싶다.					
3	나의 능력을 충분히 발휘하고 싶다.					
4	보다 자유로워지고 싶다.					
5	신용은 나의 생명이다.					
6	정신적으로나 육체적으로나 건강하다.					
7	무에서 유를 창조하는 적극성과 끈기가 있다.					
8	유머감각이 뛰어나다.					
9	인간관계가 폭넓고 좋다.					
10	도덕적으로 행동하고 봉사정신이 있다.					
11	언제나 고객은 왕이고 신이다.					
12	전문가적 지식과 기술이 있다.					
13	재무회계를 충분히 안다.					
14	사업자금 조달능력이 있다.					

No	평가 항목	5점	4점	3점	2점	1점
15	대인관계가 폭넓다.					
16	조사분석능력이 뛰어나다.					
17	품질을 중요시한다.					
18	차별화를 꾀하기 위해 노력한다.					
19	불황은 성공을 위한 기회라고 생각한다.					
20	항상 일을 좋아하고 연구한다.					
	합 계					

점수 : 5점(매우 그렇다), 4점(그런 편이다), 3점(보통이다), 2점(그렇지 않은 편이다), 1점(전혀 그렇지 않다)

합계 점수	결과
90~100점	기업가로서의 능력이 뛰어남
80~89점	기업가로서의 능력이 잠재되어 있음
70~79점	기업가로서의 기질이 충분함
55~69점	기업가보다는 훌륭한 참모로서 활동하는 것이 바람직함
40~54점	종업원으로서의 주어진 임무에 충실하는 것이 바람직함

2) 예비창업자의 창업적성검사

창업은 아무나 성공할 수 있는 것은 아니며, 창업자로서의 자질을 갖춘 사람이 성공할 가능성이 높다고 할 수 있다. 또한, 창업자로서의 자질을 갖추지 못한 사람이 사업을 한다면 성공할 가능성이 낮아 사업실패의 좌절을 겪어야 할 뿐만 아니라, 본인 주위의 가족이나 친지, 종업원, 거래처, 금융기관 등의 많은 사람들에게 피해를 줄 수도 있으며, 더 나아가 경제성장의 걸림돌로 작용할 수도 있다.

따라서 사업을 시작하기 전에 미리 나는 과연 창업자로서의 자질을 갖추고 있는지 없는지를 미리 진단해 보는 것이 필요하다. 창업자로서의 적성검사 방법에는 여러 가지가 있으나, 여기서는 점수법에 의한 적성검사를 통해 창업자로서의 능력을 살펴보고자 한다. 다음은 예비창업자로서의 창업적성을 어느 정도 갖추고 있는지를 확인해 보고자 하는 것이다.

다음의 각 항목을 읽고 예(O), 아니오(×) 중 하나를 표시한다.

No	평가 항목	예	아니오
1	나의 생활방식을 다른 사람에게 구체적으로 설명할 수 있다.		
2	일을 계획적으로 하는 편이다.		
3	일을 맡으면 적극적으로 하고 싶은 생각이 든다.		
4	실패해도 실망하지 않는 편이다.		
5	약속을 잘 지키는 편이다.		
6	창업을 위해 정보를 수집하고 있다.		
7	대인관계가 넓다.		
8	다른 사람이 나와 다른 의견을 내도 귀를 기울이는 편이다.		
9	어려울 때 함께 고민해 줄 친구가 세 명 이상 된다.		
10	도전정신이 왕성한 편이다.		
11	자신의 의사가 확고한 편이며, 그 의사를 타인에게 전달할 수 있다.		
12	건강에 자신이 있다.		
13	기초적인 재무지식이 있어 재무제표는 어느 정도 이해할 수 있다.		
14	좋아하는 일이라면 먹고 자는 일도 잊어버린다.		
15	창업을 하는 데 있어 가족들을 설득할 자신이 있다.		
16	잘 될 줄 알았던 일이 생각처럼 안 되어도 곧 잊어버릴 수 있다.		
17	즐겁지 않은 모임에 가서도 참고 즐길 수 있다.		
18	자신의 생각이 맞으면 강하게 주장한다.		
19	외부 사람이 말을 걸어오면 일단은 들어준다.		
20	친한 친구의 출세가 마음에 걸린다.		
합 계			

점수 : 5점(예), 0점(아니오)

합계 점수	결과
60점 이상 (A급)	창업할 수 있는 환경이 성숙되어 있고 창업자로서의 자질도 충분하다. 자신이 추구할 업종을 검토하고 그 업종과 관련된 전문정보를 수집했다면 언제든지 창업해도 좋다.
36~59점 (B급)	그럭저럭 창업할 만한 환경이 성숙되어 있다. 자신이 창업할 분야를 눈여겨보고 폭넓게 정보를 수집하여야 한다.

합계 점수	결과
35점 이하 (C급)	창업의 동기가 명확하지 않다. 이런 사람은 숫자에 현혹될 위험성이 높다. 다시 한 번 자신에게 맞는 분야가 무엇인지를 진지하게 생각해 보기 바란다. 또한 창업 관련 세미나 등 각종 프로그램에 참가하고, 관련된 전문정보를 수집하는 일을 게을리하지 않아야 한다.

위의 평가기준은 여러 가지 적성검사 방법 중의 하나로서 절대적인 것은 아니다. 다만, 평가결과를 참고하여 기준점수가 현저하게 낮게 나왔을 경우에는 창업보다는 취업이 더 유리한 것은 아닌지를 충분히 생각해 볼 필요가 있다.

3) 창업자 자질 측정 테스트

다음은 창업자로서의 자질을 어느 정도 갖추고 있는지를 확인해 보고자 하는 것이다. 다음의 각 항목을 읽고 응답한다.

No	평가 항목	5점	2.5점	0점
1	낙관적인 성격인가?			
2	가족의 동의와 도움이 가능한가?			
3	사람 만나는 것을 좋아하는가?			
4	신용은 곧 생명으로 안다.			
5	성취욕구가 높다.			
6	자신의 운명을 통제할 수 있다고 믿는다.			
7	매사에 열정적이다.			
8	한 번 결정하면 끝까지 한다.			
9	다른 사람을 설득할 수 있는 힘이 있다.			
10	아이디어가 풍부하다.			
11	새로운 방식을 빨리 받아들인다.			
12	건강에 자신이 있다.			
13	무슨 일이나 소신껏 한다.			
14	교제에 능숙하고 친구가 많다.			
15	많은 과제를 가지고 일하는 것이 즐겁다.			

No	평가 항목	5점	2.5점	0점
16	곤란한 일에 대해서는 투지가 솟는다.			
17	남보다 한 발 앞서가려는 마음이 강하다.			
18	모든 것을 수치화하기를 좋아한다.			
19	아랫사람에 대한 사랑이 있다.			
20	신문보기 등 정보지를 좋아한다.			
21	이업종 등에도 늘 관심을 두고 있다.			
22	번뜩이는 창의력이 있다.			
23	언제나 장래에 하고 싶은 일이 생각난다.			
24	참을성이 강하다.			
합 계				

점수 : 5점(그렇다), 2.5점(보통이다), 0점(아니다)

합계 점수	결과
90점 이상	창업에 대한 자질이 매우 높다.
80~89점	창업에 대한 자질이 비교적 높다.
70~79점	창업에 대한 자질이 약간 높다.
60~69점	창업에 대한 자질이 보통이다.
50~59점	창업에 대한 자질이 다소 낮다.
50점 미만	창업에 대한 자질이 낮다.

4) 창업적성 체크리스트

다음은 창업자로서의 적성이 맞는지를 확인해 보고자 하는 것이다. 다음의 각 항목을 읽고 응답한다.

No	평가 항목	2점	1점	0점
1	창업에 대해 신중히 고려하고 있다.			
2	창업박람회, 사업설명회, 창업강좌에 참석해 본 적이 있다.			
3	기본적인 창업절차에 대한 지식을 가지고 있다.			

No	평가 항목	2점	1점	0점
4	대인관계가 원만하다는 소리를 주변에서 듣는다.			
5	물건을 살 때 꼼꼼하게 따지고 구입하는 편이다.			
6	새로운 사람을 만나는 일이 즐겁다.			
7	식당에서 음식이 늦게 나와도 짜증내지 않는다.			
8	처음 본 사람이라도 인상이나 이름을 잘 기억하는 편이다.			
9	환경이 변하면 나 자신을 바꿀 준비가 되어 있다.			
10	인터넷 이용시간 중 정보습득에 많은 시간을 할애한다.			
11	주위의 어떤 부탁에 대해서도 상대방의 기분을 상하지 않게 거절할 수 있다.			
12	가족과 상의하고 판단해서 일을 처리한다.			
13	이해득실에 대한 판단이 빠르다.			
14	건강이나 여가선용을 위해 한 가지 이상 운동을 한다.			
15	어떤 사안의 결정에 대해서 추진하든 포기하든 선택이 빠르다.			
16	창업을 하겠다면 말리는 사람보다 돕겠다는 사람이 더 많다.			
17	창업에 실패하면 끝장이라고 생각한다.			
18	실패한 경험이 있다.(진학, 취업, 사업, 자격시험 등)			
19	그동안 여러 가지 직업을 경험해 봤다.			
20	나는 반드시 창업을 할 것이다.			
합 계				

점수 : 2점(그렇다), 1점(보통이다), 0점(아니다)

합계 점수	결과
32점 이상	창업을 하는데 상당히 훌륭한 조건을 갖추었으며, 창업에 대한 마인드, 성격, 환경, 의지, 경험 등 전 부문에서 좋은 조건을 지닌 것으로 판단된다.
24~31점	창업에 대해서 충분히 검토해야 한다. 또한 부족한 부분을 점검하고 변화를 위해 노력한다면 창업 이후 안정적인 궤도에 오를 수 있다.
24점 미만	창업을 하기에 상당히 부족한 조건이다. 누구나 창업은 할 수 있지만, 안정적인 수익을 내고 유지하는 것은 창업자의 20% 안팎에 불과하다. 꼭 창업을 하고 싶다면 각고의 노력을 기울여야 한다.

5) 창업자 창업환경 체크리스트

다음은 창업자로서의 창업환경이 어떤지를 확인해 보고자 하는 것이다. 다음의 각 항목을 읽고 응답한다.

구분	평가 항목	5점	4점	3점	2점	1점
성품	긍정적인 사고를 한다.					
	겸손하다.					
	기지나 재치가 있다.					
	인내와 끈기가 있다.					
대인관계	대인관계의 폭이 넓고 깊다.					
	활달한 성격이다.					
	화술이나 표현력이 뛰어나다.					
	인상, 외모가 호감을 준다.					
업무습관	업무에 완벽하다.					
	일에 집중한다.					
	기획 및 분석력이 있다.					
	추진력이 있다.					
	창의력이 있다.					
미래대비	정보마인드가 있다.					
	컴퓨터 실력이 있다.					
	어학능력이 있다.					
	독서를 많이 한다.					
	건강하다.					
합 계						

점수 : 5점(매우 그렇다), 4점(비교적 그렇다), 3점(보통이다), 2점(그렇지 않은 편이다), 1점(전혀 아니다)

※ 60점 : 보통, 70점 이상 : 창업 권유

6) 전략적 인맥 수준평가

No	평가 항목	5점	4점	3점	2점	1점
1	네트워크를 이어가면 만나지 못할 사람이 없다.					
2	어떤 일을 성공적으로 하는데 도움 줄 사람을 안다.					
3	내가 속한 업계 정보는 언론보도보다 항상 먼저 안다.					
4	업무상 알게 된 사람과 종종 개인적 친분을 맺는다.					
5	점심 식사는 외부 사람과 함께 할 때가 많다.					
6	업무와 관련이 없는 분야의 동호회 활동에 참여하고 있다.					
7	실력 향상을 위해 교육을 받거나 세미나에 참석한다.					
8	다른 사람의 요청이나 문의에 늘 빨리 답변한다.					
9	상대가 내 첫인상에 대해 어떻게 생각할지 고민한다.					
10	의견이 달라도 상대방의 말을 먼저 듣고 내 의견을 제시한다.					
11	명함지갑은 가장 최근의 명함으로 정리되어 있다.					
12	휴먼네트워크 관리를 위한 나만의 노하우가 있다.					
합 계						

점수 : 5점(매우 그렇다), 4점(그렇다), 3점(보통이다), 2점(그렇지 못하다), 1점(매우 그렇지 못하다)
출처 : 동아일보 (2005.3.23).

합계 점수	결과
48점 이상	휴먼네트워크 달인
35~47점	휴먼네트워크 1단
22~34점	휴먼네트워크 초보
21점 이하	인맹 수준

7) 인맥관리지수 수준평가

구분	평가 항목	배점	점수
목표	나는 구체적인 인맥관리목표 및 계획을 가지고 실천한다.	1~10점	
성품	나는 인간관계에서 나의 책임과 역할을 생각하고 실천한다.	1~10점	
	나는 인간관계에서 상대방의 이익을 먼저 고려한다.	1~5점	
	나는 인간관계에서 조건 없이 주거나 봉사한다.	1~5점	
성격	나는 긍정적이고 적극적으로 사고하며 행동한다.	1~10점	
	나는 상대방 또는 모임을 즐겁게 만들려 노력한다.	1~5점	
이미지	나는 내가 인식되길 바라는 이미지를 정확하게 전달한다.	1~5점	
브랜드	나는 전문적인 개인브랜드(강점, 장점, 역량)를 가지고 있다.	1~10점	
커뮤니케이션	나는 다양한 매체를 통해 정확하게 의사소통한다.	1~5점	
	나는 상대방과 상황에 따라 적절하게 의사소통한다.	1~5점	
네트워킹	나는 다양한 네트워크(모임, 단체)에 가입하여 활동한다.	1~10점	
	나는 직접 네트워크를 운영하고 있다.	1~5점	
	나는 사람들과 직접 연결하거나 서로 연결시켜 준다.	1~5점	
정보	나는 인맥에 관한 주요 정보를 체계적으로 관리하고 있다.	1~10점	
합 계			

출처 : 매경이코노미, 휴먼네트워크연구소 (2007.3.2).

합계 점수	인맥수준	결과
90점 이상	달인	당신은 이미 성공한 사람이거나 성공은 이제 시간문제다. 당신은 인맥관리의 중요성을 절실하게 깨닫고 있으며 당신의 인맥은 양적, 질적으로 매우 뛰어나다. 앞으로는 선택과 집중에 신경을 쓰고, 체계적인 DB관리에 노력을 기울이면 더욱 좋은 결실을 얻을 것이다.
71~89점	고수	당신은 인맥관리의 중요성을 잘 인식하고 있으며 나름대로 자신만의 인맥관리 노하우도 가지고 있다. 그러나 아직까지는 인맥관리에 기울이는 시간과 정성이 부족한 편이다. 인맥관리 목표와 계획을 보다 구체적으로 세우고, 당신의 인맥에게도 조금 더 정성을 기울여라. 끈기를 가지고 인맥관리를 실천하면 좋은 결과가 있을 것이다.

합계 점수	인맥수준	결과
51~70점	중수	당신은 인맥관리의 중요성에 대해서는 어렴풋하게나마 인식하고 있으며 좋은 인맥을 만들고 싶어한다. 그러나 인맥을 만드는 구체적인 방법을 몰라 어려움을 겪고 있다. 체계적인 인맥관리 방법과 다른 사람들의 노하우를 배워라.
50점 이하	하수	인맥 하수. 당신은 인맥관리의 중요성을 제대로 인식하지 못하고 있다. 인맥은 성공뿐 아니라 위기의 순간에 더욱 중요하며 우리가 평생 만나는 인맥이 곧 우리의 삶, 운명이다. 당신이 인맥관리를 잘 하려면 인맥의 중요성을 깨닫는 것이 선결과제다. 인맥관리는 곧 행복관리라는 점을 명심하고 집에서부터 좋은 인간관계를 형성하도록 노력하라.

[참고자료] 창업역량자가진단키트

K-스타트업(www.k-startup.go.kr)에서 제공하고 있는 창업역량자가진단키트는 K-스타트업 홈페이지에 접속하여 창업교육 → 창업역량자가진단키트로 들어가면 이용할 수 있다.

■ 자가진단지의 구성

진단트랙은 창업자역량, 시장조사, 아이템분석, 비즈니스모델, 비즈니스전략 등으로 구성되어 있다.

- 창업자역량 : 창업자의 기업가정신 및 창업을 위한 준비 정도를 점검하는 트랙
- 시장조사 : 제품과 시장을 정의하고 창업자가 자발적 행위에 의해서 시장을 파악했는지를 점검함과 동시에 시장구조분석, 외부환경분석 등을 점검하는 트랙
- 아이템분석 : 제품 및 가격차별성, 기술경쟁력과 혁신성, 고객니즈 등을 점검하는 트랙
- 비즈니스모델 : 비즈니스모델 수립, 판매방식, 생산방식과 마진 등을 점검하는 트랙
- 비즈니스전략 : 생산, 판매, 인력, 자금전략 등을 점검하는 트랙

Entrepreneurship Role Model ①	**목표의식을 가지고 잠재력을 펼쳐라** (주)아이디스 김영달 대표

벤처기업협회(www.venture.or.kr)는 2013년부터 기업가정신이 더 좋은 세상을 만드는 강한 원동력이라고 믿고, '닮고 싶은 기업가정신 롤모델'을 선정하고 있다. 이와 관련하여, 이 책에서 소개하고 있는 Entrepreneurship Role Model ①~⑩의 내용은 벤처기업협회에서 발행한 기업가정신 도서의 내용을 발췌하여 재구성한 것임을 밝힌다.

아이디스는 디지털 보안장비 개발업체로 에스원, 삼성전자 등 국내 보안기업과 보안장비 유통업체에 납품하는 것은 물론 세계적 보안회사인 하니웰(Honeywell), 타이코(Tyco), 지멘스(Siemens) 등에 DVR을 공급하며 세계 1위 기업으로 성장하였다.

아이디스(www.idis.co.kr)의 메인화면

히든 챔피언(Hidden Champion)을 꿈꾸라

김영달 대표에게 기회는 우연히, 그러나 운명적으로 찾아왔다. 카이스트에서 박사과정을 밟던 시절이었다. 안식년을 맞아 미국에 가게 된 교수님이 실리콘밸리의 벤처기업에 김영달 대표를 임시직 연구원으로 넣어 주었다. 한국에서만 공부하면 시야가 좁아질 수 있으니 외국에서 경험하라는 뜻이었다.

"실리콘밸리는 다른 세상이었어요. 제가 간 회사는 원자현미경을 만드는 곳이었는데 크지 않은 규모였음에도 전 세계를 대상으로 비즈니스를 하는 글로벌컴퍼니였습니다. 그 분야에서는 독보적인 기업이었죠. 기술 기반의 기업을 운영하는 것이 보였습니다." 당시만 해도 우리나라는 대기업이 글로벌 넘버원 아이템을 모두 쥐고 있었다. 중소기업들은 대기업의 협력회사로 존재하거나 낮은 인건비를 기반으로 한 제조업에 종사하는 경우가 대부분이었다. 기술 기반의 글로벌컴퍼니는 본 적이 없었다. 그런데 실리콘밸리에는 기술력만으로 세계를 제패한 그런 '히든 챔피언'들이 수백, 수천 개가 있었다.

김영달 대표에게도 야망이 생겼다. 우리나라에서도 이런 기업을 만든다면 의미 있는 일이 될 것 같았다. 또한 가능성도 보였다. 그때까지 진지하게 창업을 생각해 본 적이 없던 김영달 대표는 '세계시장에서 기술력 하나만으로 1등을 하고 싶다'는 꿈을 품었다. 그리고 귀국 후 바로 창업을 준비하게 되었다.

판을 뒤집을 수 있는 아이템을 찾으라

돌이켜보면 창업을 시도할 만한 여유가 있었기 때문에 선뜻 행동에 옮길 수 있었다. 카이스트에서 배운 기술이 있었다. 학생 신분이었지만 자금도 준비되어 있었다. 선배의 소개로 대덕연구단지 연구소에서 아르바이트를 하며 번 돈이 1억원 정도 되었다. 그러고 나니 '어디 가서 굶어죽진 않겠다'는 배짱이 생겼다. 연구소에서 책으로만 배우던 것이 실제로 만들어지는 것을 볼 수도 있었고, 그 현장이 재미있었다. 여기에 실리콘밸리가 불을 당긴 것이다.

창업을 결정하는 것은 순식간이었지만, 준비에는 긴 시간이 걸렸다. 김영달 대표는 함께할 친구들과 1년 동안 아이템 선정 작업에 들어갔다. 많은 벤처들이 그렇듯 이들의 선택지는 두 가지로 좁혀졌다. 하나는 지금까지 전혀 없던 시장이 새로 생기는 신규시장이다. 경쟁자가 없으니 빨리 가서 선점하면 된다. 또 하나는 기존에 있는 시장이지만 새로운 변화를 맞는 재편시장이다. 사실 신규시장 쪽에 훨씬 큰 기회가 있다. 창업하는 다른 동기들은 대부분 그쪽을 택해, 막 시작되고 있던 인터넷 게임분야로 많이 진출했다.

김영달 대표는 재편시장 쪽으로 방향을 잡았다. 흐름을 예측하기 어려운 신규시장보다 능력을 최대한 발휘하면 기회가 더 많이 생기는 재편시장을 택한 것이다. 치밀하게 준비하고 신중하게 내린 결정이었다. 그럼 재편시장 쪽에서 어떤 아이템을 택해야 할까? 다음 단계의 고민이 시작될 때, 김영달 대표는 카이스트 경비실에서 봤던 비디오테이프 박스를 기억해 냈다. CCTV로 촬영한 영상을 모두 아날로그식 비디오테이프에 담아 한쪽에 수북하게 쌓아 보관하고 있었다. 이것들을 디지털로 변환하는 기술을 담은 제품을 만들면 어떨까?

아날로그가 디지털로 바뀌는 흐름은 학교에서 실컷 공부했다. CCTV에 있어서는 일본제품이 우위에 있었지만, 디지털 전환은 아직 이루어지기 전이었다. 바로 이 시장에 들어가면 판도를 뒤집을 수 있을 것이라는 예감이 들었다. 예감은 적중했다. 아이디스는 시장에 들어서자마자 주목받았다. 김영달 대표가 목표했던 '히든 챔피언'이 되는 데는 그리 긴 시간이 필요하지 않았다.

읽을거리

리더십(Leadership)을 계발(啓發)하자!

리더십은 고대나 현대를 살아가는 우리들에게 있어 영원한 화두이며, 관심사이다. "리더십이란 무엇일까?"라는 질문을 던졌을 때, 우리는 선뜻 답을 내리기가 어렵다. 리더십의 대가인 존 가드너(John Gardner)는 "리더십은 설득이나 예시를 통해 개인이나, 조직이 제시하는 공유된 목표를 추구하도록 조직을 인도하는 것"이라고 정의했다. 또한, 인권운동가로 잘 알려진 제시 잭슨(Jesse Jackson)은 "리더십을 다양한 의견을 하나로 묶어내는 것이며, 도전적인 기회 속에서 비전을 명확히 세워 현실을 돌파하기 위해 조직과 사회를 동원하는 활동"이라고 정의했다.

동양에서는 리더의 자격을 신언서판(身言書判), 즉 외모와 말하는 것, 글 쓰는 것, 판단하는 것으로 평가했다. 현대에서의 리더는 일반적으로 인격(character), 판단력(judgement), 직관력(intuition)을 핵심자질로 평가한다. 하버드대학 케네디스쿨에서는 리더십을 구성하는 요소를 다음과 같이 강조하고 있다.

첫째, 명확한 비전 설정이다. 비전은 성장의 원동력이며, 미래의 그림이기 때문이다. 사람들이 미래를 창조하기 위해 노력하는 이유를 명시적으로 언급해야 하며, 상상이 가능해야 하며, 바람직해야 하며, 실행가능하고 유연해야 하며, 이해할 수 있어야 한다.

둘째, 목표 설정이다. 목표는 공동체 조직원을 뛰게 하는 힘이다. 따라서 비전에 따라 목표가 설정되어야 한다. 목표를 세우는 것과 이를 달성하기 위해 동기를 부여하는 일이 리더의 역할이다. 또한 목표는 공유되어야 하며, 함께 설정하는 것이 바람직하다.

셋째, 확실한 전략을 세우는 것이다. 전략은 목표에 도달하는 방법 중의 하나이다. 무엇(what)이 아니라 어떻게(how)에 관한 것이다. 중 · 장기 비전을 달성하기 위해서는 이에 맞는 전략이 요구된다.

넷째, 공동체 조직원들과의 유기적인 연합이 필요하다. 리더(Leader)와 팔로워(Follower)는 대등한 위치에 놓인 동반자다. 단지 역할이 다를 뿐이다. 성공적인 동행을 위해서는 서로 협력해야 한다.

다섯째, 환경의 적응과 이용이다. 환경이란 맥락(context)과 상황(situation)을 포함하는 것으로 리더십의 발휘에 많은 영향을 미친다.

그렇다면 리더십은 타고 나는 것일까 아니면 만들어지는 것일까? 한 가지 분명한 것은 리더는 '훈련을 통해 향상될 수 있다'는 것과 리더가 되기 위해서는 '오랜 기간 준비가 필요하다'는 것이다. 따라서, 준비된 자만이 리더로 성공할 수 있고 존경을 받을 수 있다. 리더십의 전문가인 미국의 제임스 쿠제스(James Kouzes)와 배리 포스너(Barry Posner)의 리더가 되기 위한 6가지 방법을 살펴보기로 한다.

첫째, 모델(model)을 설정한다. 자신이 처한 상황을 고려하여 닮고 싶은 리더를 정한다.

둘째, 현재의 도전과 변화를 피하지 말고 의미 있게 받아들인다. 도전은 시련이지만, 잘 극복하면 미래를 향한 기회가 된다.

셋째, 도전과 시련을 겪으면 심리적으로 강해진다. 인내와 끝없는 정진(精進)이 필요하다.

넷째, 신뢰를 쌓는다. 먼저 스스로에 대한 신뢰를 구축하고, 꾸준하고 성실한 노력으로 타인으로부터 신뢰를 쌓아야 한다.

다섯째, 대인관계를 발전시킨다. 리더십은 기본적으로 인간관계인 만큼 다른 사람을 이해하고 설득하고 소통할 수 있어야 한다.

여섯째, 리더십을 계발(啓發)한다. 목표를 설정하고 습관화될 수 있도록 한다.

다음은 리더를 파멸시키는 함정의 유형에 대해 살펴보기로 한다.

첫째, 자만심의 함정이다. 다른 사람의 의견을 듣기도 전에 자기 의견이 옳다고 생각하며, 자신이 내놓은 전략이나 아이디어가 채택되지 않으면 책임지기를 거부하고 모든 상황을 자기식대로 해석한다.

둘째, 스타의식의 함정이다. 다른 사람의 주목을 항상 받고 싶어 하며, 말이 앞서기도 하고, 남에게 보이기 위한 멋진 약속을 남발하며, 남이 말할 기회를 주지 않고 자신에게만 관심이 집중되도록 중점을 둔다.

셋째, 다혈질의 함정이다. 사소한 실수에 대해 분명치 않은 이유로 화를 내고, 동일한 행동에 대해 어느 날은 칭찬을 하고 어느 날은 심하게 꾸짖곤 한다. 즉, 감정기복이 심하고 기분에 따라 결정을 번복하는 일이 잦다.

넷째, 신중함의 함정이다. 뭔가 잘못되지 않을까 하는 염려, 다양한 의견을 들어보지 않고서는 결정을 내릴 수 없다는 불안감이 감싸고 있고, 쉽게 약속을 하지 않으며, 명확하게 결정을 내리지 못한다.

다섯째, 불신의 함정이다. 다각적으로 분석하고 재검토를 반복하면서 늘 부정적인 면만 보고 비판적인 피드백을 주며, 타인은 늘 개인적인 이익만을 따라 움직인다고 생각한다.

여섯째, 무관심의 함정이다. 독자적인 업무에 능한 사람의 모습이며, 스스로를 고립시켜 중요한 정보를 얻지 못하기도 한다. 자신의 약점을 보이기 싫어하며, 감정표현을 잘하지 않으므로 위기상황이나 장애물이 있을 때, 후퇴하거나 우회하는 경향이 있다.

일곱째, 예스맨(yes-man)의 함정이다. 갈등을 싫어하며, 늘 다른 사람을 기쁘게 해줘야 한다는 강박관념이 있다. 불협화음이나 갈등의 소지가 있는 내용이나 아이디어는 바로 삭제하려는 경향이 있어 늘 뻔한 아이디어만 맴돌기도 한다. 모든 사람을 지지하고 편드는 것에 익숙하며, 자기 생각이나 감정을 강하게 드려내는 경우가 없으며, 인기라는 유혹에 잘 빠진다.

이처럼 리더에게는 늘 도처에 많은 함정이 도사리고 있다. 잘 나가던 리더가 하루아침에 곤경에 빠지고, 승승장구하던 개인과 조직이 갑자기 어려워지는 결정적 이유는 함정을 극복하지 못했기 때문이다. 하지만 함정은 잘 극복하면 더 이상 '걸림돌'이 아니라 '디딤돌'이 될 수 있다. 따라서 항상 자신의 약점을 잘 보완하고 강점을 최대한 부각하면 리더로 성장할 수 있다. 그리고 리더는 비전(vision)을 잘 설정하고 그것을 실현할 수 있도록 조직을 인도해 가는 것임을 주목할 필요가 있다.

출처 : 저자(김포대학교 한광식 교수)가 기고한 내용임을 밝힘

>>> 용어정리

1. 기업가(Entrepreneur)

기업가정신(Entrepreneurship)을 발휘하여 기업을 창업한 사람이며, 낡은 것을 파괴하고 새로운 것을 창조하는 혁신가(Innovator)

2. 기업가정신(Entrepreneurship)

기업가들의 창의적이고 모험적인 성향을 의미하며, 한 국가의 경제성장과 기업활동에서 가장 기본이 되는 행위

3. 창의성(Creativity)

이전에 없었던 새로운 것을 생각해 내는 것 또는 원하는 만큼 충족되지 못한 욕구가 무엇인지를 생각해 내는 것

4. 혁신(Innovation)

더욱 새롭게(to renew), 또는 다시 시작하는(being again)의 뜻이며, 멈춰 있는 상황 속에서 새 출발하는(start fresh) 과정

5. 혁신성

새로운 제품과 서비스, 그리고 창조적 프로세스를 통한 새로운 것을 기꺼이 하려는 마음

6. 위험감수성

위험(risk)이 생길 수 있는 새로운 것에 과감히 도전할 수 있는 열정

7. 개념적 능력

복잡한 현상의 핵심을 간파하고 문제를 간결한 형태로 재구성함으로써 보다 효과적인 해결책을 제시할 수 있는 능력

단 원 학 습 문 제

1. 기업가에 대해서 설명하시오.

2. 기업가정신에 대해서 설명하시오.

3. 기업가가 갖추어야 할 능력에 대해서 설명하시오.

4. 기업가정신에서 강조하는 요소에 대해서 설명하시오.

5. 기업가정신과 창의성 및 혁신의 관계에 대해서 설명하시오.

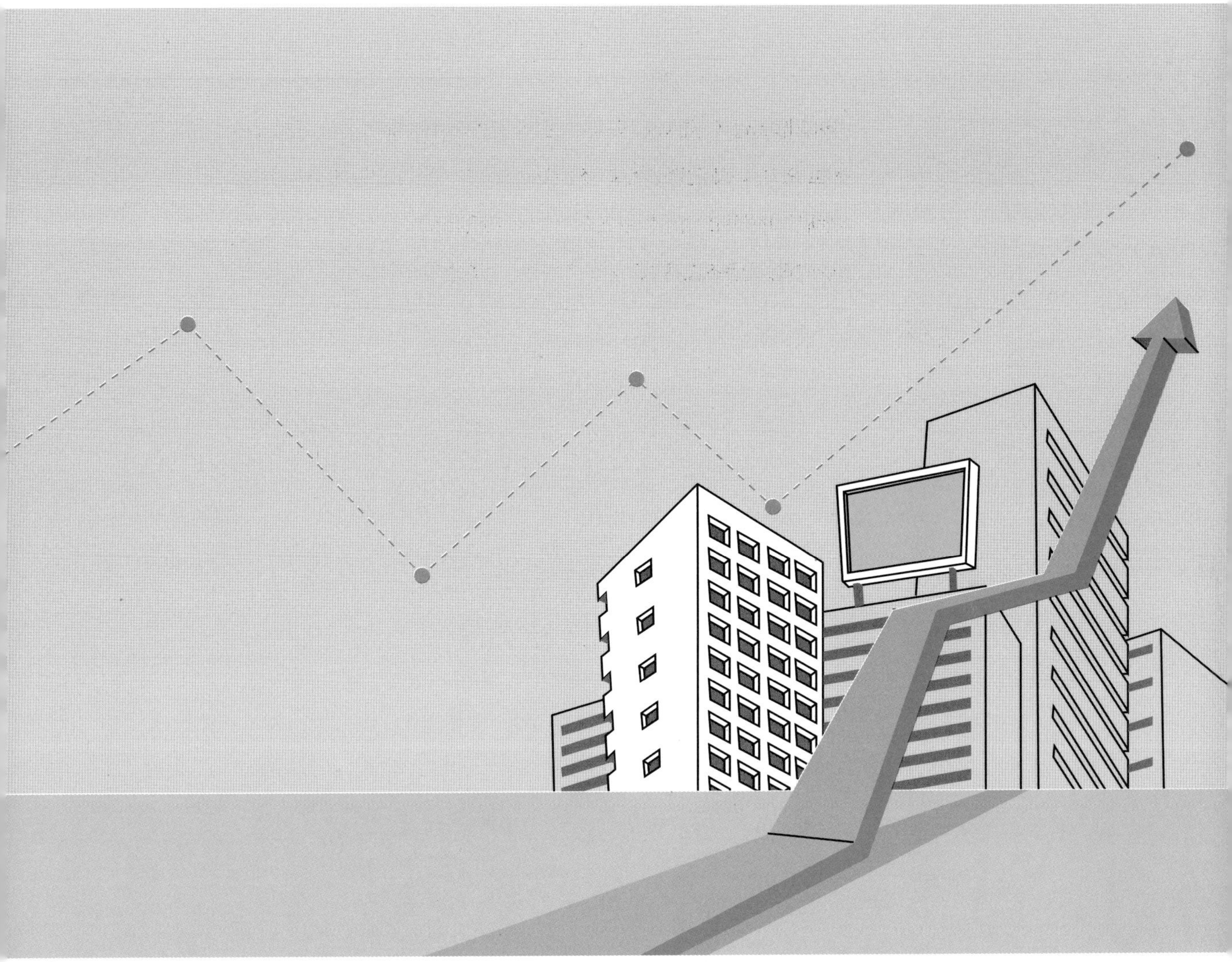

CHAPTER 2 창업과 창업준비

1. 창업의 개념
2. 업종별 창업절차
3. 개인기업과 법인기업
4. 1인 창조기업
5. 협동조합
6. 사회적기업(Social Enterprise)

학 / 습 / 목 / 표

중소기업창업 지원법에서의 창업이란 사업을 새로이 개시하는 것으로 정의하고 있다. 이와 관련하여, 이 장에서는 창업의 개념과 업종별 창업절차에 대해서 이해하고 적용할 수 있도록 하며, 개인기업과 법인기업 그리고 1인 창조기업, 협동조합, 사회적기업에 대해서 학습하기로 한다.

단 / 원 / 키 / 워 / 드

창업, 기술창업, 벤처창업, 일반창업, 제조업 창업절차, 도 · 소매업 창업절차, 서비스업 창업절차, 프랜차이즈창업, 개인기업, 법인기업, 사업자등록, 온라인 법인설립시스템, 1인 창조기업, 협동조합, 사회적기업

CHAPTER 02

창업과 창업준비

1. 창업의 개념

1) 창업이란

일반적으로 창업이란 "영리를 목적으로 개인이나 법인회사를 새로 만드는 일" 또는 "창업자가 사업아이디어를 갖고 자원을 결합하여 사업활동을 시작하는 일"이라고 정의할 수 있다. 이러한 창업은 〈표 2-1〉과 같이 기술창업, 벤처창업, 일반창업으로 구분할 수 있다.

〈표 2-1〉 창업의 형태에 따른 분류

구분	주요내용
기술창업	기술 또는 새로운 아이디어를 가지고 새로운 시장을 창조하여 제품이나 용역을 생산 · 판매하는 형태의 창업을 의미한다.
벤처창업	High Risk, High Return에 충실하며 반드시 기술창업을 전제로 하지는 않는다. 우리나라에서는 벤처창업에 대해 「벤처기업육성에 관한 특별조치법」에 정의하고 있다.
일반창업	기술창업이나 벤처창업에 속하지 않는 창업의 형태로서 도소매업과 일반서비스업, 생계형 소상공인 창업 등이 이에 해당된다.

2) 중소기업창업 지원법에서의 창업

중소기업창업 지원법에서의 창업이란 '사업을 새로이 개시하는 것으로 영리법인(주식회사, 합자회사, 합명회사, 유한회사) 또는 개인사업자 형태, 대표의 겸직 여부, 사업장의 위치 등을 불문하고 기존의 사업을 승계(상속, 증여, 합병, 영업양수 · 양도 등)하지 않고, 새로운 사업을 시작하는 것'으로 정의하고 있다. 실정법상 창업에 해당하는 경우는 다음과 같다.

- A법인의 대표이사가 A기업을 계속 영위하면서 B법인을 설립한 경우
- 권리 · 의무의 포괄적 승계를 하지 않고 매각(경락)절차에 따라 유입물건을 매입하여 사업을 개시하는 경우
- A법인이 사업을 계속하면서 B법인을 설립하고, A법인의 일부 유휴설비를 매입하여 사업을 개시하는 경우 등을 말한다.

이와 관련하여, 중소기업창업 지원법에서는 창업으로 보이더라도 내용상으로 보아 형식상 절차만이 있을 뿐 창업의 효과가 없는 경우는 '순수한 창업'이 아니므로 창업에 대한 지원혜택을 부여하지 않는다. 창업이 아닌 경우는 다음과 같다.

■ 타인으로부터 사업을 승계하여 승계 전의 사업과 동종의 사업을 계속하는 경우

원칙적으로 사업을 새로이 개시하지 않고, 기존의 사업을 인수하여, 동종사업을 계속 영위하는 중소기업은 신규로 창설하는 효과가 없으므로 창업의 범위에서 제외한다.

■ 개인사업자인 중소기업이 법인으로 전환하거나 법인의 조직변경 등 기업형태를 변경하여 변경 전의 사업과 동종의 사업을 계속하는 경우

단순히 조직을 변경함으로써 형식상 창업절차만 있을 뿐 실질적으로 중소기업의 창설효과가 없는 경우는 창업의 범위에서 제외한다.

■ 폐업 후 사업을 개시하여 폐업 전의 사업과 동종의 사업을 계속하는 경우

사업을 폐업한 후 동종사업을 재개하더라도 창업으로 보지 않는다.

앞의 3가지 경우에 해당하는 동종의 사업을 하더라도 사업개시 전의 기존업종에 세분류를 달리하는 업종을 추가하여 사업을 새로이 개시하는 경우에 매출액의 비율이 100분의 50 이상이면 창업으로 인정한다. 〈표 2-2〉는 사례별 창업인정 여부를 나타낸 것이다.

- 동종사업의 범위 : 한국표준산업분류상의 세분류(4단위)가 같은 업종을 말함
- 기존업종에 세분류를 달리하는 사업을 추가하는 경우

• 추가업종의 매출액이 총매출액의 100분의 50 이상이면 동종사업으로 보지 아니한다.

〈표 2–2〉 사례별 창업인정 여부

주체	사업장소	사례		창업 여부
A개인이	갑 장소에서	갑 장소에서의 기존 사업을 폐업하고	B법인 설립하여 동종업종 제품을 생산	조직변경
			B법인 설립하여 이종업종 제품을 생산	창업
		갑 장소에서의 기존 사업을 폐업 않고	B법인 설립하여 동종업종 제품을 생산	형태변경
			B법인 설립하여 이종업종 제품을 생산	창업
A법인이	갑 장소에서	갑 장소에서의 기존 사업을 폐업하고	B법인 설립하여 동종업종 제품을 생산	위장창업
			B법인 설립하여 이종업종 제품을 생산	창업
		갑 장소에서의 기존 사업을 폐업 않고	B법인 설립하여 동종업종 제품을 생산	형태변경
			B법인 설립하여 이종업종 제품을 생산	창업
A개인이	을 장소에서	갑 장소에서의 기존 사업을 폐업하고	B법인 설립하여 동종업종 제품을 생산	법인전환
			B법인 설립하여 이종업종 제품을 생산	창업
		갑 장소에서의 기존 사업을 폐업 않고	B법인 설립하여 동종업종 제품을 생산	창업
			B법인 설립하여 이종업종 제품을 생산	창업
A법인이	을 장소에서	갑 장소에서의 기존 사업을 폐업하고	B법인 설립하여 동종업종 제품을 생산	사업승계
			B법인 설립하여 이종업종 제품을 생산	창업
		갑 장소에서의 기존 사업을 폐업 않고	B법인 설립하여 동종업종 제품을 생산	창업
			B법인 설립하여 이종업종 제품을 생산	창업
A가 (법인/개인)	을 장소에서	갑 장소에서의 기존 사업을 폐업하고	다시 A명의로 동종업종 제품을 생산	사업이전
			다시 A명의로 이종업종 제품을 생산	창업
		갑 장소에서의 기존 사업을 폐업 않고	다시 A명의로 동종업종 제품을 생산	사업확장
			다시 A명의로 이종업종 제품을 생산	업종추가

주 : 1. 업종구분은 한국표준산업분류의 세분류(4자리)를 기준으로 함

2. "갑" 장소는 기존사업장, "을" 장소는 신규사업장

3. "갑" 장소와 "을" 장소는 사회통념과 중소기업창업 지원법의 취지 등을 감안할 때 공장확장으로 인정할 수 없을 정도의 거리를 충분히 유지한 경우

4. "B"법인은 "A"가 출자한 법인임

5. "기존사업을 폐업하고"란 사업자등록을 반납 또는 취소 조치함을 말함

중소기업창업 지원법상의 세제 및 금융 등의 지원을 받으려면 창업으로 인정되어야 하고 창업기준일 내에 들어야 한다. 창업으로 인정되는 기준일은 사업의 개시일로서 ①법인기업인 경우는 법인설립 등기일이 창업일이고, ②개인기업은 사업자등록증상의 개업일자가 창업일이다. 〈표 2-3〉은 지원목적에 따른 창업 관련 법규를 설명한 것이다.

〈표 2-3〉 지원목적에 따른 창업 관련 법규

지원목적	관련 법규	주요내용
국세의 감면	조세특례제한법	소득세, 법인세, 인지세의 감면
지방세의 감면	지방세특례제한법	지방소득세, 취득세, 등록면허세, 재산세의 감면
조세 이외의 창업지원	중소기업창업 지원법	조세 이외의 창업지원 및 부담금 감면

2. 업종별 창업절차

이 절에서는 제조업, 도 · 소매업, 서비스업의 창업절차에 대해서 살펴보기로 한다.

1) 제조업 창업절차

제조업의 창업절차는 [그림 2-1]과 같이 ①창업예비절차, ②회사설립절차, ③공장확보절차, ④개업준비절차의 4단계로 구분해 볼 수 있다.

창업예비절차 → 회사설립절차 → 공장확보절차 → 개업준비절차

[그림 2-1] 제조업의 창업절차

(1) 창업예비절차

제조업의 창업은 많은 자금, 시간 및 노력이 투입되며, 실패에 따른 위험이 매우 크므로 보다 체계화되고 전문적인 준비과정이 필요하다.

- 경쟁우위를 확보할 수 있는 품목인가?
- 고정설비투자가 적은 업종인가?
- 기술적으로 발전가능성을 갖고 있는가?
- 추가 자금조달가능성은 충분한가?
- 시장에서 수요가 증가추세에 있는가?

창업예비절차에서는 사업핵심요소의 결정, 사업타당성 분석, 사업계획서 작성이 요구된다. 사업핵심요소라 함은 업종 및 사업아이템 선정, 사업규모, 기업형태, 창업핵심멤버와 경영조직의 구성 등이다.

(2) 회사설립절차

창업예비절차가 사업계획단계라고 한다면 회사설립절차는 법률적으로 정당하게 회사가 설립되는 과정이다. 회사설립절차에서 수행하여야 할 핵심요소로는 창업예정업종에 대한 각종 인 · 허가 또는 신고의 이행, 사업자등록 신청, 법인설립의 경우 법인설립등기절차가 포함된다. 기업형태가 결정되어 법인(주식회사)을 설립하여야 하는 경우에는 자본규모의 결정, 주주 구성 등을 결정한 후 상법 등에서 정하는 절차에 따라서 법원에 법인설립등기를 하고, 사업자등록 신청을 하여야 한다.

법인이 아닌 개인기업을 설립할 때에는 사업 인 · 허가와 사업등록만으로 사업을 개시할 수 있다.

(3) 공장확보절차

제조업의 창업의 경우에 회사설립절차가 완료되면 그 다음 단계는 공장확보절차이다. 공장을 매입, 임차, 신축 등의 다양한 방법으로 제조공장을 확보하여야 한다. 그리고 공장입지 선정, 인 · 허가절차, 공사계약이 원만히 이루어져야 한다. 공장건축공사를 전후해서 소관관청에 공장설립 승인신청, 건축허가신청, 착공신고 등 각종 신고를 하여야 하며, 공장 준공과 더불어 건축물의 사용승인신청과 공장설립 완료신고 등의 절차를 거쳐야 한다. 또한, 공장건축과 병행하여 생산설비의 설계, 시설발주 등이 필요하며, 자금조달절차도 진행되어야 한다. 창업자는 이러한 복잡한 절차 수행 시 전문가의 조언 및 지원기관의 상담, 지원정보를 활용할 필요가 있다.

(4) 개업준비절차

개업준비절차에서는 영업활동을 시작하기 위해 필요한 관리, 영업, 생산직 직원을 충원하고 훈련하는 등 체계적인 조직구성으로 이어진다. 급여규정, 회계규정 등 각

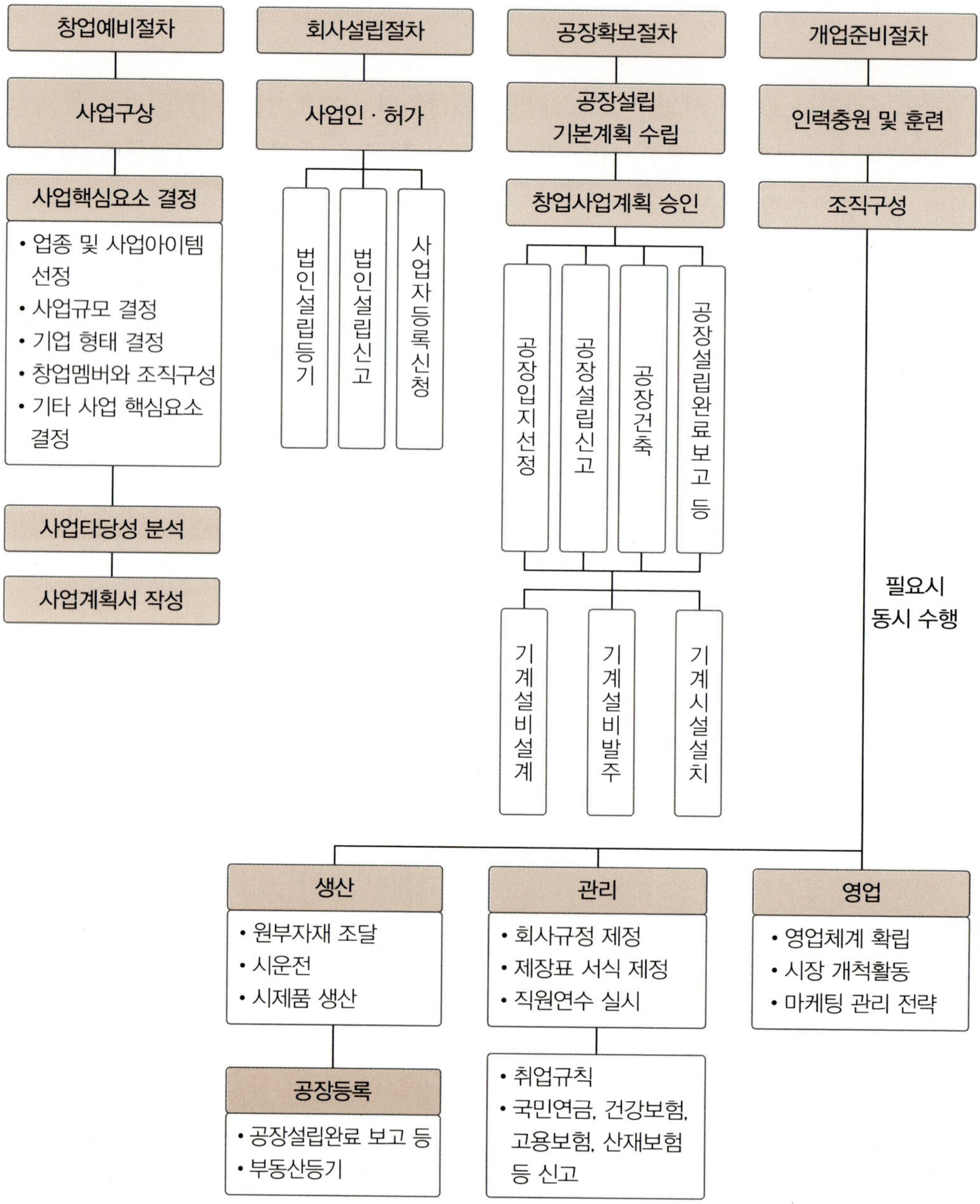

[그림 2-2] 제조업 창업절차도

종 회사 내규의 제정, 업무에 필요한 각종 장부와 규정 제정과 더불어 직원연수도 실시해야 한다. 또한 행정기관에 공장등록, 부동산등기, 취업규칙신고, 국민연금, 건강보험, 고용보험 및 산재보험을 관계기관에 신고해야 한다. 제조업의 창업절차는 [그림 2-2]와 같다.

2) 도 · 소매업 창업절차

도 · 소매업은 제조업에 비해서 창업절차가 간단하다. 그러나 도 · 소매업이라 하더라도 나름대로 사전준비가 철저하지 않으면 창업 초기에 시행착오를 겪게 된다. 도 · 소매업에 대한 창업준비는 점포의 입지선정, 취급할 품목선정 등이 종합적으로 검토되어야 할 뿐만 아니라 상권분석, 권리분석 및 영업방법 등에 대한 충분하고 세밀한 검토가 필요하다. 특히, 도 · 소매업은 입지선정이 중요하다. 도 · 소매업의 창업절차는 [그림 2-3]과 같이 사업아이템 선정단계인 ①창업예비절차, ②점포입지선정절차, ③개업준비절차의 3단계로 구분해볼 수 있다.

[그림 2-3] 도 · 소매업의 창업절차

(1) 창업예비절차

창업예비절차에서는 사업아이템, 자본규모 및 조달방법, 사업 형태, 상권 및 권리분석을 통해 판매가능성을 검토하고 공급원을 확보하는 방안이 강구되어야 한다. 또한, 시장변화 추세에 맞고 시장수요가 크며, 수익성이 높은 것을 찾아야 하며 창업자의 적성과 능력에 맞는 업종과 사업아이템 등을 찾아야 한다.

(2) 점포입지선정절차

도 · 소매업에 있어서는 좋은 점포입지의 확보가 사업성공에 결정적으로 중요한 요소이다. 일반적으로 도 · 소매업에 있어서 좋은 입지조건이라 함은 다음과 같은 조건을 구비하고 있는 경우를 말한다.

- 상권 내에 인구가 많고, 장래에도 인구가 증가할 것으로 예상되는 곳
- 소득수준 및 소비수준이 높고, 구매력이 왕성한 연령층의 거주자, 즉 계획 업종 및 업태에 적합한 소비자가 다수 존재하는 곳
- 주변에 강력한 경쟁업체가 없는 곳
- 다수 소비자를 유인할 수 있는 시설이 주변에 존재하는 곳
- 도로, 지하철, 버스 등 교통체계가 잘 되어 사람이 모이기 쉬운 곳 등이다.

(3) 개업준비절차

개업준비절차는 직원을 채용하고 상품을 매입, 배치하여 영업활동을 위한 준비단

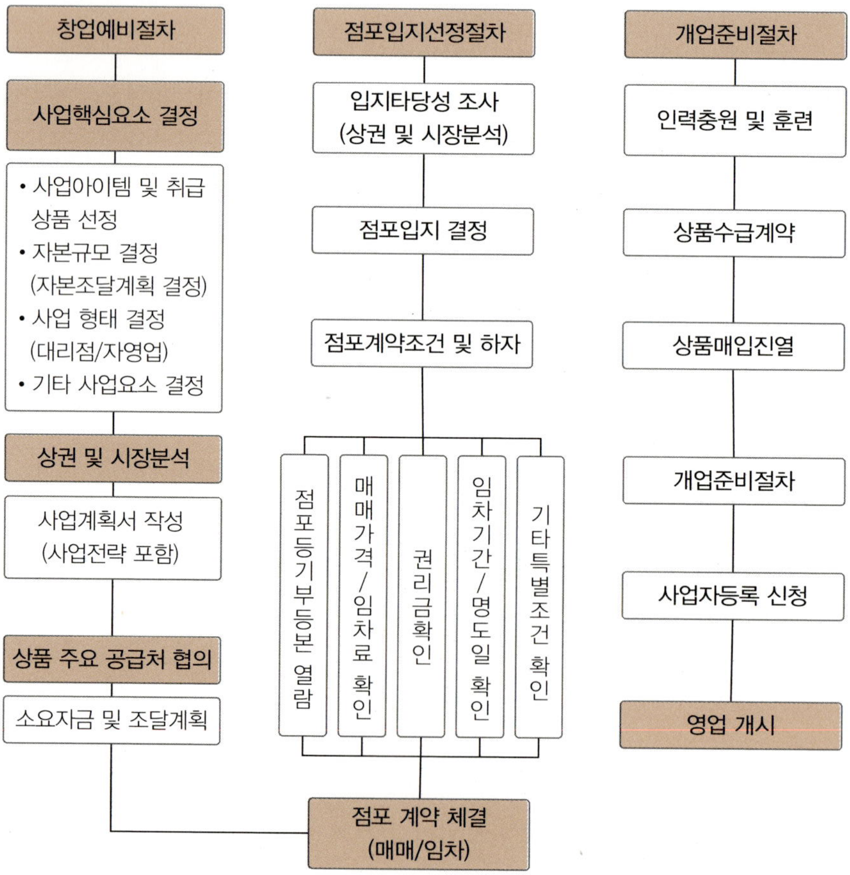

[그림 2-4] 도 · 소매업 창업절차도

계이다. 특히 고객을 잘 유인하고 봉사할 수 있는가 하는 관점에서 기획되어야 성공가능성이 높아질 수 있다. 부적합한 입지나 상품, 불친절한 판매원이 없도록 노력하여야 한다. 도 · 소매업의 창업절차는 [그림 2-4]와 같다.

3) 서비스업 창업절차

서비스업은 도매 및 소매, 숙박, 음식점, 운수, 통신, 금융, 보험, 부동산, 임대, 사업서비스, 행정, 국방, 교육서비스, 보건 등에 이르기까지 영역이 광범위하고 다양하여 어느 한 가지 모델을 정하여 창업절차를 설명하기는 어렵다. 예를 들어, 금융업이나 병원을 설립하려면 제조업보다 훨씬 더 복잡하고 까다로운 절차를 거쳐야 하는가 하면 음식점이나 모텔, 창고업, 카센터 등을 창업하려는 경우에는 도 · 소매업처럼 점포 선정을 비롯한 제반 설립절차와 거의 비슷하게 이루어진다.

또한 컨설팅회사나 부동산중개소, 개인서비스업의 경우에는 관련법에 개업의 자격이 정해진 때는 유자격자나 전문적인 경험이나 아이디어를 갖고 있어야 한다. 서비스업의 창업절차는 [그림 2-5]와 같이 크게 나누어 ①창업예비절차, ②회사설립절차, ③사무실 입지선정절차, ④개업준비절차로 구분해 볼 수 있다.

[그림 2-5] 서비스업의 창업절차

(1) 창업예비절차

창업예비절차는 사업구상, 사업요소에 대한 검토를 통해 사업타당성을 사전에 분석하는 과정이다. 창업자의 지식, 경험, 노하우 등이 직접 사업에 적용된다. 서비스업의 창업자는 해당 분야에 대한 전문지식이 없이는 창업이 불가능하므로 자신의 경력에 맞는 사업아이템을 선택해야 성공가능성을 높일 수 있다.

(2) 회사설립절차

회사설립절차는 사업 인 · 허가 및 법인설립신고를 통해 법률적 자격을 취득하는 과정으로 앞에 제조업의 창업절차에서 설명한 내용과 유사하다.

(3) 사무실 입지선정절차

사무실 입지선정절차는 고객에게 서비스를 제공하기에 가장 적절하다고 판단하는 장소를 찾는 과정으로, 가급적 고객의 접근이 용이한 곳이 좋다. 제공되는 서비스의 종류에 따라 고객이 직접 찾아오는 업종이라면 가급적 교통이 편리한 곳에 입지하는 것이 좋으며 서비스 제공자가 고객을 방문하는 업종이라면 공간비용이 싼 곳에 입지하는 것이 좋다.

(4) 개업준비절차

개업준비절차는 특정 서비스를 제공하는 데 필요한 인력을 충원하고 각종 요소를 마련하고 사업에 착수하는 과정이다. 서비스업 창업절차는 [그림 2-6]과 같다.

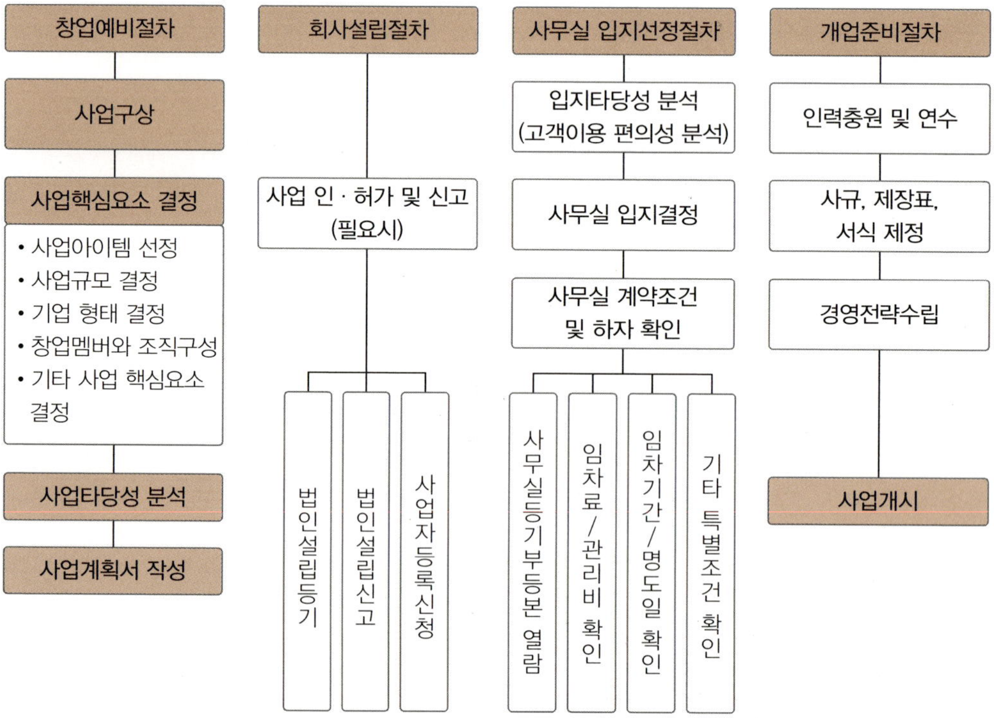

[그림 2-6] 서비스업 창업절차도

4) 프랜차이즈창업과 독립창업[1)]

프랜차이즈(Franchise)란 가맹사업자가 다수의 가맹계약자에게 자기의 상표, 상호, 서비스, 휘장 등을 사용하여 자기와 동일한 이미지로 상품 판매, 용역 제공 등 일정한 영업활동을 하도록 하고, 그에 따라 각종 영업지원 및 통제를 하며, 가맹계약자는 가맹사업자로부터 부여받은 권리 및 영업상 지원의 대가로 로열티(Royalty) 등 일정한 경제적 이익을 지급하는 계속적인 거래관계를 말한다. 특히, 프랜차이즈창업은 직접 눈으로 확인하는 검증과 신중함이 가장 중요하다.

예비창업자들이 제일 먼저 고민하는 것 중 하나가 창업 형태이다. 특히, 사업 경험이 적은 초보창업자라면 아이템 구성과 마케팅, 인테리어, 광고 등을 어떻게 해야 할지 막막하다. 이런 막막함을 어느 정도 해결해 주는 것이 프랜차이즈창업이다. 독립창업보다 창업비용은 많이 들지만, 본사가 가진 아이템 개발이나 마케팅 능력, 축적된 경영 비법, 상표 인지도 등으로 인해 실패 위험성을 줄일 수 있다. 사람들은 낯선 곳에 갔을 때 생소한 식당보다는 친숙한 분위기와 맛이 보장된 프랜차이즈 브랜드를 선호한다. 그만큼 프랜차이즈창업은 단기간에 고객의 신뢰를 얻는다는 강점이 있다.

또한, 전문적인 기술이나 기계설비가 필요한 업종도 본사에서 제공하는 기술교육 등을 통해 비교적 손쉽게 창업을 할 수 있고 상권조사나 입지 선정 시에도 본사의 도움을 받을 수 있으므로 창업기간을 단축할 수 있다. 반면 독자적인 창업보다 창업비용이 많이 들고 이윤이 적을 수 있다. 가맹비나 상표 사용료, 본사의 인테리어 및 물류비용, 로열티 등이 추가되기 때문이다. 또한, 본사가 규정한 가맹점 운영제도에 예속되어 있어 창업자 개인의 독창적인 아이디어를 반영하기 어려우며, 타 가맹점이 사회적으로 문제를 일으킬 경우 신용이나 지명도 면에서 함께 영향을 받기도 하며, 특히 본사가 운영능력을 상실하면 가맹점도 함께 폐업해야 하는 위험도 있다.

(1) 프랜차이즈창업의 경우 프랜차이즈본부의 선정이 창업의 성패를 가른다

프랜차이즈 본사와 가맹점은 독자적인 사업체다. 본사의 주고객은 가맹점주지만 가맹점주의 주고객은 점포를 찾는 소비자다. 가맹점주는 프랜차이즈 본사가 가맹점

1) 최재희 한국창업컨설팅그룹 대표가 두란노아버지학교운동본부 2015년 9월호(vol. 164)의 인터뷰 내용을 재구성한 것임.

모집을 통해 영리를 추구하는 회사라는 점을 잊지 말아야 한다. 영업이 어려워도 매출의 일정액은 본사에 사용료로 지급해야 하고 사업이 실패할 경우 모든 책임을 혼자 질 수밖에 없다. 간혹 가맹비나 사용료를 받지 않겠다면서 가맹점을 늘리기에 급급한 곳들이 있다. 본사가 가맹비를 받지 않는 것은 매장 개점까지만 신경 쓰고 이후의 영업활동은 책임지지 않는다고 봐야 한다. 어떤 업체는 좋은 상권으로 이전을 권하며 실내장식 비용을 다시 요구하거나 물류비를 낮추지 않기도 한다. 따라서 좋은 본사, 신뢰할 수 있는 회사를 고르는 일이 성공을 판가름한다.

그렇다면 좋은 프랜차이즈 회사인지 어떻게 알 수 있을까? 본사가 추천하는 가맹점뿐 아니라 추천하지 않은 가맹점도 몇 군데 방문해 보면 쉽게 알 수 있다. 본사가 어떤 지원을 해주는지, 가맹점과 약속은 잘 지키는지 등을 선배 창업자에게 물어보면 답이 나온다. 또한, 본사에 지급하는 실제 비용을 알 수 있어 문서상의 수치로만 아는 비용을 체감하고 내 수준에 맞는 사업비를 다시 계산할 수 있다.

본사가 채택한 사업아이템이 시장에서 얼마나 유망한지도 관건이다. 유행에 따라 그 업종을 선택한 시점과 계약 시점, 개점 시점은 적어도 2~3개월의 시차가 있기 때문이다. 독립창업이라면 창업 후에도 고객 욕구나 시장 변화에 따라 아이템을 변경하는 등 유연하게 대응할 수 있지만, 프랜차이즈는 본사의 결정을 따라야 하므로 아이템을 잘 선정하는 것이 더욱 중요하다.

(2) 프랜차이즈 가입 전에 반드시 확인해야 할 3가지!

■ 정보공개서 열람

가맹 본사의 사업현황, 재무정보, 가맹점 사업자 평균 매출액, 가맹점 사업자의 비용부담, 폐점 수 등이 수록돼 가맹 본사의 실체를 가늠해 볼 수 있는 공식 문서다. 가맹 본사는 가맹계약체결 14일 이전에 계약체결자에게 정보공개서를 제공할 의무가 있다. 가맹사업거래 홈페이지(franchise.ftc.go.kr)를 방문하면 공정거래위원회에 등록된 모든 가맹 본사의 정보공개서를 열람할 수 있어 타 기업과 비교분석이 가능하다. 또한, 가맹본부와 가맹점사업자(또는 가맹희망자) 간에 발생한 가맹사업거래에 관한 분쟁은 '가맹사업거래분쟁조정협의회'를 통해 해결할 수 있다.

■ 후보 업종의 비교 검토

첫째, 본인에게 가장 적합하다고 생각되는 후보 업종 3~4개를 선정하여 장·단점이나 투자비용을 따져 보고 순위를 매겨 본다. 둘째, 궁금한 사항들을 미리 적어 놓고 후보 업종의 가맹점을 방문해 가맹점주로부터 본사에서의 사후 지원체계나 운영할 때 애로사항 등을 꼼꼼하게 살펴본다. 셋째, 앞에서 알아본 내용에 어느 정도 신뢰성이 확보되면 다음 단계로 본사를 방문해 본다.

■ 본사 방문을 통한 확인

정보공개서에 대한 신뢰도, 현재 운영체계, 향후 발전방향 등을 판단해 보는 것이 좋다. 이 외에도 특정 아이템보다는 고객에게 차별화된 서비스가 있는지, 향후 추가 아이템과 서비스를 개발할 수 있는 능력이 있는지 따져 본 후 본사를 정한다.

(3) 좋은 프랜차이즈 선정 포인트

■ 본사의 재정, 운영상태, 인원의 전직(前職)을 확인하라.

체인 사기, 신용불량자, 소송 등의 전력이 있다면, 대표사업자가 수시로 바뀌는 경향이 있다.

■ 회사가 직접 운영하는 매장인 직영점이 있는지 확인하라.

직영점이 없다면, 운영 경험이 없으므로 노하우가 부족하다고 볼 수 있다.

■ 체인점의 개수와 폐업률을 확인하라.

사업성을 대변하므로 가맹점 가입현황에 관련된 정보를 요구하고 발로 뛰어 조사한다.

■ 안정적인 제조, 유통라인이 구축되어 있는지 확인하라.

물품 제조 및 배송체제가 없는 경우 본사에서 지원받을 것이 별로 없다.

■ 모집광고를 지나치게 많이 하는지 확인하라.

적지 않은 광고비임에도 불구하고 모집광고를 계속하는 경우, 본사가 부실해진다.

■ 급부상하는 신종업종은 추이를 지켜본 후 판단하라.

갑자기 업계가 난립하는 경우 시장포화상태, 유행 업종의 판단과 더불어 본사의 경쟁력 검토가 필요하다.

■ 신규 브랜드를 마구 늘리는 본사를 주의하라.

가맹점 지원보다는 가맹비와 사용료 등에 관심이 더 많은 본사일 수 있다.

(4) 계약서를 꼼꼼하게 검토할 것

공정거래위원회에서 본사와 가맹점의 분쟁을 예방하기 위해 '표준가맹계약서'를 마련했다. 가맹계약을 체결할 때 계약서에 담아야 할 기본적인 공통사항을 명시한 계약서 예시 안으로, 가맹본부와 가맹사업자는 표준계약서의 기본 틀을 유지하는 범위에서 상세한 내용을 추가할 수 있다. 본부는 계약서를 사전에 제공할 의무가 있으므로 계약체결일이나 가맹금 지급일 전에 계약서를 받아 표준계약서와 비교해 보면서 불공정한 부분은 없는지 확인해야 한다.

'표준가맹계약서'는 공정거래위원회 홈페이지(www.ftc.go.kr)에서 열람할 수 있는데 가맹금 및 해지 등과 관련된 사항이 기재되어 있으므로 꼭 계약을 하지 않더라도 한 번 훑어보는 것이 유익하다. 계약서에 서명하고 나면 쉽게 계약을 해지할 수 없고, 해지에 따른 위약금 등 민사상 법적 책임을 지게 되기 때문에 몇 번이고 검토한 후 체결한다. 계약에 대한 독점권과 관련 규정 및 표준약관의 이행 여부, 본사의 입장만 주장하는 일방적인 계약 내용의 여부, 하자 발생 시 보호 여부, 회사의 광고 및 홍보활동, 기타 지원사항 등이 정확히 기재되어 있고 실제로 실현될 거라는 믿음이 생길 때 가맹계약을 체결한다. 참고로, 가맹 본사와 문제가 생겼을 때의 대처요령은 다음과 같다.

가맹사업법 관련 분쟁 발생 시 공정거래위원회 산하기관인 한국공정거래조정원에 설치된 분쟁조정협의회를 통해 조정신청이 가능하다. 부당한 가맹계약 해지, 가맹금 반환, 영업지역 침해 등 모든 이유로 조정신청이 가능하며, 조정신청은 무료다.

- 한국공정거래조정원 홈페이지 : www.kofair.or.kr
- 분쟁조정콜센터 1588-1490

창업Tip

연령별 창업유형

구분	창업유형	판단기준
20대	모험창업	• 어떤 분야를 선택하여 창업하더라도 성패의 결과는 같음 • 재기의 가능성이 높음
31~35세	선택창업	• 적성에 맞는 분야 • 자기 적성과 업무와의 상관성을 고려하여 판단
36~40세	기반창업	• 사회생활 및 자기분야에서 닦아놓은 기반을 최대한 활용
41~50세	전문창업	• 최고의 실무전문가적 장점을 최대한 활용 • 학력 및 과거 지위 불문
51세 이상	안전창업	• 가급적 모험성이 없는 안전한 사업분야를 선택 • 연륜과 전문지식이 풍부하나 행동보다 생각이 깊음

3. 개인기업과 법인기업

창업기업의 형태는 크게 개인기업과 법인기업으로 구분된다. 또한, 법인형태 기업은 주로 주식회사이며 합자회사나 합명회사 및 유한회사는 드물다. 예비창업자는 개인기업과 주식회사의 장 · 단점을 비교하여 사업계획 검토단계에서 결정하여야 한다.

- **합자회사** : 무한책임(無限責任)사원과 유한책임사원으로 구성되는 복합적 조직의 회사
- **합명회사** : 무한책임사원만으로 구성되는 회사
- **유한회사** : 사원이 회사에 대하여 출자금액을 한도로 책임을 질 뿐, 회사채권자에 대하여 아무 책임도 지지 않는 사원으로 구성된 회사

주식회사는 기업의 영속성, 성장성 및 법적 책임 등에서 장점이 많으며, 개인기업보다 대외공신력과 신용도가 높기 때문에 자금조달이 용이하고, 영업 수행에 있어서도

기업의 이미지가 제고되어 유리한 점이 많다. 벤처기업을 창업하는 경우에는 개인기업보다는 주식회사의 형태로 하는 것이 소유와 경영을 분리할 수 있어서 자금조달 측면에서 유리한 평가를 받게 된다. 〈표 2-4〉는 개인기업과 법인기업의 장·단점을 비교한 것이다.

〈표 2-4〉 개인기업과 법인기업의 장·단점

구분	개인기업	법인기업(주식회사)
장점	• 설립등기가 필요 없고 사업자등록만으로 사업개시가 가능하므로 기업설립이 용이 • 기업이윤 전부를 기업주가 독점할 수 있음 • 대표자에 의한 기업자금의 개인적인 사용이 자유롭고 거의 불이익이 없음 • 창업비용과 창업자금이 비교적 적게 소요되어 소자본을 가진 창업자도 창업 가능 • 일정 규모 이상으로 성장하지 않는 중·소규모의 사업에 안정적이고 적합 • 기업활동에 있어 자유롭고, 신속한 계획수립, 계획변경 등이 용이 • 개인기업은 인적 조직체로서 제조방법, 자금운용상의 비밀유지가 가능	• 대표자는 회사 운영에 대해 일정한 책임을 지며, 주주는 주식대금 납입액을 한도로 채무자에 대해 유한책임을 짐 • 사업양도 시에는 주식을 양도하면 됨 • 주식양도에 대하여 낮은 세율의 양도세가 부과됨. 주식을 상장 후에 양도하면 세금이 없음 • 소득 과세표준 1,600만원 이상 시 유리 • 성장 가능한 유망사업의 경우에 적합 • 주식회사는 신주발행 등을 통한 다수인으로부터 자본조달이 용이 • 대외공신력과 신용도가 높기 때문에 영업수행과 관공서, 금융기관 등과의 거래에 있어서도 유리
단점	• 대표자는 채무자에 대하여 무한책임을 짐 • 대표자가 바뀌는 경우에는 폐업을 하고, 신규로 사업자등록을 해야 하므로 기업의 계속성이 단절됨 • 사업양도 시에는 양도된 영업권 또는 양도인에 대하여 높은 양도소득세가 부과됨	• 최소한의 자본금과 발기인이 있어야 설립등기에 의해 설립이 가능 • 대표자가 기업자금을 개인용도로 사용하면 회사는 대표자로부터 이자를 받아야 하는 등 세제상의 불이익이 있음 • 법인번호로 기업의 과오가 그대로 승계됨

개인기업은 소득세법의 적용을 받으므로 과세기간은 매년 1월 1일부터 12월 31일까지이며, 과세소득은 총수입에서 필요경비를 공제한 금액이 되며, 재무상태표의 공고 의무가 없다. 법인기업은 법인세법의 적용을 받고, 그 과세기간은 정관과 규칙에서 정하는 회계기간에 따라 달라지며 과세소득은 익금총액에서 손금총액을 공제한 금액이다. 임원보수와 상여금은 손금에 산입되고, 퇴직급여충당금 설정, 대손충당금 설정 대상 등 조세부담은 일정 규모 이상에서는 법인이 유리하다. 개인기업과 법인기업의 세제상 차이를 비교하면 〈표 2-5〉와 같다.

〈표 2-5〉 개인기업과 법인기업의 세제상 비교

내용	개인기업	법인기업(주식회사)
관련법	소득세법	법인세법
과세기간	• 매년 1월 1일부터 12월 31일까지	• 정관에 정하는 회계기간
과세소득	• 총수입금액 - 필요경비	• 익금의 총액 - 손금의 총액
과세범위	• 특정 소득에 대해서는 종합과세를 하지 않고 원천징수만으로 분리과세	• 분리과세가 인정되지 않음
이중과세 여부	• 하나의 원천소득에 대해 이중과세가 되지 않음	• 법인에게 법인세 과세 후, 주배당에 대해 소득세과세
세율구조	• 세율 : 6~38%로 누진적용 • 주민세 : 소득세의 10%	• 세율 : 2억원 미만 10%, 이상 20% • 주민세 : 법인세의 10%
납세지	• 개인기업의 주소지	• 법인등기부등본상의 본점/주사무소
기장의무 외부 감사제도	• 수입금액에 따라 일기장의무자, 간이장부의무자, 복식부기의무자로 구분 적용되지 않음	• 수입금액에 관계없이 복식부기의무자 • 자산총액이 100억원 이상인 경우, 공인회계사의 감사를 받음
재무상태표 공고	• 재무상태표 공고의무가 없음	• 법인세 신고기간 내에 일간신문에 공고의무가 있음

주 : 개인기업 세율 : 1,200만원 이하 6%, 1,200~4,600만원 15%, 4,600~8,800만원 24%, 8,800만원 ~15,000만원 35%, 15,000만원 초과 38%(법인세율 200억원 이상 22%)

1) 법인기업의 설립절차

주식회사는 1인 이상의 발기인이 발기인조합을 구성하여 상법이 정하는 바에 따라 정관작성, 주식인수 및 주식대금 납입 등 일정한 절차를 거쳐 법원에 설립등기를 함으로써 설립된다. [그림 2-7]은 법인기업의 설립절차를 나타낸 것이다.

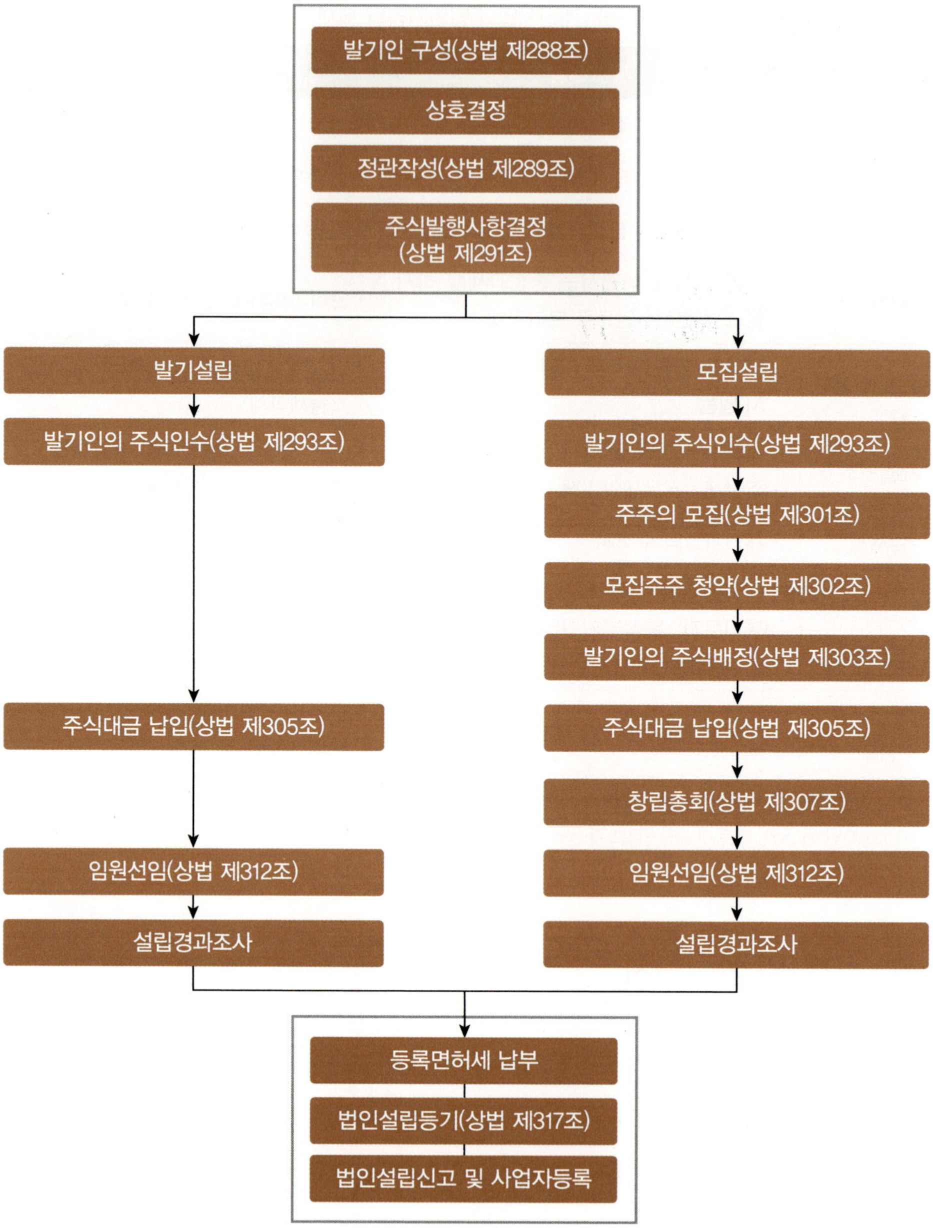

[그림 2-7] 법인기업의 설립절차

(1) 발기인 구성

발기인은 정관을 작성하고 기명날인 또는 서명한 자로서 실질적으로 주식회사의 설립을 기획하고, 그 설립 사무를 집행하는 사람이다. 〈표 2-6〉은 발기인 구성을 설명한 것이다.

〈표 2-6〉 발기인 구성

구분	주요내용
발기인 자격	• 내 · 외국인 및 법인 또는 자연인과 관계가 없으며, 미성년자도 법정대리인의 동의가 있으면 가능하다.
발기인의 수	• 최소 1인 이상(상법상 발기인의 수에 대한 규정은 없다.)
발기인의 주식인수	• 발기인은 1주 이상의 주식을 인수(인수주식에 대한 자금출처를 입증)

(2) 상호결정

사용하고자 하는 상호는 법령에 특별한 규정이 없는 한 "주식회사" 등과 같이 회사형태를 반드시 표기하여야 하며 로마자 등의 표기를 사용하고자 하는 경우 반드시 정관에 기재되어 있어야 하며 사용하고자 하는 상호를 여러 개 준비하여 대법원 인터넷등기소 홈페이지(www.iros.go.kr)의 법인상호검색 메뉴를 통하여 관할등기소 내 동일상호 사용법인 유무를 조회한다.

(3) 정관작성

정관이란 회사가 제정한 자치법규로서 실질적으로 회사의 조직 및 활동에 관한 근본 규칙을 말하며, 형식적으로는 근본 규칙을 기재한 서면을 말한다. 발기인이 작성한 정관을 원시정관이라고 하며, 여기에는 발기인 전원이 기명날인하고 공증인의 인증을 받아야만 효력이 있다.

(4) 주식발행사항결정

정관을 작성할 때 회사 설립 시 발행하는 주식의 종류와 총수를 결정하여야 하지만, 주식발행에 관한 나머지 사항은 정관에서 특별히 정한 사항이 없으면 발기인 전원의 동의로 이를 정할 수 있다.

(5) 발기설립

- 발기인의 주식인수

발행주식과 발행가액이 결정되면, 발기인은 서면으로 1주 이상의 주식을 인수하여 발총주식 총수를 인수하여야 하며, 구두에 의한 인수는 효력이 없고 인수 시기는 제한이 없으나 주식대금의 납입 전까지 인수해야 한다.

- 주식대금 납입

각 발기인은 발행하는 주식을 서면에 의하여 전부 인수하고, 지체 없이 발기인조합(발기인)에서 지정한 납입은행, 기타 금융기관의 납입장소에 그 인수금액 전액을 납입해야 한다.

- 임원선임

주식대금의 납입과 현물출자의 이행이 끝나면 발기인들은 지체 없이 발기인 총회를 개최하여 의결권의 과반수의 결의로 이사와 감사를 선임하되 이사는 사내이사, 사외이사, 기타 비상무이사로 명확하게 구분하여 선출한다.

- 설립경과조사

이사와 감사는 취임 후 지체 없이 회사의 설립에 관한 모든 사항이 법령 또는 정관의 규정에 위반되지 아니하는지 여부를 조사하여 발기인에게 보고하여야 한다.

(6) 모집설립

- 발기인의 주식인수

발행주식과 발행가액이 결정되면 발기인이 주식 일부를 인수하고, 나머지는 응모주주를 대상으로 모집하고 각 발기인은 반드시 1주 이상을 인수해야 하며, 인수 시기는 제한이 없으나 주금의 납입 전까지 인수한다.

- 주주의 모집 및 모집주주 청약

현행 상법은 주식청약서 주의를 채택하고 있으므로 발기인은 정관의 절대적 기재사항과 변태설립사항, 회사조직의 대강과 청약조건 등 회사설립 개요를 응모주주가 알 수 있도록 기재한 주식청약서를 작성하여야 한다.

〈 주식청약서 작성내용 〉

① 정관의 인증 연월일과 공증인의 성명
② 정관의 절대적 기재사항과 변태설립사항
③ 회사의 존립기간 또는 해산사유를 정한 때에는 그 규정
④ 각 발기인이 인수한 주식의 종류와 수
⑤ 주식의 종류와 수, 액면 이상의 주식을 발행하는 때에는 그 수와 금액
⑥ 주식의 양도에 관하여 이사회의 승인을 얻도록 정한 때에는 그 규정
⑦ 개업 전에 이자를 배당할 것을 정한 때에는 그 규정
⑧ 주주에게 배당할 이익으로 주식을 소각할 것을 정한 때에는 그 규정
⑨ 일정한 시기까지 창립총회를 종결하지 아니한 때에는 주식의 인수를 취소할 수 있다는 뜻
⑩ 주금(주식인수에 따른 대금)납입을 맡을 은행 및 기타 금융기관과 납입장소
⑪ 명의개서 대리인을 둔 때에는 그 성명 · 주소 및 영업소

■ 발기인의 주식배정

발기인 조합은 응모한 주식청약인에 대하여 사전에 정한 방법에 따라 총 발행주식 수 중 인수해야 할 주식을 배정하면 이것에 의하여 주식인수가 확정된다. 주식인수인 또는 주식청약인에 대한 통지나 최고(催告)는 주식인수증 또는 주식청약서에 기재한 주소 또는 주식청약인이 요구하는 주소로 통지한다. 주식의 인수를 청약하고자 하는 자는 주식청약서에 법정사항을 기재, 날인하고 발기인에게 제출하여 회사로부터 주식을 배정받으면 납입기일에 인수가액의 전액을 납입하여야 한다.

■ 주식대금 납입

발행하는 주식의 총수가 인수된 때에는 발기인과 주식인수인은 주식인수가액(주금)을 납입할 의무를 지며, 주식청약서에 기재된 은행, 기타 금융기관에서만 납입하여야 하며, 만일 납입금의 보관 및 납입장소를 변경할 때에는 법원의 허가를 얻어야 한다.

■ 창립총회 및 인원선임

창립총회는 주식인수인들로 구성되는 설립 중인 회사의 의결기관으로 주식대금의 납입과 현물출자의 이행이 완료되면 발기인은 지체 없이 창립총회를 소집하고 이사 및 감사의 선임 등을 결의하며 총회의 결의는 출석한 주식인수인 의결권의 2/3 이상이며, 인수된 주식 총수의 과반수에 해당하는 다수로 한다.

■ 설립경과조사

이사와 감사는 취임 후 지체 없이 회사의 설립에 관한 모든 사항이 법령 또는 정관에 위반되지 아니하는지 여부를 조사하여 창립총회에 보고하여야 한다. 또한, 발기인 및 재산인수의 당사자인 이사와 감사는 이 조사 · 보고에 참여하지 못하며, 이사와 감사 전원이 제척사유에 해당하는 경우에는 이사는 공증인으로 하여금 조사 · 보고를 하도록 하여야 한다.

(7) 등록면허세 납부

법인설립등기신청을 하기 위하여 등록면허세를 납부하고 영수증 또는 감면받은 사항을 첨부하도록 되어 있어 관할 시 · 군 · 구에 등록면허세 납부서를 발급받아 은행에 납부하여야 한다. 등록면허세 세율은 〈표 2-7〉과 같다.

〈표 2-7〉 등록면허세 세율

구분	등기 등록 종류	세율
법인등기	영리법인설립 및 자본증가	0.4% (세액이 112,500원 미만인 때에는 112,500원)
	비영리법인의 설립 및 출자증가	0.2%
	본점 및 주사무소 이전	건당 112,500원
	지점 또는 분사무소설치 및 기타 등기	건당 40,200원

주 : 수도권 과밀억제권역 안에서의 법인의 설립과 지점 또는 분사무소의 설치 등의 등기에 대하여 일반 세율의 3배를 적용(지방세법 제138조)

(8) 법인설립등기

주식회사의 발기설립등기 시기는 검사인 등의 설립경과 조사 종료일 또는 창립총회가 종료한 날로부터 2주 이내이고, 모집설립등기 시기는 창립총회가 종료한 날로부터 2주 이내에 관할 상업등기소에 설립등기를 신청하여야 한다.

등기를 위하여 법인의 상호를 선정하고 대법원 인터넷등기소 홈페이지(www.iros.go.kr)에서 도 · 시 · 군 지역에 동일업종의 동일상호를 먼저 사용하는 기업이 있는지를 검토하여야 한다. 동일한 상호는 사용할 수 없으며, 상호는 한글발음으로 표기하여야 한다. 법인등기(관할등기소) 시 구비서류는 다음과 같다.

① 정관
② 주식의 인수를 증명하는 서면
③ 주식청약서
④ 발기인이 정한 주식발행에 관한 사항
⑤ 이사와 감사 또는 검사인이나 공증인의 조사보고서와 그 부속서류 또는 감정인의 감정서와 그 부속서류
⑥ 검사인의 보고에 관한 재판이 있을 때에는 그 재판의 등본
⑦ 발기인이 이사와 감사를 선임한 때에는 그에 관한 서면(발기인 회의록)
⑧ 창립총회의 의사록
⑨ 이사, 대표이사와 감사의 취임승낙을 증명하는 서면
⑩ 명의개서 대리인을 둔 때에는 명의개서 대리인과의 계약을 증명하는 서면
⑪ 주금의 납입을 맡은 은행 기타 금융기관의 납입금 보관에 관한 증명서
⑫ 벤처기업확인서(창업 중인 기업이 벤처기업 확인을 받은 경우)

(9) 법인설립신고 및 사업자등록

상법의 규정에 의하여 법인을 설립한 경우에는 설립등기일로부터 30일 이내(개인기업은 20일 내)에 관할 세무서에 법인설립신고를 해야 하며 제출서류는 다음과 같다. 개인기업은 법인서류를 제외한 서류를 제출하면 된다.

① 법인설립신고 및 사업자등록신청서 1부(세무서)
② 법인등기부등본 1부
③ 정관 사본 1부
④ 임대차계약서 또는 부동산등기부등본 1부
⑤ 주주 또는 출자자명부 1부
⑥ 대표이사 인감증명서 1부
⑦ 사업 인허가증 사본 1부(법령에 의한 허가사업인 경우)

2) 사업자등록

(1) 개인사업자 등록절차

개인사업자 등록절차와 제출서류는 〈표 2-8〉과 같다.

〈표 2-8〉 개인사업자 등록절차 및 제출서류

개인사업자 등록절차

① 인 · 허가 및 신고업종 여부 검토
② 시 · 군 · 구 등 관련 기관에 인 · 허가 및 신고 이행
※허가(등록, 신고) 전에 등록하는 경우 허가(등록)신청서 사본 또는 사업계획서 제출
③ 사업개시일로부터 20일 이내 사업자등록신고서에 신고인 제출서류를 첨부하여 제출

제출서류

구분	첨부서류
1. 법령에 따라 허가를 받거나 등록 또는 신고를 하여야 하는 사업의 경우	사업허가증 사본, 사업등록증 사본 또는 신고확인증 사본
2. 사업장을 임차한 경우	임대차계약서 사본
3. 「상가건물 임대차보호법」 제2조 제1항에 따른 상가건물의 일부분만 임차한 경우	해당 부분의 도면
4. 「조세특례제한법」 제106조의3 제31항에 따른 금지금(이하 '금지금'이라 함) 도매 및 소매업	사업자금 명세 또는 재무상황 등을 확인할 수 있는 서류로서 기획재정부령으로 정하는 서류
5. 「개별소비세법」 제1조 제4항에 따른 과세유흥장소에서 영업을 경영하는 경우	사업자금 명세 또는 재무상황 등을 확인할 수 있는 서류로서 기획재정부령으로 정하는 서류
6. 「부가가치세법」 제8조 제3항 및 제4항에 따라 사업자 단위로 등록하려는 사업자	사업자 단위 과제 적용 사업장 외의 사업장(이하 '종된 사업장'이라 함)에 대한 이 표 제1호부터 제5호까지의 규정에 따른 서류 및 사업장 소재지 · 업태 · 종목 등이 적힌 기획재정부령으로 정하는 서류
7. 액체연료 및 관련 제품 도매업, 기체연료 및 관련 제품 도매업, 차량용 주유소 운영업, 차량용 가스 충전업, 가정용 액체연료 소매업과 가정용 가스연료 소매업	사업자금 명세 또는 재무상황 등을 확인할 수 있는 서류로서 기획재정부령으로 정하는 서류
8. 재생용 재료 수집 및 판매업	사업자금 명세 또는 재무상황 등을 확인할 수 있는 서류로서 기획재정부령으로 정하는 서류

사업자등록을 신청할 때 붙임서류에 추가로 적어야 하는 사유
① 공동사업자에 해당하는 경우 공동사업자 명세
② 종업원을 1명 이상 고용한 경우 종업원 현황
③ 사업장 외의 장소에서 서류를 송달받으려는 경우 서류를 송달받을 장소
④ 사업자 단위 과세 적용을 신청한 경우 사업자 단위 과세 사업자의 종된 사업장 명세서

창업Tip

사업자등록 요령

- 사업자등록은 사업장마다 하여야 하며, 사업장이 여럿이면 각각의 사업장마다 별도로 사업자등록을 하여야 한다.
- 사업을 시작한 날로부터 20일 이내에 구비서류를 갖추어 관할 세무서 민원봉사실에 신청하여야 한다. 단, 사업개시 전에도 신청이 가능하다.
- 사업자등록신청서는 사업자 본인이 자필로 서명하여야 한다.
- 대리인이 신청할 경우 대리인과 위임자의 신분증을 필히 지참하여야 하며, 사업자등록신청서에 사업자 본인 및 대리인 모두 인적사항을 기재하고 자필 서명하여야 한다.
- 2인 이상의 사업자가 공동사업을 하는 경우에는 공동사업자 중 1인을 대표자로 하여 대표자 명의로 신청하여야 한다.

(2) 법인사업자 등록절차

법인설립등기가 완료되면 회사는 법인설립등기를 한 날로부터 20일 이내에 관할 세무서에 법인설립신고 및 사업자등록 신청서를 제출하여야 한다. 법인사업자 등록절차와 제출서류는 〈표 2-9〉와 같다.

〈표 2-9〉 법인사업자 등록절차 및 제출서류

법인사업자 등록절차
① 법인설립등기 완료
② 인 · 허가 및 신고 업종 여부 검토
③ 시 · 군 · 구 등 관련기관에 인 · 허가 및 신고 이행 ※허가(등록, 신고) 전에 등록하는 경우 허가(등록) 신청서 사본 또는 사업계획서 제출
④ 사업개시일로부터 20일 이내 사업자등록 신고서에 신고인 제출서류를 첨부하여 제출

제출서류
① 정관 1부(외국법인만 해당)
② 임대차계약서 사본(사업장을 임차한 경우만 해당) 1부
③ 「상가건물 임대차보호법」의 적용을 받는 상가건물의 일부를 임차한 경우에는 해당 부분의 도면 1부
④ 주주 또는 출자자명세서 1부
⑤ 사업허가 · 등록 · 신고필증 사본(해당 법인만 해당) 또는 설립허가증 사본(비영리법인만 해당) 1부
⑥ 현물출자명세서(현물출자법인의 경우만 해당) 1부
⑦ 자금출처소명서(2008년 7월부터 금지금 도 · 소매업 및 과세유흥장소에의 영업을 영위하려는 경우만 해당) 1부
⑧ 본점 등의 등기에 관한 서류(외국법인만 해당) 1부
⑨ 국내사업장의 사업영위내용을 입증할 수 있는 서류(외국법인만 해당하며, 담당 공무원 확인사항에 의하여 확인할 수 없는 경우만 해당) 1부
⑩ 사업자단위과세 적용 신고자의 종된 사업장 명세서(법인사업자용, 사업자단위과세 적용을 신청한 경우만 해당) 1부

3) 온라인 법인설립시스템

온라인 법인설립시스템(www.startbiz.go.kr)은 법인기업 설립을 위해 30개 이상의 서류와 7개 기관을 방문하여 처리하던 업무를 온라인으로 쉽고 빠르게 처리할 수 있는 법인설립시스템이다. 즉, 법인인 주식회사 설립을 인터넷으로 신청하고 정관, 의사록, 주식인수증 등을 인터넷에서 표준내용으로 작성하여 등기신청하고 사업자등록, 4대사회보험 신고까지 진행할 수 있다. 통상 법무사에서 법인설립을 대행하던 업무를 정부가 창업 활성화를 위하여 시간과 비용을 절감하도록 개발한 제도이다. 온라인 법인설립시스템으로 진행할 경우 준비사항은 ①법인에 참여하는 임원(이사, 감사)의 공인인증서, ②법인의 인감도장, ③사업장 임차계약서(부동산등기부등본), ④컴퓨터 스캐너, ⑤등록세 감면서류(벤처기업, 지방소재 창업기업) 등이 필요하다.

온라인 법인설립시스템에 접속하여 회사설립 의사결정 → 자본금 및 조직구성 → 잔고증명, 주식대금 납입증명 발급 → 법인등록면허세 납부 → 법인설립등기 → 사업자등록 신청 → 4대사회보험 신고 → 취업규칙 신고 등의 절차로 진행된다. 해당 홈페이지에 접속하면 회사설립신청, 법인설립진행업무, 법인설립현황조회로 나누어져 있으며 진행상 어려움이 있을 시에는 1577-5475로 전화하여 상담원의 안내에 따라 진행하면 어려움이 없이 법인을 설립할 수 있다. 사무실에서 처리할 수 있고, 법인설립대

행수수료가 없다는 장점이 있다.

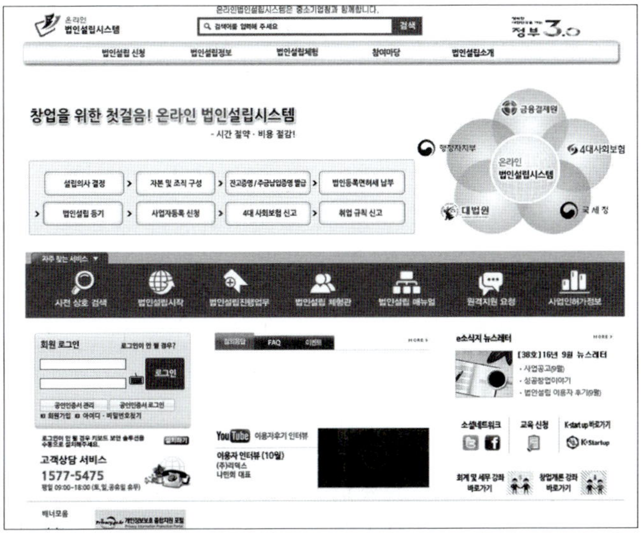

[그림 2-8] 온라인 법인설립시스템(www.startbiz.go.kr) 메인화면

4. 1인 창조기업

1) 1인 창조기업의 등장 및 필요성 대두

1인 기업에 대해서는 톰 피터스(Tom Peters), 다니엘 핑크(Daniel H. Pink), 토마스 말론(Thomas Malone), 브루스 저드슨(Bruce Judson) 등이 제시한 바 있다. 톰 피터스는 Me Inc.와 Brand You 등의 개념을 주창하면서 '1인 기업'은 개인이 브랜드(Brand)가 되느냐의 여부에 달려 있다고 주장하였다. 다니엘 핑크는 조직인간에 대비되는 개념으로 프리 에이전트(Free Agent)를 제시하였으며, 토마스 말론은 'e-lancer'라는 개념을 도입하였고, 브루스 저드슨은 'Go It Alone'에서 1인 기업을 새로운 기업가상으로 제시한 바 있다.

이와 관련하여, 1인 창조기업은 개인이 사장이면서 직원인 기업을 의미한다. 즉, 자신이 가진 아이디어, 지식, 경험, 전문기술 등을 사업화하여 보다 창조적인 서비스를 제공하고 이윤을 창출하는 경우 1인 창조기업에 해당된다. 1인 창조기업에서 1인이라는 것은 숫자로서의 '한 사람'이 아니라 '핵심인재'를 의미한다. 즉, 실력 있는 인재와 창의적인 아이디어가 결합하고, 정부기관의 적절한 지원이 더해질 경우, 애플의 스티브 잡스(Steve Jobs)나 페이스북의 마크 주커버그(Mark Zuckerberg)처럼 창의적인 기업인과 세계적인 기업을 배출하는 발판이 될 수도 있다. 이에 따라, 정부에서는 중소기업청을 중심으로 1인 창조기업을 위한 각종 지원사업과 교육을 통하여 창의적 아이디어의 사업화 생태계를 조성하고 질 좋은 일자리 창출을 촉진하고 있다. 〈표 2-10〉은 1인 창조기업의 특징을 설명한 것이다.

〈표 2-10〉 1인 창조기업의 특징

구분	1인 창조기업	1인 지식서비스기업	프리랜서
기본목표	창의적 아이디어의 사업화	서비스 시장 활성화	자유 독립직
조직특성	개인 간 인적 네트워크	생계형 자영	일시적 계약에 의한 협력
활동영역	개인의 창의성으로 경쟁력이 있는 업종	지식서비스 업종	디자인, 기술 등 아웃소싱 특성이 강한 업종

2) 1인 창조기업의 법률상 정의

대통령령으로 정한 지식서비스업, 제조업 등에서 창의성과 전문성을 갖춘 1인이 상시 근로자 없이 사업을 영위하는 기업을 말한다. 공동창업자, 공동대표, 공동사업자 등의 형태로 공동으로 사업을 영위하는 자가 5인 미만일 경우에도 1인 창조기업으로 인정하고 있으며, 1인 창조기업이 규모 확대의 이유로 1인 창조기업에 해당되지 아니하게 된 경우에도 3년간은 1인 창조기업으로 인정한다.

3) 1인 창조기업의 대상

1인 창조기업의 대상은 창조적 아이디어를 바탕으로 하고 경제적 부가가치 및 일자리 창출효과가 타 업종에 비해 높아야 한다. 다음의 4가지 산업분야가 여기에 해당된다.

- **제조 관련 서비스업** : S/W, 인터넷서비스, 컨설팅, 디자인, 전시 등
- **문화 관련 서비스업** : 영화, 예술, 관광, 저술, 시나리오 등
- **전문과학 및 기술서비스업** : 건축기술, 엔지니어링, 연구개발업 등
- **제조업** : 전통식품, 공예품, 컴퓨터 및 전자부품 등 일부 업종

(1) 인정요건

- 창의성과 전문성을 갖춘 1인 또는 5인 미만의 공동사업자로서 상시근로자 없이 대통령령으로 정하는 지식서비스업, 제조업 등을 영위하는 자
- 대통령령으로 정하는 지식서비스업, 제조업 등을 영위하는 자
  한국표준산업분류(통계법 제22조에 따라 통계청장 고시) 내 6개 대분류 업종 내 429개 세세분류 업종
  * 1인 창조기업 육성에 관한 법률 시행령 제2조(1인 창조기업의 범위) 및 중소기업청 1인 창조기업 지원사업 운영 등에 관한 고시

〈표 2-11〉 1인 창조기업 지원대상 업종

No	구분	한국표준산업 분류코드	해당 업종
1	제조업	10	식료품 제조업
		11	음료 제조업
		13	섬유제품 제조업
		14	의복, 의복액세서리 및 모피용품 제조업
		15	가죽, 가방 및 신발 제조업
		16	목재 및 나무제품 제조업 : 가구 제외
		20	화학물질 및 화학제품 제조업 : 의약품 제외
		26	전자부품, 컴퓨터, 영상, 음향 및 통신장비 제조업
		27	의료, 정밀, 광학기기 및 시계 제조업

No	구분	한국표준산업 분류코드	해당 업종
2		28	전기장비 제조업
		29	기타 기계 및 장비 제조업
		30	자동차 및 트레일러 제조업
		32	가구 제조업
		33	기타 제품 제조업
2	출판, 영상, 방송통신 및 정보서비스업	58	출판업
		59	영상 · 오디오 기록물 제작 및 배급업
		61	통신업
		62	컴퓨터 프로그래밍, 시스템 통합 및 관리업
		63	정보서비스업
3	전문, 과학 및 기술서비스업	70	연구개발업
		71	전문서비스업
		72	건축기술, 엔지니어링 및 기타 과학기술서비스업
		73	기타 전문, 과학 및 기술서비스업
4	교육서비스업	85504	온라인 교육학원
		85659	기타 기술 및 직업훈련학원
5	사업시설관리 및 사업지원서비스업	75	사업지원서비스업
6	예술, 스포츠 및 여가 관련 서비스업	90	창작, 예술 및 여가 관련 서비스업
7	그 밖에 중소기업청장이 고시로 정한 업종		

주 : 중소기업청 고시 규정 업종 : 섬유제품 제조업(13), 의복, 의복액세서리 및 모피용품 제조업(14), 가죽, 가방 및 신발 제조업(15), 온라인 교육학원(85504), 기타 기술 및 직업훈련학원(85659)

(2) 1인 창조기업 유형

1인 창조기업에 대한 대표적인 유형은 [그림 2-9]와 같이 아이디어 상품화형, 서비스 제공형, 아이디어 판매형으로 구분해 볼 수 있다.

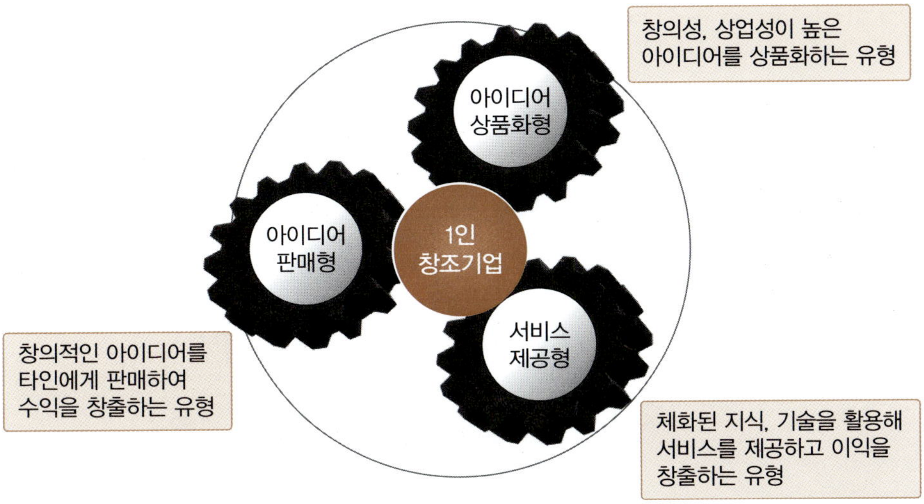

[그림 2-9] 1인 창조기업의 유형

4) 1인 창조기업의 성장단계

1인 창조기업의 성장단계는 1단계 아이디어 발굴 단계, 2단계 아이디어 구체화 단계, 3단계 1인 창조기업화 단계로 구분해 볼 수 있다. 각 단계별 특징 및 1인 창조기업가의 필요사항은 〈표 2-12〉와 같다.

〈표 2-12〉 1인 창조기업 성장단계

구분	1단계 아이디어 발굴	2단계 아이디어 구체화	3단계 1인 창조기업화
특징	• 개인이나 지역사회가 창조적 아이디어 보유 • 수익으로 연결하고 있지 못함	• 제품개발 또는 초기서비스 운영 • 낮은 인지도	• 초기성장 및 확장 • 수익 발생 및 인지도 증가
1인 창조기업가의 필요사항	• 아이디어 구체화 방법 • 유사사업 및 사업화 가능성 검토 • 협력자 탐색 및 조언 • 창업(사회화)교육 습득	• 인적 네트워크 강화 및 활용 • 고객 확보 • 자금 확보	• 유지가능 사업모델 개발 • 타 분야로 아이디어 확장 • 기업규모 확장 검토

5) 국내의 1인 창조기업 대표사례

국내에서 1인 기업의 열풍을 불러온 것은 몇몇 스타급 인물들이 주도했다는 의견들이 대다수였다. 대표적으로 변화경영전문가로 유명한 구본형 씨가 있다(그림 2-10). 그는 IBM에서 20년간 근무하다가 2000년도에 1인 기업인으로 독립했고, 또 다른 사례인 공병호 씨는 왕성한 창작활동과 강연 등을 통해 조직 내에 있을 때보다 훨씬 높은 연봉을 창출하고 있다.

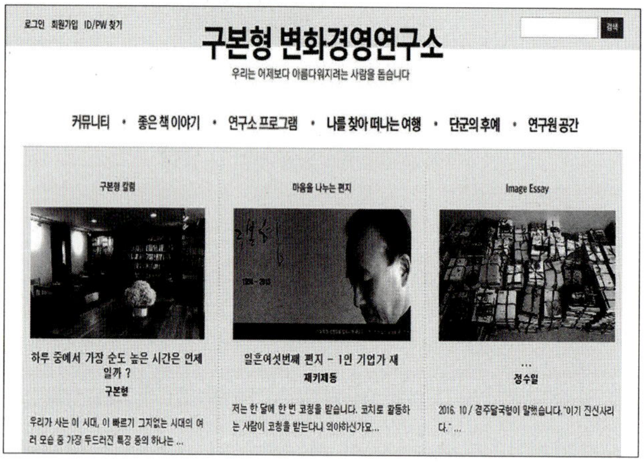

[그림 2-10] 구본형 변화경영연구소(www.bhgoo.com) 메인화면

(1) 서비스 제공형

공신닷컴은 온라인으로 중 · 고등학생의 공부방법을 상담해 주던 게시판을 발전시켜 학습멘토링 사이트를 개설하였다(그림 2-11). 동영상, MP3파일, 사진, 인터넷 라디오방송, 인터넷방송 등 다양한 수단을 통해 학습노하우를 지식화하여 사업화에 성공하였다. 오프라인 멘토링사업, 도서 '공부의 신 강성태의 공부혁신' 등으로 사업모델을 확장하고 있는 1인 창조기업의 대표적인 성공사례이다.

[그림 2-11] 공신닷컴(www.gongsin.com) 메인화면

(2) 아이디어 상품화형

■ 1인 쇼핑몰 사례 : 이기남 할머니 고추장

이기남 할머니는 고추장, 된장, 장아찌를 전통기법으로 만드는 전통고추장 명인으로 가족이 쇼핑몰을 개설하여 연간 15억원 이상의 매출을 달성하고 있다(그림 2-12). 오프라인의 명성을 온라인으로 비즈니스화한 1인 창조기업의 대표적인 사례이다.

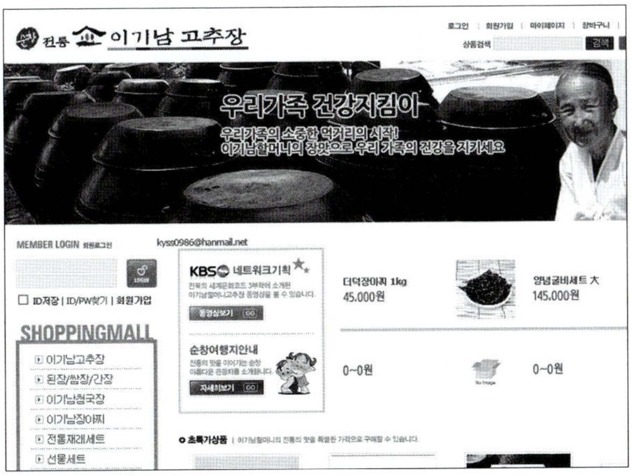

[그림 2-12] 이기남 할머니 고추장(www.leeginam.co.kr) 메인화면

■ 와이프로거(wife+bloger) 사례

김미경 씨는 자신의 특기인 요리를 테마로 블로그 '마이드림의 행복한 요리(blog.naver.com/wine59)'를 개설하여 하루 방문자가 1만 명이 넘는 대표적 와이프로거로 성장하였다. 와이프로거의 성공사례는 이 밖에도 '문성실의 이야기가 있는 밥상(blog.naver.com/shriya.do)'과 살림을 잘하는 방법을 테마로 한 현진희의 '베비로즈의 작은부업(blog.naver.com/jheui13)' 등도 블로그를 중심으로 사업화에 성공한 1인 창조기업의 대표적인 사례이다.

1인 창조기업이 활성화되고 성공하기 위해서는 다음과 같은 사항에 주목해 볼 필요가 있다.

■ 창조성(Creative)을 기반으로 하는 비즈니스 역량 강화

창조경제사회의 핵심경쟁력은 상상력, 아이디어, 창의력과 같은 유연하고 통합적인 사고능력이다. 특히, 1인 창조기업은 비록 기업적 외형은 적을지라도 사업의 성패를 좌우할 수 있는 기업적 마인드를 견지할 필요가 있다.

■ 개인브랜드화를 통한 사업 확대 유도

창업자 자신이 브랜드가 되어 대중의 인지도와 신뢰도를 높일 수 있어야 한다. 이를 위해서는 본인의 핵심경쟁력을 높일 수 있는 마케팅 역량이 필요하다. 또한, 브랜드가 높아지면 이를 토대로 관련 사업을 확장할 수 있다.

■ 편익세분화 수익모델로 접근

소비자의 수요파악을 통한 선택과 집중으로 확실한 비즈니스 모델을 구축하고, 초기에는 제반비용과 인력을 최대한 절감하여야 한다.

■ 다양한 인적 네트워크 활용

기업활동에 도움을 줄 수 있는 다양한 분야의 사람들과의 인적 네트워크를 통해 자기 분야와 관련된 전문정보 네트워크를 지속적으로 확보하고 이를 활용할 수 있어야 한다.

[참고자료] 사단법인 1인창조기업협회

국내 1인 창조기업의 건전한 발전과 회원 상호간의 공동 이익증진을 도모하며, 우수한 아이디어와 전문지식을 보유한 국민들의 1인창조기업화를 지원함으로써 국내 창조산업의 글로벌 경쟁력 제고 및 양질의 일자리 창출에 기여하고 있다.

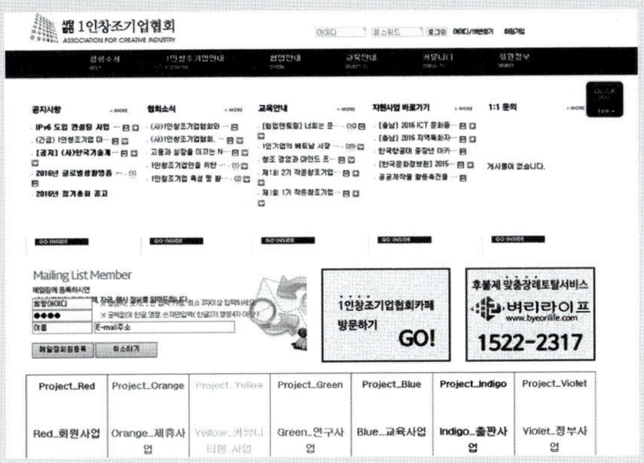

[그림 2-13] 1인창조기업협회(www.1company.or.kr) 메인화면

5. 협동조합

협동조합이란 재화 또는 용역의 구매 · 생산 · 판매 · 제공 등을 영위함으로써 조합원의 권익을 향상하고 지역사회에 공헌하고자 하는 사업조직(협동조합 기본법 제2조 제1호)을 말한다.

1) 협동조합의 7대 원칙

국제협동조합연맹(International Co-operative Alliance : ICA)에서는 협동조합의 7대 원칙을 천명하고 있다.

- **자발적이고 개방적인 조합원제도**

  협동조합은 자발적이며, 모든 사람들에게 성(性)적 · 사회적 · 인종적 · 정치적 · 종교적 차별 없이 열려 있는 조직이어야 한다.

- **조합원에 의한 민주적 관리**

  조합원들은 정책수립과 의사결정에 활발하게 참여하고 선출된 임원들은 조합에게 책임을 갖고 봉사하여야 하며, 조합원마다 동등한 투표권(1인 1표)을 가지며, 협동조합연합회도 민주적인 방식으로 조직 · 운영한다.

- **조합원의 경제적 참여**

  협동조합의 자본은 공정하게 조성되고 민주적으로 통제하며, 자본금의 일부는 조합의 공동재산이며, 출자배당이 있는 경우에 조합원은 출자액에 따라 제한된 배당금을 받는다.

- **자율과 독립**

  협동조합이 다른 조직과 약정을 맺거나 외부에서 자본을 조달할 때 조합원에 의한 민주적 관리가 보장되고, 협동조합의 자율성이 유지되어야 한다.

- **교육, 훈련 및 정보 제공**

  조합원, 선출된 임원, 경영자, 직원들에게 교육과 훈련을 제공하고 젊은 세대와 여론 지도층에게 협동의 본질과 장점에 대한 정보를 제공한다.

- **협동조합 간의 협동**

  국내, 국외에서 공동으로 협력사업을 전개함으로써 협동조합 운동의 힘을 강화시키고, 조합원에게 효과적으로 봉사한다.

- **지역사회에 대한 기여**

  조합원의 동의를 토대로 조합이 속한 지역사회의 지속가능한 발전을 위해 노력한다.

2) 협동조합의 특징

협동조합의 특징은 〈표 2-13〉과 같다.

〈표 2-13〉 협동조합의 특징

구분	주요 특징
법인격	영리 법인
설립신고	주된 사무소의 소재지 관할 시 · 도시사에게 신고
수리	접수일로부터 20일 이내에 신고확인증 발급
기관	총회, 대의원총회, 이사회
조합원	자연인뿐 아니라 법인도 조합원으로 가입 가능
출자한도	조합원 1인의 출자좌수는 총 출자좌수의 30% 이내
의결권 · 선거권	1인 1표의 의결권과 선거권
임원	이사장 1명을 포함한 3명 이상의 이사와 1명 이상의 감사
사업	금융 및 보험업을 제외한 모든 사업 수행가능, 조합원에 대한 교육 · 협동조합 간 협력 · 홍보 및 지역사회를 위한 사업 포함
사업의 이용	원칙적으로 조합원이 사업을 이용할 수 있으나, 조합원의 이용에 지장이 없는 범위에서 일정한 경우에 한해 비조합원 사업이용 가능
회계	매 회계연도의 사업계획서와 수지예산서 작성
경영공시	조합원 수 200인 이상 또는 직전 사업연도의 결산보고서에 적힌 출자금 납입총액이 30억원 이상인 협동조합 대상
법정적립금	해당 회계연도 말 출자금 납입총액의 3배에 이를 때까지 잉여금의 10% 이상
배당	잉여금 배당 가능
감독	관련 규정 없음. 벌칙 및 과태료 부과

3) 설립절차

협동조합의 설립절차는 [그림 2-14]와 같다.

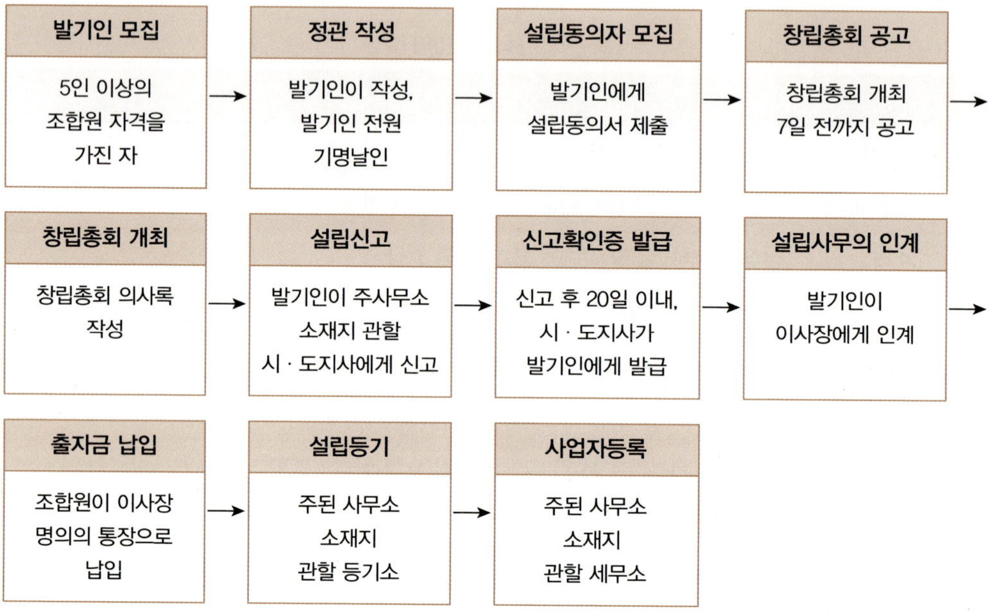

[그림 2-14] 설립절차

4) 설립신고 시 필요서류

1. 설립신고서
2. 정관 사본
3. 창립총회 개최 공고문
4. 창립총회 의사록 공고문
5. 임원 명부(임원 이력서와 사진 포함)
6. 사업계획서
7. 수입 · 지출예산서
8. 출자 1좌당 금액과 출자좌수를 적은 서류
9. 발기인 및 설립동의자 명부
10. 합병 또는 분할을 의결한 총회 의사록 사본

5) 설립등기 시 필요서류

〈표 2-14〉 설립등기 시 필요서류

구분	제출서류	비고
1	설립등기신청서	• 목적, 명칭 및 주된 사무소의 소재지 • 출자 총좌수와 납입한 출자금의 총액 • 설립신고 연월일 • 임원의 성명 · 주민등록번호 및 주소(임원이 법인인 경우에는 법인의 명칭, 법인등록번호 및 주소) 등 기재
2	정관	원본 지참 시 사본 제출 가능
3	총회의사록	공증 받은 원본 제출
4	설립신고확인증	법 제61조 설립신고서 대신 확인증 제출
5	임원의 취임승낙서, 인감증명서, 주민등록등 · 초본	임원 전원 제출, 법인이 임원인 경우 법인의 취임승낙서와 직무수행자의 선임증명서 · 인감증명서 · 주민등록등 · 초본 제출
6	대표자의 인감신고서	
7	출자금 총액 납입증명서	금융기관이 작성한 잔고증명서 또는 출자금납입확인서 등 모두 가능 현물출자시 현물출자재산인계서 또는 출자재산영수증
8	등록면허세 영수필 확인서	
9	위임장	대리인이 신청할 경우

6) 사업자등록증 신청 시 필요서류

〈표 2-15〉 사업등록증 신청 시 필요서류

구분	제출서류	비고
1	설립신고서 및 사업자등록신청서	
2	정관 사본	
3	법인등기부등본	
4	법인명의 임대차계약서	사업장을 임차한 경우에 한함
5	출자자명세서	
6	사업허가 · 등록 · 신고필증	해당 법인에 한함. 허가(등록 · 신고) 전에 등록하는 경우 허가신청서 또는 사업계획서
7	현물출자명세서	현물출자법인에 한함

주 : 관할 세무서에 확인 후 제출

6. 사회적기업(Social Enterprise)

사회적기업이란 영리기업과 비영리기업의 중간 형태로, 사회적 목적을 우선적으로 추구하면서 재화 · 서비스의 생산 · 판매 등 영업활동을 수행하는 기업(조직)을 말하는 것으로「사회적기업 육성법」에서는 사회적기업을 취약계층에게 사회서비스 또는 일자리를 제공하여 지역주민의 삶의 질을 높이는 등의 사회적 목적을 추구하면서 재화 및 서비스의 생산 · 판매 등 영업활동을 하는 기업으로서 고용노동부 장관의 인증을 받은 기관으로 정의하고 있다. 영리기업이 주주나 소유자를 위해 이윤을 추구하는 것과는 달리, 사회적기업은 사회서비스를 제공하고 취약계층에게 일자리를 창출하는 등 사회적 목적을 조직의 주된 목적으로 추구한다는 점에서 차이가 있다. [그림 2-15]는 사회적기업의 영역을 나타낸 것이다.

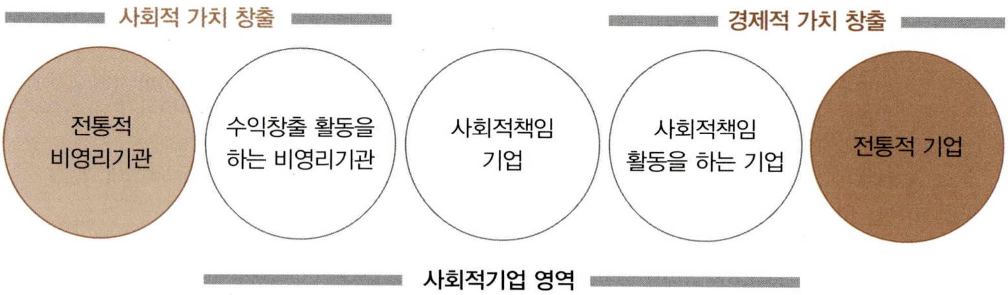

[그림 2-15] 사회적기업의 영역

1) 사회적기업의 유형

사회적기업의 유형은 크게 다음과 같이 구분할 수 있다.

- **일자리제공형** : 조직의 주된 목적이 취약계층에게 일자리를 제공
- **사회서비스제공형** : 조직의 주된 목적이 취약계층에게 사회서비스를 제공
- **지역사회공헌형** : 조직의 주된 목적이 지역사회에 공헌
- **혼합형** : 조직의 주된 목적이 취약계층 일자리 제공과 사회서비스 제공의 혼합
- **기타형** : 사회적 목적의 실현 여부를 계량화하여 판단하기 곤란한 경우

2) 사회적기업의 의의

사회적기업 육성을 통해 지속가능한 경제, 사회통합을 구현하는 것이다. [그림 2-16]은 사회적기업의 의의를 나타낸 것이다.

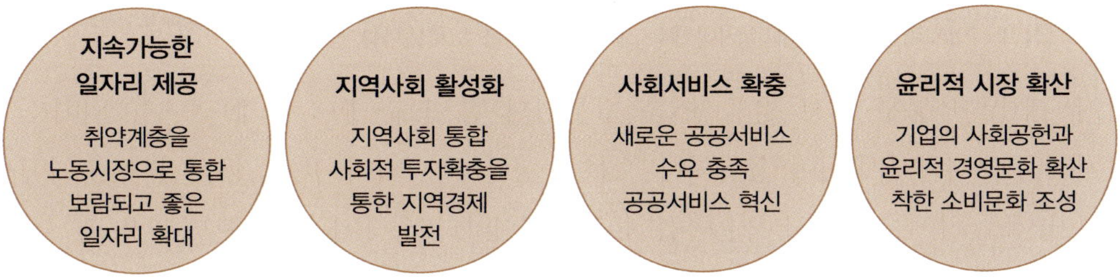

[그림 2-16] 사회적기업의 의의

3) 예비사회적기업

예비사회적기업은 지역형 예비사회적기업과 부처형 예비사회적기업으로 구분하고 있다. 지역형 예비사회적기업이란 사회적 목적 실현, 영업활동을 통한 수익창출 등 사회적기업 인증을 위한 최소한의 법적 요건을 갖추고 있으나 수익구조 등 일부 요건을 충족하지 못하고 있는 기업을 지방자치단체장이 지정하여 장차 요건을 보완하는 등 향후 사회적기업 인증이 가능한 기업을 말하며, 부처형 예비사회적기업이란 사회적 목적 실현, 영업활동을 통한 수익창출 등 사회적기업 인증을 위한 최소한의 요건을 갖추고 있는 기업으로서, 중앙부처장이 지정하여 장차 요건을 보완하는 등 사회적기업 인증을 목적으로 하는 기업을 말한다.

지정기간은 3년으로 하고 유사사업(마을기업, 농어촌공동체회사, 기초자치단체 지정 예비사회적기업)에 참여한 경우에는 해당 사업에 참여한 기간을 지정기간에 합산하는 것으로 유사사업 참여기업으로 선정된 경우에도 지역형·부처형 예비사회적기업으로 중복 지정 가능하다. 단, 유사사업 참여기업에 대한 사업비와 예비사회적기업 재정지원은 중복 지원 불가하다.

4) 예비사회적기업 지정요건

「사회적기업 육성법」 제8조, 제9조 제1항 및 같은 법 시행령 제8조, 제9조, 제10조에 따른 사회적기업의 인증요건 중에서 다음 요건을 갖춘 기관이다(광역자치단체장 또는 중앙부처장이 지역 특성 등을 감안하여 요건을 추가로 설정할 수 있음). 〈표 2-16〉은 사회적기업 인증과 예비사회적기업 지정의 요건을 비교한 것이며, [그림 2-17]은 예비사회적기업 지정절차를 나타낸 것이다.

① 조직형태

- 「민법」에 따른 법인 · 조합
- 「상법」에 따른 회사
- 「공익법인의 설립 · 운영에 관한 법률」 제2조에 따른 공익법인
- 「비영리민간단체지원법」 제2조 제2호에 따른 비영리민간단체
- 「사회복지사업법」 제2조 제2호에 따른 사회복지법인
- 「소비자생활협동조합법」 제2조에 따른 소비자생활협동조합
- 「협동조합기본법」 제2조에 따른 협동조합, 협동조합연합회, 사회적협동조합, 사회적협동조합연합회
- 그 밖에 다른 법률에 따른 비영리단체 등

② 사회적 목적 실현

- 「사회적기업 육성법」 제8조 및 같은 법 시행령 제9조에 따른 사회적 목적의 실현을 조직의 주된 목적으로 하는 기업

③ 유급근로자를 고용하여 영업활동 수행

- 유급근로자(최소 1인 이상)를 고용하여 재화나 서비스를 생산 · 판매하는 등 영업활동을 3개월 이상 수행

④ 배분가능한 이윤을 사회적 목적으로 사용

- 사회적기업육성법 제8조에 따라 「상법」에 따른 회사인 경우에는 회계연도별로 발생한 배분가능한 이윤의 3분의 2 이상을 사회적 목적을 위하여 사용한다는 내용이 정관 등에 명시되어 있어야 함

- 회사의 해산 및 청산 시에도 배분가능한 잔여재산이 있는 경우에는 잔여재산의 3분의 2 이상을 다른 사회적기업 또는 공익적 기금 등에 기부하도록 하는 내용 포함
- 이 요건은 「상법」에 따른 회사 이외에 조합원의 이익 등 경제적 이익 획득이 우선시되는 영농조합, 농업회사, 협동조합, 사립박물관 · 미술관, 전문예술법인 · 단체 등에도 동일하게 적용

〈표 2-16〉 사회적기업 인증과 예비사회적기업 지정의 요건 비교

<table>
<tr><th rowspan="2">구분</th><th rowspan="2">사회적기업 인증</th><th colspan="2">예비사회적기업 지정</th></tr>
<tr><th>지역형</th><th>부처형</th></tr>
<tr><td>근거</td><td>사회적기업육성법</td><td>조례 · 규칙</td><td>지침</td></tr>
<tr><td rowspan="5">요건</td><td>① 조직형태</td><td colspan="2">① 조직형태</td></tr>
<tr><td>② 유급근로자를 고용하여 영업활동을 수행할 것</td><td colspan="2">② 유급근로자를 고용하여 영업활동을 3개월 이상 수행할 것
* 매출이 발생해야 함</td></tr>
<tr><td>③ 사회적 목적 실현
(취약계층 고용 · 사회서비스제공 등)</td><td colspan="2">③ 사회적 목적 실현
(취약계층 고용 · 사회서비스제공 등)</td></tr>
<tr><td>④ 이해관계자가 참여하는 의사결정구조
⑤ 영업활동을 통한 수입
(매출액이 노무비의 50% 이상)
⑥ 정관 · 규약 등을 갖출 것</td><td colspan="2">④ –
⑤ –
⑥ 상법상 회사 등의 경우 정관 · 규약 등을 갖출 것</td></tr>
<tr><td>⑦ 배분 가능한 이윤의 2/3 이상 사회적 목적을 위해 재투자(상법상 회사 등의 경우)</td><td colspan="2">⑦ 배분 가능한 이윤의 2/3 이상 사회적 목적을 위해 재투자(상법상 회사 등의 경우)</td></tr>
</table>

예비사회적기업 지정공모
(광역자치단체 · 관할부처)

↓

신청 · 접수

↓

심사 · 선정

↓

예비사회적기업 지정

[그림 2-17] 예비사회적기업 지정절차

Skill up

예비창업자에게 늘 조언하고 싶었던 생각 다섯 가지

창업목적을 명확히 해야 한다.

성급하게 창업에 도전하는 사람들은 대부분 '돈'을 위해 일한다. '돈'이 목적인 사람은 사업을 시작하더라도 오랫동안 수성(守成)하지 못한다. 사업의 목적은 내가 아닌 고객의 삶에 만족을 주는 것이어야 한다. 고객만족의 가치는 고객은 물론 나도 행복하게 하는 마르지 않는 샘물과 같다. 따라서 고객의 만족과 행복을 위해서 창업자는 견마지로(犬馬之勞)의 자세를 가져야 한다.

원천 서비스나 기술을 지녀야 한다.

쇼핑몰, 귀농, 외식, 웹 개발 등 자신의 사업에서 고객에게 제공하려는 핵심 서비스나 기술을 보유하고 있어야 한다. 사업의 핵심분야에서 원천기술을 확보하지 않으면 급변하는 환경에 쉽게 무너지게 된다. 특히, 예비 소상공인은 소규모 자본과 인력으로 시작하기 때문에, 타인의 지식이나 기술에 의지하기보다는 창업자 자신의 전문성을 확실하게 가지고 시작해야 한다.

창업자의 성격에 맞는 사업을 찾아야 한다.

어떤 사업이든 다양한 고객을 만나게 되는데, 창업자의 성격상 외부인과의 접촉이 원만하지 못하다면 창업의 성공을 보장할 수 없다. 반면, 고객과의 만남을 즐기는 창업자의 경우에는 외식업이나 온라인 서비스업 등에 잘 적응하고 성공적으로 이끌어갈 가능성이 크다.

이처럼 개인의 성격에 따라 일상적인 삶의 방식과 소비생활에 큰 차이가 있음은 이미 널리 알려진 사실이다. 호주 한 언론사의 조사에 따르면, 아이폰 사용자들은 휴대전화에 대한 의존도가 높으며, 외향적이고 해외여행을 선호하며, 마사지나 피부 등에 신경을 많이 쓰는 등 고급스러운 삶을 즐기는 것으로 나타났다. 한편, 삼성 휴대폰 소유자는 휴대전화에 대한 의존도는 중간 정도이며, 성실한 성격에 쾌활하며 평상시 비디오 게임을 즐기는 것으로 밝혀졌다. 창업의 경우도 개인의 성격을 고려해야 한다. 개인의 성격을 바꾸는 것도 어렵고, 고객과의 만남이 불편하다는 이유로 이미 시작한 사업을 바꾸는 것도 쉽지 않기 때문이다.

창업을 하는 타이밍이 중요하다.

시장에 뛰어들 타이밍을 찾는 적절한 단서로는 제품수명주기(Product Life Cycle)가 요긴하다. 제품수명주기는 도입기, 성장기, 성숙기, 그리고 쇠퇴기의 과정을 포함하는데, 창업자는 선택한 아이템의 수명주기를 정확히 알고 있어야 한다. 가령, 성숙기에는 기업의 매출을 높여주는 단계지만 경쟁이 매우 치열하다. 이미 시장에 많은 기업들이 동일 혹은 유사사업을 하고 있기 때문이다. 현재 커피나 팥빙수 시장 등이 이에 해당된다. 제품수명주기 단계 중 어느 단계에 진출할 것인가도 중요하지만 오늘날 제품들의 수명주기가 급격히 짧아지고 있음을 간과해서는 안 된다. 즉, 과거에는 5년이던 제품수명주기가 요즘은 3년 혹은 2년도 채 되지 않는 경우가 무수히 많다. 가령 드론(Drone : 무인 비행기)을 이용해 오지나 당일 배송을 실행하고 있는 아마존, 모바일 콜택시 사업, SNS 이용 사업 등을 눈여겨 보라.

지식을 함양해야 한다.

자본을 준비하고 좋은 아이템을 선택하면 성공할 것이라 믿는 사람이 의외로 많다. 창업 성공 확률은 준비기간에 얼마나 다양한 분야에서 지식을 습득했는가에 좌우된다. 시장조사는 물론이고 마케팅, 회계, 자금조달, 회사법, 특허 등 미리 준비할 지식은 매우 많다. 다행히도 대학교나 공공기관에서 운영하는 창업아카데미 혹은 창업사관학교에서 이를 위한 교육 프로그램을 패키지로 제공하고 있다. 예를 들어, 소상공인시장진흥공단에서는 성장가능성이 높은 신사업 아이디어를 중심으로 예비창업자를 선발하여 교육, 점포체험 실습, 멘토링, 창업 자금 등을 패키지로 지원한다.

출처 : 김병용 고운창업지원센터장이 소상공인시장진흥공단에 게재한 내용임을 밝힘

Entrepreneurship Role Model ②

불가능을 뒤집으면 무한가능성이 된다

미래나노텍(주) 김철영 대표

미래나노텍은 전 세계 디스플레이용 필름시장 최고기업으로 첨단나노기술을 기반한 교통안전용 재귀반사시트를 비롯해 디스플레이용 광학필름, 터치스크린패널, 자동차 및 건물용 윈도우 필름사업을 선도하는 국내 부품 소재 글로벌기업이다.

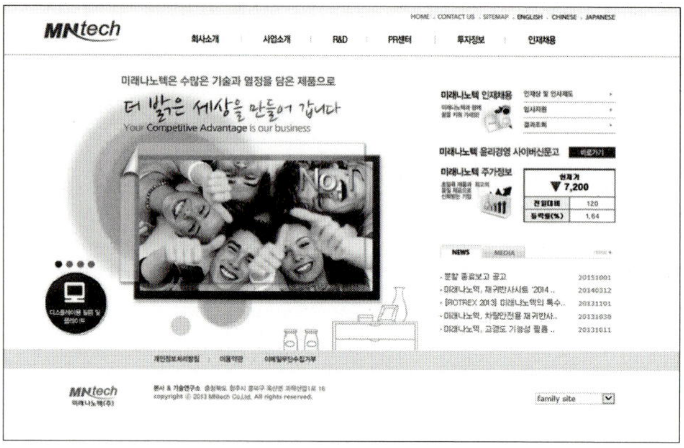

미래나노텍(www.mntech.co.kr) 메인화면

도전의 크기는 리스트를 품어 안는다

100% 독점시장을 장악하고 있던 회사는 그 유명한 미국의 글로벌 기업 3M이었다. 인지도, 기술력, 시장장악력, 자본금, 인력 등 거의 모든 면에서 3M은 압도적 우위를 차지하고 있었다. 반면, 3M에 도전하는 회사는 이제 막 창업보육센터에 들어간 미래나노텍이었다. 삼성SDI 연구원 출신인 김철영 대표는 당시 어떤 생각으로 이 사업에 뛰어들 수 있었던 것일까? 특히 관련시장은 국내 굴지의 대기업들이 총력전을 펼쳤음에도 번번이 굴욕적인 실패를 맛보았던 분야였다.

김철영 대표는 이때 전형적인 박스아웃(BOX-OUT)적 사고를 했다. 100% 독점이라는 틀 안에서 본다면 도전 자체가 무의미할 뿐만 아니라 모든 것이 불리한 요소가 아닐 수 없었다. 하지만 틀을 벗어나 그 시장을 다시 보면 오히려 가능성이 무한한 시장이 눈앞에서 펼쳐져 있었다.

“어떤 회사가 독점하고 있다는 것은 그만큼 시장이 확실하고 수요가 정확하다는 이야기죠. 거기다가 3M은 특허를 통해 독점시장을 확보했습니다. 오히려 그것이 저에게는 다른 기업들이 쫓아올 수 없도록 하는 방어벽 역할을 했습니다. 차별화되는 제품을 만들어 낼 수 있다면 그 곳에는 오히려 무한한 기회가 존재한다고 봤죠.”

하지만 그렇다고 그가 위험 자체를 전혀 예상치 않았던 것은 아니었다. 그는 자신이 실패할 수도 있다는 예견을 했었다. 그러나 그는 마이너리그에서 승리하는 것보다 차라리 메이저리그에서 실패하는 것이 얻을 것이 더 많다고 생각했다.

자기확신은 결전의 자세를 갖추는 것

3M이 가진 프리즘 필름에 관한 기술 특허는 필름 표면을 삼각형 돌기로 만든 것이었다. 삼각형이어야 제대로 빛을 잘 모을 수 있기 때문이다. 김철영 대표는 삼각형을 피하는 반구형을 생각했다. 삼성SDI에서 근무했을 때 쌓았던 지식들이 큰 도움이 되었다. 그런데 문제는 가격 경쟁력이었다.

이 난관을 넘어서기 위해서 또 다시 개발한 것이 소프트몰드 공법이었다. 금속에 새겨지는 패턴이 아닌, 무한복제가 가능하도록 필름 재질에 패턴을 새기는 방식으로 생산공법을 바꾸자 주요 생산 소모품인 몰드의 원가를 50분의 1로 줄일 수 있었다. 3M과 맞붙을 수 있는 기술의 쾌거가 아닐 수 없었다. 그런데 문제는 양산이었다. 이제는 설비투자라는 것이 필요했기 때문에 애초에 연구개발자금과는 비교할 수도 없는 거액의 자금이 필요하게 되었다. 이를 위해 국내 대기업을 찾아다니며 합작을 시도했지만 외면당하기 일쑤였다. 심지어 어떤 대기업은 그러한 기술을 개발해냈다는 사실 자체를 믿지 않았다. 미래나노텍보다 훨씬 큰 대기업도 모두 실패한 기술이었기 때문이다. 어떤 기업에서는 아예 기술 자체를 매각할 것을 제안하기도 했다. 그러다가 마지막으로 찾아간 곳이 LG전자였다. 기술을 꼼꼼히 분석한 결과, LG에서는 전격적으로 합작을 수락했고, 결과는 대성공이었다.

그 후 미래나노텍은 세계 최초로 복합필름을 개발하는 데 성공했다. 빛을 분산하는 분산필름과 모아주는 프리즘필름의 기능을 동시에 수행할 수 있는 필름이었다. 그때부터는 주문량이 폭증하기 시작했다. 매출은 2005년도에 153억원, 2006년에는 629억원으로 성장했다. 이렇게 승승장구를 하고 있다고 생각하던 차에 문제가 발생하기 시작했다. 폭주하는 주문량에 비해 이를 소화해줄 직원들이 턱없이 부족했던 것이다. 부랴부랴 인력을 채용했지만 교육시간마저 없었으니 제품에 문제가 발생할 수밖에 없었다. 미래나노텍의 신뢰에 타격이 가기 시작한 것이다. 뿐만 아니라 그간 미래나노텍의 보호막 역할을 해주던 3M의 특허가 종료되는 시점과 겹치게 되어, 대기업과 기타 경쟁업체들까지 가세해 유사 제품들이 쏟아졌다. 결국 영업이익은 급격하게 곤두박질치면서 위기가 다가온 것이다.

하지만 김철영 대표는 이 모든 위기에 차분하게 대응하며, 그때부터 다시 복합멀티필름을 개발하기 시작했다. 이 제품은 따로 보호필름을 붙이지 않아도 되는 신제품이었다. 특히 각 전자제품들이 지속적으로 초박형을 추구하면서 필름의 두께도 줄여야 할 필요성이 제기되고 있었다. 미래나노텍의 신제품은 또 다시 두 번째 대박을 터뜨렸다.

그 결과, 김철영 대표는 드디어 창업 당시의 꿈을 이뤄내는 벅찬 감동을 경험했다. 모두가 불가능하다고 말했던 3M과의 무모한 싸움에서 이긴 것이다. 어떤 면에서 볼 때 김철영 대표는 처음부터 험한 길만 골라 다녔다. 불가능한 시장에 도전한 것부터 그랬으며, "50억원을 줄 테니 기술을 넘겨 달라"는 제안을 거절한 것만 봐도 그렇다. 또한, 대기업과의 합작 역시 일정기간에만 한할 뿐이었다. 든든한 대기업의 보호막마저 거부했던 것이다. 하지만 그 과정은 기존에 만들어진 박스 안에서 뛰쳐나오려는 끊임없는 싸움이기도 했다. 박스 안에서는 자신을 가두고 있는 것들만 보이지만, 박스에서 벗어나면 또 다른 세계가 펼쳐져 있음을 그는 누구보다 잘 알고 있었기 때문이다. 이제 김철영 대표는 새로운 도약을 위한 또 다른 위기와 기회의 회로에 서 있다. 광학필름을 제조하는 기업에서 부품 소재 초일류기업으로 도약하기 위해 새로운 도전에 나서고 있는 것이다.

>>> 용어정리

1. 창업

영리를 목적으로 개인이나 법인회사를 새로 만드는 일 또는 창업자가 사업아이디어를 갖고 자원을 결합하여 사업활동을 시작하는 일

2. 기술창업

기술 또는 새로운 아이디어를 가지고 새로운 시장을 창조하여 제품이나 용역을 생산·판매하는 형태의 창업

3. 벤처창업

High Risk, High Return에 충실하며 반드시 기술창업을 전제로 하지는 않음. 우리나라에서는 벤처창업에 대해서 「벤처기업육성에 관한 특별조치법」에 정의하고 있음

4. 일반창업

기술창업이나 벤처창업에 속하지 않는 창업의 형태(도소매업과 일반서비스업, 생계형 소상공인 창업 등)

5. 프랜차이즈(Franchise)

가맹사업자가 다수의 가맹계약자에게 자기의 상표, 상호, 서비스, 휘장 등을 사용하여 동일한 이미지로 상품 판매, 용역 제공 등 일정한 영업활동을 하도록 하고, 가맹계약자는 부여받은 권리 및 영업상 지원의 대가로 일정한 경제적 이익을 지급하는 계속적인 거래관계

6. 개인기업

법인의 형태가 아닌 개인이 출자하고 동시에 경영하는 기업

7. 법인기업

법률에 의하여 권리능력이 인정되어 권리·의무의 주체가 될 수 있게 한 것

8. 합자회사

무한책임(無限責任)사원과 유한책임사원으로 구성되는 복합적 조직의 회사

9. 합명회사

무한책임사원만으로 구성되는 회사, 즉 전 사원이 회사채무에 직접 연대 무한책임을 지고 이에 대응하여 각 사원이 업무집행의 권리 및 대표권을 가짐

10. 유한회사

사원이 회사에 대하여 출자금액을 한도로 책임을 질 뿐, 회사채권자에 대하여 아무 책임도 지지 않는 사원으로 구성된 회사

11. 사업자등록

사업을 개시하고 개시사실을 알리기 위해 관할세무서에 신고하는 절차

12. 온라인 법인설립시스템

법인인 주식회사 설립을 인터넷으로 신청하고 정관, 의사록, 주식인수증 등을 인터넷에서 표준내용으로 작성하여 등기신청하고 사업자등록, 4대사회보험 신고까지 무료로 진행

13. 1인 창조기업

대통령령으로 정한 지식서비스업, 제조업 등에서 창의성과 전문성을 갖춘 1인이 상시 근로자 없이 사업을 영위하는 기업

14. 협동조합

재화 또는 용역의 구매 · 생산 · 판매 · 제공 등을 영위함으로써 조합원의 권익을 향상하고 지역사회에 공헌하고자 하는 사업조직(협동조합 기본법 제2조제1호)

15. 사회적기업(Social Enterprise)

영리기업과 비영리기업의 중간 형태로, 사회적 목적을 우선적으로 추구하면서 재화 · 서비스의 생산 · 판매 등 영업활동을 수행하는 기업(조직)

단 원 학 습 문 제

1. 중소기업창업 지원법에서의 창업을 정의하시오.

2. 제조업의 창업절차에 대해서 설명하시오.

3. 도 · 소매업의 창업절차에 대해서 설명하시오.

4. 서비스업의 창업절차에 대해서 설명하시오.

5. 프랜차이즈창업에 대해서 설명하시오.

6. 개인기업과 법인기업의 장 · 단점에 대해서 설명하시오.

7. 사업자등록 절차에 대해서 설명하시오.

8. 온라인 법인설립시스템에 대해서 설명하시오.

9. 1인 창조기업에 대해서 설명하시오.

10. 1인 창조기업의 유형에 대해서 설명하시오.

11. 국제협동조합연맹에서 말하는 협동조합의 7대 원칙에 대해서 설명하시오.

12. 협동조합 설립절차에 대해서 설명하시오.

13. 사회적기업에 대해서 설명하시오.

14. 사회적기업의 유형에 대해서 설명하시오.

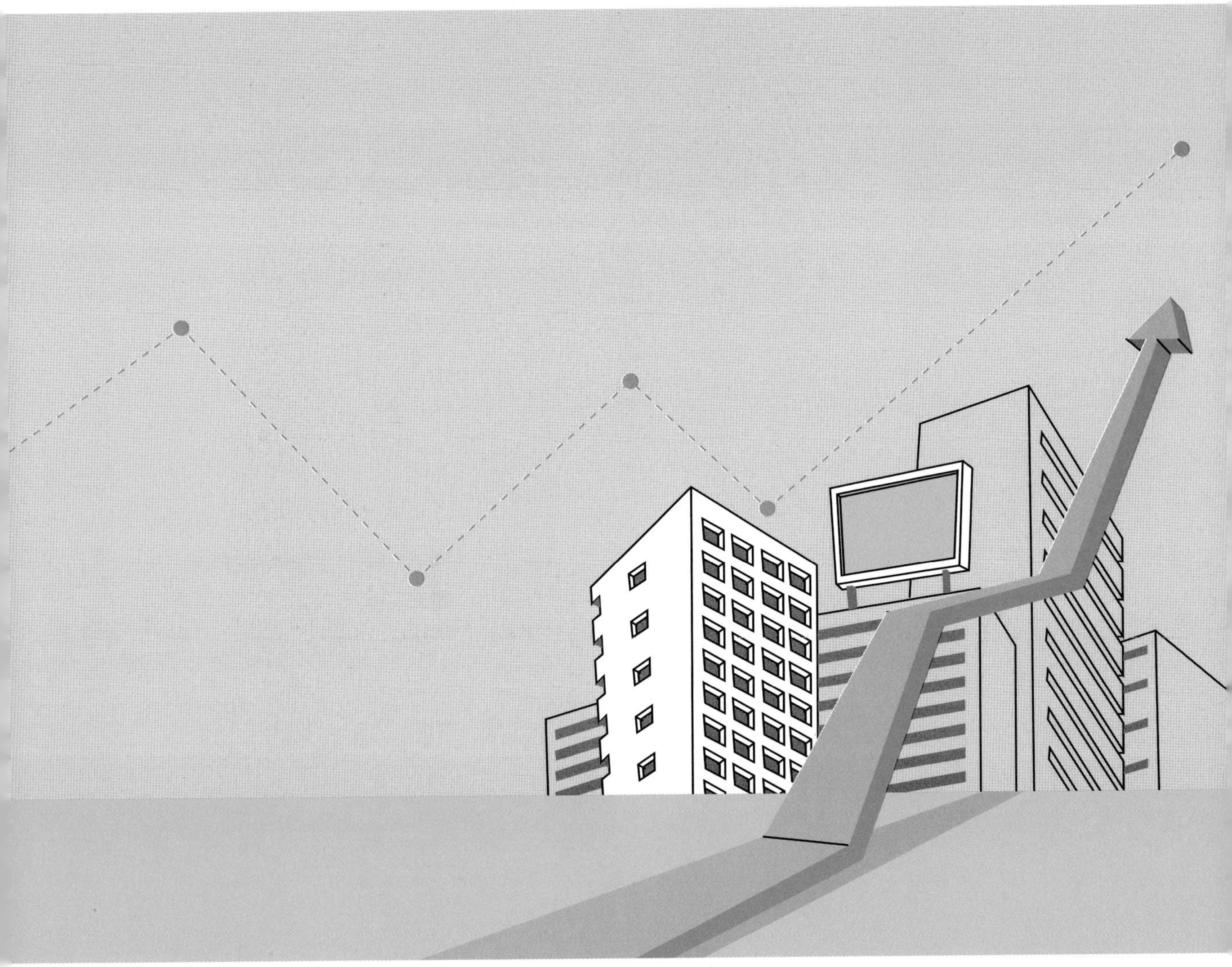

CHAPTER 3 창업아이템 발굴 및 선정

1. 아이디어와 아이디어 발상법
2. 창업아이템 발굴 및 창업아이템 선정기법
3. 아이템 사례 탐색

학 / 습 / 목 / 표

창업아이템의 선정은 창업자가 창업을 준비하는 과정에서 가장 주의를 기울여야 할 부분이다. 특히 창업에 있어서 업종의 선택은 첫 단추를 끼우는 것과 마찬가지로 그 이후의 사업에 절대적인 영향을 미치게 된다.

이와 관련하여, 이 장에서는 창업아이템을 발굴하기 위한 아이디어 발상법과 창업아이템 선정 시 고려해야 할 점 등에 대해서 학습하기로 한다.

단 / 원 / 키 / 워 / 드

창조와 창의성(Creativity), 창조경제의 구성요소, 아이디어(Idea), 아이디어 창출기법, 아이디어 발상법, 아이디어 플랫폼(Idea Platform), 창업아이템 발굴, 창업아이템 선정기준, 창업아이템 체크포인트, 창업아이템 정보수집 방법

CHAPTER 03

창업아이템 발굴 및 선정

1. 아이디어와 아이디어 발상법

1) 창조경제시대의 도래

세계의 경제흐름은 점차적으로 제조업에서 서비스업으로, 지식경제에서 창조경제로 이동하고 있다. 이는 성장동력의 핵심이 혁신에서 창의성으로 대체되고, 가치의 원천이 '지식과 정보'에서 '상상력과 창의성'으로 전환되고 있음을 시사하는 것이다. 이제 창의성은 국가 경제발전의 원동력으로 창조경제의 토대가 되고 있으며, 지속가능한 미래 성장모델로서의 대안으로 떠오르고 있다. [그림 3-1]은 세계적 변화 추세를 나타낸 것이다.

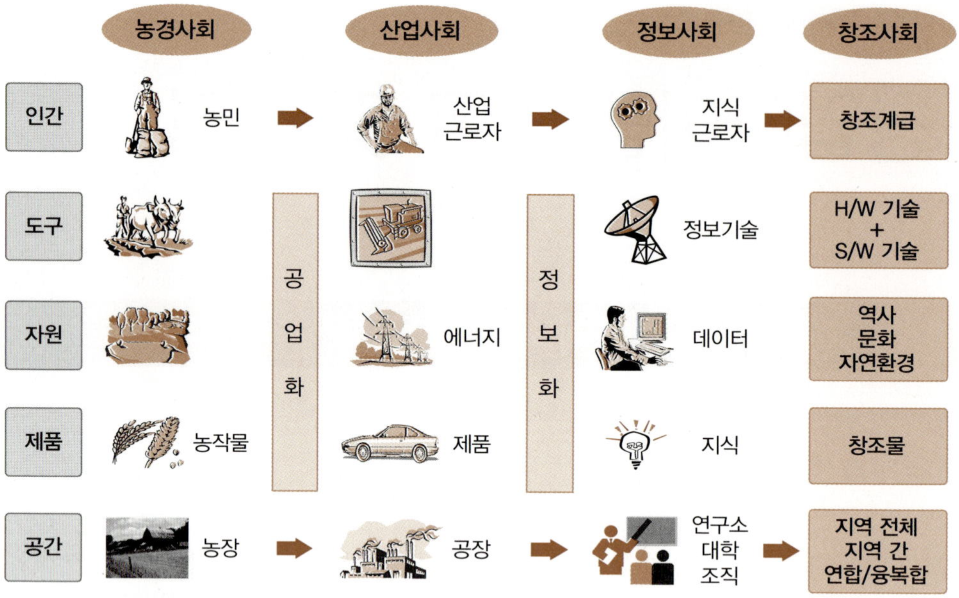

사회변천	변화단계	변화핵심	생산양태	경제체질
농경사회	제1의 물결	농업혁명	단품 소량 생산	노동경제
산업사회	제2의 물결	산업혁명	다품 대량 생산	산업경제
정보사회	제3의 물결	정보혁명	다품 대량 생산	지식경제
창조사회	제4의 물결	창조혁명	단품 소량 생산	창조경제

산업경제 (유형자산, 자본) ➡ **지식경제** (R&D, 마케팅) ➡ **창조경제** (창의성, 지식재산권)

[그림 3-1] 세계적 변화 추세

(1) 창조와 창의성(Creativity)

창조는 일반적으로 이제까지 없었던 것을 새롭게 만들어내는 것으로 정의할 수 있다. 즉, '무(無) 또는 기존의 자료나 지식에서 새로운 것을 발견하고, 새로운 것을 만들고, 산출하는 것'을 의미한다.

창의성(Creativity)은 Creatio라는 말에서 유래되었으며, Creatio는 '무(無) 또는 기존의 자료나 지식에서 새로운 것을 발견하고, 새로운 것을 만들고, 산출하는 것'을 의미한다. 창의성의 대가 토랜스(E. Paul Torrance)는 창의성을 주어진 문제를 새로운 시각으로 보거나 다른 관점으로 봄으로써 독특하고 새로운 아이디어를 이끌어 내는 것이라고 하였다. 즉, 창의성은 아이디어의 씨앗 개념으로 이해할 수 있으며, 다른 관점과 시각으로 끌어낸 창의성 위에 독특성과 신규성의 특성을 부가할 때 독창적인 아이디어로 발전하게 되는 것이다.

창의성은 참신한 아이디어를 개발하고 표현하여 문제를 해결하고 고객의 니즈를 만족시키는 프로세스라고 말할 수 있다. 따라서 창의성은 재능이 아니라, 혁신을 창조하기 위한 목표 지향적 프로세스를 의미한다. 창의성은 [그림 3-2]와 같이 전문지식, 창의적 사고능력, 동기라는 세 가지 구성요소로 이루어져 있다.

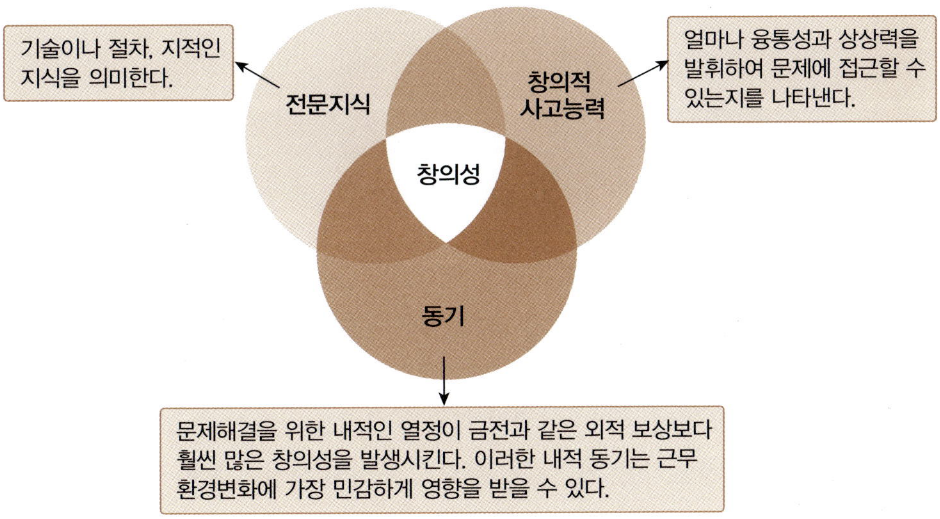

[그림 3-2] 창의성의 3가지 구성요소

(2) 창조경제시대

지금은 창조성과 상상력이 경쟁력의 핵심이 되는 창조경제시대이다. 즉, 모방이 아닌 창의로 승부해야 하는 시대이며, 경제주체의 창조성, 창의성이 극대화되어 경제발전에 기여하는 시대이다. 이와 관련하여 〈표 3-1〉은 산업경제시대와 창조경제시대를 비교한 것이다.

〈표 3-1〉 산업경제시대와 창조경제시대의 비교

구분	산업경제시대	창조경제시대
성장동력	토지, 노동, 자본	창조성, 상상력
주력산업	중화학공업 (자동차, 조선, 철강)	과학기술, 창조산업, IT (서비스콘텐츠)
생산체제	기계생산체제	협력적 생산체제

(3) 창조경제의 구성요소

창조경제는 [그림 3-3]과 같이 창조산업, 창조클래스(인재), 창조기업, 창조도시가 어우러져 전체적으로 창조생태계를 이루는 경제시스템을 말한다.

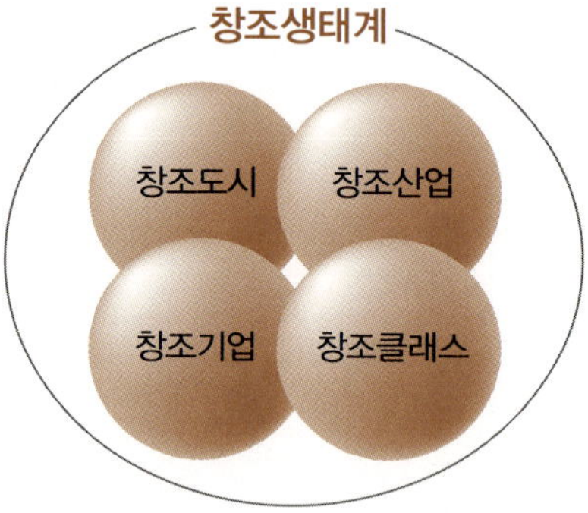

[그림 3-3] 창조경제의 구성요소

- **창조생태계** : 창조경제 패러다임에서 새로운 가치를 창출할 수 있는 창조산업, 창조클래스(인재), 창조기업, 창조도시 등으로 구성된 산업생태계
- **창조산업** : 개인의 창조성, 기술, 재능을 기반으로 경제적 가치와 일자리를 창출하는 산업(WIPO)
- **창조클래스**(인재) : 개인의 창조적 아이디어가 경제활동의 핵심적 역할을 수행하는 계급
- **창조기업** : 창조성, 기술, 재능, 과학기반을 활용하여 생산활동을 하는 기업
- **창조도시** : 창조적 결과물의 발상, 생산, 보급 등 창조적 활동이 공간적으로 집적되어 네트워크와 파트너십을 형성하는 도시

2) 아이디어

아이디어(Idea)에 대한 사전적 의미를 살펴보면 '특정상황에서 해야 할 일에 대한 발상'이나 '무엇에 대해 마음속으로 갖게 되는 감'이라고 해석할 수 있다. 아이디어는 인간의 많은 사고영역 중에서 상상력에 가장 많은 영향을 받는다. 물론 판단력이나 추리력, 분석력 등에도 영향을 받지만 아이디어에서 가장 중요한 영역은 상상력과 창의성이다. 상상력은 판단력이나 추리력, 분석력과는 달리 비논리적인 성향과 비존재성이 강한 면이 있다.

(1) 아이디어를 이끌어내는 3가지 사고영역

아이디어를 이끌어내는 3가지 사고영역으로는 수직적 사고, 수평적 사고, 입체적 사고를 들 수 있다. 수직적 사고는 사물을 보고 생각하는 데 있어 고정관념을 가지고 판단하려는 사고이다. 예를 들어 '책상'을 말하면, 제일 먼저 떠올리는 것이 '공부하는 곳'이라는 고정된 생각으로 사물을 보고 판단하는 사고이다. 이와 달리 수평적 사고는 전통적 고정관념을 탈피하여 사고의 중심을 수평으로 이동하면서 다각적으로 생각하는 사고이다. 또한, 입체적 사고는 [그림 3-4]와 같이 수직적 사고와 수평적 사고를 결합한 사고이다. 따라서 어떤 문제를 해결하고자 할 때 사고의 중심을 입체적 사고로 확장하여 생각하면 보다 유연하고 창의적인 아이디어를 창출할 수 있다.

수직적 사고 + 수평적 사고 = 입체적 사고

[그림 3-4] 입체적 사고

(2) 아이디어 발상의 기본원칙

좋은 아이디어를 발상하기 위해서는 발상의 목적과 의도를 명확히 정의해야만 비로소 문제에 대한 해결방법과 목표를 달성할 수 있다. 또한 가능하면 양질의 좋은 정보를 많이 축적해야 하며, 축적된 정보는 목적에 따라 적시에 활용할 수 있어야 한다. 따라서 축적된 정보를 목적에 따라 가공하고 자기만의 자료로 만들어 두어야만 비로소 활용도를 높일 수 있다.

창업Tip

눈에 보이는 발상 포인트

좋은 아이디어를 얻기 위해 무엇부터 시작해야 할지 고민이 된다면 발상 포인트를 점검하고 떠올려 보자. 가장 중요한 것이 무엇인지, 가장 쉽게 할 수 있는 것이 무엇인지 자신에게 맞는 포인트를 체크하고 발상에 적용시키면 보다 나은 아이디어를 얻을 수 있다.

- **품질을 향상시키는 아이디어**
  무조건 기발한 것을 만들어 내기보다 기존의 것을 좀 더 효율적으로 발명해 내는 방법을 생각해 본다. 아이디어는 아주 작은 것, 아주 가까운 곳에서부터 시작한다.

- **재료를 절약하는 아이디어**
  기발한 아이디어가 떠올랐다면 실현이 가능한지 실험을 해봐야 한다. 너무 비싸다든지, 구하기 힘든 재료로만 만들 수 있다면 실패할 경우 큰 손해를 입을 수 있다. 재료를 절약하는 아이디어를 생각해 내면 가짓수에 크게 구애받지 않고 자신의 생각을 표현할 수 있다.

- **시간을 절약하는 아이디어**
  빠르게 움직이는 현대 사회에서 꼭 필요한 것이 무엇일까? 바로 시간을 절약할 수 있는 그 무엇이 될 것이다. 같은 것이라도 더 빠르게 할 수 있고, 더 신속하고 정확하게 할 수 있는 것이 좋다.

- **대인관계를 좋게 하는 아이디어**
  나 혼자만을 위한 아이디어는 큰 효용을 갖지 못한 채 사장될 수 있다. 모두가 느끼고 사용할 수 있는 것일수록 가치는 더욱 높아질 것이다.

- **모양을 바꿔 보는 아이디어**
  고도의 기술이 없더라도 단순히 디자인만을 바꿔서 성공하는 사례도 많다. 주변에 있는 물건에서부터 시작해 보자. 시대가 원하는 디자인이 무엇인지 생각하면서 아이디어를 떠올리면 된다.

- **포장을 아름답게 하는 아이디어**
  물건을 아름답게 포장하는 것도 하나의 아이디어가 될 수 있다. 물건을 보다 돋보이게 하여 소비자로 하여금 그것을 더 사고 싶도록 유도할 수 있으며, 기발하고 독창적인 포장 기술은 좋은 아이디어가 될 수 있다.

- **값싸게 생산하는 아이디어**
  같은 물건이라면 적은 금액으로 많이 생산할수록 만드는 이에게도 사는 이에게도 도움이 된다. 많은 금액으로 위험부담을 안고 생산하는 것보다 값싸게 생산할 수 있는 아이디어에 대해서도 생각해 보자.

● **광고 방식의 새로운 아이디어**

아이디어가 하나의 물건으로 비춰지는 시대는 지났다. 독특한 마케팅으로 성공한 사업가들을 보면 저마다의 광고 방식으로 승부를 본 경우가 많다. 소비자를 자극할 수 있는 독창적인 광고 방식도 새로운 아이디어가 될 수 있다. 이 외에도 서비스의 질을 높이는 아이디어, 새로운 제조 기술을 위한 아이디어, 방법을 바꿔 보는 아이디어, 새로운 경영을 위한 아이디어 등 발상 포인트의 종류는 다양하다. 자신이 가장 쉽게 접근할 수 있는 방식을 생각해 보고 아이디어를 떠올릴 때 적용한다면 세상을 바꾸는 기발한 아이디어를 얻을 수 있을 것이다.

3) 아이디어 창출기법

(1) 6하 원칙 활용 방법

- Who(누가)
- When(언제)
- Where(어디서)
- Why(왜)
- What(무엇을)
- How(어떻게)

(2) 확대 · 결합 · 조립 방법

- 다른 것과 합쳐보면 어떨까?
- 보다 크게 한다면 어떨까?
- 시간을 더 끌면 어떨까?
- 횟수를 증가시키면 어떨까?
- 더 강하게 하면 어떨까?
- 혼합하면 어떨까?
- 기능의 증가나 성능의 향상 방법은?
- 같은 것을 단순하게 결합한다면?
- 같은 것을 복수로 연결한다면?
- 서로 다른 기능을 결합한다면?
- 다른 가치를 더하면 어떨까?
- 다른 성분을 추가하면 어떨까?
- 같은 것이나 다른 것을 입체적으로 결합한다면?

(3) 축소 · 분해 방법

- 한 부분을 떼면 어떨까?
- 작게 축소한다면?
- 시간을 줄이면 어떨까?
- 횟수를 감소시키면 어떨까?
- 더 약하게 하면 어떨까?
- 원료, 성분을 빼면 어떨까?
- 단일 성분으로 하면 어떨까?
- 비용을 내리는 방법은 없을까?
- 손상을 줄이는 방법은 무엇일까?
- 몇 가지 기능을 분리시키면 어떨까?

(4) 변형 · 변화시키는 방법

- 조금만 변형시켜 보면 어떨까?
- 속도를 바꾸면 어떻게 될까?
- 조금만 고쳐서 달리 쓰면 어떨까?
- 일정한 방향이나 순서를 바꾸면 어떨까?
- 역할을 바꿔보면 어떨까?
- 교체하거나 반대로 꾸미면 어떨까?
- 색깔을 바꾸면 어떨까?
- 위치를 바꾸면 어떨까?
- 원료, 성분을 바꾸면 어떨까?
- 몇 가지 기능을 분리시키면 어떨까?
- 좀 더 길게, 좀 더 짧게 하면 어떨까?
- 좀 더 두껍게, 좀 더 얇게 하면 어떨까?
- 좀 더 진하게, 좀 더 엷게 하면 어떨까?
- 근본 원리를 바꾸면 어떨까?
- 남의 아이디어나 다른 상품을 모방한다면?

4) 아이디어 발상법

아이디어 발상법이란 창의력과 상상력을 깨워 좋은 아이디어를 끄집어낼 수 있도록 하는 데 도움이 되는 훈련법이다. 아이디어 발상법은 발명에만 해당되지 않고 각 분야에 고루 이용될 수 있으며, 창의적이고 획기적인 의견을 필요로 할 때 활용하면 더욱 좋은 결과를 얻을 수 있다.

(1) 자신에게 맞는 아이디어 발상법을 찾아 익히자

어떤 주제에 대한 발상이나 문제를 해결하기 위해서는 기존의 방법이 아닌 다른 방법으로의 접근이 필요할 때가 있다. 이런 경우에 [그림 3-5]와 같은 아이디어 발상법을 활용하면 보다 쉽게 원하는 결과를 도출할 수 있다.

브레인스토밍법	브레인라이팅법	SCAMPER기법
마인드맵	고든법	포스트잇 발상법
육색사고모자기법	PMI기법	속성열거법
형태분석법	강제결합법	트리즈

[그림 3–5] 아이디어 발상법

(2) 브레인스토밍법(Brainstorming Method)

브레인스토밍법은 1941년 미국 BBDO 광고회사의 알렉스 오스본(Alex F. Osborn)이 창안한 것으로, 현재 가장 많이 활용되고 있는 방법으로 어떤 주제에 대한 확산적 사고를 유도하기 위한 기법이다. 이것은 집단적 사고 촉진을 위해 고안되었지만 개인적으로도 사용될 수 있으며, 특정 주제를 넘어서 여러 종류의 주제와 문제에 대해 일상적으로 적용될 수도 있다.

■ 기본원칙

제안된 어떤 아이디어에 대해서도 비판하거나 평가를 해서는 안 된다.

- **비판엄금** : 어떤 의견이든 간에 비판하지 않는다.
- **자유분방** : 기상천회, 황당무계, 엉뚱한 생각도 환영한다.
- **대량발상** : 의견의 질은 나중에, 우선 양을 추구한다.
- **결합개선** : 타인의 의견에 편승해서 결합하고 개선한다.

■ 특징

- 짧은 시간 내에 방대한 아이디어를 얻기에 적합하다.
- 진행자의 역할이 매우 중요하다.(브레인스토밍법은 누가 진행하느냐에 따라 성과가 좌우된다.)
- 기존의 아이디어를 창의적으로 조합할 수 있는 기회를 가질 수 있다.
- 비판활동을 제한하므로 구성원들 간의 갈등을 줄일 수 있다.
- 한 사람이 한 아이디어를 낼 때 거의 자동적으로 다른 아이디어를 상상하게 되는 연쇄반응이 일어난다.

- 경쟁효과가 있어, 다른 사람보다 하나라도 더 많은 아이디어를 내려고 한다.
- 타인에게 의지하여 진지하게 생각하지 않는 구성원이 나올 수 있다.

■ 전개방법

- 주제는 구체적인 것으로 선택한다.
- 구성원 전원의 얼굴이 보이도록 책상과 의자를 배치한다.
- 모조지나 화이트보드 등을 준비한다.
- 분위기를 잘 조성하는 사람을 진행자로 선택한다.
- 발언을 전부 기록하고, 키워드로 요약한다.
- 발상시간은 1시간 정도가 적당하며, 그 이상이 되면 휴식시간을 갖는다.
- 브레인스토밍에 대한 결과 평가는 하루 정도 지나고 나서 실시한다.

■ 브레인스토밍법 사례 : 비 오는 날

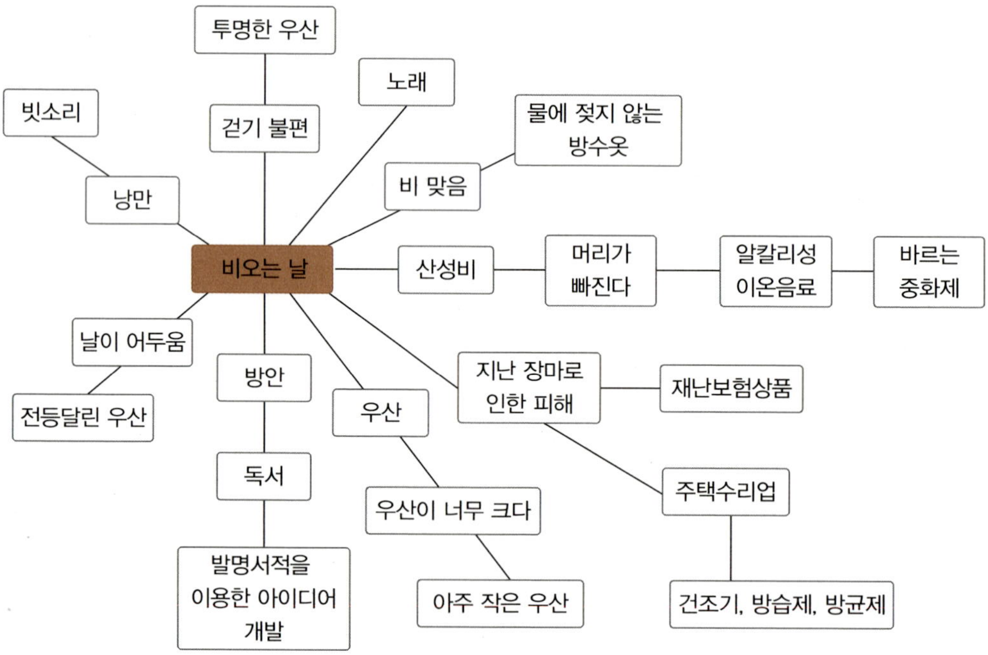

[그림 3-6] 브레인스토밍법 사례 : 비 오는 날

[실습문제]

- 리더 : 토론 문제를 분석하여 구체적인 문제를 제기하고, 회의 참가자들이 자유롭게 의견을 내놓을 수 있도록 유도한다.
- 참가자 : 독창적인 아이디어를 발상하여 의견을 내놓는다.
- 심사그룹 : 아이디어를 평가, 검토, 결정한다.

S1. 브레인스토밍을 시작하기 전 리더 1명과 서기 1명, 그리고 심사그룹을 정한다. 참가자는 6~8명이 적당하다.

S2. 참가자 전원이 서로 얼굴을 볼 수 있도록 자리를 배치하여 앉는다. 리더는 회의 규칙을 참가자에게 다시 한 번 주지시킨다.

S3. 본격적인 회의에 들어가기 전에 워밍업을 통해 두뇌 회전을 유연하게 한다.

S4. 순서를 정하여 한 사람씩 아이디어를 발표한다. 아이디어가 없을 땐 "pass"를 외쳐, 전 구성원이 모두 "pass"를 외칠 때까지 진행한다. 이때 서기는 회의에서 나오는 모든 의견을 기록한다.

S5. 아이디어가 더 이상 나오지 않을 때 회의를 중지한다.

S6. 심사그룹이 회의 때 나온 아이디어를 토대로 정리한 후 발전시킬 수 있거나 실현가능한 아이디어를 채택한다.

(3) 브레인라이팅법(Brain Writing Method)

브레인라이팅법은 홀리겔(Holliger)에 의해 고안된 것으로 다양한 아이디어 발굴과 의견 수렴, 또는 문제해결을 위한 혁신 워크숍 등에서 구성원의 의견을 민주적·효율적으로 집약·정리할 수 있는 매우 유용한 발상기법이다. 브레인스토밍법과 같이 자유 연상에 의한 아이디어 발상법으로 참여자들은 문제에 대한 대화를 나누지 않고 백지에 각자의 아이디어를 기입하는 방법으로 진행되는 것이 유사하지만, 브레인스토밍이 한 사람의 기록자에 의해 아이디어가 기록되었다면 브레인라이팅법은 각자가 정해진 용지에 자신의 아이디어를 차례대로 돌아가며 기록한다는 차이점이 있다.

■ 특징

- 브레인라이팅법은 브레인스토밍의 아이디어 조합을 한 장의 종이에 조합시키는 방법이라고 볼 수 있다.
- 참여한 사람들의 상상력과 창의력을 충분히 활용할 수 있다.
- 여러 사람 앞에서 소극적으로 발언하는 사람의 사고력을 최대한 이끌어낼 수 있다.
- 참가자의 다양한 견해를 가감 없이 신속하게 모두 게시판에 집합 · 전시할 수 있다.
- 문제해결에 대한 참신한 아이디어를 발굴할 수 있다.
- 작성 내용은 익명성이 보장되므로, 회의에서 말로 표현하기 어려운 사항 및 조직 내의 감추어진 의견 등이 활발하게 논의될 수 있다.

〈표 3-2〉 브레인라이팅 용지 구성의 예

<table>
<tr><td colspan="4">해결해야 할 문제</td></tr>
<tr><td>이름</td><td>아이디어 1</td><td>아이디어 2</td><td>아이디어 3</td></tr>
<tr><td></td><td></td><td></td><td></td></tr>
<tr><td></td><td></td><td></td><td></td></tr>
<tr><td></td><td></td><td></td><td></td></tr>
<tr><td></td><td></td><td></td><td></td></tr>
<tr><td colspan="4">해결책 :</td></tr>
</table>

[실습문제]

S1. 사회자를 정한다. 참가자는 4~6명이 가장 적당하다.

S2. 개개인에게 브레인라이팅 용지를 나눠준다.(여분도 준비해 둔다.)

S3. 용지의 가장 윗줄에 문제 진술을 적은 후, 첫 번째 줄에 아이디어를 각각 3개 정도 기입한다.

S4. 아이디어를 적은 용지를 왼쪽 옆 사람에게 넘긴다.

S5. 각자 앞의 사람이 기입한 첫 번째 줄의 아이디어를 보면서 발전시킨 새로운 아이디어를 두 번째 줄에 써 넣는다.

S6. 마지막 줄까지 같은 작업을 반복한 후 가장 적합한 아이디어를 결정한다.

(4) SCAMPER기법

SCAMPER기법은 미국의 광고회사 BBDO의 CEO였던 오스본(Alex F. Osborn)이 1950년대에 개발한 체크리스트법을 보완하여 1971년에 발전시킨 것으로 사고영역을 일정하게 제시함으로써 구체적인 안이 도출될 수 있도록 유도하는 아이디어 발상법이다. SCAMPER기법의 주요내용은 〈표 3-3〉과 같다.

〈표 3-3〉 SCAMPER기법의 주요내용

구분	사고형태	주요내용
S	Substitute(대체하기)	어떤 것을 대신 사용할 수 있을까?
C	Combine(결합하기)	유사한 것끼리 결합하면 어떨까?
A	Adapt(응용하기)	조건이나 목적에 맞게 수정할 수는 없을까?
M	Modify–Magnify–Minify (수정 · 확대 · 축소하기)	색, 모양, 형태 등을 크게, 강하게, 작게, 가볍게 바꿀 수는 없을까?
P	Put to other uses (용도 변경하기)	다른 용도로 사용할 수 없을까?
E	Eliminate(제거하기)	제거할 수는 없을까?
R	Rearrange–Reverse (재배치하기 · 거꾸로하기)	형식, 순서, 구성을 바꾸거나 거꾸로 할 순 없을까?

■ 적용예시

- Substitute(대체하기) : 쌀을 과자로, 우유를 목욕용품으로, 치약을 얼룩제거용 약품으로, 청바지를 가방으로, 휘발유를 LPG로 대체 등
- Combine(결합하기) : 핸드폰과 카메라를 결합, 청소기와 물걸레를 결합, 롤러스케이트와 신발을 결합, 린스와 샴푸의 결합, 에어컨과 공기청정기의 결합 등
- Adapt(응용하기) : 주전자의 원리를 이용한 물뿌리개, 조명램프를 적용한 살균램프, 온도계를 인체에 적용한 체온계, 태양에너지를 이용한 전열판, 햄버거 모양을 본떠 만든 전화기 등
- Modify-Magnify-Minify(수정 · 확대 · 축소하기) : 엠보싱화장지, 대형TV, 대형세탁기, 대형냉장고, 바람개비 원리를 이용한 풍차, 미니휴대폰, 미니컴퓨터, 미니카 등

- Put to other uses(용도 변경하기) : 스타킹을 모내기 할 때 착용, 폐타이어로 집짓기, 기차를 카페로 사용
- Eliminate(제거하기) : 날개 없는 선풍기, 필름 없는 카메라(디지털카메라), 칼날 없는 칼(레이저칼), 무선다리미, 씨 없는 수박, 내시경, 3단 접이 우산, 벽걸이형 얇은 TV, 초소형휴대폰, 오픈카, 노천극장
- Rearrange-Reverse(재배치하기 · 거꾸로하기) : 운전석을 왼쪽에서 오른쪽으로, 페달을 뒤로 밟아도 앞으로 가는 자전거, 병뚜껑이 아래에 있는 화장품 용기, 양말에서 벙어리장갑 창안, 장갑에서 발가락양말 창안, 여름에 겨울상품 세일하기, 옷감을 뒤집어서 만들기

(5) 마인드맵(Mind Map)

마인드맵은 영국의 토니 부잔(Tony Buzan)이 1960년대에 두뇌의 특성을 고려하여 만들어 낸 것으로 자신의 생각을 지도를 그리듯 이미지화하여 사고력, 창의력, 기억력을 한 단계 높일 수 있는 두뇌개발기법이다. 마인드맵은 핵심단어를 중심으로 거미줄처럼 사고가 파생되고 확장되어 가는 과정을 확인하고, 자신이 알고 있는 것을 동시에 검토하고 고려할 수 있는 일종의 시각화된 브레인스토밍이라고 할 수 있다.

■ 작성 7원칙

- 종이의 중심에서 시작한다.
- 중심 생각을 나타내기 위해 이미지나 사진을 이용한다.(적어도 3가지 이상의 색깔을 사용한다.)
- 전체적으로 색깔을 사용한다.
- 중심 이미지에서 주가지로 연결한다. 주가지의 끝에서부터 부가지로, 부가지의 끝에서 세부가지를 연결한다.
- 구부리고 흐름 있게 가지를 만든다.
- 각 가지당 하나의 키워드만을 사용한다.
- 전체적으로 이미지를 사용한다.

■ 마인드맵 사례 : 여행

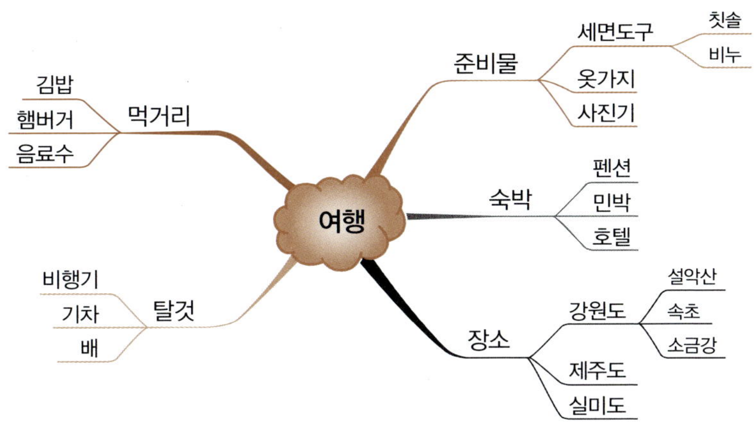

[그림 3-7] 마인드맵 사례 : 여행

■ 마인드맵 사례 : 창의적 교수법

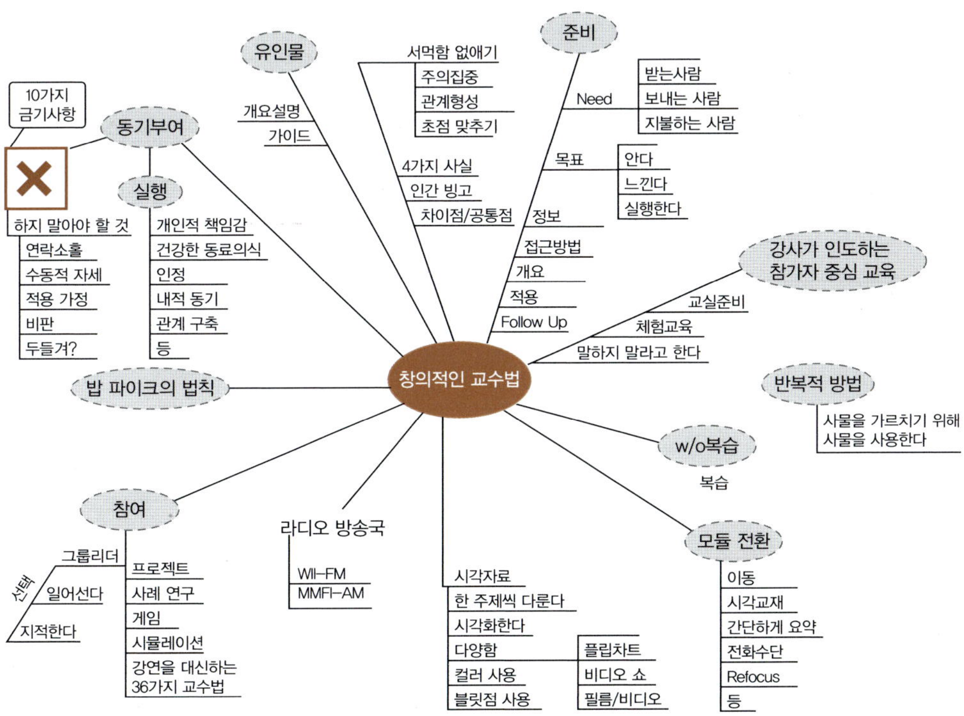

[그림 3-8] 마인드맵 사례 : 창의적 교수법

출처 : 밥 파이크(Bob Pike)의 50가지 창의적인 교육 종료 방법에서 인용함

(6) 고든법(Gordon Method)

고든법은 주제를 사회자만 알고 나머지 사람들은 모르는 채로 사회자의 진행에 따라 마음껏 생각하는 방법이다. 보통의 사람들은 아이디어를 발전시킬 때 관념적이고 습관적인 틀을 벗어나기 어려운데, 이 방법으로 진행하면 새롭고 다양한 아이디어가 나올 수 있다. 고든법은 미국의 고든(William J. J. Gordon)에 의해서 고안된 것으로 브레인스토밍과 마찬가지로 집단적으로 발상을 전개하는 방법이다.

■ 특징

- 문제를 구상화시켜서 무엇이 진정한 문제인지 모르는 상태에서 출발하며 참가자들에게 그것에 관련된 정보를 탐색하게 한다.
- 주제와 전혀 관계없는 사실로부터 발상을 시작해서 문제해결로 몰입하게 만든다. 이 과정에서 아주 기발한 아이디어가 떠오르는 경험을 할 수 있다.
- 추상의 폭을 넓혀 주제를 낸다면 생각하는 사람의 사고는 폭넓게 퍼져 구체적인 문제를 생각할 경우에는 상상하지 못했던 다양한 아이디어가 나온다.
- 주제가 추상적이기 때문에 나오는 아이디어들이 예측과 빗나가는 경우도 있지만 사회자는 그것들을 실제 주제와 결합시켜 회의 중이라도 항상 검토하고 있어야 한다.
- 사회자는 회의를 진행하는 중에 주제를 좁히고, 회의가 끝날 무렵에 주제를 말한다.

[실습문제]

S1. 사회자만 주제를 알고 있는 상태에서 자유롭게 발언할 수 있는 분위기를 만든다.
S2. 참가자들은 사회자가 제시한 테마에 대해 자유롭게 아이디어를 이야기한다.
S3. 사회자는 좋은 아이디어가 나와 문제해결에 가까워질 때까지 주제를 알리지 않는다.
S4. 문제해결에 가까운 아이디어가 나오기 시작하면 사회자는 주제를 알려준다.
S5. 참가자들은 지금까지 낸 아이디어를 토대로 유용한 아이디어를 형성해 간다.
S6. 선택된 아이디어를 채택하여 문제를 해결한다.

(7) 포스트잇 발상법(Post-it Method)

포스트잇 발상법은 우리가 흔히 사용하는 붙이거나 떼서 쓸 수 있는 메모지인 포스트잇을 활용하는 방법이다. 포스트잇의 색상을 몇 종류로 나누어 사용하면 아이디어를 종류별로 분리할 수 있다.

■ 특징

- 포스트잇과 펜만 있으면 되므로 진행 절차가 매우 간단하다.
- 포스트잇의 색상에 따라 아이디어와 종류를 구분하여 정리할 수 있다.
- 시간과 장소에 구애받지 않고 활용할 수 있다.
- 아이디어를 빠르게 정리하고 구성할 수 있다.

[실습문제]

S1. 거리를 걸을 때, 신문이나 잡지를 보다가 문뜩 메모하고 싶은 아이디어가 떠오른다면 포스트잇을 꺼내 바로 메모해 둔다.

S2. 메모해 둔 포스트잇을 주제별로 종이에 붙여 정리한다.

S3. 포스트잇을 붙였다 떼었다 반복하면서 주제를 결정한다.

S4. 이렇게 모인 종이들은 파일용 홀더에 끼워 보존하고 관련된 사진이나 카탈로그 등과 함께 보관한다.

S5. 생활용품, 기계, 전자 등 발명기술 분야에 따라 모은 정보를 재구성한다. 시각적으로 정보를 조합시키는 것이 중요하다.

S6. 이렇게 정리하고 가공한 결과를 내놓는 것이 포스트잇 발상법의 마지막 단계이다.

읽을거리

쓸모없는 실패가 세계 최고의 제품으로! 3M 포스트잇

1970년 '3M' 중앙연구소 연구원인 스펜서 실버(Spencer Silver)는 잘 붙기도 하고 반대로 잘 떨어지는 접착제를 만들었다. 당시 주변 사람들은 접착제의 본래 기능은 잘 붙어야 하는데 그러지 못한 실버의 새 접착제를 신기하게 여겼지만 결국 쓸모를 찾지 못했다. 사람들은 “붙었다가 떨어지는 접착제를 어디에 씁니까?”라며 이 제품을 실패로 치부하였다. 하지만 실패로 영영 잊힐 뻔했던 실버의 접착제는 같은 회사 테이프 사업부의 아트 프라이(Art Fry)에 의해 새로운 제품으로 탄생하였다. 아트 프라이는 악보책에 메모지가 흘러내리거나 붙인 종이로 인해 책이 찢어지는 것을 보고 고민하던 중, 실버의 제품을 개선하고자 연구를 거듭한 결과 오늘날과 같은 붙였다가도 말끔하게 떼어낼 수 있는 적당한 수준의 접착제를 바른 종이 조각을 개발해 냈다. ‘포스트잇(Post-it)’이라고 명명된 이 제품은 이후 오늘날까지 사무실에서 없어서는 안 될 획기적인 제품이 되었다.

(8) 육색사고모자기법(Six Thinking Hats Method)

육색사고모자기법은 브레인스토밍이 끝난 뒤 아이디어를 평가하는데 널리 사용되고 있는 것으로 수평적 사고를 통한 창의성 신장을 주장한 영국의 심리학자 에드워드 드 보노(Edward de Bono)에 의해 개발되었다. 비교적 단순하지만 논쟁에서 벗어나 생산적인 토론을 유도할 수 있어 유용하다. 육색사고모자기법은 모자의 색깔에 따라 사고유형을 달리해 생각할 수 있도록 한 것으로 모자의 색깔에 따른 사고유형은 〈표 3-4〉와 같다.

육색사고모자기법은 한 번에 하나의 모자만 사용하되 모든 모자를 다 사용해 생각하도록 하며 긍정적인 사고를 한 뒤 비판적으로 평가를 할 수 있도록 황색모자를 먼저 사용한 뒤 흑색모자를 사용한다. 필요에 따라서는 똑같은 모자를 여러 번 사용할 수도 있으며 아이디어 생성을 위해서는 백색-녹색-황색-흑색-청색-적색의 순서가 적절하고, 아이디어의 평가를 위해 사용할 경우에는 그 반대의 순서가 적절하다.

〈표 3-4〉 육색사고모자기법의 색깔별 사고유형

구분	사고유형
백색	정확한 정보에 기초하고 검증된 중립적이고 객관적인 사실을 제시한다.
녹색	창의적이고 확산적인 새로운 측면을 제시한다.
황색	긍정적이고 낙관적인 측면을 제시한다.
흑색	부정적이고 비판적인 측면을 제시한다.
청색	지휘자나 사회자처럼 정리, 요약, 결론적인 내용을 제시한다.
적색	백색모자와는 반대로 자신의 분노, 두려움과 같은 감정이나 정서, 직관을 제시한다.

(9) PMI기법(Plus-Minus-Interesting Method)

PMI기법은 1973년 에드워드 드 보노(Edward de Bono)에 의해 고안된 것으로써 아이디어의 장 · 단점을 측정할 수 있어 아이디어 평가에 사용된다. Plus(강점)는 아이디어를 실행했을 때 긍정적인 면을 떠올리는 것이고, Minus(약점)는 부정적인 면을 예상하는 것이다. Interesting(흥미)은 아이디어의 흥미로운 점을 적는 것으로 아이디어의 유익한 점을 파악하여 제안된 해결안 중 어느 것이 최선책인지를 결정하는 방법이다. [그림 3-9]는 PMI기법을 나타낸 것이다.

[그림 3-9] PMI기법

(10) 속성열거법(Attribute Listing Method)

속성열거법은 미국 네브래스카대학 교수인 로버트 크로포드(Robert Crawford)에 의해 고안된 것으로 주어진 문제의 속성(모양, 크기, 색깔, 특성 등)을 열거해봄으로써 기존의 아이디어와는 다른 개념이나 원리를 색다르게 결합하거나 수정해 새로운 아이디어를 산출해 내는 방법이다. 이 방법은 주어진 문제를 명확히 하기 위해서 문제를 재진술한 뒤 문제의 속성을 자세히 열거한다. 그 다음 열거한 속성을 새로운 시각으로 결합하거나 수정해 봄으로써 새로운 아이디어를 생성하고 이를 분석 및 평가해 실천가능성을 판단한다.

(11) 형태분석법(Morphological Analysis Method)

형태분석법은 프리츠 즈위키(Fritz Zwicky)가 고안한 것으로 SCAMPER기법과 속성열거법을 입체적으로 조합한 발상법이라고 할 수 있다. 이 방법은 주어진 대상 혹은 문제의 속성을 가로축과 세로축에 열거하여 도표를 만들어 새로운 아이디어를 각 칸에 기록해 보게 하는 방법으로 '행렬기법(Matrix Method)'이라고도 불린다. 이 기법은 다양한 측면에서 체계적으로 아이디어를 생성해 낼 수 있는 장점이 있기 때문에 간과되기 쉬운 아이디어나 해결 불가능할 것 같은 아이디어를 생성하는 데 유리하다.

(12) 강제결합법(Forced Connection Method)

강제결합법은 화이팅(Whiting)이 고안한 것으로 서로 관계가 없어 보이는 사물이나 아이디어를 강제로 연결시켜 봄으로써 새로운 아이디어를 생성하는 기법이다. 이 기법은 더 이상의 아이디어가 생성되지 않는 경우 사용할 수 있다. 구체적으로는 목록표작성법, 카탈로그기법, 임의의 강제결합법 등 3가지 유형으로 구분할 수 있다.

목록표작성법은 해결해야 할 문제와 여러 가지 사물이 기입된 목록표를 제시한 뒤 사물을 목적에 맞게 연결시키는 방법이다. 사물은 문제와 가급적 관련이 없을수록 좋다. 카탈로그기법은 목록표작성법과 유사하지만 목록표 대신 카탈로그를 제시해 페이지를 무작위로 펼쳐서 나오는 사물을 이용한다는 차이점이 있다. 임의의 강제결합법은 문제의 진술이 필요하지는 않으며 무작위로 두 개의 사물을 골라 억지로 연결시켜 생각해 보는 것이다. 강제결합법을 사용할 때는 브레인스토밍법과 마찬가지로 아무리 이상한 아이디어라도 받아들이고 비난하는 것을 삼가도록 한다.

(13) 트리즈(TRIZ)

트리즈는 1946년 구소련의 과학자 겐리히 알츠슐러(Genrich Altshuller)가 소련의 우수한 특허와 기술혁신 사례들을 분석하여 찾아낸 창의적 발명원리들을 체계적으로 제시한 것으로 창의적 문제해결이라는 의미의 러시아 말(Teoriya Reshniya Izobretatelskikh Zadatch)의 앞 글자를 따온 말이다. 영어로는 TIPS(Theory of Inventive Problem Solving)라고도 불린다.

트리즈에서는 '모순'이 핵심개념이 된다. 여기에서 말하는 '모순'은 시스템의 유기체적 특성에서 비롯된 것으로 시스템 내 한 부분의 개선이 다른 부분에서의 부정적 결과를 유발하는 상황을 말한다. 알츠슐러(Altshuller)는 이러한 모순을 포함하는 문제를 창조적 또는 발명적 문제라고 정의하였고 창의적 문제해결이란 이러한 모순을 제거하는 것이라고 말하였다.

트리즈는 일반적으로 기술적 모순과 물리적 모순 두 유형의 모순을 제거할 수 있는 방법을 제시한다. 기술적 모순은 시스템 내의 한 부분을 개선하면 다른 부분은 악화가 되는 현상을 말하며 이는 상호절충을 통해 해결하려고 하였다. 하지만 이는 근본적인 해결이 되지 못하므로 물리적 모순으로 변환하여 해결할 수 있다. 물리적 모순은 시스템 혹은 특성이 한 상황에서는 필요하지만 다른 상황에서는 없어야 하는 모순을 말한다. 트리즈(TRIZ) 발명원리는 다음과 같다.

트리즈(TRIZ) 발명원리

- 분할하라. 나누어라.
- 필요한 것만 뽑아내라.
- 전체를 똑같이 할 필요는 없다.
- 비대칭으로 하라. 차별화하라.
- 여러 작업을 한 번에 하라.
- 하나의 물건을 여러 용도로 사용하라.
- 포개어 보라. 짝짓기를 하라.
- 무게를 적극적으로 줄여라.
- 미리 반대방향으로 조치하라.
- 미리 조치하라.
- 사전에 예방하라.
- 저절로 흘러가게 하라.
- 반대로 하라.
- 직선을 곡선으로 바꿔라.
- 부분적으로 자유롭게 하라.
- 지나치거나 부족하게 행동하라.
- 다른 각도(수평이면 수직으로)에서 보라.
- 진동을 이용하라.
- 주기적으로 하라.
- 유용한 일을 지속하라.
- 유쾌하다면 빨리 진행하라.
- 안 좋은 것을 좋은 것으로 바꿔라.
- 피드백을 이용하라.
- 직접 하지 말고 중간 매개체를 이용하라.
- 스스로 기능이 수행되게 한다.
- 불편하고 복잡한 것 대신 간단한 것으로 복사한다.
- 한 번 쓰고 버린다.
- 기계적 시스템은 광학, 음향시스템 등으로 바꾼다.
- 공기나 유압을 사용한다.
- 얇은 막 필름을 사용한다.
- 구멍이 뚫린 물질을 사용한다.
- 색깔 변화 등 광학적 성질을 변화시킨다.
- 기왕이면 같은 재료를 사용한다.
- 다 쓴 것은 버리거나 복구한다.
- 물질의 속성을 변화시킨다.
- 상태를 전이시킨다.
- 열팽창시킨다.
- 복합재료를 사용한다.

5) 아이디어 플랫폼

아이디어 플랫폼(Idea Platform)은 아이디어는 있지만 원하는 제품을 만들기 어려운 경우, 또는 제품을 만들 수는 있지만 어떻게 판매해야 하는지를 모르는 경우에 아이디어를 구체화시키고, 이를 제품으로 구현해 주는 역할을 담당한다.

(1) 국내에서의 아이디어 플랫폼

국내에서 제공하는 아이디어 플랫폼으로는 창조경제타운의 〈아이디어 발전소〉를 비롯하여 중소기업청의 〈아이디어 오디션〉, 미래창조과학부의 〈무한상상실〉, 서울대학교의 〈멋쟁이 사자처럼〉과 예술분야의 크라우드펀딩 시스템인 〈텀블벅〉 등을 들 수 있다.

■ 창조경제타운의 〈아이디어 발전소〉

아이디어 발전소는 비공개로 진행되는 창조아이디어와 일반인에게 아이디어가 공개되는 공유아이디어로 나누어진다.

www.creativekorea.or.kr

■ 중소기업청의 〈아이디어 오디션〉

집단지성을 기반으로 아이디어 개발부터 유통까지 전 과정을 연결하는 아이디어 플랫폼이다.

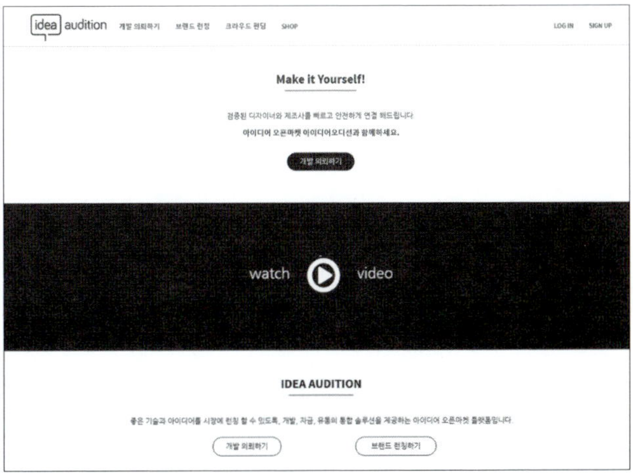

ideaaudition.com

■ 미래창조과학부의 〈무한상상실〉

무한상상실은 과학관, 도서관, 주민센터 등 생활공간에 설치되는 창의적인 공간으로 국민의 창의성, 상상력, 아이디어를 발굴하고, 이러한 아이디어를 기반으로 시험 · 제작을 하거나 UCC제작 · 스토리 창작 등을 할 수 있는 공간이다.

www.ideaall.net

■ 서울대학교의 〈멋쟁이 사자처럼〉

자체 개발된 온라인 강의 플랫폼 '클래스라이언'을 통해 컴퓨터공학 비전공자들도 프로그래밍 기초 지식을 배워 자신만의 웹서비스를 만들어 이를 통해 꿈을 실현할 수 있도록 하는 것이다.

www.likelion.net

■ 예술분야의 크라우드펀딩 시스템 〈텀블벅〉

텀블벅은 영화, 음악, 미술, 출판, 건축, 사진, 디자인, 테크놀로지, 게임, 요리, 제조 등 창조적인 분야를 총 망라하는 크라우드펀딩 플랫폼으로, 자금력이 부족하여 아이디어를 완성시키지 못하는 개인이나 단체가 아이디어를 공개하고 일반인의 후원을 받을 수 있도록 하고 있다.

www.tumblbug.com

(2) 해외에서의 아이디어 플랫폼

해외에서의 아이디어 플랫폼은 국내보다 훨씬 활성화되었는데, 대표적인 아이디어 플랫폼으로는 킥스타터(Kick Starter), 인디고고(Indiegogo), Y콤비네이터(Y Combinator), 쿼키(Quirky) 등이 있으며, 이 밖에도 스타트업 칠레(Start-up Chile), 이노센티브(Inno-Centive), 캐글(Kaggle), 테크숍(TechShop) 등이 있다.

■ 해외의 대표적인 아이디어 플랫폼인 킥스타터(kick starter)

킥스타터는 크라우드 펀딩 플랫폼으로 실제 후원금을 모아주는 방식으로 진행되며, 아이디어 창작자는 프로젝트에 대한 간단한 설명과 함께 목표액을 제시하고 스타터(Starter)의 확인을 받아 모금활동을 시작할 수 있으며, 이후 지속적으로 개발에 대한 진행상황을 후원자에게 알려야 한다. 단, 킥스타터는 미국에 계좌를 둔 사람에게만 허용한다.

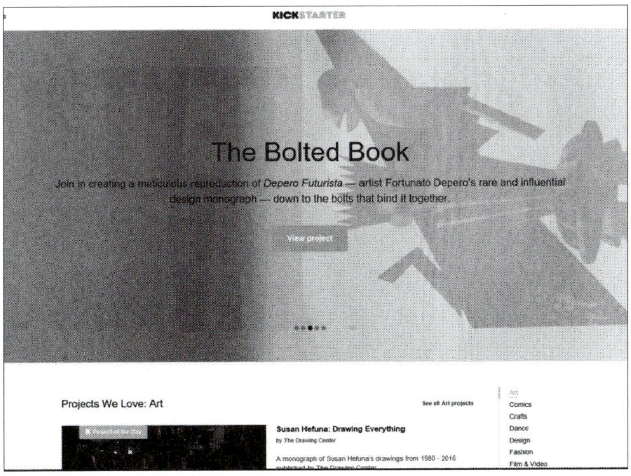

www.kickstarter.com

■ 인디고고(Indiegogo)

인디고고는 국적과 분야에 상관없이 전 세계 누구에게나 열려 있는 공간으로 인기가 있으며, 후원금을 창작자에게 직접 지급하는 방식을 채택하고 있다.

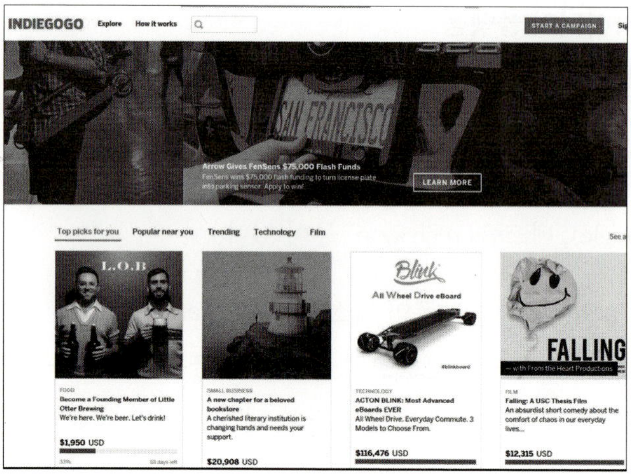

www.indiegogo.com

읽을거리

세상을 변화시킨 6단계 창조전략

데이비드 코드 머레이(David Kord Murray)의 저서 바로잉(원제 : Borrowing Brilliance)에서 강조한 세상을 변화시킨 6단계 창조전략, 즉 1단계(정의하라), 2단계(빌려라), 3단계(결합하라), 4단계(숙성시켜라), 5단계(판단하라), 6단계(끌어올려라)를 소개하고자 한다. 바로잉(Borrowing)은 '빌리다'는 의미로, 기존의 것을 빌리거나 모방하여 낯설지만 한층 더 나은 것을 창조한다는 뜻이다. 이 책에서 저자(데이비드 코드 머레이)는 창조와 혁신이 바로 바로잉에서 출발한다고 강조하고 있다.

1단계 : 정의하라(해결하고자 하는 문제를 정의한다)

창의적인 아이디어는 주어진 문제에 대한 해결책이다. 이 문제를 어떻게 정의하느냐에 따라 그 문제를 해결하는 방법이 달라진다. 주어진 문제를 지나치게 좁거나 넓게 정의하면 문제를 해결할 때 실수가 발생한다. 관찰을 비롯한 여러 가지 도구를 사용할 수 있는 한 많은 문제를 정의한 다음에, 높은 차원에서 낮은 차원으로 그 문제들을 분류한다.

2단계 : 빌려라(비슷한 문제를 안고 있는 곳에서 아이디어를 빌린다)

이렇게 마련한 아이디어들은 찾고자 하는 해결책의 재료다. 문제를 정의한 뒤 비슷한 문제를 안고 있는 영역에서 아이디어를 빌린다. 경쟁자들에게서 출발하여 다른 산업분야로, 더 나아가 기업계를 벗어나 과학계나 예술계 혹은 연예오락계로 확장하여 비슷한 문제를 안고 있는 사람들이 어떻게 문제를 해결하는지를 살핀다.

3단계 : 결합하라(빌린 아이디어를 서로 연결하고 결합한다)

결합하는 과정은 창의성의 본질적인 특성이다. 2단계에서 빌린 재료를 사용하여 구축하고자 하는 새로운 아이디어의 구조를 설명할 수 있는 적절한 비유를 찾는다. 비유를 설정함으로써 기존의 아이디어로 새로운 아이디어의 틀을 마련할 수 있다. 설정된 비유가 더는 효과가 없을 때는 미련 없이 버린다.

4단계 : 숙성시켜라(3단계에서 마련한 여러 가지 결합이 해결책으로 바뀔 수 있도록 숙성시킨다)

의식보다 잠재의식이 더 결합을 잘한다. 따라서 잠재의식에 충분한 시간을 할애한다. 그리고 의식적으로 하는 생각을 잠재운다. 그래야 잠재의식이 하는 말을 들을 수 있다. 이 단계에서는 그냥 잊어버리기, 잠자기, 생각 정지하기, 무심코 잘못 말하거나 잘못 알아들은 내용에 귀 기울이기 등의 도구를 사용할 수 있다. 흔히 가장 효과적인 방법은 전혀 생각을 하지 않는 것이다.

5단계 : 판단하라(마련한 해결책의 강점과 약점을 파악한다)

판단은 어떤 관점의 결과이며, 직관은 판단의 결과이다. 긍정적인 판단과 부정적인 판단을 동시에 사용하여 당신이 찾아낸 해결책을 분석하고, 아이디어가 가진 강점과 약점이 무엇인지를 파악한다. 이 작업은 창의적인 직관, 즉 강점은 강화되고 약점은 제거된 아이디어로 이어진다.

6단계 : 끌어올려라(강점은 더욱 강화하고 약점은 제거한다)

아이디어는 시행착오를 통해 조정되고, 진화하며, 알아서 스스로를 조직한다. 아이디어를 조정하기 위해서는 이전의 다섯 단계로 돌아가서 다시 정의하고, 빌리고, 결합하고, 숙성시키고, 판단한다. 이 순서는 아이디어에 따라 얼마든지 달라질 수 있다. 창의적인 과정은 자기조직적이라서 스스로를 창조하기 때문이다.

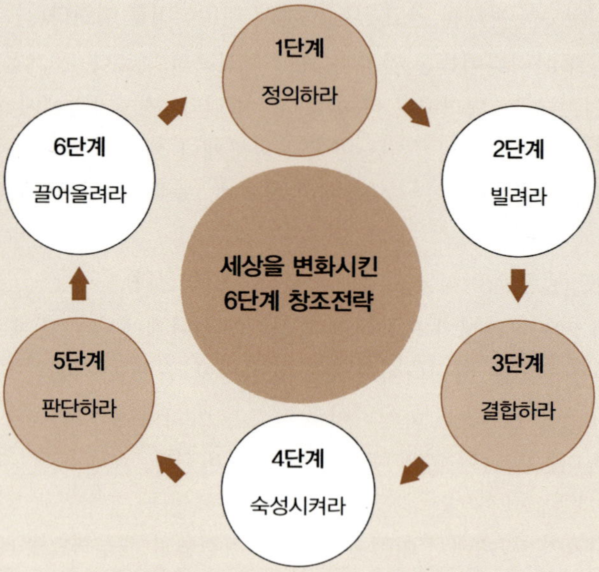

[그림 3-10] 세상을 변화시킨 6단계 창조전략

2. 창업아이템 발굴 및 창업아이템 선정기법

좋은 아이디어를 창출했다고 해도 아이디어 심사, 사업성 분석, 개발 및 시험생산 과정을 거쳐 최종 상품화되는 것은 극히 소수이다. 참고로, [그림 3-11]과 같이 Booz Allen & Hamilton 연구결과에 의하면 아이디어 창출 58개 중 1개만이 상품화되며, 상품화되어 출시되어도 성공할 확률은 매우 낮다는 점에 주목하여야 한다.

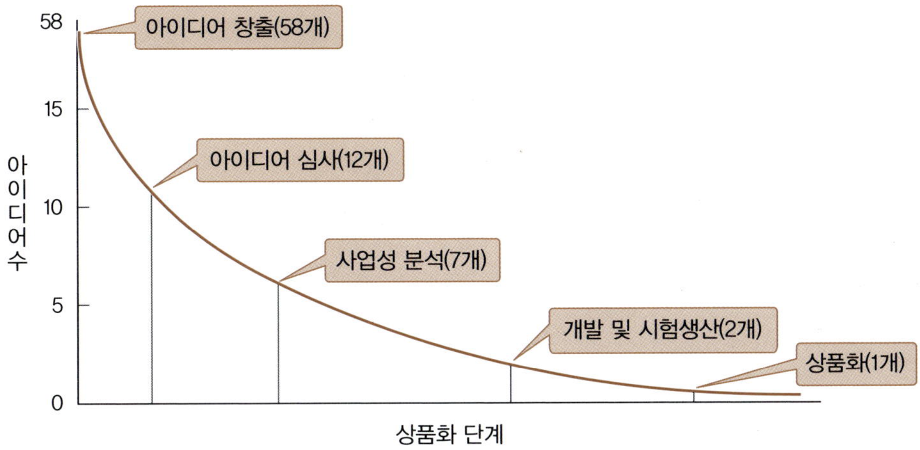

[그림 3-11] 아이디어가 상품화되기까지

참고자료 : Booz Allen & Hamilton.

1) 창업아이템 선정기준

창업아이템의 선정은 창업자가 창업을 준비하는 과정에서 가장 주의를 기울여야 할 부분이다. 특히 창업에 있어서 업종의 선택은 첫 단추를 끼우는 것과 마찬가지로 그 이후의 사업에 절대적인 영향을 미치게 된다. 또한, 창업아이템 선정과 시장조사가 창업 성공의 절반을 좌우한다고 해도 과언이 아니다. 창업아이템을 선정하는 기준은 자신의 경험이 풍부한 분야, 자신의 적성과 관심이 많은 분야, 자신의 투자자금 규모에 적합한 분야, 자신의 주변에서 도움을 받을 수 있는 분야, 시대적 시장환경에 맞는 전망이 있는 분야, 기존 제품과의 차별성이 뚜렷한 분야 등을 들 수 있으며, 다음 사항을 면밀히 고민해야 한다. [그림 3-12]는 창업아이템 선정의 기본체계를 나타낸 것이다.

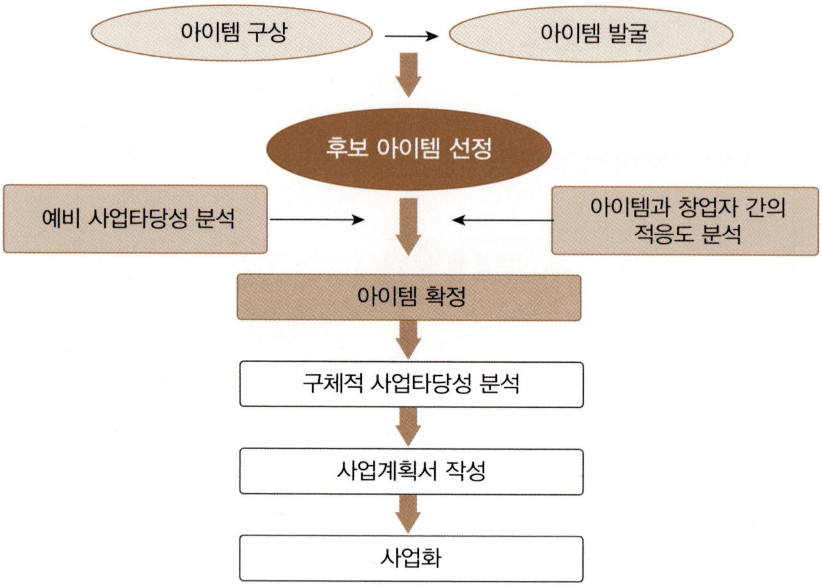

[그림 3-12] 창업아이템 선정의 기본체계

(1) 업종의 성장가능성은 있는가?

제품에는 도입기-성장기-성숙기-쇠퇴기의 라이프 사이클이 일반적으로 존재한다. 도입기는 업종이 출현하여 보급이 시작되는 단계이고, 성장기는 수요와 동종기업이 급증하고, 이익도 증가하는 단계이다. 그리고 성숙기는 기업 간 경쟁이 격화되며 도산하는 기업이 급증하고, 이익이 쇠퇴하여 경쟁에서 우위를 점한 일부 기업만이 생존하는 단계이고, 쇠퇴기는 시장 전체의 매출과 이익이 완전히 하향하는 단계이다. 여기서 신규 창업이 가장 적합한 시기는 성장기 업종이며, 성숙기에 뒤늦게 참여하면 실패할 확률이 매우 높다.

(2) 경험이나 특징을 잘 활용할 수 있는 업종인가?

성장성이 높은 업종이라도, 다른 사람이 성공했다고 하여 자기도 성공할 거라고 기대해서는 안 된다. 즉, 어떠한 업종이더라도 창업자의 경험, 지식, 기술, 특징 등을 잘 고려하여야만 사업성공 확률을 높일 수 있다. 직장생활에서 얻어지는 각종 경험, 지식, 기술, 특징 등이 창업에서의 성공과 실패를 결정할 수도 있다.

(3) 인 · 허가를 받아야 하는 업종인가?

법적인 인 · 허가, 등록, 면허 등이 없으면 창업이 불가능한 업종이 있으므로 창업자는 해당 업종의 법적 요건을 사전에 확인할 필요가 있다. 즉, 단순히 등록만 하면 되는 경우도 있지만, 창업자 본인이 업종에 관련된 자격이나 기능을 취득하고 있어야 하는 경우도 있고, 그런 자격이나 기능이 있는 종업원을 채용해야 하는 경우도 있다. 따라서 창업자는 업종을 선택할 때 이와 같은 부분을 잘 확인하여야 한다.

(4) 실패의 위험이 적은 업종인가?

위험이 큰 사업일수록 사업이 성공했을 때 얻을 수 있는 이득이 많다. 즉, High Risk, High Return이다. 위험률이 높기 때문에 도전하는 창업자가 적고, 이런 상황에서 성공하면 경쟁자가 없어서 높은 수익을 기대할 수 있다. 그러나 이러한 업종일수록 실패율이 성공률보다 높다는 게 창업의 한계로 작용한다. 따라서 이익이 적어서 큰돈을 벌 수 없는 사업이라도 성공만 확실히 보장된다면 그 사업을 선택하는 것이 타당하다.

창업자는 이와 같이 업종 선택의 중요성과 아이템 선정의 기본원칙을 숙지하여 원만한 창업, 성공적인 창업이 이루어지도록 사전에 충분한 준비를 해야 한다. 창업성공의 지름길은 충분한 준비와 시간의 투자에 있다.

2) 성공가능성이 높은 업종과 가급적 피해야 할 업종

성공가능성이 높은 업종과 가급적 피해야 할 업종은 다음과 같다.

■ 성공가능성이 높은 업종

- 자본규모에 맞는 아이템
- 점포가 확보된 경우에는 입지에 맞는 아이템
- 도입기나 성장 초반기의 업종
- 자신이나 주변 사람들과 연관이 있는 업종
- 투자대비 수익성이 좋은 업종
- 자금과 상품회전율이 높은 업종
- 유행아이템보다는 유망아이템

• 자신의 전문지식, 경력, 적성을 활용할 수 있는 아이템
• 사회적인 필요에 부응하여 경기 변화에 능동적으로 대처할 수 있는 업종

■ 가급적 피해야 할 업종

• PLC(Product Life Cycle)가 짧은 업종
• 고정비 투자가 크고 이익회수 시기가 긴 업종
• 종업원이 많이 필요한 업종
• 이윤 폭이 적은 업종
• 대기업 또는 수입상품과의 경쟁업종

3) 창업아이템 체크포인트

■ 적성 · 능력의 적합 여부

• 해당 업종에 자신감이 있는가?
• 창업자의 선천적 적성 · 성격에 맞는가?
• 사업자의 건강능력에 맞는가?
• 해당 업종의 경험 또는 사업수행능력 · 지식이 있는가?
• 해당 업종 창업자금조달능력은 양호한가?

■ 사업성 · 입지 선정 전망

• 해당 지역에서의 시장분석상 입지가 해당 업종에 적합한가?
• 사업 발전단계상 도입기 · 성장기 업종인가?
• 시장의 경쟁현황과 전망은 양호한가?

■ 수익성 양호 여부

• 투자비용에 비해 수익전망은 양호한가?
• 손익분기점은 언제인가?
• 일반금리보다 수익성이 좋은가?
• 2~3년 이내 흑자실현이 가능한가?
• 인테리어 공사비 등 고정비가 권리금화에 유리한가?

■ 상품성 우수 여부

- 고객입장에서 가격에 비해 유용한 상품인가?
- 고객에게 인기도/경쟁력은?
- 영업 및 A/S 가능 여부는?
- 상품조달 및 공급 용이성은?
- 상품 관련 기술을 터득하여 개선할 수 있는가?

■ 위험요소 여부

- 해당 업종 인 · 허가문제에서 미비한 점은 없는가?
- 경쟁업체/거래업체와의 분쟁 소지 여부는?
- 내적 요소(종업원, 상품배달 등)에서 문제 소지는 없는가?
- 추후 예비자금조달에서 막힐 염려는 없는가?

4) 창업아이템 정보수집 방법

창업아이템 정보수집 방법은 다음과 같다.

- 사업자 및 경험자 면담을 통해 정보를 습득한다.
- 재래시장, 도매시장, 백화점, 농수산물도매시장, 전자상가 등에서 정보를 습득한다.
- 지방이나 해외여행을 통해 정보를 습득한다.
- 신문, 인터넷, TV, 잡지를 통해 정보를 습득한다.
- 창업지원기관을 통해 정보를 습득한다.
- 동창, 친구, 전 근무지 등 인맥을 통해 정보를 습득한다.
- 일본이나 미국 등에서 유망했던 아이템을 조사한다.
- 해당 분야의 전문가와 상의하고 전문가들의 평가를 통해 정보를 습득한다.
- 사업아이디어를 주변사람들에게 구하고 의견을 통해 정보를 습득한다.
- 시장의 흐름이 어떤 종목에 유리한 방향으로 전개되는가를 파악한다.

5) 지속적 경쟁우위를 확보할 수 있는 자원

지속적으로 경쟁우위를 확보할 수 있는 자원은 다음과 같다.

- 가치(Value)가 있는 자원
- 희소성이 있는 자원
- 모방하기 힘든 자원
  - 독특한 역사적 조건, 인과관계의 모호성 : 화학적 합성물, 복잡한 사회적 관계
- 대체하기가 불가능한 자원

Skill up

린 스타트업(Lean Startup)

린 스타트업(Lean Startup)은 일본 자동차회사 도요타의 린(Lean) 제조방식을 경영에 적용한 것이다. 린 제조는 낭비 없이 지속적인 개선을 통한 생산성 향상을 목표로 하고 있으며, 이를 적용한 린 스타트업에서는 문제해결책뿐만 아니라 문제발견 자체에서도 린 방식을 적용하고 있다. 즉, 문제(고객)가 무엇(누구)인지조차도 규정되어 있지 않은 상태에서 제품 또는 서비스를 제공하고, 이에 대한 반응을 고려하여 다시 문제를 규정하고, 개선된 해결책을 제시하는 과정을 끊임없이 반복한다. 따라서, 린 스타트업을 적용하기 위해서는 무엇보다도 빠르고 가벼운 체질이 필수적이라고 할 수 있다.

통계에 의하면, 스타트업의 25%가 설립 1년 후에, 50%가 설립 4년 이내에 실패한다고 한다. 높은 실패 이유 중 첫 번째는 경쟁력 부족(46%)이며, 두 번째가 경험 부족(41%)이다. 이때 린 스타트업은 불확실한 환경에 놓인 스타트업에게 경쟁력과 경험을 동시에 제공해 줄 수 있는 방법이 될 수 있다는 점에서 스타트업들에게 더욱 주목받고 있다. 린 스타트업 방법론을 도입한 스타트업들은 첫 제품 출시 후 소비자들의 반응을 살피고, 무엇이 잘못되었는지를 학습하고 개선하는 사이클을 반복하게 된다. 이 과정에서 창업자는 자신의 제품을 구입할 실제 소비자는 누구인지, 그들이 좋아하는 것은 무엇인지에 대해 더욱 구체적으로 알 수 있고, 자연스레 경쟁력도 높아진다. 또한, 한 차례 시행착오를 겪는 데 드는 비용도 상대적으로 낮다 보니

실패에 대한 부담이 줄어 '시행착오-학습-개선'을 수차례 반복할 수 있고, 부족했던 경험도 빠르게 보충할 수 있다는 장점이 있다. [그림 3-13]은 린 스타트업 프로세스를 나타낸 것이다.

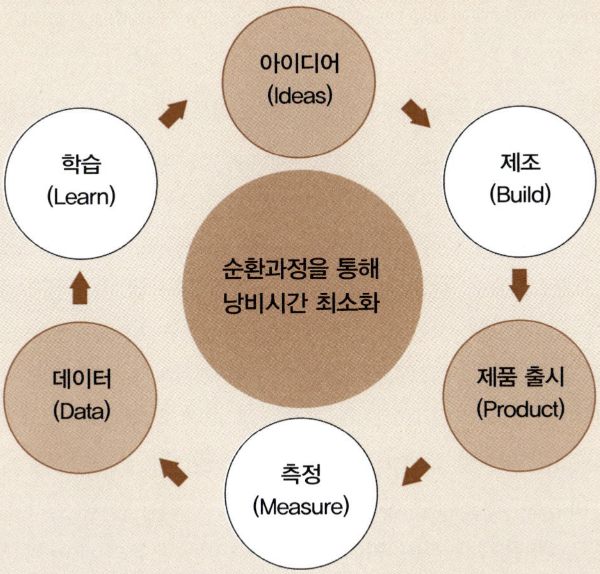

[그림 3-13] 린 스타트업 프로세스

출처 : 에릭 리스 (2012). 린 스타트업. 이창수 · 송우일 역. 인사이트.

또한, 끊임없는 개선을 통해 경쟁역량을 높일 수 있으며 특히, 빠른 속도로 되풀이되는 시행착오 속 학습을 통해 경험 부족이라는 한계도 극복할 수 있다. 요컨대, 린 스타트업은 주먹구구식 접근이 아니라 반복적인 검증을 통해 실제 시장의 니즈(needs)와 해결방안을 찾아낼 수 있는 과학적 접근법이 될 수 있기 때문이다. 전통경영 모델과 린 스타트업 방법론의 비교는 〈표 3-5〉와 같다.

〈표 3-5〉 전통경영모델과 린 스타트업 방법론의 비교

구분	전통경영모델	린 스타트업 방법론
전략	비즈니스 계획 · 실행 주도적	비즈니스 모델, 가설 주도적
신제품 프로세스	선형적, 단계적 접근 · 프로세스 주도적	현장중심, 가설 검증을 통한 고객개발
조직 구성	실행력 중심 고용	학습, 민첩성 중심 고용

구분	전통경영 모델	린 스타트업 방법론
실패	예외적 사건 → 용인 불가	예상된 사건 → 방향전환
속도	측정된 속도, 완벽한 데이터 기반	빠른 속도, 충분한 데이터 기반

출처 : Steve Blank (2013). Why the Lean Start-Up Changes Everything. HBR.

린 스타트업 적용사례 : 구글 BML 피드백으로 스마트TV 실패 극복 시도

BML 피드백의 중심에는 최소요건제품(Minimum Viable Product : MVP)이 자리잡고 있다. MVP란 말 그대로 핵심기능만을 갖춘 제품 또는 서비스다. MVP는 최소 노력을 들여 짧은기간 안에 제작-측정-학습(Build-Measure-Learn) 피드백을 완전히 거쳐야 한다. MVP는 모든 기능을 갖춘 완벽한 제품일 필요는 없지만 품질에 있어서는 흠이 없어야 한다. 스마트TV 시장에서 실패를 거듭한 구글은 최근 TV 시장에의 접근을 완전히 새롭게 정의한 크롬캐스트(Chromecast)를 출시한 바 있다. 즉, 스마트TV 시장을 복잡하게 정의하는 것이 아니라, 인터넷 콘텐츠에 대한 수요 검증과 리모콘 UI(User Interface)의 개선 및 대체가능성에만 집중한 제품을 출시한 것이다. 그 결과 크롬캐스트는 미흡한 기능에도 불구하고 판매된 지 하루만에 초기 물량이 모두 소진되었을 정도로 큰 인기를 끌고 있다. [그림 3-14]는 구글의 스마트TV 시장 실패와 BML 피드백에 의한 개선을 나타낸 것이다.

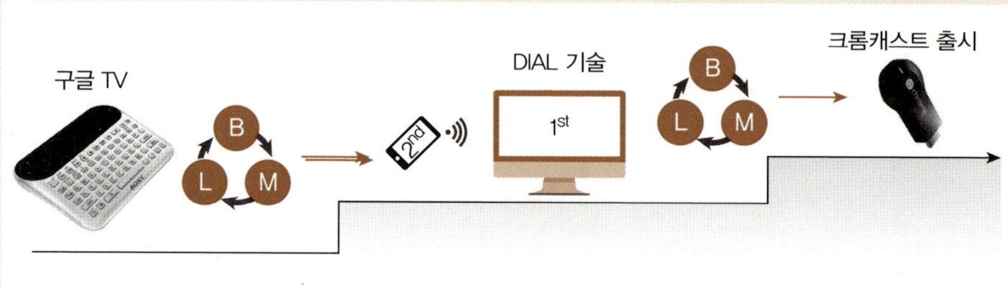

[그림 3-14] 구글의 스마트TV 시장 실패와 BML 피드백에 의한 개선

출처 : 박유진 · 손현진 (2013). 창조경제의 방정식, 린 스타트업. KT경제경영연구소.

Skill up

디자인 씽킹(Design Thinking)

점점 더 높은 삶의 질을 추구하는 현대의 소비자들에게는 제품의 품질이나 기술 수준보다 디자인과 브랜드가 더욱 중요해지고 있다. 단순하면서도 직관적인 디자인으로 전 세계적인 열풍을 이끌어냈던 아이폰의 창조자 스티브 잡스(Steve Jobs)는 "디자인은 제품이나 서비스의 연속적인 외층에 표현되는 인간 창조물의 영혼이다."라고 말하였다. 이 말이 의미하는 바는 이제 인간은 단순한 신체적, 물질적인 만족만을 요구하는게 아니라 영혼의 만족까지도 요구한다는 의미이며, 디자인이 그러한 욕구를 충족시킬 수 있다는 것이다.

이처럼 디자인의 중요성이 점차 커지면서 많은 기업들이 디자인에 관심을 기울이기 시작하였다. 처음에는 단순히 제품의 외양에만 적용되던 디자인이 이제는 '고객을 만족시킬 수 있는 모든 것'에 적용되고 있다. 즉, 제품개발단계뿐만 아니라 제품의 기획, 마케팅, 관련 서비스 등 전 과정에 걸쳐 디자이너들의 감수성과 사고방식이 적용되고 있다는 것이다. 이것이 바로 디자인적 사고, 즉 디자인 씽킹(Design Thinking)이다.

통합적사고에서 나오는 디자인 씽킹

디자인 씽킹은 디자이너들이 무엇인가를 디자인하며, 문제를 풀어가던 사고방식대로 사고하는 방법이다. 디자이너들은 기술적으로 구현할 수 있고, 현실적으로 이윤도 남기는 동시에 고객을 만족시킬 수 있는 방법을 창의적이고 혁신적으로 생각해 낸다. 이를 위해서는 사용자와 깊이 공감할 수 있는 감수성과 비즈니스적 전략적 사고가 필요하다.

따라서, 캐나다 토론토대학의 로저 마틴(Roger Martin) 교수는 자신의 책 《디자인 씽킹(Design Thinking)》에서 디자인 씽킹은 직관적사고나 분석적사고의 한쪽이 아니라 이에 대해 통합적으로 접근하는 사고법이라고 정의하였으며, 그의 다른 저서 《생각이 차이를 만든다》에서 "통합적사고란 상반되는 두 아이디어 사이의 긴장을 건설적으로 이용하여 하나를 선택하느라 다른 하나를 버리는 양자택일 방식 대신 두 아이디어의 요소를 모두 포함하면서도 각 아이디어보다 뛰어난 새로운 아이디어를 만들어 창의적으로 긴장을 해소하는 능력이다."라고 정의하였다. 즉, 통합적사고란 새로운 해결책을 찾기 위해 서로 상충되는 아이디어와 조건을 모두 이용하는 능력을 말한다. 로저 마틴은 디자인 씽킹이 이러한 통합적사고로부터 시작된다고 강조하고 있다.

사용자와의 공감을 이끌어내는 디자인 씽킹

디자인 씽킹은 미래의 사용자와 공감하는 것에서부터 시작된다. 사용자가 무엇을 원하는지, 무엇이 필요한지, 또한, 그들이 어떤 점을 좋아하고 싫어하는지 등을 속속들이 듣고, 느끼고, 이해한 바를 원동력으로 삼아 행하는 혁신이 디자인 씽킹인 것이다.

즉, 디자인 씽킹이란 인간중심 디자인 방법론이라고 정의할 수 있다. 이를 위해서는 공감하고 문제의 맥락에 접근하려는 능력, 예술과 기술을 결합하여 통찰을 만들어 내는 창조력, 그리고 복잡성을 조화롭게 하는 문제해결능력이 요구된다.

분산과 수렴단계를 거친 디자인 씽킹

디자인 씽킹은 수렴(집중적사고)과 분산(확산적사고)의 두 단계로 나뉜다. 수렴은 문제에 대해 최적의 해를 구하는 것이며, 분산은 하나의 주제에 대해서 다양한 아이디어를 제공하는 것이다. 하나의 원리보다는 여러 원리의 교차점에서 혁신적인 아이디어가 나오기 때문이다. 분산적사고를 한다고 해서 자동으로 창의성이 만들어지는 것은 아니다. 창의적인 결과를 얻기 위해서는 분산적사고가 필수적이다. 분산적사고는 질문을 다각도로 해석하는 방법을 제시하여, 하나의 문제에 대해서도 다양한 답을 생각해 볼 수 있는 능력을 키워주고, 수평적사고를 확장해 준다.

디자인 씽킹에 수렴과 분산, 즉 집중적사고와 확산적사고가 적용되는 방식으로 '다이아몬드'라는 방식이 있다. 처음에는 브레인스토밍법 등을 통하여 생각을 다양하게 확장하고 여러 개의 선택지를 만든 후, 현실적인 제약사항을 고려하여 선택지 중에 하나를 선택한 다음, 이후에 이를 다듬어 나가는 것이다. 이러한 방식은 디자이너들의 평소 작업방식(다양한 시안을 준비한 뒤, 선정된 시안을 계속 다듬어 나가는 방식)과 일치한다.

결국 디자인 씽킹이란 분산적사고를 통하여 실현가능한, 심지어 불가능한 경우까지도 포함하여 다양한 해법을 찾은 다음, 수렴적사고를 통하여 최선의 솔루션(solution)을 찾아내는 과정이다. [그림 3-15]는 분산과 수렴을 나타낸 것이다.

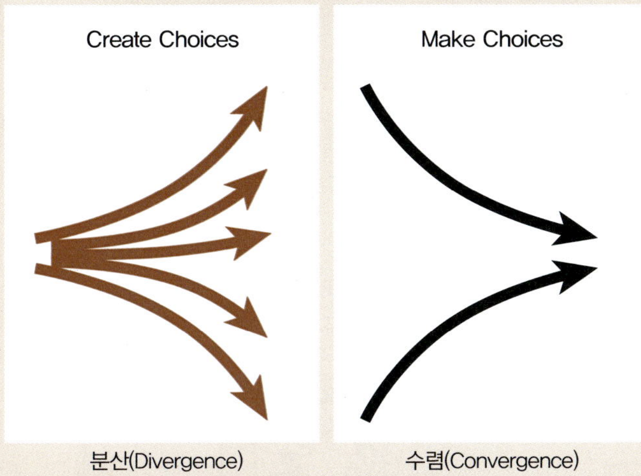

[그림 3-15] 분산(Divergence)과 수렴(Convergence)

출처 : 조준동 (2015). 창의융합 프로젝트 아이디어북. 한빛아카데미.

3. 아이템 사례 탐색

1) 셰어하우스(tokyosharehouse.com)

거실, 주방 등 공용 공간은 입주자들이 공동 사용하고 침실, 욕실 등 프라이버시 공간은 따로 사용하는 선진국형 임대주택 아이디어

2) 자동차 트렁크 택배배송 서비스 Cardpos(www.cardrops.com)

기존의 택배와 달리 '자동차 트렁크'에 배송되는 시스템. 자동차의 위치는 장착된 GPS 수신 장치에 의해서 정확하게 알 수 있고, 자동차 트렁크는 비밀번호 스마트키 시스템으로 배달원이 직접 열고 닫을 수 있는 택배배송 서비스 아이디어

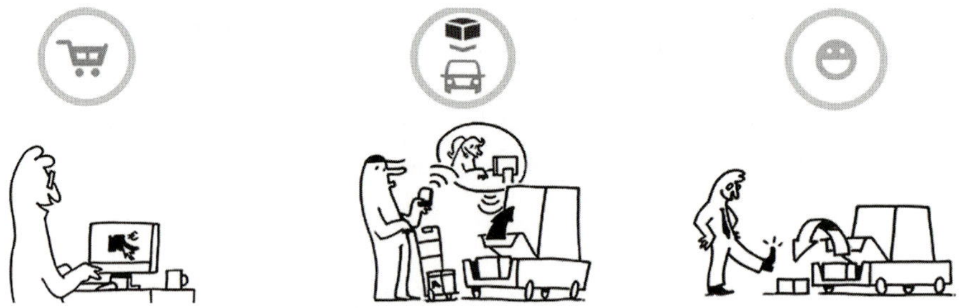

3) SNS를 이용한 주차공간확보 비즈니스(www.parkcirca.com)

남는 땅이 있거나 개인주차공간을 확보한 사람들, 주차 밀집지역에 거주하면서 아침에는 다른 곳으로 출근하는 사람들에게 빈 자리를 이용해 수익을 낼 수 있는 구조를 만들어주는 아이디어

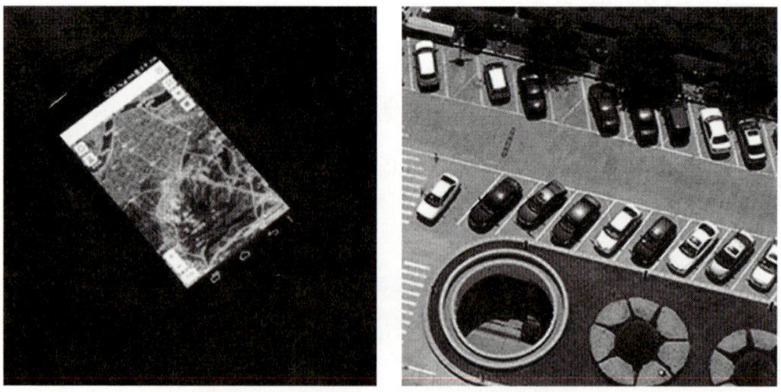

4) Storage by the Box

소비자가 물건들을 박스에 담아 집 앞에만 놔두면 바로 택배회사인 Fedex에서 수거하고 필요시에 다시 문 앞에 가져다주는 서비스를 만들어 소비자들의 수고로움을 덜어주는 아이디어

5) 식물을 치료해 주는 '플랜트 병원'(www.planthospital.biz)

화분에 담겨진 식물을 병원에 입원시켜서 영양분을 공급하거나 특별한 치료법을 통해 다시 살려서 내보내고 식물을 병원으로 이동시킬 수 없는 경우에는 담당 식물의사가 주기적으로 방문해서 식물을 살리는 데 필요한 각종 시술을 현장에서 진행하는 아이디어

6) 신발 살균탈취 자판기(www.klenz.co.kr)

오물정화와 살균, 탈취에 뛰어난 효과를 지닌 나노실버(nano silver) 라디칼 살균기술에 근거해 개발된 신발살균 전용 자판기로 500원 짜리 동전을 넣고 자판기에 신발을 넣으면 8분 후 신발에 서식하는 각종 세균과 악취를 빠르게 제거할 수 있는 아이디어

7) POWDER ROOM

지하철 역 내에 마련된 여성전용 유료 파우더룸 공간으로 쾌적한 공간에서 화장을 하는 것뿐만 아니라 국내외 유명 브랜드의 다양한 제품을 사용해 볼 수 있는 공간서비스사업 아이디어

Entrepreneurship Role Model ③

리스크테이킹은 사업의 본질, 과감하게 도전하라

(주)다산네트웍스 남민우 대표

다산네트웍스는 국내 1위 네트워크 통신장비 전문업체로, 2000년도 세계 최초로 리눅스 기반 라우터 상용화에 성공했다. 최근 미국 나스닥 상장사를 인수해 미국 통신장비시장에서의 입지 확대를 추진하고 있다.

다산네트웍스(www.dasannetworks.com) 메인화면

도전정신, 혁신, 창조, 이것이 기업가정신이다

남민우 대표는 전북 익산군 여산면 깡촌 출신이다. 그곳에서 전교 1등을 놓치지 않던 그를 아버지는 초등학교 5학년 때 일찌감치 큰 도시로 보냈다. 기회를 열어주기 위해서였다. 남민우 대표는 지금도 그때 아버지의 선택을 인생의 가장 큰 선물이라고 생각한다. 작은 바닥에서 제 잘난 맛에 살던 소년은 도회지로 나와 중간밖에 안 되는 등수를 받고 세상이 만만치 않다는 것을 처음 깨달았다. 그때의 자각, 그리고 끝내 다시 1등을 차지하고 말았던 근성은 벤처기업가로 성장해 온 그의 궤적과도 닮았다.

처음부터 기업가를 꿈꿨던 것은 아니다. 일단 수입원이 필요했던 그는 서울대 기계공학과를 졸업한 후 바로 대기업에 입사했다. 열심히 일해 5년 만에 대리로 진급했지만 외국에서 박사를 마치고 온 2년 선배가 차장으로 들어오는 모습을 보았다. '성실'만으로 극복할 수 없는 한계를 느꼈다. 중소기업으로 옮겨 다른 기회를 꿈꿨지만, 그곳에서도 밟고 밟히는 정글만 보았다. 답답했다. 자신의 능력을 마음껏 발휘할 무대가 필요했다.

"저는 기업가정신을 구성하는 요소로 도전정신, 혁신, 창조, 이 세 가지를 꼽습니다. 그런데 이런 기업가정신이 있게끔 하는 그 토양은 뭘까요? 현실에 대한 불만족, 그리고 문제의식입니다. 세상이 편하고 먹고살 걱정이 없다면 고민할 이유도 없고 문제의식도 생기지 않습니다. 그런 토양에서는 기업가정신이 싹틀 수 없습니다."

자원은 부족하고 상황 또한 열악하며 기득권자들은 널려 있다. 남민우 대표는 스스로 이 상황을 뒤엎는 혁신과 창조를 선택했다. 1991년 그는 퇴직금과 대출금 3,000만원에 4명의 직원을 이끌고 소프트웨어 수입업체를 차린다. 그리고 2년 뒤 정식 법인인 주식회사 다산기연을 설립한다. 이것이 국내 벤처 최초로 매출 1,000억원 돌파의 기록을 세운 네트워크 통신장비 1위업체, 다산네트웍스의 시작이다.

맷집을 키워 살아남으라

창업 후 미국산 소프트웨어를 수입해 대기업에 판매하며 돈을 좀 버는가 하는 순간 외환 위기가 닥쳐왔다. 환율 폭등으로 거래처에 대금 지급을 제대로 할 수 없었다. 남민우 대표는 대금 상환을 연장하기 위해 직원들과 실리콘밸리로 떠나 1년간 계약직으로 일하며 결국 갚아냈다. 어떻게든 버텨나가야 한다고 생각하고 '살아남기'를 최우선 과제로 삼았다. 세상은 뜻대로 움직여주지 않기 때문에 버티면서 경험을 축적하는 것이 창업 초기의 필수 조건이라고 그는 지금도 생각한다.

그렇게 고비를 넘긴 다산은 시대의 흐름을 빠르게 포착해 네트워크 통신장비를 개발하며 승승장구한다. 2000년에는 코스닥에 상장도 됐지만 그 직후 IT거품이 꺼지며 또 위기가 왔다. 2004년에는 사업지속성의 위기도 맞게 되는데, 지멘스의 1억불 투자 유치로 기사회생할 때까지 그는 침몰하는 배 위의 선장과 같은 심정이었다. 3개월 만에 모든 일을 마무리 짓고 사인을 끝마친 뒤 1주일간 몸살을 앓기도 했다.

생존이 걸린 위기의 순간에는 오로지 기회를 잡기 위해 목숨 걸고 달려드는 길 밖에 없었다. 그런 경험들을 여러 차례 겪어온 남민우 대표는 '언제나 생각이 유연할 것'도

강조했다. 잘못된 결정을 할 수도 있다. 제대로 된 결정이었지만 환경이 바뀔 수도 있다. 그럴 때 무엇보다 중요한 것은 빠른 결정과 유연한 판단이다. 변화가 빠른 IT 생태계에서는 더욱 그렇다. 선택이 잘못됐다고 의기소침하거나 좌절할 필요가 없다. 그 시간에 포기할 것은 포기하고 바꿀 것은 빨리 바꿔야 한다.

"맷집이 좋아야죠. 이게 생존능력인데 다른 측면에서 보면 순발력입니다. 빨리 빨리 변할 줄 알아야 합니다. 경영을 하는 데에 있어서 중요한 요소는 속도와 유연성입니다. 발 빠른 결정, 남보다 빠른 변신, 그래야 살아남을 확률이 큽니다."

읽을거리

누가 창의적 혁신가인가

혁신(Innovation)은 더욱 새롭게(to renew), 혹은 다시 시작하는(being again)의 뜻이며, 멈춰 있는 상황 속에서 새 출발하는(start fresh) 과정으로 이해해야 한다. 피터 드러커(Peter Ferdinand Drucker) 교수는 "혁신이란 기업가의 특수한 도구이며, 색다른 사업을 하거나 보다 나은 서비스의 향유를 위한 과정이다"라고 말했다. 즉, 혁신은 부(富)를 창출하기 위한 새로운 능력을 갖춘 자원들을 얻으려는 행위라고 정의할 수 있다.

새로운 아이디어를 가지고 실행에 옮기는 것은 매우 중요하다. 창의성의 발휘를 위한 특유의 수단이다. 이미 존재하고 있는 자원으로부터 부를 창조하는 잠재력을 새롭게 변화시키는 어떠한 행위도 혁신이라고 할 수 있다. 혁신은 기술적인 측면 이외에도 서비스, 유통 등 매우 다양하게 적용될 수 있다. 혁신에 대해서는 누가 혁신가(Innovator)인가를 잘 설명한 하나의 보고서가 있다.

첫째, 혁신가는 아이디어 창출자가 아니라 발견자이다. 혁신가는 새로운 아이디어를 누구보다도 먼저 받아들인다. 더블클릭(Double Click)의 창업자로 알려진 미국의 벤처기업가 오코너(O'Connor)는 "아이디어는 도처에 널려 있지만, 이를 발견하지 못할 뿐"이라고 말한 바 있다. 그러나 누구보다도 앞장서서 아직 검증되지 않은 새로운 아이디어를 받아들이고 직접 실험에 옮기는 성향을 갖고 있는 사람이 바로 혁신가이다.

둘째, 혁신가는 다양한 실험을 통해 아이디어의 가치를 평가한다. 그렇지만 혁신가가 새로운 아이디어의 잠재적 가치를 한눈에 알아보는 통찰력을 갖고 있는 것은 아니다. 대신에 혁신가는 남보다 앞서서 다양한 실험과 시행착오의 과정을 통해 새로운 아이디어의 전략적 가치, 즉 수익창출가능성을 이해하게 된다. 혁신가는 "나는 결코 실패해 본 적이 없다. 다만 전구에 불을 켜지 못하는 1,000가지의 다른 방법들을 개발해 내었을 뿐이다."라는 에디슨(Thomas Edison)의 사고방식으로 무장하고 한 번에 한 가지씩 실험하는 접근방식에 따라 아이디어의 가치를 찾아낼 수 있다.

셋째, 혁신가는 아이디어를 실행에 옮김으로써 가치를 창출한다. 혁신가의 역할 중 가장 두드러진 것은 실행능력이다. 아무리 좋은 아이디어를 먼저 포착하더라도 이를 실행에 옮기지 못하면 아무 소용이 없다. 혁신가의 실행능력은 아이디어를 구체적인 제품이나 서비스 또는 사업모델로 구현하여 소비자에게 전달함으로써 가치를 창출하는 것이다. 물론 이 과정에서도 재무적 · 인적 자원은 물론 이해관계자 네트워크의 지지를 획득하는 등의 폭넓은 능력이 요구된다.

출처 : 저자(김포대학교 한광식 교수)가 기고한 내용임을 밝힘

>>> 용어정리

1. 창조

이제까지 없었던 것을 새롭게 만들어내는 것, 즉 '무(無) 또는 기존의 자료나 지식에서 새로운 것을 발견하고, 새로운 것을 만들고, 산출하는 것'을 의미

2. 창조경제시대

모방이 아닌 창의로 승부해야 하는 시대이며, 경제주체의 창조성, 창의성이 극대화되어 경제발전에 기여하는 시대

3. 창조경제

창조산업, 창조클래스(인재), 창조기업, 창조도시가 어우러져 전체적으로 창조생태계를 이루는 경제시스템

4. 아이디어(Idea)

특정상황에서 해야 할 일에 대한 발상이나 무엇에 대해 마음속으로 갖게 되는 감

5. 아이디어 발상법

창의력과 상상력을 깨워 좋은 아이디어를 끄집어 낼 수 있도록 하는 데 도움이 되는 훈련법

6. 브레인스토밍법

현재 가장 많이 활용되고 있는 방법으로 어떤 주제에 대한 확산적 사고를 유도하기 위한 기법

7. 브레인라이팅법

다양한 아이디어 발굴과 의견 수렴, 또는 문제해결을 위한 혁신 워크숍 등에서 구성원의 의견을 민주적·효율적으로 집약·정리할 수 있는 매우 유용한 발상 기법

8. SCAMPER기법

사고의 영역을 일정하게 제시함으로써 구체적인 안들이 나올 수 있도록 유도하는 아이디어 창출법

9. 마인드맵

자신의 생각을 지도를 그리듯 이미지화하여 사고력, 창의력, 기억력을 한 단계 높일 수 있는 두뇌개발기법

10. 고든법

주제를 사회자만 알고 나머지 사람들은 모르는 채로 사회자의 진행에 따라 마음껏 생각하는 방법

11. 포스트잇 발상법

우리가 흔히 사용하는 붙이거나 떼서 쓸 수 있는 메모지인 포스트잇을 활용하는 방법

12. 육색사고모자기법

브레인스토밍이 끝난 뒤 아이디어를 평가하는데 널리 사용되고 있는 것으로 모자의 색깔에 따라 사고유형을 달리해 생각할 수 있도록 한 것

13. PMI기법

아이디어 평가에 사용되며, Plus(강점)는 아이디어를 실행했을 때 긍정적인 면을 떠올리는 것이고, Minus(약점)는 부정적인 면을 예상하는 것, Interesting(흥미)은 아이디어의 흥미로운 점을 적는 것으로 아이디어의 유익한 점을 파악하여 제안된 해결안 중 어느 것이 최선책인지를 결정하는 방법

14. 속성열거법

주어진 문제의 속성(모양, 크기, 색깔, 특성 등)을 열거해봄으로써 기존의 아이디어와는 다른 개념이나 원리를 색다르게 결합하거나 수정해 새로운 아이디어를 산출해 내는 방법

15. 형태분석법

주어진 대상 혹은 문제의 속성을 가로축과 세로축에 열거하여 도표를 만들어 새로운 아이디어를 각 칸에 기록해 보게 하는 방법

16. 강제결합법

서로 관계가 없어 보이는 사물이나 아이디어를 강제로 연결시켜 봄으로써 새로운 아이디어를 생성하는 기법

17. 트리즈

1946년 구소련의 과학자 겐리히 알츠슐러(Genrich Altshuller)가 소련의 우수한 특허와 기술혁신 사례들을 분석하여 찾아낸 창의적 발명원리들을 체계적으로 제시한 것

18. 아이디어 플랫폼(Idea Platform)

아이디어는 있지만 원하는 제품을 만들기 어려운 경우, 또는 제품을 만들 수는 있지만 어떻게 판매해야 하는지를 모르는 경우에 아이디어를 구체화시키고, 이를 제품으로 구현해 주는 역할을 담당

단 원 학 습 문 제

1. 사회변천단계에 대해서 설명하시오.
2. 창의성의 3가지 구성요소에 대해서 설명하시오.
3. 창조경제의 구성요소에 대해서 설명하시오.
4. 아이디어 발상의 기본원칙에 대해서 설명하시오.
5. 아이디어 발상법과 종류에 대해서 설명하시오.
6. 브레인스토밍법에 대해서 설명하시오.
7. 브레인라이팅법에 대해서 설명하시오.
8. SCAMPER기법에 대해서 설명하시오.
9. 마인드맵에 대해서 설명하시오.
10. 고든법에 대해서 설명하시오.
11. 포스트잇 발상법에 대해서 설명하시오.
12. 육색사고모자기법에 대해서 설명하시오.
13. PMI기법에 대해서 설명하시오.
14. 속성열거법에 대해서 설명하시오.
15. 형태분석법에 대해서 설명하시오.

16. 강제결합법에 대해서 설명하시오.

17. 트리즈에 대해서 설명하시오.

18. 국내 · 외 아이디어 플랫폼 종류에 대해서 설명하시오.

19. 창업아이템 선정기준에 대해서 설명하시오.

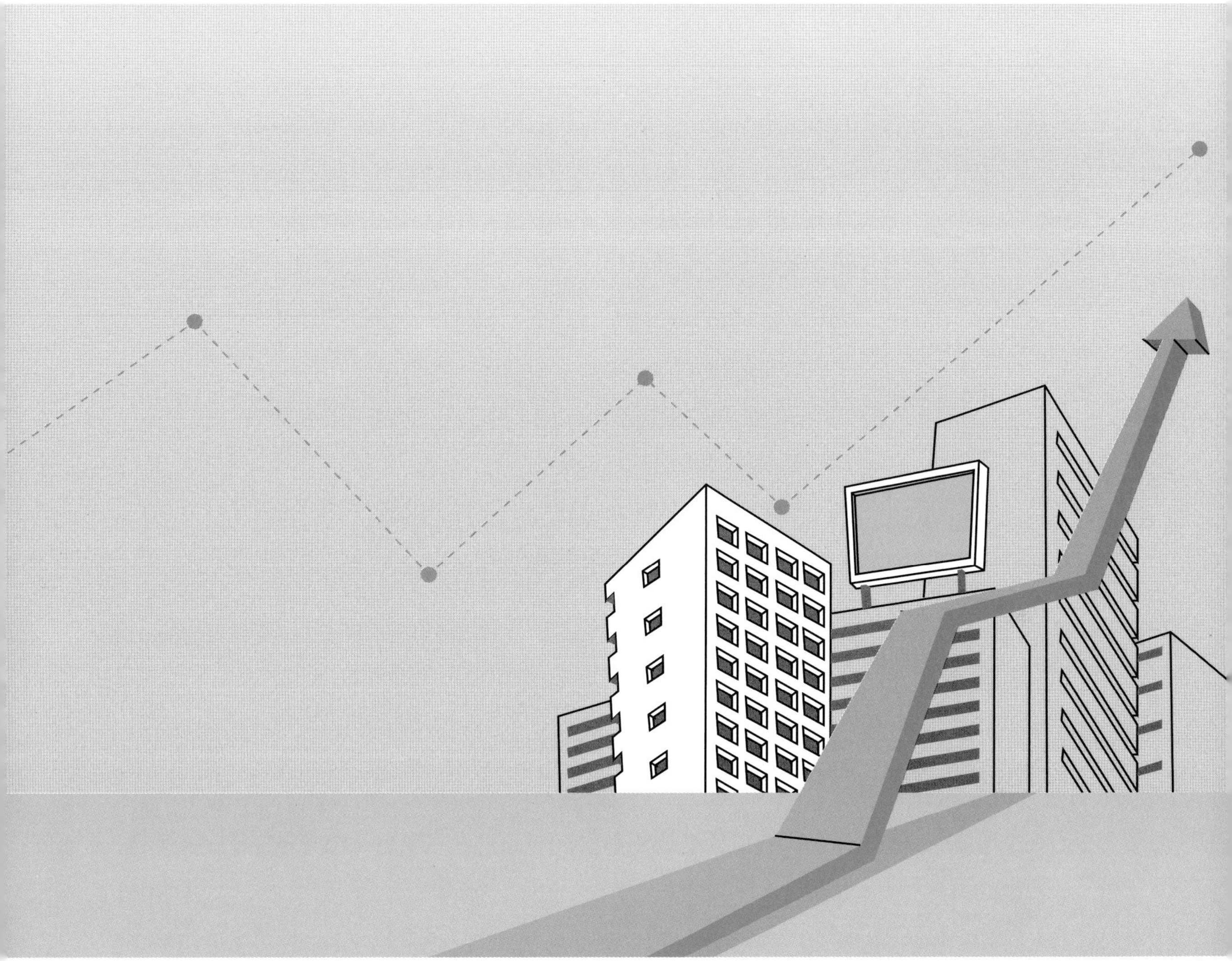

CHAPTER 4 지식재산권 기초

1. 지식재산권의 확보
2. 산업재산권의 기본지식
3. 영업비밀
4. 특허청 유관기관

학 / 습 / 목 / 표

지식재산권은 사람의 정신적, 지능적 능력의 결정체인 창작에 대하여 사회에 공개하는 대가로 국가가 공권력에 의해 부여해 주는 독점권을 말한다. 우리가 알고 있는 통상의 동산이나 부동산과는 달리 형체가 없기 때문에 무체재산권이라고도 한다.

오늘날과 같이 기술적 창작활동이나 문화 · 예술 활동이 급속하게 발전하고 있는 첨단기술 정보사회와 사람의 두뇌에 기초한 경제사회의 다양화, 고속화, 자동화, 종합화로 인한 사회에서는 지식재산권의 관리 능력이 개인이나 기업의 생존을 좌우하는 경우가 많다.

이와 관련하여, 이 장에서는 지식재산권의 전반적인 개념의 이해와 영업비밀, 특허청 유관기관에 대해서 학습하기로 한다.

단 / 원 / 키 / 워 / 드

지식재산권, 산업재산권, 특허권, 실용신안권, 디자인권, 상표권, 서비스표, 업무표장, 단체표장, 저작권, 저작인접권, 신지식재산권, 선출원주의, 도달주의, 속지주의, 신규성, 진보성, 맞춤형 3트랙 특허심사제도, 우선심사(빠른심사), 일반심사, 늦은심사(심사유예), 특허 및 실용신안 심사절차, 디자인 심사절차, 상표 심사절차, PCT 국제출원(특허의 국제출원), 상표의 국제출원(마드리드 국제상표출원), 영업비밀

CHAPTER 04

지식재산권 기초

1. 지식재산권의 확보

지식재산권(Intellectual Property Rights)이란 사람의 정신적, 지능적 능력의 결정체인 창작에 대하여 사회에 공개하는 대가로 국가가 공권력에 의해 부여해 주는 독점권을 말한다. 보통 우리가 알고 있는 통상의 동산이나 부동산과는 달리 형체가 없기 때문에 무체재산권이라고도 한다.

오늘날과 같이 기술적 창작활동이나 문화 · 예술 활동이 급속하게 발전하고 있는 첨단기술 정보사회와 사람의 두뇌에 기초한 경제사회의 다양화, 고속화, 자동화, 종합화로 인한 사회에서는 지식재산권의 관리능력이 개인이나 기업의 생존을 좌우하는 경우가 많다. 지식재산권의 종류로는 [그림 4-1]과 같이 산업재산권, 저작권, 신지식재산권으로 구분할 수 있다.

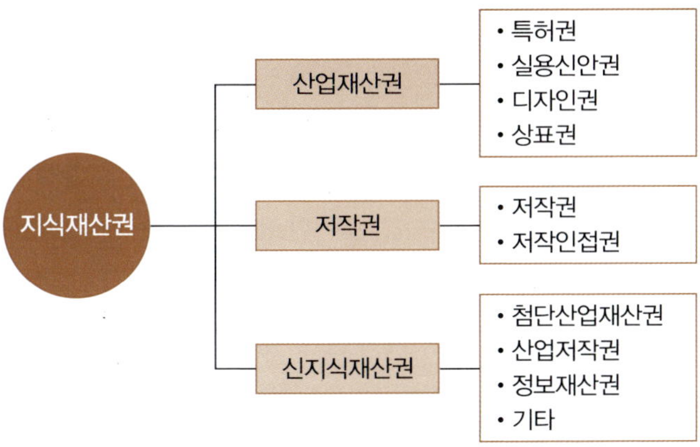

[그림 4-1] 지식재산권의 종류

1) 지식재산권은 왜 필요한가?

■ 시장에서의 독점적 지위 확보

지식재산권은 독점배타적인 무체재산권으로 신용창출, 소비자의 신뢰도 향상 및 기술판매를 통한 로열티 수입이 가능하다.

■ 특허분쟁의 예방 및 권리보호

자신의 발명 및 개발기술을 적시에 출원 및 권리화함으로써 타인과의 분쟁을 사전에 예방하고, 타인이 자신의 권리를 무단 사용시 적극적으로 대응하여 법적 보호가 가능하다.

■ 연구개발 투자비 회수 및 향후 추가 기술개발의 원천

막대한 기술개발 투자비를 회수할 수 있는 확실한 수단이며, 확보된 권리를 바탕으로 타인과 분쟁 없이 추가 응용 기술개발이 가능하다.

■ 정부의 각종 정책자금 및 세제지원 혜택

지식재산권을 보유하고 있는 경우 특허기술 사업화 자금지원을 비롯하여 각종 정부자금 활용과 세제지원 혜택이 주어진다.

2) 산업재산권의 개념 및 분류

산업재산권(Industrial Property Right)은 새로운 발명에 대하여 그 창작자에게 일정 기간 동안 독점 배타적인 권리를 부여하는 대신, 이를 일반인에게 공개하도록 하여 일정 기간이 지나면 누구나 이를 이용할 수 있도록 함으로써 기술 진보와 산업 발전을 추구하는 제도이다.

산업재산권은 특허권, 실용신안권, 디자인권, 상표권을 총칭하며, 산업활동과 관련된 사람의 정신적 창작물(연구 결과)이나 창작된 방법을 보호하고 그 독점적 권리를 인정하기 때문에 무체재산권의 일종으로 분류된다. 〈표 4-1〉은 산업재산권의 개념 및 분류를 설명한 것이다.

〈표 4-1〉 산업재산권의 개념 및 분류

구분	특허권	실용신안권	디자인권	상표권
정의	자연법칙을 이용한 기술적 사상의 창작으로서 발명 수준이 고도화된 것(**대발명**)	자연법칙을 이용한 기술적 사상의 창작으로서 물품의 형상·구조·조합에 관한 실용 있는 고안(**소발명**)	물품의 형상·모양·색채 또는 이들이 결합한 것으로서 시각을 통하여 미감을 느끼게 하는 것	타인의 상품과 식별하기 위하여 사용되는 기호·문자·도형·입체적 형상·색채, 홀로그램·동작 또는 이들을 결합한 것
보기(전화기)	알렉산더 그레이엄 벨이 전자를 응용하여 처음으로 전화기를 생각해 낸 것	분리된 송수화기를 하나로 하여 편리하게 한 것	탁상전화기를 반구형이나 네모꼴로 한 것	전화기 제조회사가 제품이나 포장 등에 표시하는 상호·마크
존속기간	설정등록일로부터 출원일 후 20년까지	설정등록일로부터 출원일 후 10년까지	설정등록일로부터 출원일 후 20년까지	설정등록일로부터 10년(10년마다 갱신가능, 반영구적 권리)

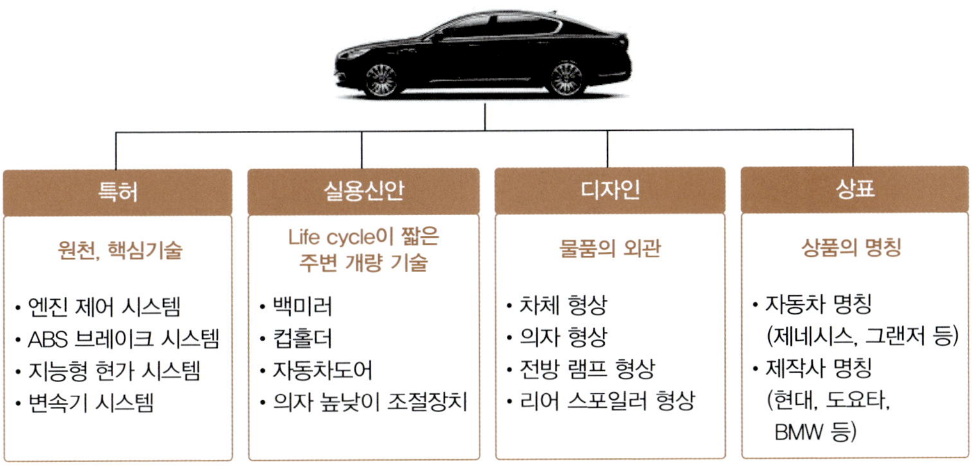

[그림 4-2] 산업재산권 분류의 예시

[참고자료] 특허제도와 실용신안제도 비교

구분		특허	실용신안
등록	보호대상	자연법칙을 이용한 기술적 사상의 창작으로서 고도한 것	물품의 형상 · 구조 또는 조합에 관한 자연법칙을 이용한 기술적 사상의 창작
	등록요건	신규성, 진보성 등 실체적 요건	특허와 동일
	결정방법	특허결정 또는 특허거절결정	실용신안 등록결정 또는 실용신안 등록결정 거절
권리 행사	권리존속기간	20년	10년
	권리행사의 요건	설정등록	특허와 동일
	침해자의 과실추정	설정등록 후	특허와 동일
권리 취소 무효	이의신청	이의신청제도가 무효심판제도로 통합	특허와 동일
	심사청구	출원부터 5년 이내, 누구든지 가능, 취하할 수 없음	출원부터 3년 이내, 누구든지 가능, 취하할 수 없음
	무효심판	• 설정등록이 있는 날부터 등록공고일 후 3개월 이내에는 누구든지 가능 • 등록공고일 후 3개월 이후에는 이해관계인 또는 심사관만 가능	특허와 동일
기타	우선심사제도	있음	있음
	진보성	용이하게 발명가능한지 여부	극히 용이하게 고안가능한지 여부
	정정가능절차	무효심판, 정정심판, 정정의 무효심판	특허와 동일

[참고자료] 상표의 종류

구분	상표	서비스표	업무표장	단체표장
정의	타인의 상품과 식별하기 위해 사용하는 표장(과자, 옷, 학용품, 자동차 등에 사용)	타인의 서비스업과 식별하기 위해 사용하는 표장(광고업, 금융업, 요식업 등에 사용)	국내에서 비영리업무를 영위하는 자가 업무를 나타내기 위해 사용하는 표장	동종업자의 법인이 단체구성원의 영업에 관한 상품 또는 서비스업에 사용하는 표장
사례	청정원	본죽&비빔밥cafe	KORAIL	무안양파
등록번호	40-0000000	41-0000000	42-0000000	44-0000000
권리자	대상 주식회사	본아이에프 주식회사	대한민국 철도청	무안양파 영농조합법인

3) 저작권과 저작인접권

저작권은 지식재산권의 하나로서 인간의 사상 또는 감정 등을 독창적으로 표현한 창작물인 '저작물'에 대하여 창작자가 가지는 독점적 · 배타적인 권리를 말하며, 산업재산권과 달리 창작과 동시에 보호를 받으며 보호받기 위하여 별도의 등록 절차나 방식을 필수적으로 요구하지는 않는다. 〈표 4-2〉는 저작권과 저작인접권의 비교를 설명한 것이다.

〈표 4-2〉 저작권과 저작인접권의 비교

구분	저작권	저작인접권
정의	사람의 생각이나 감정을 표현한 결과물에 대하여 그 표현한 사람에게 주는 권리로 저작인격권과 저작재산권으로 구분됨	글자 그대로 저작권에 인접한, 저작권과 유사한 권리로서 이 권리는 실연자(배우, 가수, 연주자), 음반제작자 및 방송사업자에게 귀속됨

구분	저작권	저작인접권
예시	소설가가 소설작품을 창작한 경우에 원고 그대로 출판 · 배포할 수 있는 복제 · 배포권과 함께 그 소설을 영화나 번역물 등과 같이 다른 형태로 저작할 수 있는 2차 저작물 작성권, 연극 등으로 공연할 수 있는 공연권 등	• 실연자가 그의 실연을 녹음 또는 녹화하거나 사진으로 촬영할 권리 • 음반제작자는 음반을 복제 · 배포할 권리 • 방송사업자는 그의 방송을 녹음 · 녹화 · 사진 등의 방법으로 복제하거나 동시 중계방송할 권리
보호 기간	• 사람이 저작자인 경우에는 저작물을 창작한 때로부터 시작되어 저작자가 살아 있는 동안과 사후 70년간 • 법인이나 단체가 저작자인 경우는 공표한 다음 해부터 70년간	• 실연의 경우에는 그 실연을 한 때부터 70년간 • 음반의 경우에는 음반을 발행한 때로부터 70년간 • 방송의 경우에는 방송을 한 때부터 70년간

4) 신지식재산권의 개념 및 분류

신지식재산권이란 전통적인 산업재산권, 저작권의 범주에 속하지 않으면서 경제의 발전 및 변화와 함께 그 보호의 필요성이 대두된 새로운 지식재산권을 말한다. [그림 4–3]은 신지식재산권의 개념 및 분류를 설명한 것이다.

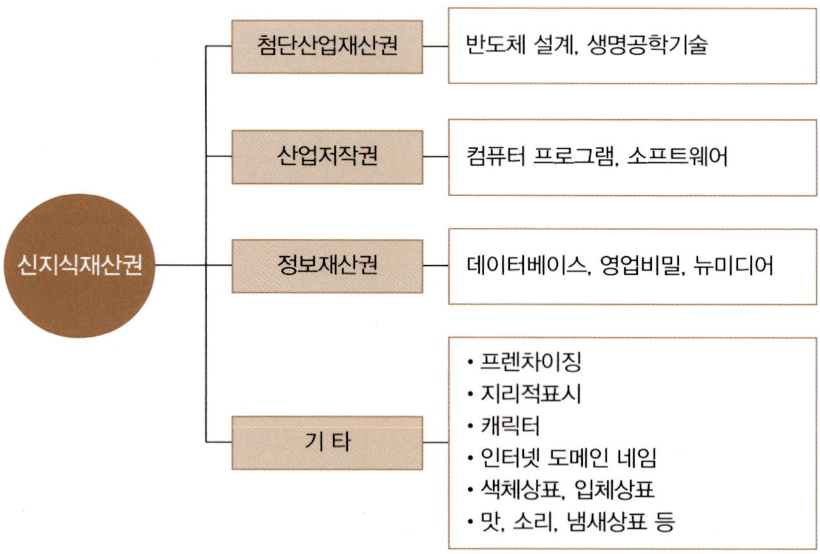

[그림 4–3] 신지식재산권의 개념 및 분류

5) 국내 특허법의 기본원칙 및 특허 등록요건

국내 특허법은 선출원주의, 도달주의, 속지주의를 따른다.

(1) 선출원주의

동일한 발명(고안)에 대하여 누구에게 특허(실용신안)를 줄 것인가를 판단하는 기준으로 선출원주의와 선발명주의가 있다.

- **선출원주의** : 먼저 출원한 자에게 부여(한국을 비롯한 대다수 국가)
- **선발명주의** : 먼저 발명한 자에게 부여

■ 시기적 기준

- 다른 날짜 출원 : 먼저 출원한 자가 특허를 받을 수 있음
- 같은 날짜 출원 : 협의(협의 불성립 시 쌍방 모두 특허를 받을 수 없음, 특허법 제36조 2항)

■ 주체의 동일성

- 타인 간은 물론 동일인 간에도 적용(특허 및 실용신안)

(2) 도달주의

특허청에 서류를 제출하는 경우 언제 그 효력이 발생하는 것으로 보는가에 관해 도달주의와 발신주의가 있다. 우리 특허법은 도달주의를 원칙으로 하며(특허법 제28조 1항) 예외적으로 국내출원의 경우, 우편물의 발신일이 분명한 경우와 수령증으로 발신한 날이 증명될 경우 우편으로 서류를 제출하는 때에는 우체국에 제출한 때에 특허청에 도달한 것으로 보는 발신주의를 취하고 있다.(특허법 제28조 2항)

(3) 속지주의

1국 1특허의 원칙에 따라 각국의 특허는 서로 독립적으로 효력이 발생하므로 특허권 등을 획득하고자 하는 나라에 출원을 하여 그 나라에서 특허권 등을 취득하여야만 해당 국가에서 독점 배타적 권리를 확보할 수 있다.

(4) 특허 등록요건

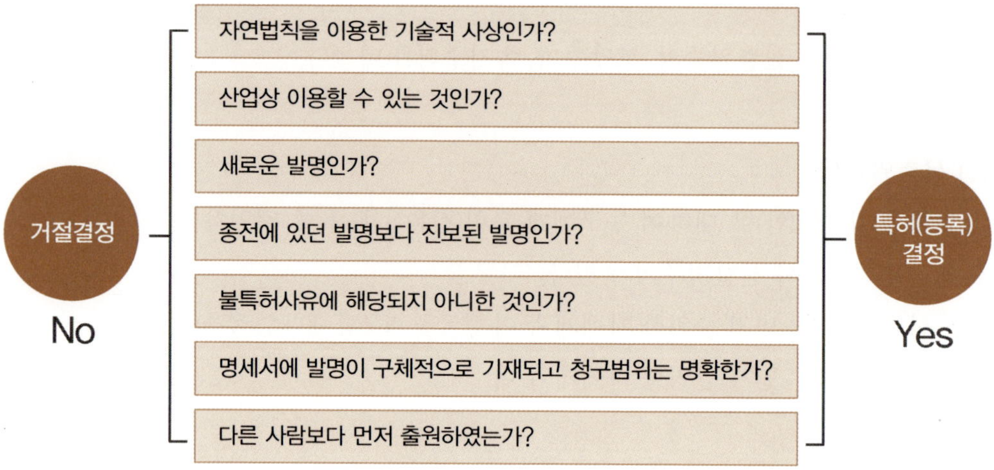

[그림 4-4] 특허 등록요건

■ 특허(등록)를 받을 수 없는 발명

- 공공의 질서 또는 선량한 풍속을 문란하게 하거나 공중의 위생을 해할 염려가 있는 발명(지폐 위조기, 도박에 필요한 기구, 아편 흡입기구 등에 관한 발명)
- 국방상 필요한 발명(정부는 정당한 보상금을 지급)

(5) 신규성

신규성은 특허요건 중 하나로 알려지지 않은 새로운 발명에만 특허를 부여하는 것을 말한다.

■ 신규성 판단기준

– 시기 : 특허출원 시(시 · 분 · 초)

– 지역

- 공지 및 공연실시 : 국제주의(2006년 9월 30일 이전 출원은 국내주의)
- 국제주의 : 간행물 또는 대통령령이 정하는 전기통신회선을 통해 공중이 이용가능하게 된 발명

■ 신규성 위반 사유

– 종래발명과 동일한지 여부

※ 종래발명 : 특허출원 전에 국내 또는 국외에서 공지되었거나 공연히 실시된 발명 또는 특허출원 전에 국내 또는 국외에서 반포된 간행물에 게재되거나 대통령령이 정하는 전기통신회선을 통하여 공중이 이용가능하게 된 발명

■ 공지 등이 되지 아니한 발명으로 보는 경우(공지 예외)

– 출원 전에 이미 공지 등이 되었다 하더라도 다음에 해당하는 공지 등은 특허거절 이유에서 제외함

– 대상 : 본인의 자발적인 공개행위

- 2006년 3월 2일 이전 출원 : 공지 예외 대상을 발명의 시험, 간행물에의 발표, 대통령령이 정하는 전기통신회선을 통한 발표, 산업통상자원부령이 정하는 학술단체에서 서면으로 발표, 박람회 출품에 의한 공지(디자인은 대상에 제한이 없음)로 제한
- 2006년 3월 3일 이후 출원 : 모든 형태의 자발적인 공개행위
- 본인의 의사에 반한 공지로 출원일과 무관하게 모두 공지 예외 대상에 포함됨

– 요건

- 공지일로부터 12개월 이내에 출원
- 출원시 공지 예외 주장 취지 기재
- 출원일로부터 30일 이내에 그 증명서류를 특허청장에게 제출(본인의 의사에 반한 공지는 예외)

(6) 진보성

진보성이란 특허요건 중 하나로 종래 발명에 비해 진보된 발명에 대해서만 특허를 부여한다는 요건을 말한다.

■ 진보성 판단기준

– 시기, 지역 : 신규성 판단기준과 동일

■ 진보성 위반 사유

– 종래발명으로부터 해당 발명을 당업자가 용이하게 발명할 수 있는 것인지의 여부

(7) 산업상 이용가능성

발명특허를 받기 위해서는 산업상 이용가능성이 있어야 한다. 이는 특허법의 목적이 산업발전에 이바지하는 데 있음을 비추어 당연한 요건이라고 할 수 있다. 따라서 산업상 이용가능성이 없는 발명이나 산업 이외의 분야에서만 이용할 수 있는 발명은 비록 신규성과 진보성을 갖추고 있더라도 특허를 받을 수 없다.

■ 산업상 이용할 수 없는 발명

– 의료행위, 업으로 이용할 수 없는 발명, 현실적으로 명백하게 실시할 수 없는 발명

2. 산업재산권의 기본지식

1) 맞춤형 3트랙 특허심사제도 운영

맞춤형 3트랙 특허심사제도는 '우선심사, 일반심사, 늦은심사'의 세 가지 심사 중 하나를 자신의 특허전략에 따라 선택하여 원하는 시기에 심사를 받을 수 있는 제도이다. [그림 4-5]는 맞춤형 3트랙 특허심사제도를 설명한 것이다.

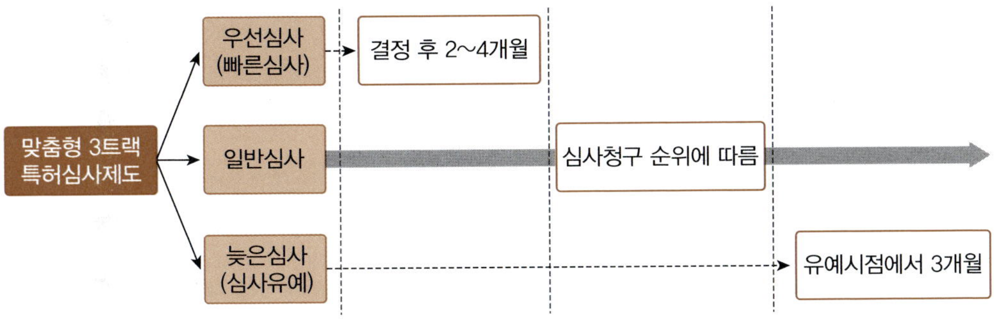

[그림 4-5] 맞춤형 3트랙 특허심사제도

(1) 우선심사(빠른심사)

기존 우선심사 및 전문기관에 선행기술조사를 의뢰하고 그 조사결과를 특허청에 통지토록 요청하면 누구든지 우선심사를 받을 수 있다.

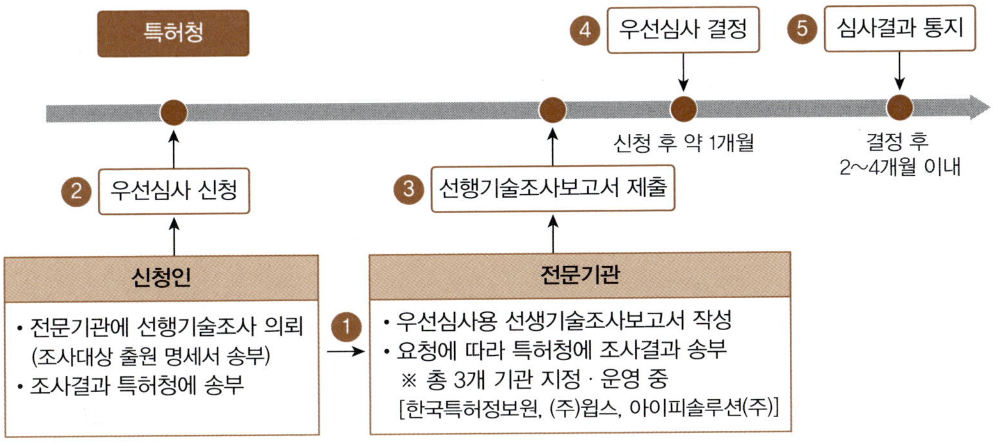

[그림 4-6] 우선심사(빠른심사)

(2) 일반심사

심사청구 후 평균 16.8개월 이내에 심사결과를 제공받을 수 있다.

(3) 늦은심사(심사유예)

늦은심사를 바라는 고객의 요구를 충족시키기 위해 특허출원인이 원하는 유예시점에 특허출원에 대한 심사를 받을 수 있는 제도로 늦게 심사받는 대신 희망시점에 맞춰 심사서비스를 제공하고 있다.(심사유예 희망시점으로부터 3개월 이내 심사서비스 제공)

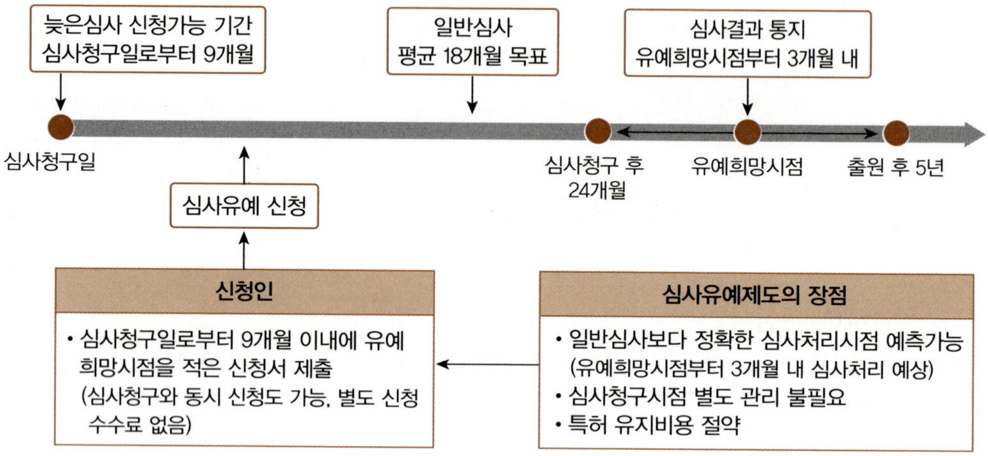

[그림 4-7] 늦은심사(심사유예)

2) 특허 및 실용신안 심사절차 흐름도

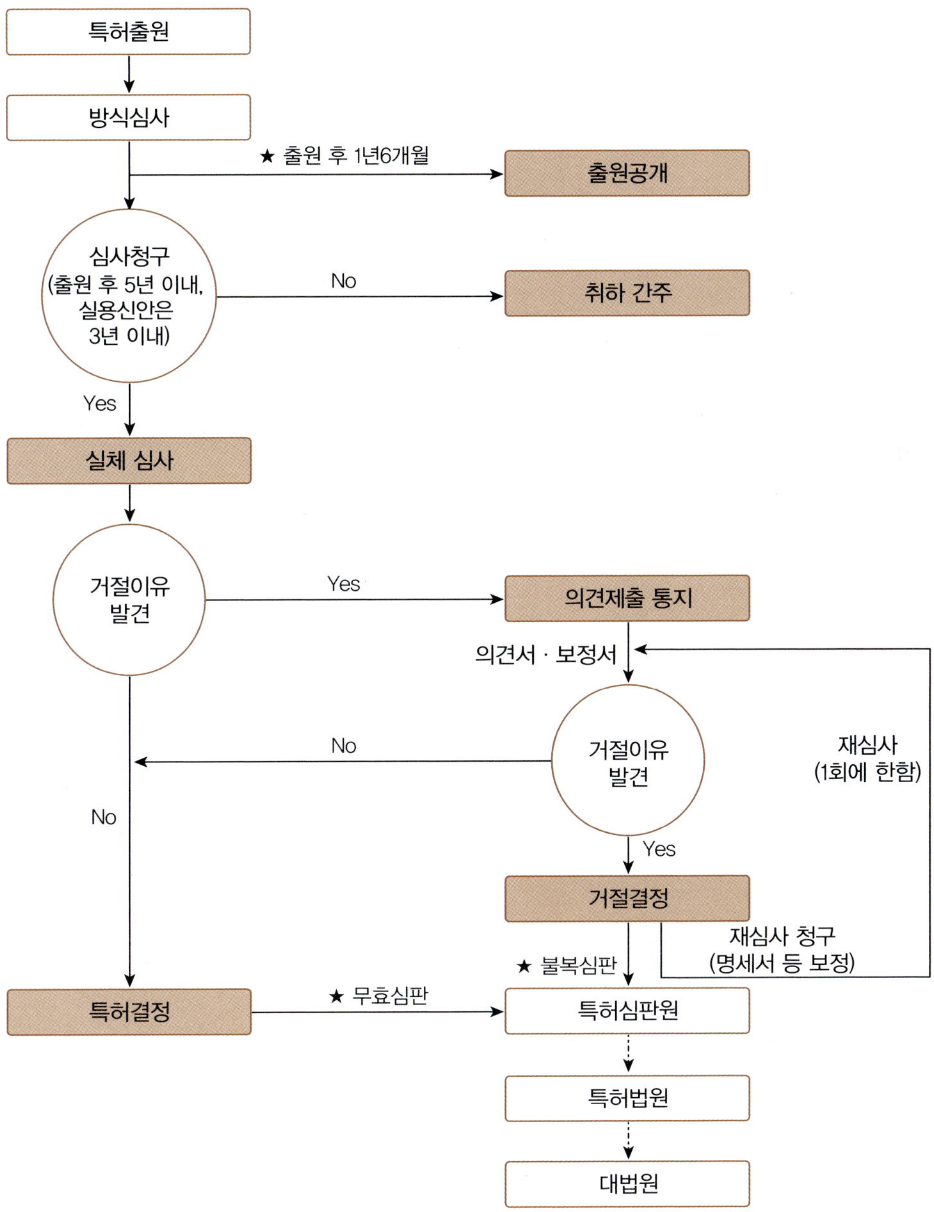

[그림 4-8] 특허 및 실용신안 심사절차 흐름도

3) 디자인 심사절차 흐름도

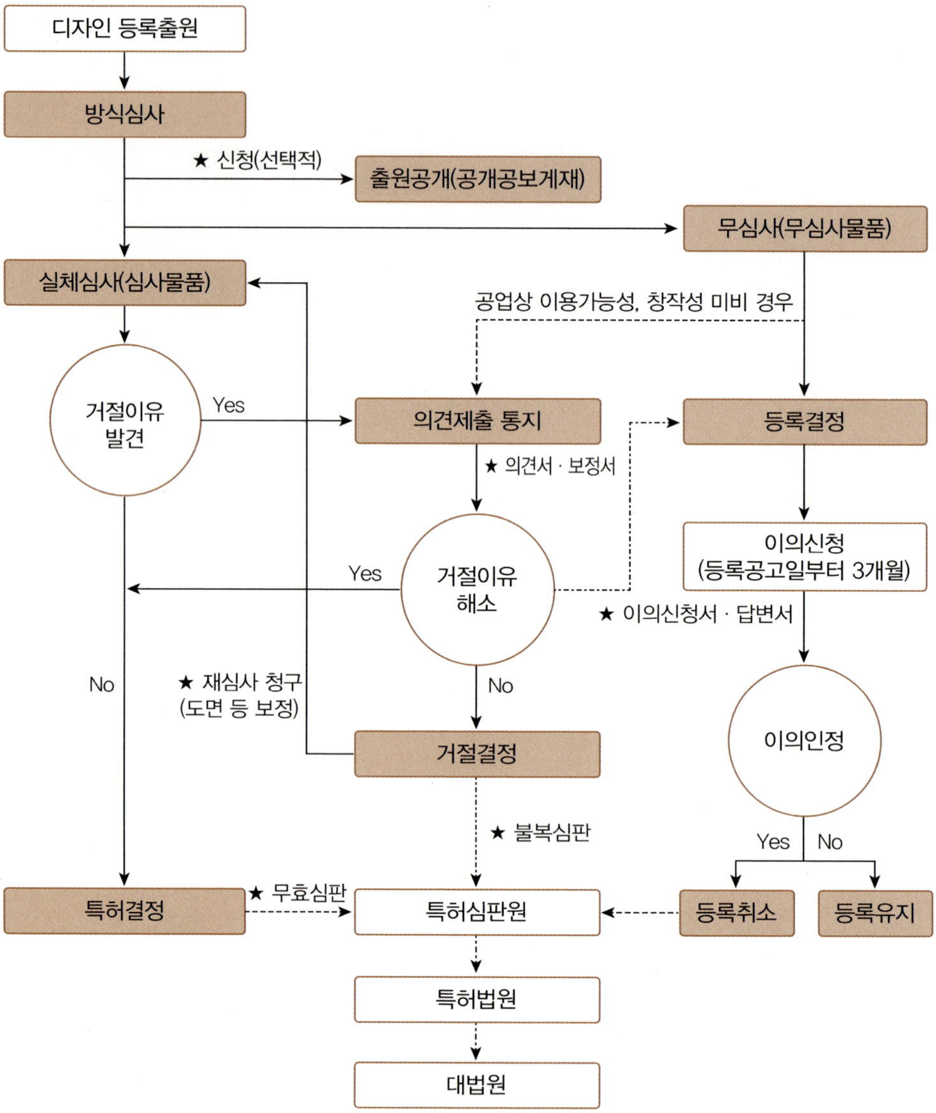

[그림 4-9] 디자인 심사절차 흐름도

4) 상표 심사절차 흐름도

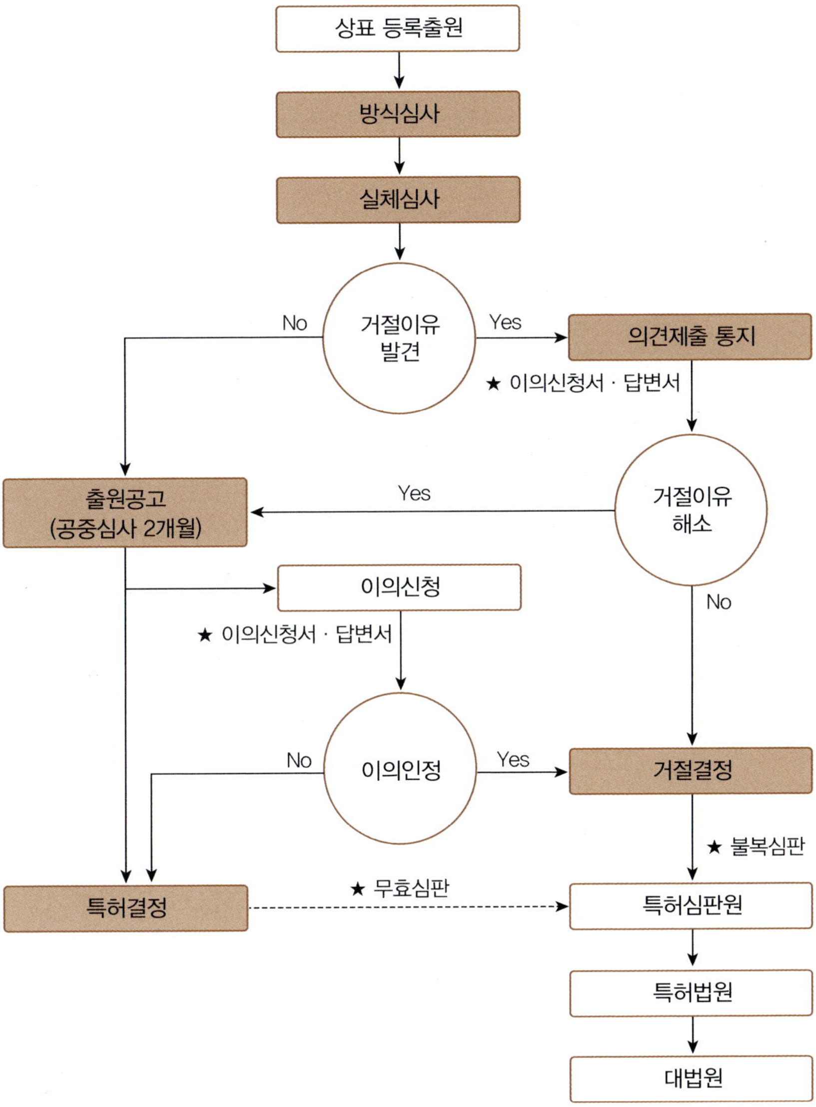

[그림 4-10] 상표 심사절차 흐름도

5) PCT 국제출원(특허의 국제출원)

PCT는 Patent Cooperation Treaty(특허협력조약)의 약자로 PCT에 의한 국제특허출원제도는 한 번의 출원으로 PCT 가입국 전체 또는 일부 지정하는 국가에 대하여 각각 그 나라에 국내 출원한 효과가 있으며, 국제출원일은 각국의 국내출원일로 인정된다.

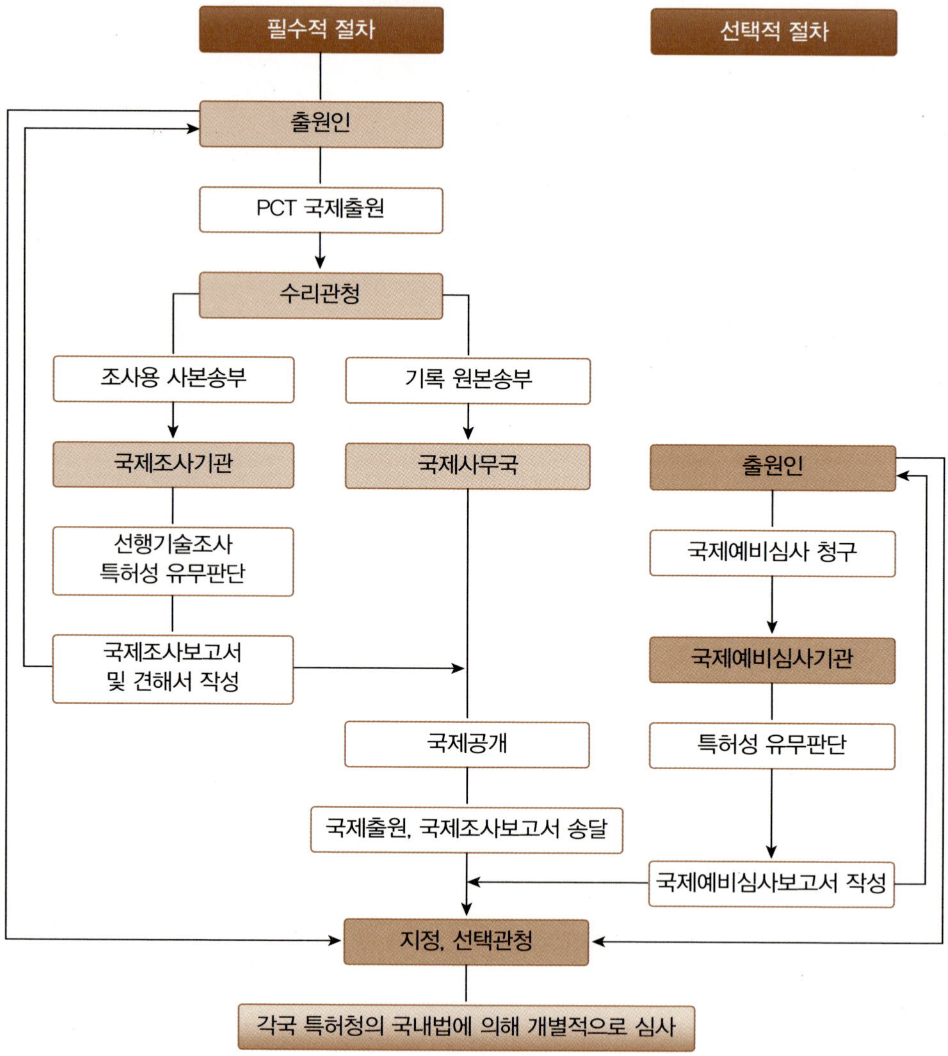

[그림 4-11] 특허의 국제출원 방법 및 절차

6) 상표의 국제출원(마드리드 국제출원) 방법 및 절차

■ 외국에서 상표를 보호받는 방법

우리나라에서 상표를 보호받으려면 우리나라 상표법에서 규정하는 절차에 따라 상표등록을 받아야 하는 것처럼, 해당 국가에서 상표를 보호받으려면 각 국가의 법과 절차에 따라 상표등록을 받아야 한다.

■ 외국에 상표를 출원하는 절차

외국에 상표를 출원하는 방법은 크게 구분하면 2가지가 있으며, 하나는 전통적인 방법으로 파리협약에 근거하여 각 국가에 직접 출원하는 방법이고, 다른 하나는 마드리드협정과 마드리드 의정서를 포함하는 마드리드 시스템을 이용하여 하나의 출원서에 여러 국가를 지정하여 동시에 상표를 출원하는 방법이다.

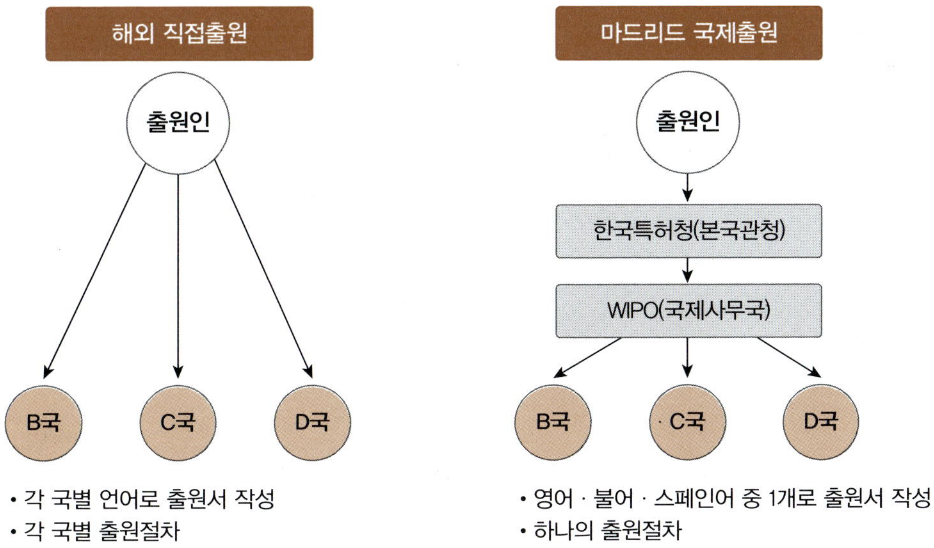

[그림 4-12] 해외 직접출원과 마드리드 국제출원 절차의 비교

3. 영업비밀

영업비밀은 적극적인 권리로써 보호되는 것이 아니라, 그 영업비밀이 부정한 방법으로 유출되는 것을 금지시킴으로써 반사적으로 보호되는 소극적인 권리이다. 즉, 영업비밀이 침해된 경우, 영업비밀의 소유자에게 그 영업비밀의 부정유출에 관련된 자에 대해 침해금지청구권, 손해배상청구권, 신용회복청구권 등을 행사할 수 있다. 영업비밀은 기술정보와 경영정보가 비밀로 유지되는 것을 조건으로 하여 보호되는 것이므로, 그것이 대외적으로 비밀 상태로 유지 및 관리되는 것을 조건으로 시간에 제한 없이 보호된다.

1) 영업비밀의 성립요건

(1) 비공지성

어떤 정보가 영업비밀로써 보호받기 위해서는 당해 기술 등이 "공연히 알려져 있지 아니한 것"이어야 한다. "공연히 알려져 있지 아니한"이란 불특정 다수인이 그 정보를 알고 있거나 알 수 있는 상태로 되어 있지 아니한 것으로서 공개된 간행물 등에 게재되지 않고 비밀상태인 것을 의미하며, 당해 정보의 보유자는 당해 정보가 비밀상태(비공지성)이기 때문에 당해 정보에 대한 경제적 이익과 시장에서 경쟁상의 우위를 향유한다. 그러나 비공지성 내지 비밀성은 상대적 개념으로 보유자 이외의 타인이 당해 정보를 알고 있다 하더라도 보유자와의 사이에 비밀준수의무가 형성된 경우라면 비공지 상태라고 할 수 있으며, 보유자와 무관한 제3자가 독자개발 등에 의해 동일한 정보를 보유하고 있어도 그 제3자가 당해 정보를 비밀로서 유지하고 있는 경우 역시 비공지 상태의 정보라고 할 수 있다. 그러나 사업자가 비밀로 유지 · 관리하더라도 이미 그 정보가 공연히 알려져 있거나 누구나 제한 없이 입수할 수 있다면 영업비밀이 될 수 없다.

따라서 비공지성은 외부에 알려지지 않았다는 점에서 신규성을 포함하는 개념이지만, 이는 특허법상의 신규성의 요건[1]과 구별되는 개념으로 영업비밀 보유자가 어떤 정보를 비밀로 유지 · 관리하기 때문에 동업자들 사이에 새로운 것(신규성)으로 평가받는다고 해석해야 할 것이며, 이러한 비공지성은 영업비밀의 기본적 속성이고 영업비밀 침해행위의 기본 출발점이다.

(2) 경제적 유용성

영업비밀로써 보호받기 위해서는 어떤 정보가 기술상 · 경영상 경제적 가치를 가지고 있어야 함을 전제로 한다.[2] 이는 영업비밀 보유자가 시장에서 특정한 정보의 사용을 통해 경업자에 대한 경제상의 이익을 얻을 수 있거나 정보의 취득 또는 개발을 위해 상당한 비용이나 노력이 필요한 경우 등을 의미하며, 현실적으로 사용되고 있지 않다 하더라도 장래에 있어서 경제적 가치를 발휘할 가능성이 있는 정보(잠재적으로 유용한 정보)와 과거에 실패한 연구데이터[3]와 같은 정보도 경제적 가치를 가지고 있다고 할 수 있다.

이러한 경제적 가치는 당해 정보를 가지지 못한 경쟁자에 비하여 경제적으로 현실적 · 잠재적 우위만 있으면 되기 때문에 경제적으로 큰 우위는 필요하지 않다. 영업비밀의 경제적 가치는 영업비밀의 양도 또는 라이선스의 근거가 되고, 침해받을 우려가 있거나 침해받았을 경우 민사상 · 형사상 소송원인이 되지만,[4] 경제적 가치가 아무리 크다고 할지라도 사회적 타당성을 구비하지 못한 정보라면 영업비밀로서 보호받을 수 없다.

---

1) 특허법상 신규성이란 어떤 발명이 그 출원시점에서 공지기술과 동일하지 않은 새로운 기술 사상이어야 함을 말하며, 특허법은 이에 대하여 적극적으로 규정하지 않고 소극적으로 "1. 특허출원 전에 국내에서 공지되었거나 공연히 실시된 발명, 2. 특허출원 전에 국내 또는 국외에서 반포된 간행물에 게재되거나 대통령이 정하는 전기통신회선을 통하여 공중이 이용가능하게 된 발명(특허법 제29조 제1항)"을 신규성상실사유로 규정하고 있다.

2) 따라서, 교회가 전도를 위하여 제작 · 보급한 종교경전은 종교상의 우세한 지위와 관련이 있고, 경제적 가치를 가지고 있지 아니하므로 영업비밀이 아니다.(Religious Technology Center v. Wollersheim)

3) 예를 들면, 장기간 특정기술의 연구에 막대한 투자를 한 결과 당해 기술의 실현불가능이 판단된 정보는 경쟁자에게 중대한 경제적 가치가 있을 수 있다.(미국 1985년 통일영업비밀법 제1조 평론)

4) 부정경쟁방지 및 영업비밀보호에 관한 법률 제10조 내지 제12조, 제18조

(3) 비밀관리성

경제적 가치를 지닌 비공지 상태의 기술 · 경영정보라 하더라도 영업비밀로서 보호받기 위해서는 당해 정보의 보유자가 비밀유지를 위하여 "상당한 노력"을 하여야 한다. 즉, 영업비밀 보유자가 주관적으로 비밀을 유지하려는 의식을 가져야 하며, 객관적으로 제3자 또는 종업원이 알 수 있는 방식으로 비밀임을 표시하여 관리해야 한다. 어느 경우에 당해 정보가 "상당한 노력"으로 관리되고 있는가는 구체적인 상황에 따라서 개별적으로 판단되어야 할 것이나 대략 다음과 같은 경우를 생각해 볼 수 있다.

- 당해 정보에 비밀표시를 하여 접근할 수 있는 자에게 그것이 영업비밀이라는 사실을 주지시키고 있는 경우
- 당해 정보에 접근할 수 있는 사람의 수를 제한하거나, 접근자에게 그 정보를 사용 · 공개할 수 없다는 취지의 비밀준수 의무를 부과하는 경우
- 당해 정보에 대한 접근을 공간적 · 물리적으로 제한하는 경우 등

그러나 영업비밀에 해당되는 정보는 물적인 매체(서류, 디스크, 필름 등)에 체화된 것뿐만 아니라, 개인의 기억에 의한 것도 있으므로 영업비밀 주체의 업종, 규모, 종업원의 수, 정보의 성질과 중요성, 비밀침해의 수단과 방법 등을 고려해 볼 때 당해 정보가 비밀이라는 점이 합리적으로 관리되어야 한다. 영업비밀의 비밀관리성 요건은 영업비밀이 정보이고 점유 또는 등록의 공시방법이 없기 때문에 공시제도가 없는 영업비밀 보유자의 이익과 허가를 얻지 않고 영업비밀을 취득하려는 자의 이익을 조정하는 기능을 가지고 있으며, 당해 정보가 비공지성과 경제적 유용성이 있다는 증거가 될 수 있다.

2) 영업비밀의 종류

TRIPs협정에서는 영업비밀의 종류를 특정하고 있지는 않다. 다만 TRIPs협정 제39조 제2항에서 "전체로서 또는 그 구성요소의 정밀한 배열 및 조합의 형태"라고 규정하고 있을 뿐이다. 이는 영업비밀은 어느 일정한 시점에서 종류를 특정하는 데 한계점이 있기 때문이다. 즉, TRIPs협정에서는 영업비밀의 종류를 규정으로 나열하고 있지는 않

지만 통상적으로 기술상의 혹은 경영상의 정보를 포함하는 것으로 이해할 수 있다. 이는 한국을 비롯한 대부분의 국가에서 공통적으로 인정되고 있기도 하다.

(1) 기술 · 경영정보

영업비밀의 유형은 생산방법, 판매방법 등을 제외하고 기술상 혹은 경영상 유용한 정보로 나눌 수 있다. 이 분류방법은 일본과 한국을 비롯한 많은 국가에서 사용하고 있다. 이 중 기술정보는 제품을 제조함에 있어 특유한 산업기술상의 정보로서 합성수지의 배합비율, 화학방법, 기계의 설계방법, 강도계산의 운용방법, 컴퓨터의 소프트웨어, 햄버거의 조리방법, 코카콜라의 제조법 등을 들 수 있다. 그것은 일반적으로 널리 알려지지 않은 것으로 비밀로 유지되고 있는 것이라면 영업비밀로서 보호대상이 된다. 다만 종업원 자신이 개발한 기술은 특별한 특약이 없는 한 경업회사에 누설하여도 영업비밀 침해행위가 되지는 않는다. 그렇지만 종업원과의 사이에 재직기간 중 개발한 기술이라도 그것을 회사에 공개하여야 하고 퇴직 후에 경업자에게 누설하여서는 안 된다는 특약이 존재하면 영업비밀로 보호된다.

최근 기업에서는 생산 · 판매전략 등을 중요한 영업정보로 취급하여 대외적인 비밀로 취급하고 있는 경향이 두드러진다. 특히 경쟁업체에 대한 우위성을 확보하는 차원에서 생산 · 판매전략 정보는 대단히 중요한 의미를 가진다. 이러한 정보가 비밀성을 갖추고 대외적으로 비밀로 관리되고 있는 것이라면 당연히 영업비밀로 보호가능하다. 다만 이러한 정보를 수록한 매뉴얼이 문서화되어 있고 저작권으로 보호되어야 할 것이라면 영업비밀 보호의 문제에 우선하여 저작권법에 의한 보호가 이루어질 수도 있다. 또한, 기술 및 경영에 관한 비밀정보 그 자체가 아니라 비밀정보가 처리되는 과정도 비밀로 유지되고 있고, 경제적 가치가 있는 것이라면 영업비밀로 보호될 수 있다.

(2) 제품

일반적으로 기업에서 생산되어 널리 시판되고 있는 제품으로 누구나 이를 구입하여 그 제품을 통해 쉽게 그 상품의 영업비밀을 알아낼 수 있는 경우에는 영업비밀에 해당하지 않는다. 즉, 영업비밀은 특허권, 저작권 등과 같은 배타적인 권리가 아니므로 그 제품을 구입하여 이를 연구 · 분석하여 유사제품을 만들어 내는 경우는 영업비밀의 침해가 아니라는 것이다. 다만 일반적으로 판매되는 제품이라고 하더라도 일반적인 복제방법으로는 그 기술상의 비밀을 지득하기가 지극히 어렵고 제조상의 비법 등을 알아야만 하는 경우라면 그것은 영업비밀로 보호된다. 그러므로 제조비법 등을 부정한 방법으로 입수하였다면 이는 영업비밀에 침해된다.

(3) 제조법

제조법은 특허의 대상이 되므로 특허를 받을 만한 제조법이라면 그 제조법의 개발 · 보유자는 특허를 받아 독점적, 배타적인 권리를 취득할 수도 있다. 그러나 특허권을 설정할 경우 그 내용 전부가 일반에 공개되고 그 권리의 보호기간도 20년으로 한정되므로 타인이 쉽게 알 수 없는 제조법이라면 특허권으로 설정하기보다는 영업비밀로 남김으로써 특허권보다 장기간 보호를 받을 수 있다. 또한 특허를 받기 어려울 정도의 신규성만을 가지는 것이라면 그것은 영업비밀로 보호하는 것이 적합하다. 다만 제조법이라고 해서 모두 영업비밀이 되는 것은 아니며 영업비밀로 보호받기 위한 성립요건을 충족해야 한다. 기술상의 영업비밀은 대부분이 여기에 해당하는 바 산업적인 제조공정 개량, 고안 외에 요리의 조리법 등도 제조법으로서의 영업비밀로 보호될 수 있다.

(4) 혼합물 · 화합물

의약품, 화장품, 음료수, 양념, 식품 등의 성분, 조성물의 구성 비율, 내용 등은 반드시 영업비밀이 된다고는 할 수 없다. 다만 그 성분 등을 합리적이고 손쉬운 방법으로는 알아내기 어려운 것이라면 그것은 영업비밀로 보호받을 수 있다. 즉, 식품의 경우 원료의 배합비율, 열의 강도, 수분의 조절 등에 관한 비법에 의하여 그 내용이 달라지므로 그 비법을 정확히 알아낼 수 없을 정도의 것을 요구하는 것이다.

(5) 제조시설의 배치

외부에 비밀로 유지되고 있고, 경업회사와의 관계에 있어서 비공개로 하는 것이 경제적 가치가 있을 경우에는 공장내부의 기계설비 방법, 플랜트의 배치, 어떠한 기계장치가 사용되었는지 여부도 영업비밀로서의 보호대상이 된다. 다만 이 경우에도 모든 공장시설의 배치가 영업비밀로 되는 것이 아니라 비밀로 유지되고 있고 그 때문에 상업적 가치를 지니는 것이어야 하는 등 영업비밀로서의 통상적인 요건을 갖추어야 한다.

(6) 고객관리 자료

오래 전부터 중요한 영업정보로 활용되어 왔고 최근 들어서는 컴퓨터의 데이터베이스 파일로 보관되어 비밀자료로 관리되고 있다. 이처럼 고객명부 등은 경영상의 유용한 정보이지만 모든 고객명부가 영업비밀에 해당하는 것은 아니다. 즉, 고객관리 자료가 기업에 의해 비밀로 관리되고 있다는 사실이 외부에 공개되지 않았다는 것만으로 영업비밀로서 보호되어야 한다고는 단정할 수 없다. 따라서 고객명부 등 고객관리 자료가 영업비밀로 보호받기 위해서는 특정 고객명부가 일반적으로 알려진 것인지, 특정 산업에만 알려진 것인지 아니면 비밀성을 유지하기 위하여 어떠한 방법을 동원하였는지를 가지고 판단하기도 한다.

시장의 경쟁성은 영업비밀을 판단하기 위한 하나의 자료가 된다. 예를 들면 고객정보를 획득하기 위하여 얼마만큼의 시간과 노력 그리고 비용을 들였는가는 중요한 기준이 된다. 고객정보를 획득하는 것이 어렵지도 않고 비용이나 시간이 들어가는 것이 아니하면 영업비밀성을 유지할 수 없는 경우도 있다. 또한 매우 경쟁적인 시장에서 획득하기 어려운 것이 아니라면 영업비밀성을 취득하기 어렵다. 이와 더불어 고객정보가 다른 가치 있는 정보와 혼합되어 있는 경우에도 영업비밀이 될 수 있다. 즉, 공지의 정보가 혼재되어 있는 가치 있는 정보가 영업비밀이 될 수 있다고 한다. 보호되는 정보의 범위는 고객의 위치와 접촉할 사람, 과거의 구입목록, 수량, 사이즈, 가격, 횟수 등이 보호될 수 있고 각 고객의 구입활동, 신용정보, 전화 판매 시 구입성향 및 다른 관련된 정보도 보호될 수 있다.

(7) 연구개발 · 실험자료

연구개발 · 실험자료는 완성된 것은 물론 미완성의 상태에 있는 연구개발 관계 자료, 실패로 끝난 연구개발 자료도 영업비밀이 된다. 특히 새로운 농약 및 의약품을 개발할 경우에는 개발의 성패와 관계없이 임상실험에 상당한 비용이 소요되기 때문이다. 뿐만 아니라 그 실험의 결과가 개발실패로 결론이 나더라도 그 실험자료는 추후 새로운 약품의 개발에 상당히 중요한 참고자료가 되는 것이므로 이러한 개발 관련 실험 데이터는 중요한 영업비밀이 된다.

(8) 디자인

디자인은 일반적으로 디자인 등으로 보호된다. 패션디자인의 경우에는 유행 기간이 짧고, 제품의 수명(Life-Cycle)이 짧아 디자인으로 등록하지 않은 경우가 많다. 그리고 패션디자인이 상품에 화체되어 판매되기 시작한 이후에는 그 디자인은 공개된 것으로서 비밀성을 가지기가 지극히 어려운 것이므로 영업비밀로 보호받기가 어렵다. 다만 판매하기 전 새로운 디자인의 개발과정 또는 개발 후 판매 전으로서 개발자에 의해 비밀로 유지되는 것이라면 당연히 영업비밀로 보호될 수 있다.

3) 영업비밀 보호의 필요성

기업이 보유한 핵심기술을 영업비밀로 관리할 것인지 아니면 특허로 출원하여 보호받을 것인지에 관해 선택이 필요하다. 영업비밀은 비공개를 전제로 영업비밀 보유자가 비밀로서 계속 관리할 경우 영구히 자신만이 사용할 수 있지만, 타인이 동일한 기술을 정당하게 취득 또는 개발하여 사용할 경우 이를 금지할 수 없으며, 타인이 특허권을 획득할 경우 영업비밀보유자는 영업비밀 사용에 있어서 제약을 받게 될 수도 있다.

반면, 특허는 기술 공개를 전제로 일정한 심사과정을 거쳐 출원 후 20년 동안 독점 배타적인 권리를 부여한다. 이에 따라 특허권을 침해당할 경우 민사적 · 형사적으로 강력한 구제수단을 확보할 수 있으나, 특허권 존속기간의 만료 후에는 누구나 그 기술을 사용할 수 있게 되어 보호를 받을 수 없게 된다. 따라서 기본적으로 당해 기술이 공개될 경우 빠른 시일 내에 역설계를 통해 제품 제조가 가능한 기술정보, 기업 경영정보 등 특허권으로 보호받기 어려운 정보, 특허 권리화 이전 단계의 연구 아이디어 등은 영업비밀로 관리하는 것이 필요하며, 이는 당해 기술의 종류, 수명 및 시장에서의 수요 등을 종합적으로 고려하여 결정하여야 한다.

4) 영업비밀보호제도의 목적

(1) 건전한 경쟁질서 형성

우리나라의 영업비밀보호제도는 1991년 부정경쟁방지법의 개정을 통하여 처음으로 도입되었다. 영업비밀 보호조항을 동법에 두게 된 것은 독일과 일본의 입법례에 따른 것이었고, 영업비밀 자체를 산업재산권과 같은 권리의 형태로서 보호하기보다는 타인의 노력과 성과에 편승하여 부당한 이익을 취득하려는 행위를 금지시키는 부정경쟁금지의 법리에 따른 것이었다.

(2) 기업의 기술개발 및 이전계약 등 촉진

영업비밀보호제도는 영업비밀 보유자에게는 새로운 기술상 또는 경영상 정보의 개발의욕을 고취시켜 연구 · 개발활동을 촉진시키고, 이러한 정보를 보유하지 못한 경쟁자에게는 타인이 보유한 영업비밀을 부정한 수단으로 획득하려는 의도를 갖지 못하게 하여 독자적인 기술개발 노력을 하도록 하는 한편, 영업비밀 보유자가 기술이전과정 등에서 발생할 수 있는 비밀누출의 가능성을 미리 예방하도록 하여 국내기업 간 또는 국가 간의 기술이전을 순조롭게 하여 기술이전 시장의 형성 및 해당 기술의 효율적 이용을 촉진시킨다.

(3) 특허 · 저작권 제도 보완

특허제도의 보호객체는 인간의 기술적 사상이며, 특허권을 부여받기 위한 요건으로 당해 발명은 산업상 이용가능성, 신규성, 진보성을 구비해야 하고, 저작권의 보호객체는 작가의 사상과 감정을 내포하고 있는 작품이며, 저작권을 부여받기 위한 요건으로 작가의 독창성을 요구한다. 따라서 특허권이나 저작권으로 보호받기가 어려운 기술적 정보(예를 들면, 자연법칙과 기초과학상의 발견, 연산법과 수학공식, 화학제품의 미묘한 조합, 온도 · 성분에 관한 기술적 노하우, 특허요건에 부합되지 않는 기술적 사상 등)나 비밀로 간직하고 있는 관리비결 등 경영상 정보, 영업상의 아이디어 등도 법적으로 보호받을 수 있게 함으로써 특허제도와 저작권제도를 보완하는 기능을 한다.

영업비밀 침해로 인한 분쟁이 발생할 경우, 피해기업이 보유하고 있는 기술을 언제부터 영업비밀로 보호하고 있었다는 것을 공신력 있게 증명하는 것은 매우 어렵다. 그러나 특허청 산하기관인 한국특허정보원(www.kipi.or.kr)에서 제공되는 '영업비밀원본증명서비스'를 이용할 경우, 영업비밀의 존재와 보유시점을 증명하는 것이 가능하다.

해당 서비스를 이용할 경우 영업비밀의 실체자료는 개인이나 기업이 보관하고 전자문서로 추출된 전자지문만을 제출받기 때문에 증명과정에서 비밀 유출 없이 영업비밀의 존재시점과 원본 여부를 증명할 수 있다. 서비스 홈페이지인 영업비밀보호센터(www.tradesecret.or.kr)를 이용할 경우 이와 관련된 추가적인 정보를 얻을 수 있다.

[그림 4-13] 영업비밀보호센터(www.tradesecret.or.kr) 메인화면

4. 특허청 유관기관

1) 한국발명진흥회(www.kipa.org)

한국발명진흥회는 발명진흥사업을 체계적 · 효율적으로 추진하고 발명가의 이익증진을 도모하며 국내 지식재산산업을 보호 · 육성하여 국가경쟁력 강화에 이바지하고자 설립함

■ 주요업무

- 발명인식 제고를 위한 발명진흥기반 조성사업
- 특허기술의 사업화 촉진을 위한 정책자금 지원사업
- 지식재산권 인재양성사업
- 특허기술제품 판로개척사업 등 지식재산권 전반에 관한 발명진흥사업

2) 한국특허정보원(www.kipi.or.kr)

한국특허정보원은 국내 · 외 지식재산권 및 기술정보 등을 효율적으로 정보화하고 보급함으로써 산업의 국제 경쟁력을 높이고 기술 발전에 기여하고자 설립함

■ 주요 업무

- 특허정보검색시스템(심사 · 심판관용 KOMPASS, 대국민용 KIPRIS) 운영
- 특허넷(KIPOnet) 시스템 운영
- 데이터관리센터, 특허문서전자화센터, 특허고객상담센터, IP정보통합센터 운영
- 산업재산권정보 보급, 한국특허영문초록(KPA) DB구축
- 영업비밀원본증명서비스
- 국내 · 외 특허정보 수집, 처리, 가공
- 특허정보와 관련한 연구 · 기획

3) 한국지식재산연구원(www.kiip.re.kr)

한국지식재산연구원은 지식기반사회 구현을 위해 주요선진국의 동향파악을 통해 우리가 어떻게 대처해 나가야 할지를 종합적으로 연구하고 실효성 있는 제언을 위해 설립함

■ 주요업무

- 국내 · 외 지식재산의 동향에 관한 조사 연구
- 지식재산권 및 신지식재산권의 동향에 관한 조사 연구
- 정부, 국내 · 외 공공기관 및 민간단체, 기업에 연구용역의 수탁 또는 공동연구

4) 대한변리사회(www.kpaa.or.kr)

대한변리사회는 산업과 기술의 보호 · 육성을 위한 산업재산권제도의 개선 및 발전에 기여하며, 회원(변리사)들의 품위 향상 및 친목도모를 하고자 설립함

■ 주요업무

- 변리사의 위상제고와 현안문제 등에 대한 효율적인 대응
- 변리사의 전문성 제고를 위한 연수사업 및 홍보사업
- 국내 · 외 지식재산 관련 제도개선 및 자료발간
- 국고보조금 사업의 신속 · 정확한 수행을 통한 공익봉사체계 구축

5) 한국지식재산보호협회(www.kipra.or.kr)

한국지식재산보호협회는 국내 · 외 지식재산권 보호에 중심적인 역할 수행 및 업종별 기업 간의 협력을 통해 지식재산권 보호사업 관련 정책제안을 하고자 설립함

■ 주요업무

- 국내 · 외 지식재산권 보호를 위한 정책제안 및 정보제공
- 국내 위조상품 단속활동 지원 등 지식재산권 보호
- 해외로 진출할 국내기업의 지식재산권 침해에 대한 사전적 · 사후적 지원
- 산업재산권 분쟁의 조정 지원

6) 한국여성발명협회(www.inventor.or.kr)

한국여성발명협회는 여성들에게 발명 생활화의 중요성을 인식시키고 여성발명인구의 저변 확대를 바탕으로 범국민적인 발명풍토를 조성하며, 지식기반사회와 세계화에 부응하여 여성의 잠재력을 창의성 계발로 이끌어냄으로써 국가산업과 경제발전에 기여하고 공익을 도모하고자 설립함

■ 주요업무

- 여성발명문화의 저변 확대를 위해 사회적 기반 구축
- 잠재력 있는 여성발명가 발굴 · 육성
- 여성발명의 사업화 지원과 여성 발명 장려사업

7) 한국지식재산협의회(www.kinpa.or.kr)

한국지식재산협의회는 각 업종 및 분야의 대표기업들이 모여 지식재산분야의 전 영역에 걸친 상호 협력방안 논의 및 공동연구 등을 수행하고자 설립함

■ 주요업무

- 특허청 등 정부의 지식재산 정책에 대한 조언
- 지식재산 경영, 특허분쟁, 특허정보분석 등에 관한 공동조사 및 연구
- 회원 간 정보공유를 통해 기업의 지식재산 경영 강화

Entrepreneurship Role Model ④

기술로 나라를 지키고 벤처로 나라에 보답한다

에스엔유프리시젼(주) 박희재 대표

에스엔유프리시젼은 기술보국을 기치로 1998년에 서울대 실험실 1호 벤처기업으로 설립되어 2011년에 월드클래스 300기업으로 선정됐다. 태양광, OLED, LCD, 반도체의 산업용 제조 장비를 연구, 제조, 판매하는 작지만 강한 글로벌 강소기업이다.

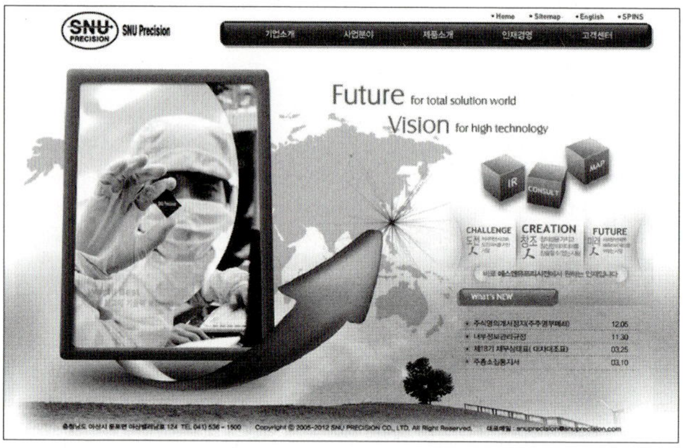

에스엔유프리시젼(www.snuprecision.com) 메인화면

국가에 필요한 역할이 무엇일까

영국 맨체스터 공대 유학 시절, 박희재 대표는 대학의 연구결과가 기업과 시장에 상용화되는 트랙이 활짝 열려 있는 모습을 현장에서 수시로 목격했다. 세 사람만 모여도 회사를 만드는 것이 패턴이 되어 있었고, 학교 교수들의 지도에도 그런 가치관이 깔려 있었다. 지도교수는 항상 이렇게 물었다. "네가 연구한 기술이 산업에 어떻게 기여하느냐?" 엔지니어가 박사 학위 논문을 쓰려면 먼저 그 기술이 기업에 쓸모가 있다는 것을 입증해야 한다고 교수는 강조했다. 덕분에 학생이던 박희재 대표는 하루가 멀다 하고 관련 회사에 전화를 걸고, 전시회에서 발로 뛰면서 자신이 만든 기술을 소개했다. 어쩌면 그것이 창업을 위한 준비 훈련이었던 것 같다.

귀국 후 포항공대를 거쳐 1993년부터 서울대 교수로 재직하며 접한 우리나라의 교육과 산업현장은 너무나 달랐다. 산학협력도 부족했고, 글로벌 시장에 나가서 경쟁할 수 있는 기술과 기업이 너무 부족했다.

창업을 하게 된 결정적 계기는 외환위기였다. 공과대학의 교수로서 부끄러웠다. 대학에서 교육을 하고 연구를 하는 것도 중요하지만 나라가 경제적으로 망가지는 누란지위(累卵之危) 상황에서 더 시급한 일이 있다는 생각이 들었다.

"내가 가진 기술을 사업화해서 시장에 나가서 1달러라도 수입대체를 하고, 수출을 하는 것이 국가를 위해 내가 할 수 있는 일이라 생각했습니다. 국비유학생으로 공부도 했으니 국민이 만들어준 달러를 쓰기만 한 셈이죠. 그래서 할 수 있는 작은 것이라도 기술을 상품화해서 국가경제에 기여하는 게 중요하겠다 생각해서 창업을 하게 되었습니다."

1998년 박희재 대표는 대학원생 3명을 데리고 서울대 1호 벤처기업 '에스엔유프리시젼'을 창업했다. 목표는 확실했다. '반드시 세계 최고 수준의 장비업체가 되겠다. 내가 가진 기술로 외화를 벌어들여 나라에 봉사하자.'

교수, 연구원에게도 창업의 길이 열리다

교수라는 신분으로 창업을 하는 데는 어려움이 많았다. 사업은 시작도 하기 전에 등록 절차에서부터 막혔다. 당장 사업자등록증이 나오지 않는 것이다. 관할세무서에서는 주소지가 서울대학교이기 때문에 사업장이 될 수 없다고 했다. "아니 대학 내에 식당도 있고 서점도 있는데 그런 건 어떻게 나온 겁니까?" 답답한 마음에 항의도 해보고 사정도 해봤다. 세무서까지 다시 찾아가며 상황 설명을 자세히 한 다음에 겨우 사업자등록을 할 수 있었다.

어렵게 대출을 받고 주변에서 십시일반 투자받아 창업자금까지 마련했지만, 대표이사직도 맡을 수가 없었다. 국공립대학 교수 등의 공무원은 사적 이익을 취하는 일을 할 수 없다는 규정 때문이었다. 답답했지만 일단은 학생 중 한 사람을 대표이사로 세운 뒤 탄원서를 썼다. '대학교수나 연구원의 창업을 허락해 달라, 또한 대학주소지에서 사업자등록이 되도록 해 달라'는 내용의 탄원서를 국무총리산하 규제개혁위원회에 보냈다. 그때부터 교육부, 산업통상자원부, 중소기업청, 과학기술부(현 미래창조과학부) 등에 수시로 불려다녔고, 수많은 위원회를 다니며 설명하고 설득했다. 그리고 2000년

초 벤처기업촉진법 내에 "대학 연구원이나 교수가 창업을 할 수 있고, 공장이나 사업장을 만들 수 있다"는 규정이 정식으로 들어가게 되었다. 탄원서를 낸 지 1년 반만의 일이었다.

"그때 벤처기업협회에서 많이 도와주시고, 같이 위원회에 참석해서 좋은 의견도 내주셨죠. 그런 벤처기업특별촉진법 조항이 만들어진 것은 엄청난 임팩트를 가져왔습니다. 그로부터 대학이나 연구소에 있는 모든 교수나 연구원이 창업할 수 있는 법적 토대가 만들어졌죠. 그 이후 도쿄대와 같은 외국 대학 교수들을 만나면 굉장히 부럽다는 말을 듣습니다. 일본에도 이는 아직 안 되어 있거든요."

박희재 대표와 에스엔유의 뿌리는 대학에 있다. 서울대학교에서 창업을 하고 서울대의 인프라와 기술을 가지고 했으니 서울대의 이니셜 'SNU(Seoul National University)'를 사용하자 해서 '에스엔유프리시젼(SNU Precision)'이라는 회사명도 나왔다.

"창업 후에 7년 만에 상장하면서 주식의 상당 부분을 서울대학교에 기증했습니다. 80억원 정도 되는 이 기금은 서울대에서 에스엔유프리시젼 장학금이란 이름으로 운영하고 있습니다. 학교에서 출발한 기업이 당연히 해야 할 도리를 했고, 또 앞으로 저희 같은 기업이 우리나라에 많이 생겨났으면 좋겠다는 생각입니다."

>>> 용어정리

1. 지식재산권(Intellectual Property Rights)

사람의 정신적, 지능적 능력의 결정체인 창작에 대하여 사회에 공개하는 대가로 국가가 공권력에 의해 부여해 주는 독점권으로서 산업재산권, 저작권, 신지식재산권으로 구분

2. 산업재산권(Industrial Property Right)

새로운 발명에 대하여 그 창작자에게 일정 기간 동안 독점 배타적인 권리를 부여하는 대신, 이를 일반인에게 공개하도록 하여 일정 기간이 지나면 누구나 이를 이용할 수 있도록 함으로써 기술 진보와 산업 발전을 추구하는 제도

3. 특허권

자연법칙을 이용한 기술적 사상의 창작으로서 발명 수준이 고도화된 것(대발명)

4. 실용신안권

자연법칙을 이용한 기술적 사상의 창작으로서 물품의 형상・구조・조합에 관한 실용 있는 고안(소발명)

5. 디자인권

물품의 형상・모양・색채 또는 이들이 결합한 것으로서 시각을 통하여 미감을 느끼게 하는 것

6. 상표권

타인의 상품과 식별하기 위하여 사용되는 기호・문자・도형・입체적 형상・색채, 홀로그램・동작 또는 이들을 결합한 것

7. 서비스표

타인의 서비스업과 식별하기 위해 사용하는 표장(광고업, 금융업, 요식업 등에 사용)

8. 업무표장

국내에서 비영리업무를 영위하는 자가 업무를 나타내기 위해 사용하는 표장

9. 단체표장

동종업자의 법인이 단체구성원의 영업에 관한 상품 또는 서비스업에 사용하는 표장

10. 저작권

지식재산권의 하나로서 인간의 사상 또는 감정 등을 독창적으로 표현한 창작물인 '저작물'에 대하여 창작자가 가지는 독점적・배타적인 권리

11. 저작인접권

글자 그대로 저작권에 인접한, 저작권과 유사한 권리로서 이 권리는 실연자(배우, 가수, 연주자), 음반제작자 및 방송사업자에게 귀속됨

12. 신지식재산권

전통적인 산업재산권, 저작권의 범주에 속하지 않으면서 경제의 발전 및 변화와 함께 그 보호의 필요성이 대두된 새로운 지식재산권

13. 선출원주의

동일한 발명(고안)에 대하여 누구에게 특허(실용신안)를 줄 것인가를 판단하는 기준

14. 도달주의

의사표시가 상대방에게 도달한 때, 즉 상대방의 지배권 안에 들어간 때에 효력이 발생한다는 주의

15. 속지주의

각국이 자기 나라에서 부여한 권리에 대해서만 보호하며, 다른 나라에서 부여된 권리의 효력은 그 나라에서만 미치고 제3국에는 미치지 않는다는 원칙

16. 신규성

특허요건 중 하나로 알려지지 않은 새로운 발명에만 특허를 부여하는 것

17. 진보성

특허요건 중 하나로 종래 발명에 비해 진보된 발명에 대해서만 특허를 부여한다는 요건

18. 맞춤형 3트랙 특허심사제도

'우선심사, 일반심사, 늦은심사'의 세 가지 심사 중 하나를 자신의 특허전략에 따라 선택하여 원하는 시기에 심사를 받을 수 있는 제도

19. 우선심사(빠른심사)

심사청구된 특허출원 중에서 특정 출원에 대하여 그 심사를 본래의 심사청구 순위에 관계없이 우선하여 심사하는 것

20. 일반심사

심사청구 후 평균 16.8개월 이내에 심사결과를 제공받을 수 있음

21. 늦은심사(심사유예)

늦은심사를 바라는 고객의 요구를 충족시키기 위해 특허출원인이 원하는 유예시점에 특허출원에 대한 심사를 받을 수 있는 제도

22. PCT 국제출원

특허협력조약(Patent Cooperation Treaty : PCT)에 의해 하나의 방식 및 언어로 PCT 동맹국에 동시에 특허출원하는 것

23. 영업비밀

적극적인 권리로써 보호되는 것이 아니라, 그 영업비밀이 부정한 방법으로 유출되는 것을 금지시킴으로써 반사적으로 보호되는 소극적인 권리

단 원 학 습 문 제

1. 지식재산권의 종류와 필요성에 대해서 설명하시오.

2. 산업재산권의 분류 및 특징에 대해서 설명하시오.

3. 신지식재산권의 개념 및 분류에 대해서 설명하시오.

4. 특허 및 실용신안 심사절차에 대해서 설명하시오.

5. 디자인 심사절차에 대해서 설명하시오.

6. 상표 심사절차에 대해서 설명하시오.

7. PCT 국제출원 절차에 대해서 설명하시오.

8. 마드리드 국제출원에 대해서 설명하시오.

9. 영업비밀의 종류에 대해서 설명하시오.

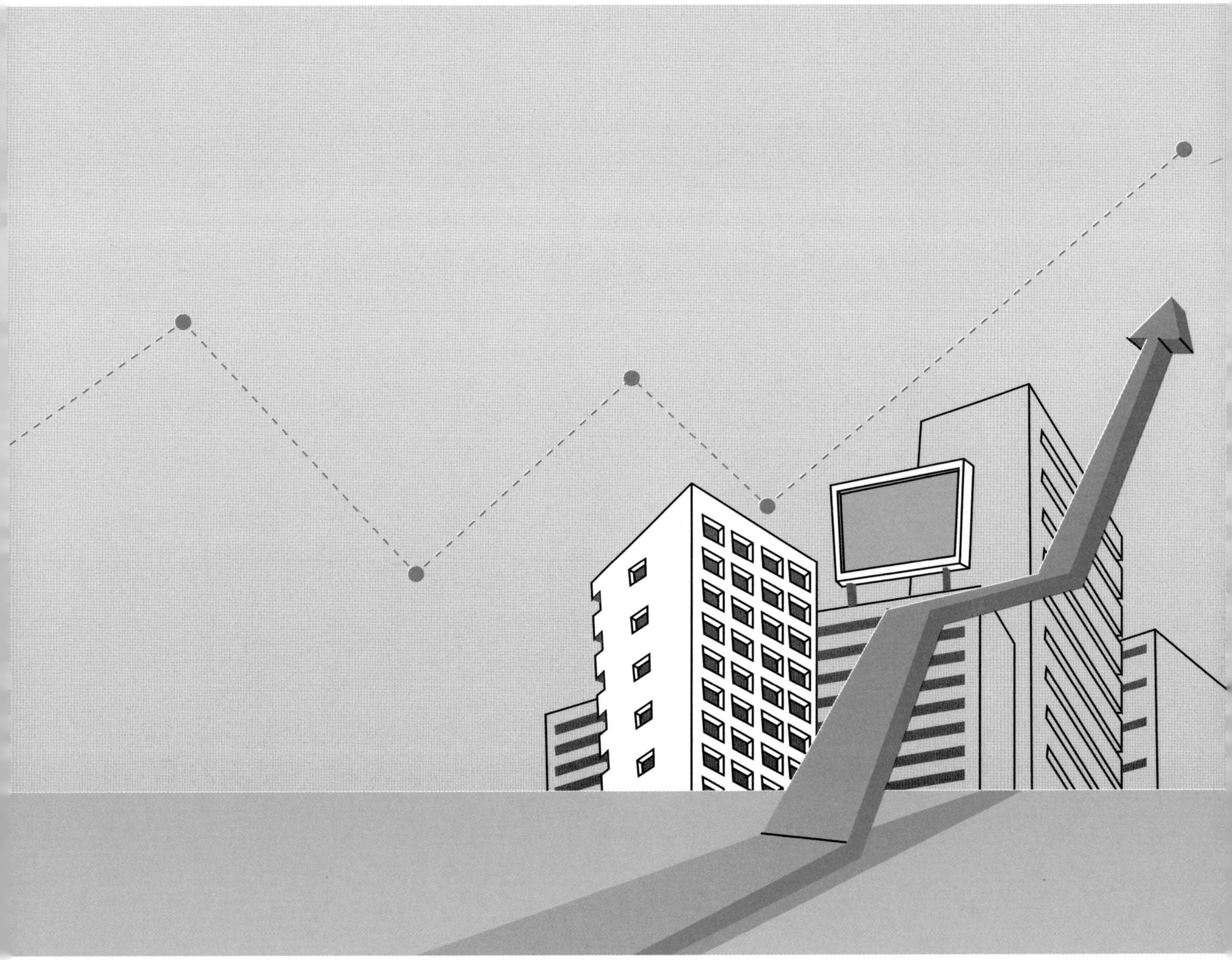

CHAPTER 5 창업마케팅

1. 마케팅의 기초개념
2. 마케팅 환경분석
3. 마케팅전략(STP)
4. 마케팅믹스(4P's)
5. 시장조사
6. 인터넷마케팅의 기초

학 / 습 / 목 / 표

마케팅은 소비자의 욕구(Wants)와 필요(Needs)를 충족시키기 위해 시장에서 교환이 일어나도록 하는 일련의 활동들을 말한다. 이와 관련하여, 이 장에서는 창업에 필요한 마케팅의 기초지식에 대해서 살펴보고, 이를 토대로 실천창업에 적용할 수 있는 마케팅 기법에 대해서 학습하기로 한다.

단/원/키/워/드

마케팅, 일반환경분석, 경쟁환경분석, 내부역량분석, SWOT분석, 핵심성공요인, 마케팅전략(STP), 마케팅믹스(4P's), 시장조사, 제품수명주기(PLC), 인터넷마케팅(Internet marketing)

CHAPTER 05

창업마케팅

1. 마케팅의 기초개념

많은 기업이 우수한 제품을 개발하고도 사업에 성공하지 못하는 근본적인 이유는 마케팅 능력이 부족하기 때문이다. 따라서, 기업에서의 마케팅 능력을 키우는 것은 매우 중요하다. 마케팅은 소비자의 욕구(Wants)와 필요(Needs)를 충족시키기 위해 시장에서 교환이 일어나도록 하는 일련의 활동, 즉 고객만족(제품, 서비스, 아이디어, 가격 등)을 통한 이윤을 추구하는 것으로 정의할 수 있다. [그림 5-1]은 마케팅체계를 나타낸 것이다.

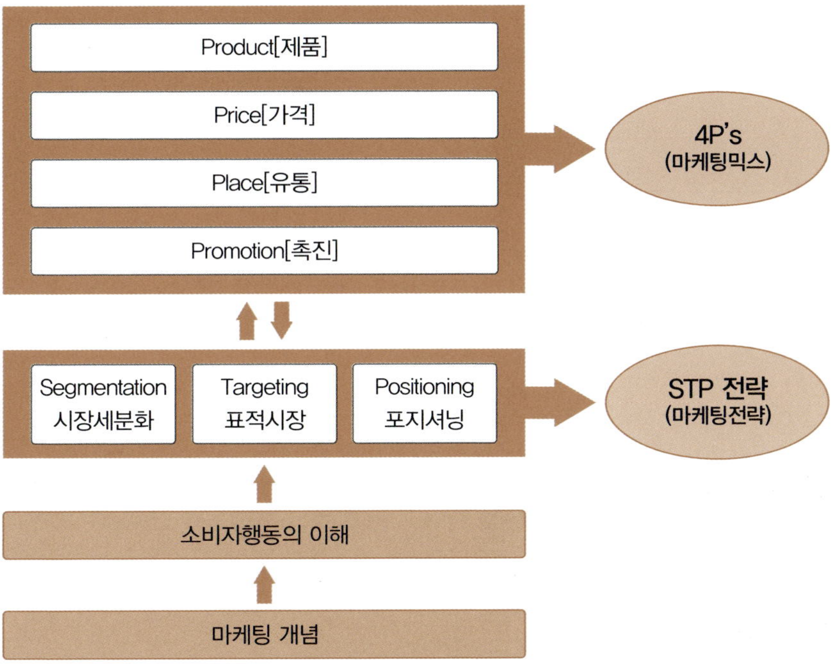

[그림 5-1] 마케팅체계

2. 마케팅 환경분석

마케팅 환경분석은 기업의 마케팅 환경에 영향을 주는 요소를 분석하는 것으로 [그림 5-2]와 같이 일반환경분석, 경쟁환경분석, 내부역량분석, SWOT분석, 핵심성공요인(CSF) 도출 순으로 진행된다.

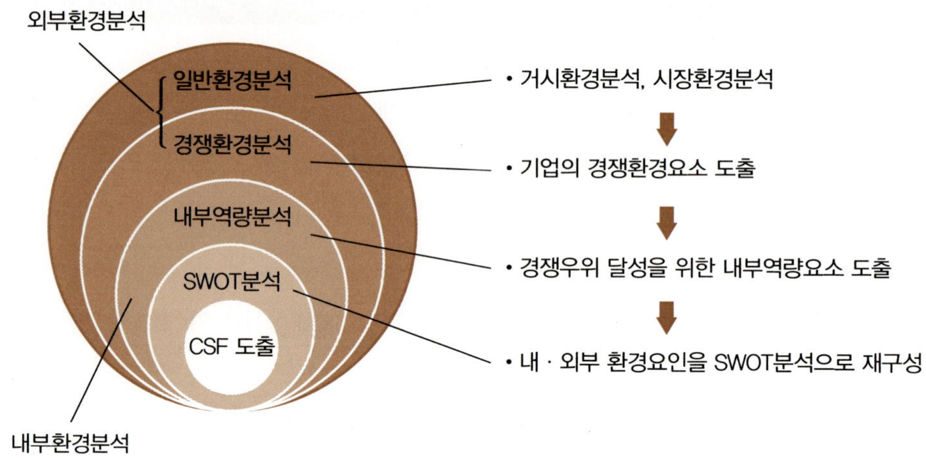

[그림 5-2] 마케팅 환경분석

1) 외부환경분석(일반환경분석＋경쟁환경분석)

외부환경분석은 기업을 둘러싼 거시환경과 시장환경의 제반상황으로부터 기업이 당면한 문제에 대한 영향요인과 예상 시나리오 및 적절한 대응방안을 마련하기 위한 것이다.

단계 1 : 일반환경분석

일반환경분석에서는 거시환경분석과 시장환경분석을 통해 고객에게 영향을 미치는 각종 요인을 파악한다.

(1) 거시환경분석(PEST분석)

PEST분석은 Political, Economic, Social, Technological의 첫 글자이다. PEST분석은 기업을 둘러싼 거시적 산업환경을 분석할 수 있는 주요인자들을 도출하여 그 인자들을 중심으로 분석하는 방법이다. [그림 5-3]은 PEST분석의 개념도를 나타낸 것이다.

정치 · 정책적 요소	경제적 요소	사회 · 문화적 요소
• 법 관련 정부기관, 압력단체 등에 의한 사업 기회의 제한 또는 촉진 • 각종 규제 법률 및 제도 • 불공정 경쟁으로부터의 기업보호 • 불공정 사업관행으로부터의 소비자 보호	• 소득분포 • 국가 또는 지역의 산업구조 • 정치적 소득분배 • 저축, 채무, 신용구조 • 지출 패턴	• 핵심 문화가치의 지속성 • 하위문화의 존재 • 2차적 문화가치의 변화
자연환경적 요소	**기술적 요소**	**인구통계적 요소**
• 기본자원 : 무한자원, 재생가능 유한자원, 재생불능 유한자원 • 에너지 비용 • 공해 수준 • 자연환경요소에 대한 정부의 개입	• 신기술 • 기술변화주기의 가속화 • 무한한 혁신기회 • R&D 예산의 증가 • 규제의 증가	• 인구증가 및 이동 추이 • 연령별 인구분포 • 교육 수준 구분 • 인종 구성

[그림 5-3] PEST분석의 개념도

(2) 시장환경분석

시장환경분석은 마케팅전략을 수립하기 위해 필요한 제반사항, 즉 기업 환경, 마케팅 4P 환경, 소비자 환경, 경쟁상황 등을 다각도로 검토 · 분석하여 해결해 나갈 수 있는가를 파악하는 것이다. 우리가 가야 할 시장에서 무엇이 필요한지, 소비자의 머릿속에는 무엇이 자리잡고 있는지, 시장을 움직일 수 있는 핵심안건은 무엇인지, 제품의 어떤 요인이 시장에서 성공을 가져올 수 있는지를 분석하는 것이다.

단계 2 : 경쟁환경분석

경쟁환경분석은 5가지 경쟁요인분석을 통해 경쟁자 현황과 경쟁자에 대한 대응방법을 도출한다. 5-Forces Model과 3C분석을 통해 기업이 해당 산업 내에서 장기적으로 유리한 경쟁위치를 차지할 수 있도록 관련된 경쟁요소와 각 요소별 영향요인과 이에 대한 대응방안을 도출한다.

(3) 5-Forces Model

5-Forces Model은 산업의 구조적 특성을 산업의 매력도(산업의 이익 창출가능성)를 결정하는 5가지 구조적 요인(Drivers)으로 구분하여 정리한다. [그림 5-4]는 5-Forces Model의 개념도를 나타낸 것이다.

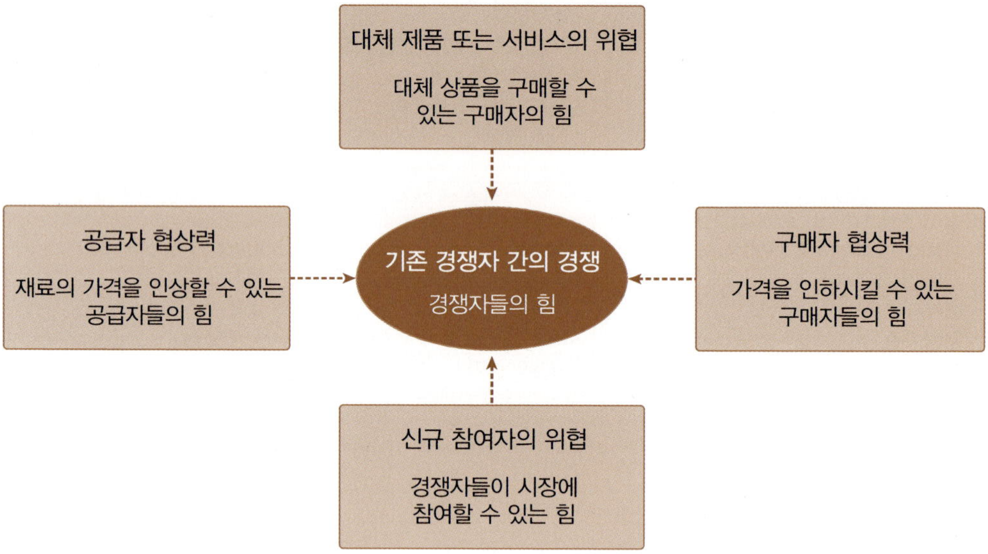

[그림 5-4] 5-Forces Model의 개념도

(4) 3C분석

3C분석은 고객(Customer), 경쟁사(Competitor), 자사(Corporation)를 중심으로 분석하는 기법이다. 고객분석은 회사의 제품을 주로 이용하는 고객들을 분석하는 것으로 시장규모, 성장성, 니즈, 구조변화 등을 점검한다. 경쟁사 분석은 제품이나 서비스와 경쟁하는 기업의 상태를 분석하는 것으로 주경쟁사가 누구인지, 주경쟁사의 약점, 선진기업 성공요인과 해당 기업에 주는 의미 등을 파악한다. 또한, 자사분석은 회사에 대해 스스로 점검하는 것으로 주요제품, 매출 · 이익공헌도, 기술력 등을 파악하는 것이다. [그림 5-5]는 3C분석을 나타낸 것이다.

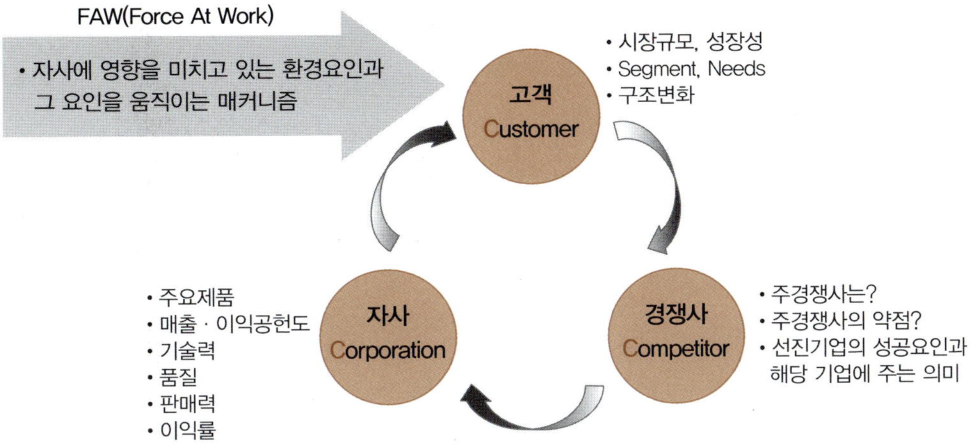

[그림 5-5] 3C분석

2) 내부환경분석

단계 3 : 내부역량분석

내부역량분석은 자신의 회사의 경영자원, 즉 제품의 특성이나 인적자원, 재무자원 등을 명확히 분석하여 자신의 회사의 강점과 약점을 발견해 내는 것이다. 내부역량분석은 BSC(Balanced Score Card), 가치사슬(Valued Chain) 등의 기법을 통해 고객사의 내부역량을 평가하고 강 · 약점을 도출한다.

(1) BSC(Balanced Score Card)

BSC는 Strategy(전략 연계성), Balance(지표간 균형성), Communication(전략 의사소통 도구)의 키워드로 전략 및 목표가 제대로 수행되고 있는가와 관련된 핵심성과지표(KPI)를 가지고 경영진이 판단할 수 있도록 정보를 제공하는 전략관리도구이다. [그림 5-6]은 BSC의 개념도를 나타낸 것이다.

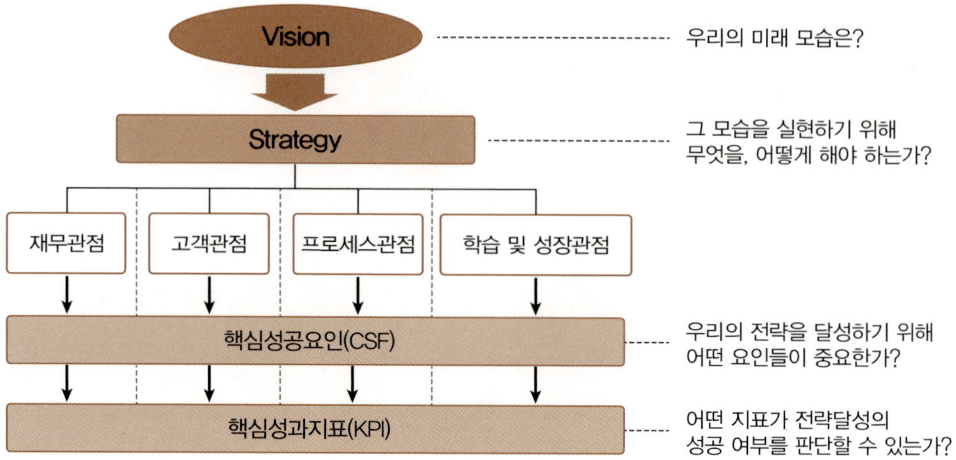

* KPI : Key Performance Indicator

[그림 5-6] BSC의 개념도

(2) 가치사슬(Value Chain)

조직의 수행활동을 주 활동과 지원활동으로 구분하고 해당 기업의 조직의 업무와 각 가치사슬(Value Chain)상의 업무 구성요소들을 이해함으로써 각 기능의 가치를 향상시킬 수 있는 기회를 발견하기 위한 기법이다. 경쟁우위의 원천을 분석하기 위해서는 개별 기업(조직)이 수행하는 모든 활동을 점검해 보고, 이러한 제반활동들이 어떻게 상호작용하는가를 체계적으로 분석한다. [그림 5-7]과 [그림 5-8]은 가치사슬의 개념도와 가치사슬과 5-Force Model을 나타낸 것이다.

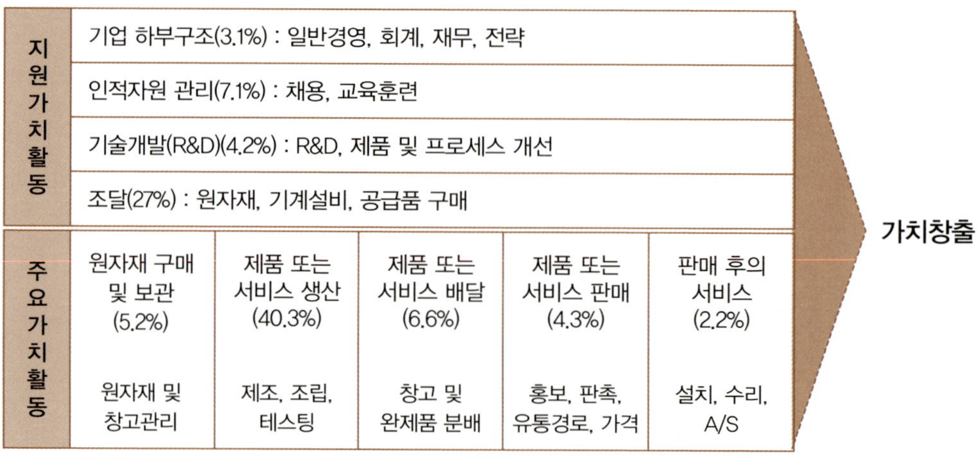

[그림 5-7] 가치사슬의 개념도

출처 : Paige Baltzan (2011). Business Driven Information Systems. McGraw-Hill.

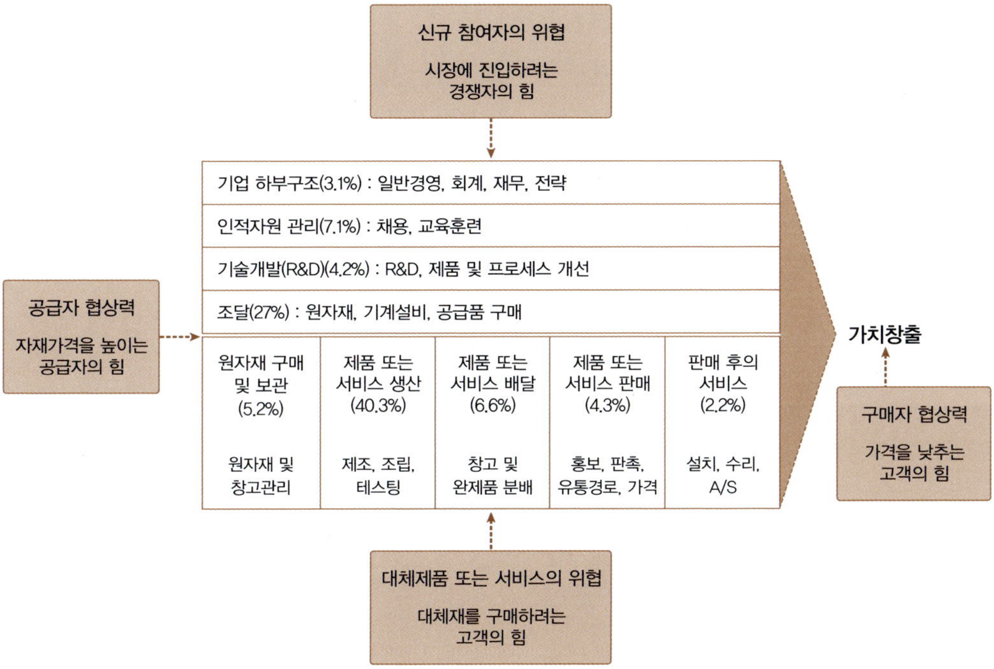

[그림 5-8] 가치사슬과 5-Forces Model

(3) 7's Model

7's Model은 기업 전체를 진단하고 전략을 수립 · 실행 · 평가하는 구조적 사고의 틀을 제공하기 위해 제시한 기업내부 분석도구이다. [그림 5-9]는 7's Model의 개념도를 나타낸 것이다.

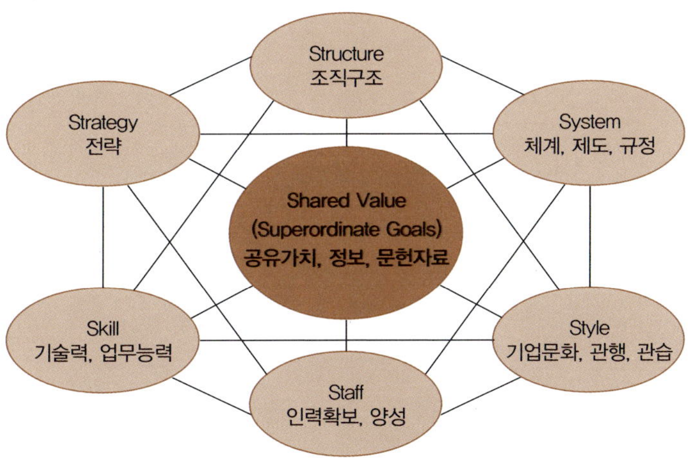

[그림 5-9] 7's Model의 개념도

(4) 이해관계자 분석(Stakeholder Analysis)

이해관계자 분석은 기업 및 기업과 관련된 내부 및 외부의 이해관계자의 관계를 분석함으로써 이미지 개선, 내부 및 외부고객의 만족도 제고 및 경쟁력을 강화할 수 있는 기법이다. 또한, 다양한 이해관계자들의 이익이 서로 충돌하거나 한정된 자원하에서 기업이 이해관계자들의 요구를 적절하게 조절하기 위한 방법이다. 〈표 5-1〉은 이해관계자 분석의 개념도를 나타낸 것이다.

〈표 5-1〉 이해관계자 분석의 개념도

이해관계자	연결채널	주요 이해관계	수행방법	중요도
. . .	. . .	. . .	. . .	. . .

단계 4 : SWOT분석 및 핵심성공요인(CSF) 도출

SWOT분석 및 핵심성공요인(CSF) 도출은 기업의 비전 및 전략에 입각한 CSF 도출을 통해 프로젝트 진행에 대한 거시적인 방향성을 설정하는 것이다. SWOT분석은 기업이 처한 외부 환경요인과 기업이 보유한 내부역량에 대해 평가하고, 향후 기업이 대응해 나가야 할 전략적 방향성을 찾아내기 위한 기법이며, 핵심성공요인(Critical Success Factor : CSF)은 목표 성취를 위해 필요한 요소를 뜻한다. [그림 5-10]은 SWOT분석의 개념도를 나타낸 것이다.

[그림 5-10] SWOT분석의 개념도

SWOT분석의 프로세스는 다음과 같다.

S1. 자사의 능력(내부역량)을 분석하여 강점과 약점을 파악한다.

S2. 환경 변화(외부요인)를 분석하여 기회와 위협요인을 파악한다.

S3. 강점, 약점, 기회, 위협의 관련성을 검토하여 SWOT 관련도를 작성한다.

S4. 경영목표 달성을 위해 지원할 과제를 설정한다.

S5. 기본전략 과제를 실현하기 위한 2차 과제를 도출한다.

[연습문제] SWOT분석 작성 스킬업

구분	분야	관심대상
강점과 약점	제품	효율성, 신뢰성, 포장, 가격, 기술 지원, 용도 다양성, 인지도 등
	기업	영업력, 명성, 예산, R&D능력, 인력, 유통망, 정보망 등
기회와 위협	시장	시장규모, 성장률, 고객 관심도, 반응도, 새로운 고객, 가격민감도, 불만도 등
	환경	정부규제, 부정적 의견 경제성장률, 경쟁사 수, 경쟁사 판매력, 경쟁사 제품, 경쟁사 이미지 등

SWOT		기회(O)	위협(T)
		• • • •	• • • •
강점(S)	• • • •	(SO 전략)	(ST 전략)
약점(W)	• • • •	(WO 전략)	(WT 전략)

핵심전략
(CSF 도출)

사업목표와 적합성, 현재 상황에서의 상대적 중요성, 실행가능성, 경쟁자와의 차별성 등을 고려한 핵심전략 수립

[그림 5-11] SWOT분석

3. 마케팅전략(STP)

마케팅전략이란 시장을 세분화(Segmentation)하고, 기업의 마케팅전략 대상을 설정(Targeting)한 후, 어떻게 소비자의 마음속에 위치(Positioning)시킬 것인가에 대한 것을 의미하는 것으로 흔히, STP를 마케팅전략이라고 한다. [그림 5-12]는 마케팅전략 프로세스를 그림으로 나타낸 것이다.

[그림 5-12] 마케팅전략 프로세스

1) 시장세분화(Market Segmentation)

시장세분화는 시장을 특정 제품군에 대한 태도, 의견, 구매행동 등을 고려하여 비슷한 성향을 가진 집단으로 묶는 것이다. 세분시장 마케팅을 효율적이고 효과적으로 수행하기 위해서는 우선 고객 행동변수를 이용하여 시장을 세분화한 후, 세분시장 각각의 전반적인 특성을 파악하는 것이 필요하다. [그림 5-13]은 시장세분화의 행동변수와 효과를 나타낸 것이다.

시장세분화 행동변수

- 인구통계학적 변수
- 심리분석적 변수
- 구매행동 변수
- 추구효용 변수
- 사용상황 변수

시장세분화의 효과

- 경쟁우위 확보가 가능
- 마케팅 기회 발견이 용이
- 차별화를 통한 가격경쟁 완화

[그림 5-13] 시장세분화의 행동변수와 효과

2) 표적시장(Targeting)의 선정

표적시장의 선정방법은 세분시장의 매력도를 평가한 후, 자사에 적합한 표적시장을 선정한다. 각 세분시장을 분석한 후에는 자신에게 가장 유리한 세분시장을 표적시장으로 선정하여 마케팅활동을 전개해야 한다. 이때 기업이 취할 수 있는 전략적 대안은 차별화 전략, 비차별화 전략, 집중화 전략으로 구분할 수 있다. [그림 5-14]는 표적시장의 접근전략을 나타낸 것이다.

구분	특성	장 · 단점 비교
1 차별화 전략	• 고객 니즈에 대한 다양한 대응 • 각 세분시장별 마케팅전략 수행	• 고객인식과 이미지 강화 • 마케팅믹스의 복잡 • 비용과다 수익저하 우려
	→ 각 세분시장의 구분이 명확한 경우	
2 비차별화 전략	• 대중시장 겨냥 • 보편성 높은 제품	• 규모의 경제 • 시장기회 적음
	→ 설탕, 야채 등의 생활필수품에 활용	
3 집중화 전략	• 특정 세분시장 마케팅에 집중 • 틈새시장	• 한정된 자원으로 효율 극대화 • 마케팅 활동의 전문화 • 특정시장에서의 거점 확보 • 고객니즈 변화 시 위험
	→ 기업자원이 제한적이거나 추가 세분시장 진출을 위한 교두보 확보 시 사용	

[그림 5-14] 표적시장의 접근전략

3) 포지셔닝(Positioning)

포지셔닝이란 경쟁제품에 비하여 소비자의 마음속에 차지하는 상대적 위치를 말한다. 즉, 포지셔닝은 어떤 제품을 경쟁제품에 비하여 차별적으로 받아들일 수 있도록 고객의 마음속에 위치시키는 것이다. [그림 5-15]는 포지셔닝 확보과정을 나타낸 것이다.

[그림 5-15] 포지셔닝 확보과정

4. 마케팅믹스(4P's)

창업은 자원이 부족한 상황에서 처음부터 전체 시장을 대상으로 하는 것이 아닌 목표고객을 설정하고, 그에 맞는 자원을 효율적으로 활용해야 하는 것이다. 따라서 먼저 시장세분화를 통해서 목표고객을 설정한 후에 구체적인 마케팅 활동에 들어가야 한다. 여기서 마케팅 활동은 크게 제품(Product), 가격(Price), 유통(Place), 판매촉진(Promotion)으로 구분할 수 있는데, 이를 마케팅믹스(4P's)라고 한다. 즉, 마케팅믹스란 기업이 표적시장을 대상으로 하여 원하는 반응을 얻을 수 있도록 통제가능한 마케팅 변수인 4P를 배합하는 것이라고 정의할 수 있다. [그림 5-16]은 마케팅믹스(4P's)를 나타낸 것이다.

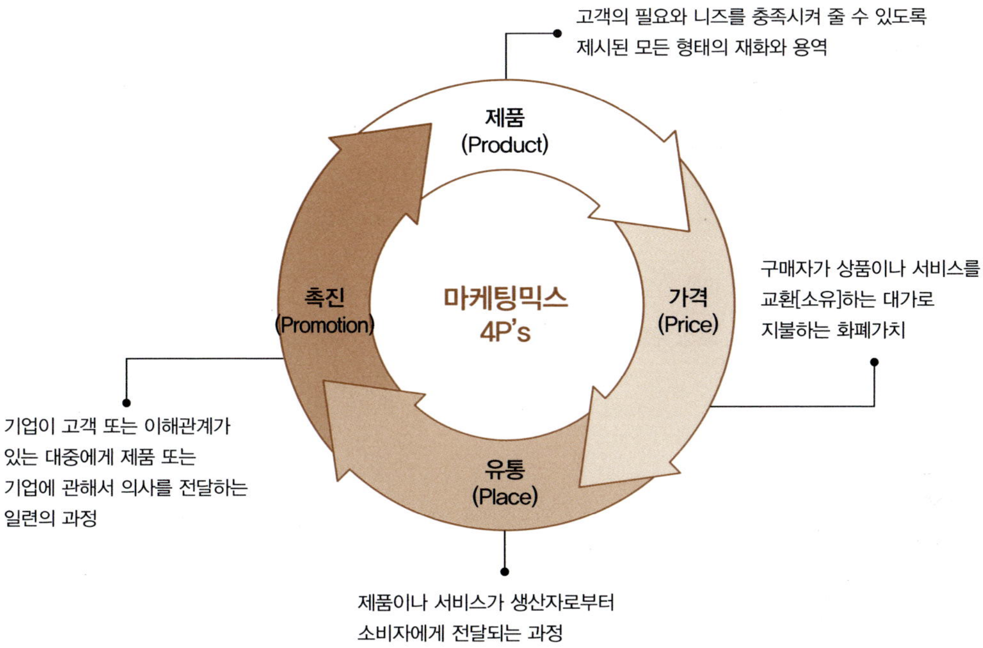

[그림 5-16] 마케팅믹스(4P's)

1) 제품(Product)

제품은 소비자의 기본적인 욕구 또는 요구를 충족시키기 위해 시장에서 제공할 수 있는 것으로 고객의 욕구와 요구를 충족시켜 줄 수 있도록 제시된 모든 형태의 재화와 용역을 말한다. 따라서 기업은 제공하고자 하는 제품이나 서비스의 유형과 특징을 정의하고 차별화하는 것이 필요하다. 외형적으로 나타나는 것뿐만 아니라 고객분석을 통하여 파악한 고객의 진정한 요구사항이 무엇이며, 이를 만족시키기 위해 기업이 제공하고자 하는 제품의 전략적 위치와 특징을 파악하는 것이 중요하다. [그림 5-17]은 제품의 분류를 설명한 것이다.

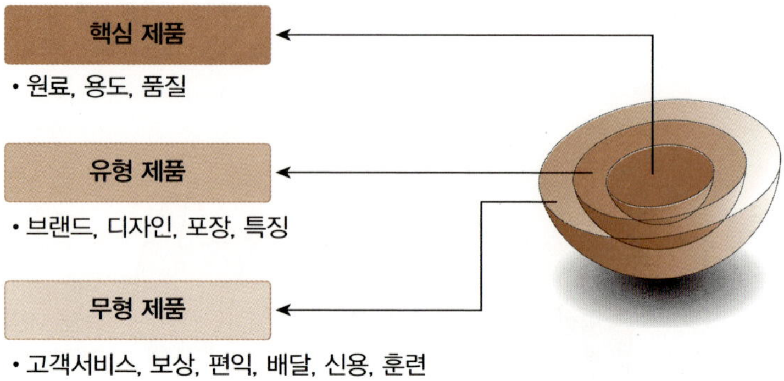

[그림 5-17] 제품의 분류

■ 신제품 개발

끊임없이 신제품을 개발하지 않는 한, 어떤 기업도 장기적인 존속과 성장을 보장받을 수 없다. 따라서 고객의 요구에 대해 관심을 기울이고, 이를 반영해야 한다. 일반적인 신제품 개발 프로세스를 살펴보면 [그림 5-18]과 같다.

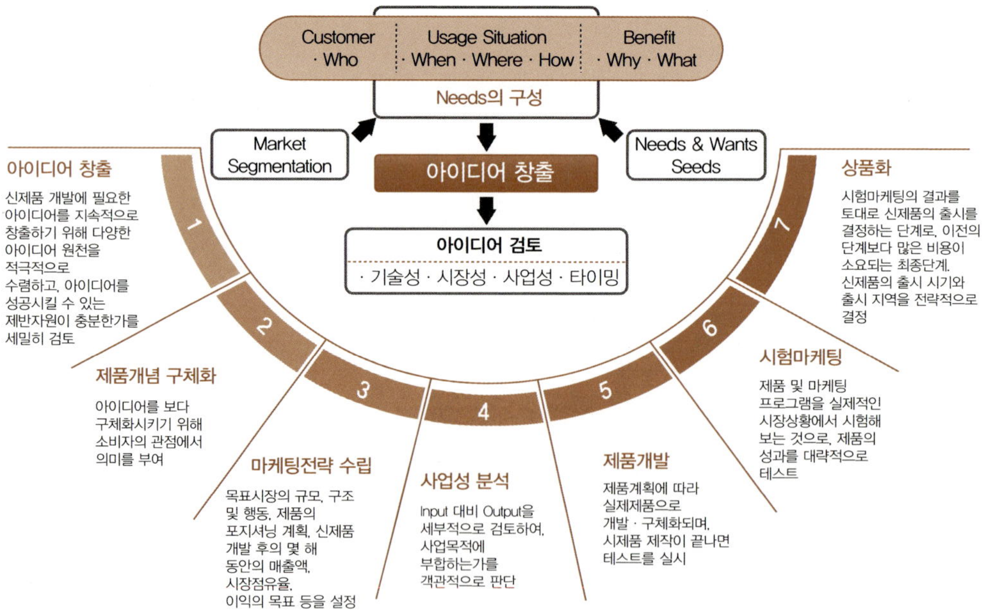

[그림 5-18] 신제품 개발 프로세스

2) 가격(Price)

가격은 마케팅 활동 중에서 가장 중요한 역할을 하고 있다. 잘못된 가격산정은 잘못된 제품으로 연결될 수 있으므로 제품은 공정하고 정확한 가격산정을 통해서 시장에 출시해야 한다. 잘못된 가격산정은 판매 예측과 수익의 예상을 다르게 할 수 있으며, 때로는 경쟁자와의 관계에서 악영향을 줄 수 있다. 가격전략은 고가전략, 시장가격전략, 경험곡선을 활용한 가격전략, 시장침투 가격전략, 선점 가격전략으로 구분될 수 있다.

고가전략은 비탄력적 수요를 겨냥하여 단기수익을 목표로 제품의 가격을 높게 책정하는 것을 말한다. 경험곡선을 활용한 가격전략은 기존의 기업이 혁신제품의 초기에 고가를 책정하였다가 경험효과에 의해 가격이 점차 하락하는 것이며, 시장가격전략은 현재의 시장가격에 맞추어 산정하는 것이다. 그리고 시장침투 가격전략은 낮은 가격으로 시장에 침투하여 빠른 시간 안에 시장점유율을 최대한 늘리는 전략이며, 선점 가격전략은 저가 가격전략으로 잠재적 경쟁자의 진입을 방지하는 것을 목적으로 한다.

3) 유통(Place)

유통은 제품이나 서비스가 생산자로부터 소비자에게 전달되는 과정을 말하며, 유통경로는 이 과정에서 개입되는 상호 의존적인 일체의 이해관계 조직을 말한다. 특히, 신생 창업기업은 유통전략이 중요하다. 일반적으로 유통채널은 소비재 유통채널과 산업재 유통채널이 있다. 일반적으로 벤처기업은 유통채널 확보가 어려운 경우가 많다. 따라서 유통채널을 어떻게 확보하고 어떠한 전략을 세우느냐가 벤처기업에 있어서 매우 중요한 과제이다. [그림 5-19]는 유통경로 유형을 나타낸 것이다.

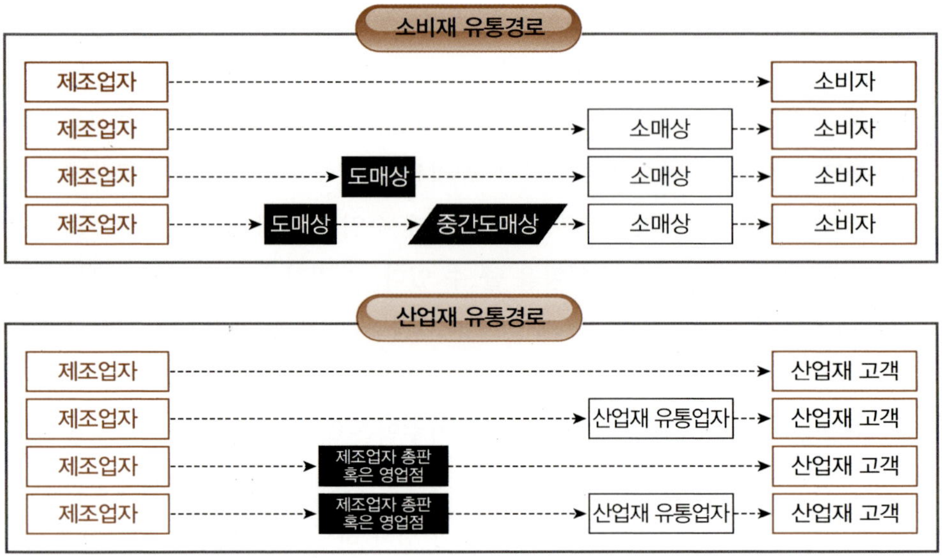

[그림 5-19] 유통경로 유형

4) 촉진(Promotion)

촉진은 기업이 고객 또는 기타 이해관계가 있는 대중에게 제품 또는 기업에 관해서 의사를 전달하는 일련의 과정으로 촉진 활동에는 광고, 홍보, 판촉, 인적판매 등이 있다. [그림 5-20]은 촉진의 개념을 설명한 것이다.

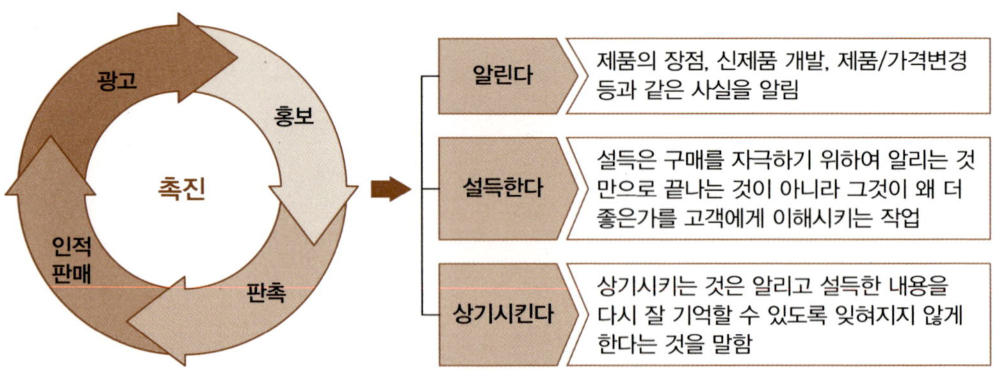

[그림 5-20] 촉진의 개념

[참고자료] 마케팅 추진과정(종합)

앞에서 설명한 마케팅 추진과정을 정리하면 다음과 같다.

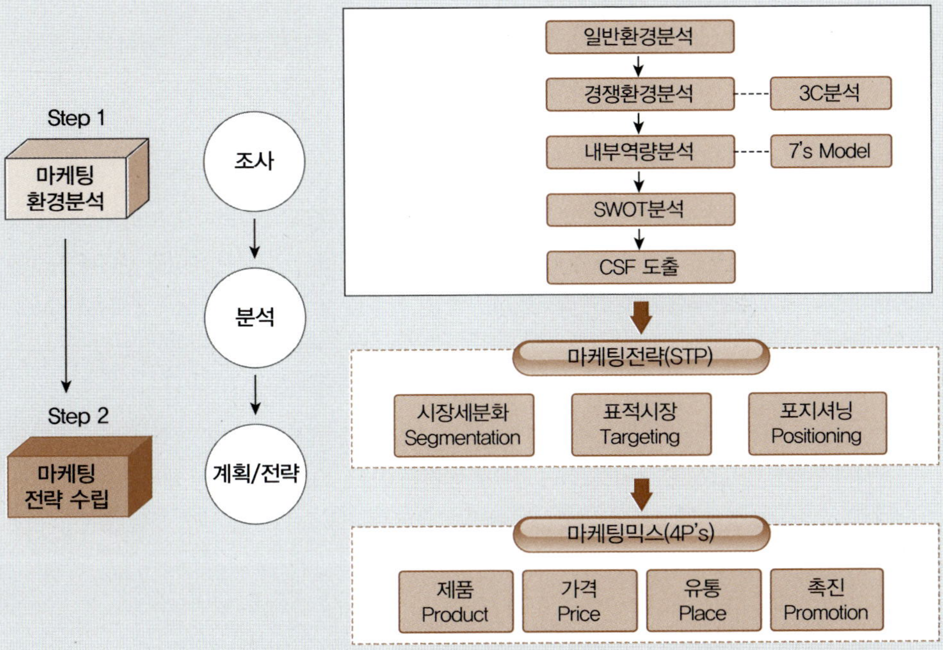

[그림 5-21] 마케팅 추진과정(종합)

창업Tip

보도자료 작성법

보도자료는 기업이나 조직이 언론매체가 사용할 수 있도록 신문 기사체로 작성하여 언론사에 배포하는 뉴스 발표문이다. 보도자료를 작성하기 전에 다음과 같은 작성 원칙을 지켜야 한다.

- **사건의 의미와 중요성을 강조한다.**

  보도자료를 쓰는 이유는 대중과 언론이 알아야 할 어떤 사건이 발생했기 때문이다. 보도자료 내에 이 사건에 대해 주변사람들이 왜 관심을 가져야 하는지에 대하여 충분한 설명과 의미를 부여하는 것이 중요하다. 그래야 언론과 대중이 주목하게 된다.

- **신뢰감을 주고 인상적이어야 한다.**

  뉴스는 신뢰감과 함께 깊은 인상을 주어야 한다. 소비자는 구체적인 근거 없이 최초의, 최고의 같은 형용사를 남발한 보도자료를 뉴스가 아닌 광고로 받아들이게 된다. 또한 기자는 과장된 보도자료에 대해서는 인용보도를 하지 않는다. 차분하게 쓰면서 깊은 인상을 줄 수 있는 근거 또는 통계수치 등을 제시해 뉴스의 설득력을 높이는 것이 좋다.

- **제목은 간명하고 함축적이어야 한다.**

  보도자료는 제목만 보고 이 글이 무엇인지 알 수 있어야 한다. 제목은 고속도로의 표지판처럼 몇 글자만으로 무슨 얘기인지 금세 알 수 있어야 한다. 보통 신문 기사의 제목은 길어야 15글자이므로 제목은 짧아야 한다. 특히 언론인은 호기심을 불러일으키려고 내용의 핵심에서 벗어나는 엉뚱한 제목을 붙이는 보도자료를 싫어한다.

- **말하듯이 쓴다.**

  말을 하듯 글을 쓰는 것이 중요하다. 공식적인 뉴스라고 해서 한자어를 남발해 문어체로 작성하면 내용이 어려워진다. 또 뉴스가 생생하게 전달되지 않는다. 특히 독자는 딱딱한 문어체 제목보다는 직설적인 구어체 제목에 더 눈이 끌린다는 점을 명심해야 한다.

- **첫 문장에서 전체 윤곽을 잡아야 한다.**

  뉴스의 첫 문장을 흔히 리드(lead)라고 부른다. 뉴스에서 첫 문장은 대단히 중요하다. 첫 문장만 읽어보아도 전체의 내용이 한눈에 들어오도록 작성해야 한다. 그래야 독자는 뉴스의 전체 내용에 대하여 감을 잡고 다음 문장을 읽을지에 대한 여부를 결정한다.

- **본문은 역 피라미드 형식으로 작성한다.**

보도자료는 반드시 역 피라미드 형식으로 작성해야 한다. 가장 중요한 정보를 앞부분에 쓰고 뒤로 갈수록 덜 중요한 내용을 나열하는 방식을 역 피라미드 형식이라고 한다. 보도자료나 기사가 긴 경우 편집자는 기사를 뒤부터 자르게 된다. 독자 역시 제목과 기사의 앞부분을 읽다가 흥미를 느끼지 못하면 다른 기사를 보게 된다.

- **독자의 입장에서 쉽게 작성한다.**

보도자료를 작성할 때 가장 유의해야 할 점은 발표자의 입장이 아닌 독자의 입장에서 글을 써야 한다는 점이다. 보도자료를 작성하다 보면 자신을 홍보하는 데만 몰두해 독자가 무엇을 궁금해 하는지를 생각하지 못하는 경우가 많다. "이 글이 대중의 삶과 어떤 관련이 있고 어떤 영향을 미칠 것인지 제대로 알려주고 있는가?"를 주목해야 한다. 특히, 난해한 전문용어는 대중의 관심에서 멀어지는 것을 자초하는 지름길이라는 것을 명심해야 한다.

- **6하 원칙에 따라 핵심내용을 요약한다.**

보도자료에는 누가, 언제, 어디서, 무엇을, 어떻게, 왜 했는지에 대한 정보가 반드시 포함돼야 한다. 6하 원칙은 뉴스보도의 기본이다. 보도자료를 작성한 뒤 이 중 하나라도 빠진 것이 없는지를 꼼꼼히 점검하여야 한다.

- **6하 원칙에 따라 핵심내용을 요약한다.**

보도자료에는 누가, 언제, 어디서, 무엇을, 어떻게, 왜 했는지에 대한 정보가 반드시 포함돼야 한다. 6하 원칙은 뉴스보도의 기본이다. 보도자료를 작성한 뒤 이 중 하나라도 빠진 것이 없는지를 꼼꼼히 점검하여야 한다.

- **핵심이 분명하고 일관성을 유지하여야 한다.**

보도자료는 핵심내용이 무엇인지를 분명히 나타내어야 한다. 이런 얘기 저런 얘기를 일관성 없이 나열하는 것은 바람직스럽지 않다. 할 얘기가 아무리 많다 하더라도 이 가운데 무엇이 핵심내용인지를 분명히 하고 논리적 일관성이 있는 보도자료를 작성해야 한다.

- **문장은 짧아야 한다.**

신문사나 방송사 데스크는 늘 기자에게 문장은 짧고 명료하게 쓰라고 주문한다. 그래야 독자가 읽기 쉽고 뜻이 분명해지기 때문이다. 신문기사의 경우 한 문장의 평균 글자수가 60자 정도이다. 보도자료도 이 숫자에 맞추는 것이 바람직하다. 자꾸 글이 길어질 때에는 한 문장에 한 개의 아이디어만 담는다고 생각하고 문장을 만드는 것이 좋다. 두 개의 아이디어를 하나의 문장에 담는 복문은 가급적 피해야 한다.

- **긴 보도자료는 본문과 해설로 분리한다.**

보도자료의 본문은 A4용지 2페이지를 넘기지 않는 것이 좋다. 신문에 실리는 뉴스를 보면 A4용지 두 장 이상의 기사는 거의 없다. 다만 전문지나 잡지의 경우는 긴 기사를 쓰는 경우도 있다. 이를 감안해야 한다면 본문 뒤에 해설이나 참고자료 또는 용어 설명을 붙여주는 것이 좋다.

- **코멘트는 신뢰성을 높여야 한다.**

뉴스의 신뢰성을 높이는 가장 좋은 방법은 관련된 인물의 코멘트를 보도자료에 넣는 것이다. 보도자료에 " " 같은 인용부호를 넣어 사장, 임원, 개발책임자, 기업장의 코멘트를 넣으면 언론인과 독자는 훨씬 내용에 신뢰감을 갖게 된다. 또한 코멘트를 붙이면 언론인은 직접 만나거나 취재하지 않고도 만난 것처럼 기사를 쓸 수 있다. 코멘트를 붙일 때 명심해야 할 것은 그 인물이 해당 분야에 대해 전문가적인 식견을 갖고 있다는 것을 느낄 수 있게 붙이는 것이 좋다. 코멘트를 붙일 경우에는 말한 사람의 이름이 반드시 있어야 하며, 관계자와 같은 애매한 표현은 사용하지 말아야 한다.

- **사진과 동영상을 삽입한다.**

뉴스에 동영상이나 사진을 삽입하면 뉴스의 주목도가 크게 높아진다. 사진은 전문가가 촬영한 것을 쓰는 것이 좋다. 인물이나 물건을 찍는 경우에는 조명에 따라 분위기가 전혀 달라지므로 스튜디오에 촬영을 하는 것이 좋다. 원리를 알기 쉽게 설명한 그래픽이나, 연도별 추세를 나타낸 그래프나 도표를 준비하면 더 의미가 명확하게 전달된다.

- **문의처, 회사소개, 웹 주소를 기재한다.**

보도자료에는 반드시 발표 담당자 이름, 전화번호(또는 이메일)가 기재되어 있어야 한다. 그래야 언론인이 내용을 확인하고 궁금한 것을 물어볼 수 있다. 요즘에는 보도자료에 웹사이트와 간단한 회사소개까지 붙이는 것이 보편화되고 있다.

- **키워드를 보도자료에 삽입한다.**

포털에 배포된 보도자료는 키워드에 의해 검색되어 대중에게 노출될 가능성이 높다. 따라서 보도자료를 작성할 때에는 대중이 잘 사용하는 적절한 키워드를 넣어서 작성하는 것이 좋다.

※ 보도자료 작성 시 금기사항

- 새로운 사실이 없는 단순한 기업, 기업소개 정보
- 공공의 목적 없이 제3자를 비방하거나 프라이버시를 침해해 재산과 명예를 손상시킬 가능성이 있는 정보
- 과장, 왜곡되었다고 판단되는 정보

- 범죄행위에 관련된다고 판단되거나 음란물 등 미풍양속에 어긋나는 내용을 담은 정보
- 타인의 지적재산권 등 기타 권리를 침해하는 정보
- 해상도가 낮거나 사진이 언론매체가 쓰기에는 품질이 떨어진다고 판단되는 사진, 영상
- 문법적으로 틀리거나 6하 원칙에 따라 정확한 내용을 담지 않은 정보
- 이미 언론에 배포되어 발표시점이 지난 정보

출처 : 뉴스와이어 홈페이지(www.neswire.co.kr) 참고

5. 시장조사

1) 시장조사의 개념

시장조사는 마케팅 활동에 필요한 의사결정 자료를 체계적으로 수집, 기록, 분석 및 해석하여 의사결정의 유용한 정보로 가공하는 활동이다. 또한, 시장조사는 마케팅 의사결정 시의 위험을 최소화하기 위해 객관적인 자료나 정보에 근거하여 의사결정을 내리기 위해 꼭 필요한 과정이다.

2) 시장조사 프로세스

일반적으로 시장조사 프로세스는 [그림 5-22]와 같다.

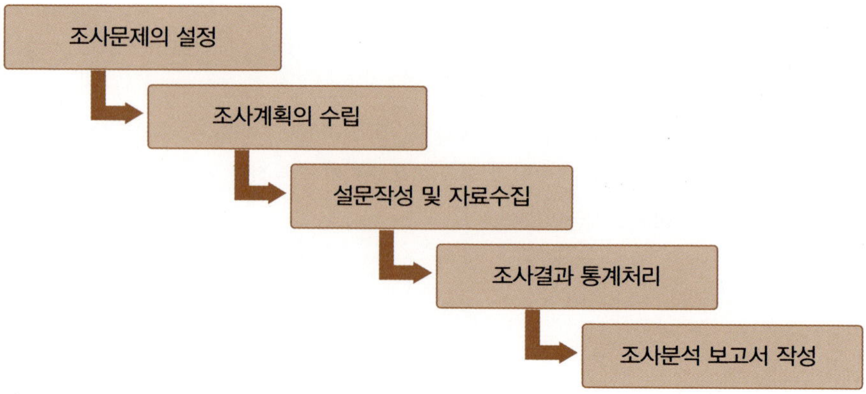

[그림 5-22] 시장조사 프로세스

■ 조사문제의 설정

발생상황 파악 → 진단 → 마케팅 문제에 대한 의사결정 → 조사목적의 규명 순으로 진행된다.

■ 조사계획의 수립

조사계획의 수립 시 조사목적의 규정, 자료수집 방법 설계, 표본설계, 조사내용 및 분석 방법, 일정 및 예산을 고려해야 한다. 자료수집은 조사결과의 품질에 막대한 영향을 미치므로 전수조사 방법과 범위 또는 표본조사의 타당성 등에 대한 자료수집 방법을 명확히 해야 하며, 표본설계는 모집단의 정의, 표본의 크기, 표본추출 방법을 설정해야 한다. 그리고 조사내용 및 분석 방법은 자료처리를 위하여 채택한 방법과 대체적인 자료처리 방법들의 장점과 문제점을 고려하고, 일정 및 예산은 조사단계와 세부 진행 항목별로 소요기간과 예산을 고려해야 한다.

■ 설문작성 및 자료수집

1, 2단계에서 수집된 조사계획을 정확하게 수행하기 위해서는 이에 적합한 설문지 작성과 정확한 자료수집이 이루어져야 한다. 특히, 설문지 작성은 4, 5단계인 조사자료의 통계처리나 분석 방법까지 결정시켜 주기 때문에 마케팅 리서치 과정에서는 가장 핵심적인 단계이다. 그러나 모든 조사문제에 적용할 수 있는 표준적인 설문작성법은 없으며, 마케팅 리서치에서 발견되는 오류의 20~30%가 그릇된 설문지의 사

용에 기인한다는 점을 고려할 때 올바른 설문지 작성에 많은 시간과 노력을 기울여야 한다.

- 조사결과 통계처리

회수된 설문지는 일반적으로 코딩과정을 거쳐 컴퓨터에 입력되고 컴퓨터 프로그램을 이용하여 빈도, 교차분석 등의 통계처리를 한다.

- 조사분석 보고서 작성

자료분석의 결과를 효과적으로 해석함으로써 마케팅전략상 활용할 수 있는 시사점을 제시하는데, 이러한 시사점들을 전략부문별로 다시 정리할 뿐 아니라 시사점들이 결합되어 가질 수 있는 총체적 시사점도 함께 검토하여야 한다.

3) 시장조사방법

시장조사방법에는 크게 정량적 조사와 정성적 조사가 있다. [그림 5-23]은 조사방법에 따른 시장조사 분류를 나타낸 것이다.

특히 정성적 조사 중 FGI(Focus Group Interview)는 면접진행자가 소수의 응답자(1그룹당 6~8명)들을 한 장소에 모이게 한 다음 비체계적이고 자연스러운 분위기 속에서 조사목적과 관련된 대화를 유도하여 응답자들이 자유로운 의사를 표시하도록 하는 방법으로 신제품의 아이디어 도출, 소비자들의 제품구매 및 사용실태 이해, 본 조사 전의 설문지 작성을 위한 정보수집 목적 등으로 널리 활용한다.

설문지 문항 개발 시 유의사항으로는 응답자들이 전문용어를 이해하리라 가정해서는 안 되고, 선택형 질문에 대한 모든 가능한 응답을 제시해야 하며, 한 질문에 두 가지 내용을 질문하지 말아야 한다. 그리고 조사자 임의로 가정하지 말고 유도하는 질문을 하지 말아야 하며, 너무 자세한 질문을 하지 않도록 하고 대답하기 곤란한 질문은 간접적으로 물어보아야 한다. 또한, 선택형 질문의 경우 응답 항목 간 중복되지 않도록 해야 한다. 고객요구조사를 위해 많이 사용되는 설문조사방법은 〈표 5-2〉와 같다.

정량적 조사

- 정밀한 통계적 · 수치적 측정 가능
- 분석을 위한 일관된 기반 제공 (일정간격으로 조사를 반복할 수 있음)
- 설문, 일지, 기업 · 정부통계자료 등

방대한 적용범위

정성적 조사

- 형식에 얽매이지 않고 유연하게 질문
- 조사대상 · 내용에 대한 깊은 이해 가능
- 피상적 내용에 대한 답변 획득 가능
- 소비자의 독창적 아이디어 획득 가능
- 현장진단조사, 심층대면면접, FGI 등

심층적 탐구

[그림 5-23] 조사방법에 따른 시장조사 분류

〈표 5-2〉 설문조사방법

구분	설문조사방법별 평가			
	면접조사	우편 설문조사	전화조사	FGI조사
표본의 대표성	높다	중간	높다	낮다
응답률	높다	낮다	중간	높다
질문서 길이	길다	길다	짧다	길다
질문서 난이도	어렵다	중간	쉽다	어렵다
응답의 성실성	높다	낮다	중간	높다
조사비용	높다	중간	낮다	높다
조사기간	길다	길다	짧다	중간

4) 고객니즈분석

(1) 고객특성

고객특성은 일반적으로 떠돌이, 나비, 계륵, 진정한 친구로 구분할 수 있다. [그림 5-24]는 고객특성 분류 및 대응전략을 나타낸 것이다.

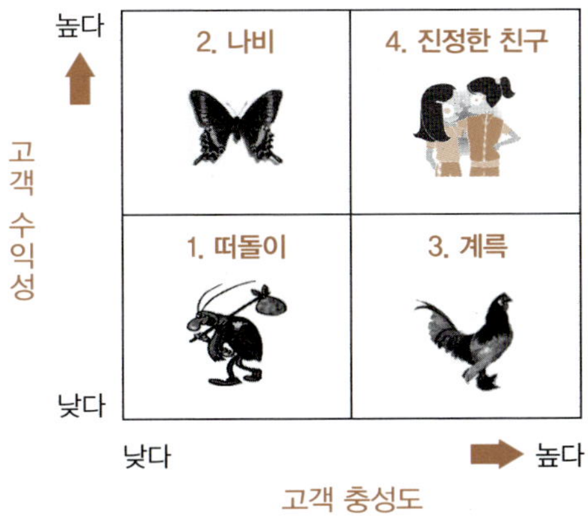

구분	고객특성	대응전략
떠돌이	• 재구매하지 않음	• CRM 관점 – 최선은 고객에게 투자하지 않는 전략
나비	• 충성도 높은 수익성	• 재구매 유도 노력 대비 – 충성 고객화 미흡 – 노력 낭비 초래
계륵	• 충성도 고, 수익성 저 – 기업에 많은 요구 – 할인판매 기간만 구매	• 구매 유도 전략 – 지속 구매 촉진전략 • 무관심 전략
진정한 친구	• 재구매 높은 충성고객 – 지나친 관심에 부담 – 호의적 구전 · 지속 구매	• 기업의 부드러운 접근 – 지나친 관심 금물 – 지나친 판촉 금물 • 충성고객 중점관리

[그림 5-24] 고객특성 분류 및 대응전략

(2) 제품수명주기별 고객특성

제품수명주기(Product Life Cycle : PLC)는 개별고객의 신제품 수용(Adoption) 현상을 시장 전체적으로 집적하여 파악한 신제품 확산(Diffusion)의 과정을 기술한다. 개별고객의 신제품 수용은 신제품의 존재에 대한 인지, 신제품에 대한 지식 축적, 신제품에 대한 긍정적 태도의 형성, 경쟁제품과 비교한 신제품에 대한 선호도의 형성, 신제품 구매의 과정을 거치게 된다. [그림 5-25]는 제품수명주기별 고객특성을 나타낸 것이다.

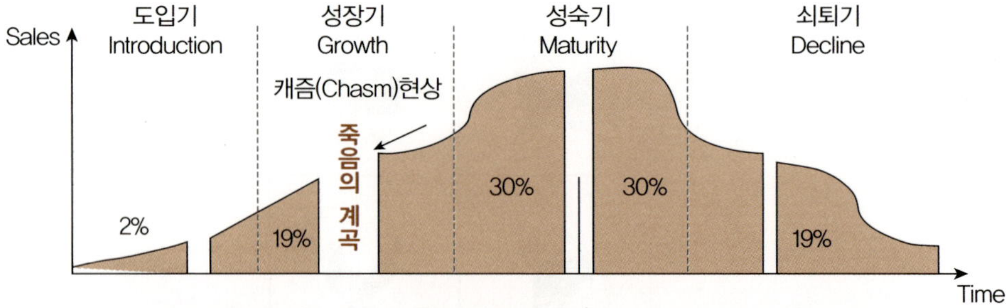

구분	도입기	성장기	성숙기	쇠퇴기
판매	낮다	급속성장	최대판매	감소
비용	높다	평균	낮다	낮다
이익	적자	증대	높다	감소
고객	혁신층	조기수용층	중간다수층	자연수용층
경쟁자	약간	점차 증대	점차 감소	감소

[그림 5-25] 제품수명주기별 고객특성

6. 인터넷마케팅의 기초

인터넷마케팅(Internet marketing)은 인터넷을 활용하여 제품과 서비스를 판매하거나 고객과의 커뮤니티를 구축하는 등 인터넷 공간에서의 마케팅 활동을 말한다. 일반적으로 인터넷마케팅과 온라인마케팅 또는 사이버마케팅을 같은 의미로 사용하는 경우도 많으나, 온라인마케팅과 사이버마케팅은 인터넷 공간을 포함한 모든 사이버 공간에서 이루어지는 마케팅 활동으로 인터넷이라는 특정매체를 활용하는 한정된 인터넷마케팅보다는 좀 더 포괄적인 의미를 가진다. [그림 5-26]은 인터넷마케팅의 영역을 구분한 것이다.

[그림 5-26] 인터넷마케팅의 영역 구분

1) 인터넷마케팅의 이점

인터넷은 제품 소개나 브랜드 정체성 확립 등의 기본적인 마케팅에서부터 제품 판매, 고객서비스까지 할 수 있는 매체이다. 기업은 웹 사이트, 이메일, 검색엔진, 블로그, 지식인 등과 같은 매우 다양한 인터넷 매체를 활용하여 다양한 마케팅 활동을 할 수 있다. 인터넷 접속을 통해 전 세계 어디에 있는 고객과도 접촉하여 원하는 제품과 서비스를 제공하는 마케팅 활동을 전개할 수 있다. [그림 5-27]은 인터넷마케팅의 이점을 나타낸 것이다.

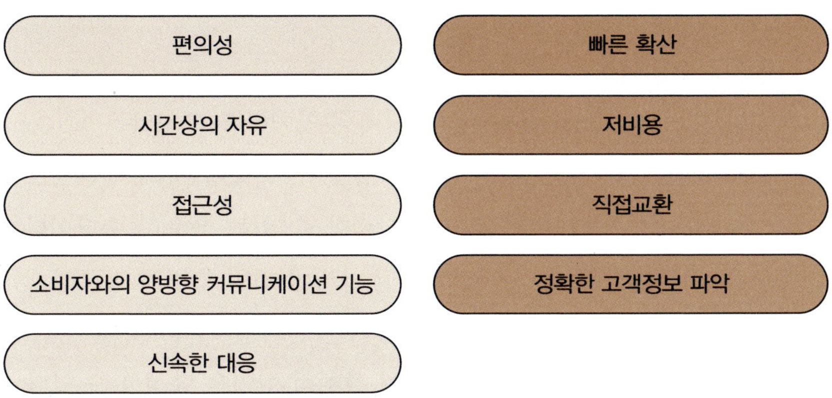

[그림 5-27] 인터넷마케팅의 이점

2) 인터넷마케팅의 사업영역

인터넷마케팅의 사업영역은 [그림 5-28]과 같이 기업 간(Business to Business : B2B) 인터넷마케팅, 기업과 소비자 간(Business to Consumer : B2C) 인터넷마케팅, 소비자와 기업 간(Consumer to Business : C2B) 인터넷마케팅, 소비자 간(Consumer to Consumer : C2C) 인터넷마케팅으로 구분할 수 있다.

e-비즈니스 용어	소비자
B2B	인터넷상으로 기업 간에 사고파는 것을 지칭
B2C	인터넷상으로 소비자에게 상품이나 서비스를 파는 기업을 지칭
C2B	인터넷상으로 기업에게 상품이나 서비스를 파는 개인을 지칭
C2C	인터넷상으로 소비자 간의 상호작용을 도와 상품이나 서비스를 제공하는 사이트를 지칭

	기업	소비자
기업	B2B	B2C
소비자	C2B	C2C

[그림 5-28] 인터넷마케팅의 사업영역

3) 온라인 커뮤니티와 소셜네트워킹서비스(SNS) 마케팅

(1) 온라인 커뮤니티의 의의

온라인 커뮤니티(Online Community)는 인터넷 수익기반을 구성하는 3C(Community, Commerce, Contents)의 하나로서 전자게시판, 동호회, 대화방 등의 형태로 존재하며, 소비자의 불만이나 의견을 실시간으로 모니터링할 수 있는 유용한 수단이다. 인터넷을 기반으로 하는 온라인 커뮤니티는 전통적인 마케팅 기법에 비해 접근성, 상호작용, 비용 측면에서 보다 높은 능률을 제공하며, 강력한 온라인 커뮤니티를 창출함으로써 기업들은 보다 강한 고객충성도를 구축하고 큰 경제적 이익을 달성할 수 있다.

(2) 온라인 커뮤니티의 도구

온라인 커뮤니티는 인터넷을 매개로하여 상호간의 커뮤니케이션 활동이 이루어지는 사이버 공간상에서의 활동이다. 인터넷이 등장한 초기의 온라인 커뮤니티 활동은 채팅이 주류를 이루었으나 점차 인터넷 활용기술이 발전하고 인터넷을 사용하는 인구가 증가함에 따라 온라인 커뮤니티 활동이 다양한 형태로 개발되어 확산되고 있으며, 카페, 블로그, 트위터 등이 한 예이다.

(3) 온라인 커뮤니티 마케팅의 특성

온라인 커뮤니티 마케팅은 일반 마케팅의 전략을 기본으로 하여, 개념 설정(Concept), 콘텐츠(Contents), 양방향 의사소통(Communication), 고객맞춤서비스(Customization), 관계형성(Connection), 공동체형성(Community)이라는 6C의 온라인 커뮤니티 마케팅의 특성을 활용할 수 있다. [그림 5-29]는 온라인 커뮤니티 마케팅 전개 수단을 나타낸 것이다.

[그림 5-29] 온라인 커뮤니티 마케팅 전개 수단

출처 : 중소기업청 (2012). 기술창업보육론. 434쪽. 참조

(4) 온라인 커뮤니티를 통한 마케팅의 장점

현재 인터넷상에서 활동하는 온라인 커뮤니티는 대체로 소비자들이 특정 브랜드에

대한 애호도를 기반으로 자발적으로 개설한 브랜드 커뮤니티가 주를 이루고 있다. 또한 이들 커뮤니티는 전문가에 의해 전략적으로 운영되고 있는 커뮤니티가 아니므로 독립적인 웹사이트보다는 다음, 네이버 등과 같은 포털커뮤니티 사이트를 이용하여 개설하는 경우가 많다.

브랜드를 중심으로 기업에 의해 주도되고 있는 브랜드 커뮤니티는 기업의 유용한 마케팅 수단인 동시에 소비자에게도 매우 의미 있는 공간으로서의 역할을 담당하고 있다.

(5) 온라인 커뮤니티와 SNS마케팅전략

온라인 커뮤니티와 SNS마케팅전략을 정리하면 다음과 같다.

- 영향도 높은 사람의 참여를 확대시켜라.
- 브랜드 소셜네트워크를 활용하라.
- 자기 과시욕을 유도하라.
- 고객의 소리에 귀를 기울여라.
- 재미요소를 가미시켜라.
- SNS 부가기능을 활용하여 아이디어를 접목시켜라.
- SNS를 기본으로 한 IMC전략을 기획하라.

* IMC전략이란 통합 마케팅 커뮤니케이션(Intergrated Marketing Communication)을 말한다.

4) 인터넷마케팅의 실행방식

인터넷이 성장함에 따라 전통적인 오프라인 기업들도 온라인 기업과 경쟁하기 위해서 인터넷마케팅을 확대하고 있다. 이에 따라 전통적인 오프라인 기업들이 온라인을 병행하는 온 · 오프 통합기업으로 변화하고 있다. 기업들은 웹 사이트 구축, 온라인 커뮤니티 구축, 효율적인 이메일 활용, 판매촉진 등의 방식을 사용하여 인터넷마케팅을 실행할 수 있다. [그림 5-30]는 인터넷마케팅의 실행방식을 나타낸 것이다.

[그림 5-30] 인터넷마케팅의 실행방식

Entrepreneurship Role Model ⑤	**변화를 탐구하고 변화에서 기회를 보라** (주)휴맥스홀딩스 변대규 회장

휴맥스홀딩스는 1996년 아시아 최초로 디지털 위성방송 셋톱박스 개발에 성공하여 세계 각국의 디지털 방송의 진화를 주도하며 세계적인 셋톱박스 업체로 당당히 올라섰다.

휴맥스홀딩스(kr.humaxdigital.com) 메인화면

사람들이 필요로 하는 아이템을 하라

휴맥스의 역사는 신림동의 포장마차에서 시작됐다. 20여 년 전, 서울대 제어계측공학과 박사 출신인 변대규 회장과 실험실의 동기, 후배들은 단골 포장마차에서 술을 마시면서 서로 장래에 대한 이야기를 했다. 그러다 장난처럼 의견을 모은 것이 휴맥스의 전신 '건인시스템'의 창업으로 이어졌다. 변대규 회장이 서른 살 되던 1989년이었다. 호칭도 '사장'이 아니라 '형'이었다. 반은 회사, 반은 실험실 분위기였다.

사업적 안목도 없었고 전략도 없었다. 엔지니어인 자신들이 재미있을 만한 것들만 개발했고 물건은 팔리지 않았다. 그러다 PC용 영상처리보드를 개발했다. 카메라에서 들어온 아날로그 영상을 PC에 저장하는 것이었다. 생산라인에서 불량을 감지하는 데 사용되었고, 볼링장에서 넘어가는 핀 개수를 확인하는 역할로도 일부 팔렸다.

자막 기능도 있었는데, 조그만 잡지에 광고를 하면서 여러 기능을 적어낸 뒤 맨 마지막에 "자막도 올릴 수 있다"는 문구를 포함시켰다. 부수적인 기능도 있다는 걸 알리는 차원에서였다. 광고를 보고 여기저기에서 전화가 걸려왔다. 모두들 자막기능에 큰 관심을 보였다. 전혀 예상치 못했던 결과였다. 그래서 자막처리보드인 '비디오믹스'를 다시 개발했고, 이 제품은 노래 반주 영상에 가사를 띄우는 기술로 히트를 쳤다. 1990년대 초반 노래방 붐이 불면서 불티나게 팔리기 시작했다. 사람들의 필요에 의해 만들어서 처음으로 성공한 제품이었다.

"이 일을 통해서 사업을 배웠습니다. '아, 이게 시장이구나!' 깨달았습니다. 내가 하고 싶은 아이템이 아니라 사람들이 필요로 하는 아이템을 해야 한다는 것을 아는데 몇 년이 걸린 겁니다. 망하는 벤처의 90% 이상은 이걸 모르고 망합니다."

시장을 이해한다는 것은 가장 쉬운 것 같으면서도 풀기 어려운 문제다. 기술에 집착하지 않고 시장을 이해하는 것이 중요하다고 변대규 회장은 말한다. 그러면 장사가 된다고, 너무 많은 기술과 생각을 가지고 있기 때문에 그 생각에 파묻혀 제대로 시장을 읽지 못하는 경우가 허다하기 때문이다.

무모한 결단, 치밀한 전략

휴맥스는 국내에서 벤처기업으로 출발해 세계시장을 기반으로 큰 성공을 일궈낸 거의 유일한 기업이라는 평가를 받는다. 현재 휴맥스는 80여 개국에 진출해 있고, 심지어 북한에서 사용하는 셋톱박스도 휴맥스 제품이다.

"해외시장으로 나가는 데는 담이 있습니다. 그 담을 뛰어넘는 게 부담스럽기 마련입니다. 그럴 만한 힘이 있어야 되니까요. 해외시장에서 몇 년 동안은 버텨야 하는데 그것을 위한 재무적인 능력은 준비가 필요합니다. 도전하면서 해외 비즈니스 경험이 있는 사람들도 만나보고, 그렇게 경험하다 보면 한국보다 사업하기 편하다는 것을 알게 됩니다."

휴맥스의 해외 진출도 평탄하기만 했던 것은 아니다. 셋톱박스의 개발은 세계를 놀라게 한 성공이었지만, 당시 국내에는 시장이 없었다. 한참 후 국내에 수요가 생기기까지 일단 해외로 나갈 수밖에 없었다. 종합상사와 손을 잡고 유럽시장을 공략했다.

1996년 처음 수출에 성공하고 3개월 만에 수출액이 3,000만 달러에 달했다. '대박이다' 싶었는데, 그만 문제가 터졌다. 제품 절반가량이 품질 불량으로 나타난 것이다. 연구원들이 현지에 나가 1년 내내 고장 난 제품 고치러 다니느라 시간을 다 보냈다. 그 사이 제품 판매는 거의 중단되다시피 했고, 설상가상 국내에는 외환위기가 닥쳤다. 주요 거래처인 국내업체는 부도가 났고, 휴맥스도 부도위기에 처했다.

새벽 3시, 영국 공장 근처의 숙소에서 눈을 뜬 변대규 회장은 회사 상황을 점검해봤다. 한심했다. 결단이 필요했고, 그의 선택은 전진이었다. 현지 법인을 세우기로 했다. 마케팅 네트워크를 위해서도 현지 조직이 필요했다. 회사 존립이 위태로운 순간이었지만 이 방법밖에 없었다.

1997년 회사 이름을 '휴맥스'로 바꾸고 영국 벨파스트에 현지법인 1호점을 열어 영업, 생산 · 조립, 서비스센터를 설립했다. 현지 법인을 기반으로 유럽의 일반 유통 시장을 파고들 수 있었다. 당시로선 유럽 대기업들이 관심을 기울이지 않는 틈새시장이었기 때문에 판매는 순조로웠다. 반품이 들어온 제품들을 수리하며 단점을 보완한 신제품도 개발해 내놨다. 그런데 이 제품이 히트를 쳤다. 수출에 힘입어 매출도 급증했다. 2010년, 휴맥스는 매출 1조 원을 돌파했고, 이 중 해외 매출 비중은 98%에 달했다.

>>> 용어정리

1. 마케팅

소비자의 필요와 욕구를 충족시키기 위해 시장에서 교환이 일어나도록 하는 일련의 활동, 즉 마케팅은 고객만족(제품, 서비스, 아이디어, 가격 등)을 통한 이윤을 추구하는 것

2. 마케팅 환경분석

해당 기업의 마케팅 환경에 영향을 주는 요소를 분석하는 것으로 일반환경분석, 경쟁환경분석, 내부역량분석, SWOT분석, 핵심성공요소(CSF) 도출 순으로 진행

3. 외부환경분석

직・간접적으로 경영에 영향을 미치는 외부적인 요인을 파악하는 것

4. 일반환경분석

기업에게 광범위하게 영향을 미치는 요인, 가장 폭넓은 의미의 환경

5. 거시환경분석(PEST분석)

Political, Economic, Social, Technological의 약어로 일반적으로 PEST분석을 거시환경분석이라고 하며, PEST분석은 기업을 둘러싼 거시적 산업환경을 분석할 수 있는 주요 인자들을 도출하여 그 인자들을 중심으로 분석하는 방법

6. 시장환경분석

마케팅전략을 수립하기 위해 필요한 제반 사항들, 즉 기업 환경, 마케팅 4P 환경, 소비자 환경, 경쟁 상황 등을 다각도로 검토・분석하여 어디에 문제점이 있고 그것을 어떤 기회를 통해 해결해 나갈 수 있는가를 파악하는 일

7. 경쟁환경분석

5가지 경쟁요인분석을 통해 경쟁자 현황과 경쟁자에 대한 대응 방식을 도출, 즉 5-Forces Model과 3C 분석을 통해 기업이 해당 산업 내에서 장기적으로 유리한 경쟁위치를 차지할 수 있도록 관련된 경쟁요소와 각 요소별 영향요인과 이에 대한 대응방안을 도출

8. 5-Forces Model

산업의 구조적 특성을 산업의 매력도(산업의 이익 창출가능성)를 결정하는 5가지 구조적 요인(Drivers)으로 구분

9. 3C분석

고객(Customer), 경쟁사(Competitor), 자사(Company)를 중심으로 분석하는 기법

10. 내부역량분석

자신의 회사의 경영자원, 즉 제품의 특성이나 인적자원, 재무자원 등을 명확히 분석하여 자신의 회사의 강점과 약점을 발견해 내는 것

11. BSC(Balanced Score Card)

Strategy(전략 연계성), Balance(지표간 균형성), Communication(전략 의사소통 도구)의 키워드로 전략 및 목표가 제대로 수행되고 있는가와 관련된 핵심성과지표를 가지고 경영진이 판단할 수 있도록 정보를 제공하는 전략관리 도구

12. 가치사슬(Value Chain)

조직의 수행활동을 주활동과 지원활동으로 나눠 의뢰인 조직의 업무와 각 가치사슬(Value Chain)상의 업무 구성요소들을 이해함으로써 각 기능의 가치를 향상시킬 수 있는 기회를 발견하기 위한 기법

13. 7's Model

기업 전체를 진단하고 전략을 수립 · 실행 · 평가하는 구조적 사고의 틀을 제공하기 위해 제시한 기업내부 분석 도구

14. 이해관계자 분석(Stakeholder Analysis)

기업 및 기업과 관련된 내부 및 외부의 이해관계자의 관계를 분석함으로써 이미지 개선, 내부 및 외부 고객의 만족도 제고 및 경쟁력을 강화할 수 있는 기법

15. SWOT분석

기업이 처한 외부 환경요인과 기업이 보유한 내부역량에 대해 평가하고, 향후 기업이 대응해 나가야 할 전략적 방향성을 찾아낼 수 있는 기법

16. 핵심성공요인(Critical Success Factor : CSF)

목표 성취를 위해 필요한 요소를 의미

17. 마케팅전략(STP)

시장을 세분화(Segmentation)하고, 기업의 마케팅전략 대상을 설정(Targeting)한 후, 어떻게 소비자의 마음속에 위치(Positioning)시킬 것인가에 대한 것

18. 시장세분화(Market Segmentation)

시장을 특정 제품군에 대한 태도, 의견, 구매행동 등을 고려하여 비슷한 성향을 가진 집단으로 묶는 것

19. 표적시장의 선정(Tarketing)

각 세분시장을 분석한 후에는 자신의 회사에 가장 유리한 세분시장을 표적시장으로 선정하여 표적시장별로 마케팅활동을 전개해야 함

20. 포지셔닝(Positioning)

한 제품이 소비자에 의하여 어떤 제품이라고 정의되는 것으로 경쟁제품에 비하여 소비자의 마음속에 차지하는 상대적 위치를 의미

21. 마케팅믹스(4P's)

기업이 표적시장을 대상으로 하여 원하는 반응을 얻을 수 있도록 통제 가능한 마케팅 변수인 4P를 배합하는 것

22. 제품(Product)

소비자의 기본적인 욕구 또는 요구를 충족시키기 위해 시장에서 제공할 수 있는 것으로 고객의 필요와 니즈를 충족시켜 줄 수 있도록 제시된 모든 형태의 재화와 용역

23. 유통(Place)

제품이나 서비스가 생산자로부터 소비자에게 전달되는 과정

24. 촉진(Promotion)

기업이 고객 또는 기타 이해관계가 있는 대중에게 제품 또는 기업에 관해서 의사를 전달(Communication)하는 일련의 과정

25. 시장조사

마케팅 활동에 필요한 의사결정 자료를 체계적으로 수집, 기록, 분석 및 해석하여 의사결정의 유용한 정보로 가공하는 활동

26. 제품수명주기(PLC)

개별고객의 신제품 수용(Adoption) 현상을 시장 전체적으로 집적하여 파악한 신제품 확산(Diffusion)의 과정을 기술

27. 인터넷마케팅(Internet Marketing)

인터넷을 활용하여 제품과 서비스를 판매하거나 고객과의 커뮤니티를 구축하는 등 인터넷 공간에서의 마케팅 활동

28. 온라인 커뮤니티

'함께'라는 의미인 'cum'과 '하나'를 의미하는 'unus'라는 라틴어 어원에서 유래됨. 즉, 커뮤니티는 상호간의 의미에 기반한 개인들의 모임 혹은 하나의 동일한 목표를 지향하기 위한 개인들의 모임

단 원 학 습 문 제

1. 마케팅에 대해서 설명하시오.

2. 마케팅 환경분석 프로세스에 대해서 설명하시오.

3. 경쟁환경분석에 대해서 설명하시오.

4. SWOT분석에 대해서 설명하시오.

5. 시장세분화(Segmentation)에 대해서 설명하시오.

6. 표적시장(Targeting)의 선정에 대해서 설명하시오.

7. 포지셔닝(Positioning)에 대해서 설명하시오.

8. 마케팅믹스(4P's)에 대해서 설명하시오.

9. 시장조사방법에 대해서 설명하시오.

10. 인터넷마케팅의 이점에 대해서 설명하시오.

11. 온라인 커뮤니티 마케팅의 특성에 대해서 설명하시오.

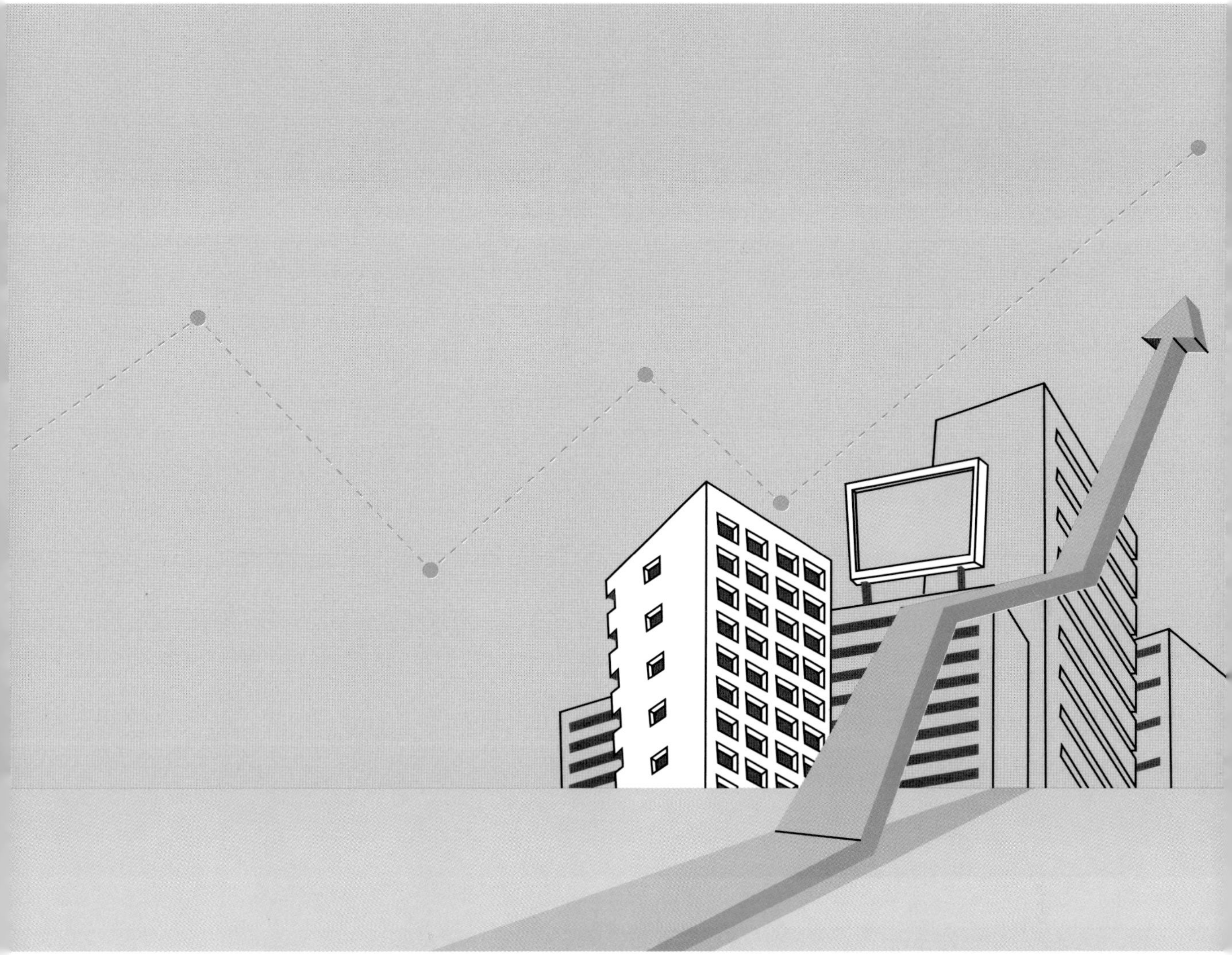

CHAPTER 6 창업자가 알아야 할 세무기초

1. 세금

2. 4대사회보험제도

3. 창업기업의 세금혜택 및 절세방법

학 / 습 / 목 / 표

창업자는 사업자등록과 동시에 법에서 정한 세금을 납부할 의무가 있다. 사업과 관련된 세금에는 부가가치세, 원천징수(원천세), 소득세, 법인세 등이 있고, 모든 사업자는 소득세 납세의무가 있다.
이와 관련하여, 이 장에서는 창업자가 알아야 할 세금과 4대사회보험제도에 대해서 살펴본다. 또한, 창업기업에 대한 세금혜택과 절세방법에 대해서도 학습하기로 한다.

단 / 원 / 키 / 워 / 드

부가가치세, 원천징수(원천세), 소득세, 법인세, 4대사회보험제도, 창업기업의 세금혜택, 창업자금의 절세방법

CHAPTER 06

창업자가 알아야 할 세무기초

1. 세금

창업자는 사업자등록과 동시에 법에서 정한 세금을 납부할 의무가 있다. 사업과 관련된 세금에는 부가가치세, 원천징수(원천세), 소득세, 법인세 등이 있고, 모든 사업자는 소득세 납세의무가 있다. 일반적으로 소득이 많을수록 법인으로 운영하는 것이 절세 측면에서 유리하다. 법인은 과세표준 2억원까지는 10%, 2억원 초과 200억원 이하는 20%, 200억원 초과 시 22%의 법인세율로 과세된다. 개인소득세율은 구간별로 6~38%이며, 1억 5,000만원 초과 시 38%의 최고세율이 적용한다. 따라서 법인세와 소득세 최고세율로 비교하면 소득이 많은 사업자는 세제상 법인으로 운영하는 것이 유리하다고 볼 수 있다.

사업체를 운영하는 경우에는 반드시 세무신고 및 납부기한을 미리 체크하고 관리하여야 한다. 세무는 기업의 신용도와 밀접한 관련이 있으므로 세무대리인에게 의뢰하는 것도 좋은 방법이다. 개인기업이나 1인 창조기업으로 창업을 하였다면 국세청 홈택스(www.hometax.go.kr)에서 직접 부가세나 세금관리를 하는 것도 좋은 방법이다. 또한, 국세청 홈택스에서 국세완납증명서 등 각종 세무 관련 제출서류를 발급받을 수 있으므로 잘 활용한다면 매우 유용한 사이트이다. 홈택스에서 발급 가능한 민원증명서류 목록은 〈표 6-1〉과 같고, 사업과 관련된 세금은 〈표 6-2〉와 같다.

〈표 6-1〉 홈택스에서 발급 가능한 민원증명서류 목록

<table>
<tr><th>민원증명서류</th><th>주민/사업자등록번호 입력 구분</th><th>공인인증서</th><th>이용시간</th></tr>
<tr><td>사업자등록증명</td><td rowspan="3">사업자등록번호</td><td rowspan="3">불필요</td><td rowspan="3">연중무휴
24시간</td></tr>
<tr><td>휴업사실증명</td></tr>
<tr><td>폐업사실증명</td></tr>
<tr><td>납세증명서
(국세완납증명)</td><td>개인용 : 주민등록번호
법인용 : 본점 사업자등록번호</td><td>불필요</td><td rowspan="11">연중무휴
09:00~22:00</td></tr>
<tr><td>납부내역증명
(납세사실증명)</td><td>개인용 : 주민등록번호/
사업자등록번호
법인용 : 본점/지점 사업자등록번호</td><td>필요</td></tr>
<tr><td>소득금액증명</td><td>주민등록번호</td><td>필요</td></tr>
<tr><td>소득확인증명서
(서민형 개인종합자산관리계좌 가입용 : ISA)</td><td>주민등록번호</td><td>필요</td></tr>
<tr><td>부가가치세 과세표준증명</td><td rowspan="3">사업자등록번호</td><td rowspan="3">필요</td></tr>
<tr><td>부가가치세 면세사업자 수입금액증명</td></tr>
<tr><td>표준재무제표증명(개인/법인)</td></tr>
<tr><td>연금보험료 등 소득 · 세액 공제확인서</td><td>주민등록번호</td><td>필요</td></tr>
<tr><td>사업자단위과세 적용
종된사업장증명</td><td>사업자등록번호</td><td>필요</td></tr>
<tr><td>모범납세자증명</td><td>개인용 : 주민등록번호
법인용 : 본점/지점 사업자등록번호</td><td>불필요</td></tr>
</table>

※ 연금소득자 등의 소득공제명세서, 모범납세자 증명, 소득확인증명서(서민형 개인종합자산관리계좌 가입용 : ISA)는 한글만 신청가능함

〈표 6-2〉 사업과 관련된 세금

세목	신고대상자	신고 · 납부기한	신고 · 납부할 내용
종합소득세	모든 개인사업자 (성실신고확인대상사업자 제외)	확정신고 : 다음 해 5.1~5.31 중간예납 : 11.30까지	1.1~12.31간 연간소득
	성실신고확인대상사업자	확정신고 : 다음 해 5.1~6.30	1.1~12.31간 연간소득
부가가치세	일반과세자	1기 확정 : 7.1~7.25 2기 확정 : 다음 해 1.1~1.25	1.1~6.30간 사업실적 7.1~12.31간 사업실적
	간이과세자	다음 해 1.1~1.25	1.1~12.31간 사업실적
개별소비세	개별소비세과세업자	매월 말일까지	1개월간 특별소비세
사업장 현황신고	부가가치세 면세사업자	다음 해 1.1~2.10	1.1~12.30간 면세수입금액(매출액)
원천세	원천징수 실적이 있는 모든 사업자	매월 10일	매월 원천징수한 세액

1) 부가가치세

부가가치세는 상품(재화)의 거래나 서비스(용역)의 제공과정에서 얻어지는 부가가치(이윤)에 대하여 과세하는 세금으로 부가가치세 과세대상 사업자는 상품을 판매하거나 서비스를 제공할 때 거래금액에 일정금액의 부가가치세를 징수하여 납부해야 한다. 납세의무자는 영리목적의 유무에 불구하고 사업상 독립적으로 재화 또는 용역을 공급하는 자이며, 부가가치세에 있어서 이론적인 과세표준은 거래대상자로부터 받은 대금, 요금, 수수료 기타 명목 여하에 불구하고 대가관계에 있는 모든 금전적인 가치가 있는 것을 포함한다. 기초 생활필수품과 국민의 후생 · 문화 관련 재화, 기타 부가가치의 생산요소에 대해서는 납세의 의무를 배제하고 있다. 대체로 생활필수품을 판매하거나 의료 · 교육 관련 용역을 제공하는 것에 대해서는 부가가치세가 면제된다.

- 부가가치세 일부 면제 품목
  - 곡물, 과실, 채소, 육류, 생선 등 가공되지 아니한 식료품의 판매
  - 연탄 · 무연탄, 복권의 판매
  - 병 · 의원 등 의료보건용역업

– 정부의 허가 또는 인가 등을 받은 학원, 강습소, 교습소 등 교육용역업
– 도서, 신문, 잡지(광고 제외)

1년을 6개월 단위의 과세기간으로 나누어 당해 과세기간 종료일로부터 25일 이내에 과세표준과세액을 확정신고 · 납부해야 한다. 매년 1월 25일, 7월 25일까지 부가가치세를 신고 · 납부하여야 한다.

개인사업자 중 일반과세자는 1년간의 매출액이 4,800만원 이상인 사업자로서 재화와 용역을 공급할 때 세금계산서를 발행하며, 이때 공급한 금액의 10%가 매출세액이 된다. 그리고 재화와 용역을 공급받을 때에는 그 공급받은 금액의 10%에 해당하는 금액이 매입세액이 된다. 결국 일반과세자의 부가가치세 납부세액은 매출세액에서 매입세액을 차감한 금액이 된다. 여기서 매출세액보다 매입세액이 많아서 그 차액만큼 과세관청으로부터 반환받아야 할 세액을 환급세액이라 하며, 개인사업자의 부가가치세 신고기간은 〈표 6–3〉과 같다.

그리고 간이과세자란 직전 1년간의 매출액이 4,800만원 미만인 사업자를 의미하며, 세금계산서를 발행할 수 없고 영수증만 교부하여야 한다. 간이과세자는 1년을 과세기간으로 하여 다음 해 1.1~1.25까지 신고 · 납부해야 한다. 참고로 부가가치세 세율은 〈표 6–4〉와 같다.

〈표 6–3〉 부가가치세 신고기간

구분	과세대상기간		신고 · 납부기간	신고대상자
제1기 (1.1~6.30)	예정신고	1.1~3.31	4.1~4.25	법인사업자
	확정신고	1.1~6.30	7.1~7.25	법인 · 개인일반사업자
제2기 (7.1~12.31)	예정신고	7.1~9.30	10.1~10.25	법인사업자
	확정신고	7.1~12.31	다음 해 1.1~1.25	법인 · 개인일반사업자

※ 일반적인 경우 법인사업자는 1년에 4회, 개인사업자는 2회 신고

〈표 6-4〉 부가가치세 세율

구분	과세표준(업종구분)	세율	업종별 부가가치율
일반과세자	모든 업종	10%	–
간이과세자	전기 · 가스 · 증기 · 수도	10%	5%
	소매업, 음식점업, 재생용 재료수집 및 판매업	10%	10%
	제조업, 농업 · 임업 및 어업, 숙박업, 운수 및 통신업	10%	20%
	건설업, 부동산임대업, 기타 서비스업	10%	30%

2) 원천징수(원천세)

원천징수(원천세)는 소득금액 또는 수입금액을 지급하는 자(원천징수의무자)가 소득자에게 그 소득에 대한 세액을 차감한 잔액만을 지급하고 그 세액을 국가에 납부하는 제도이다. 원천징수의무자는 원천징수한 소득세(법인세)를 그 징수일이 속하는 달의 다음 달 10일까지 납부하여야 한다. 즉, 원천징수는 돈을 주는 사람이 미리 세금을 공제하여 지급하고 나중에 연말정산(근로자) 또는 종합소득세(개인사업자) 신고를 통해 정산을 하게 된다.

갑근세 원천징수의무	직원들의 급여를 지급한 달의 다음 달 10일까지 신고 · 납부의무
연말정산신고	직원들의 1년간 급여에 대하여 다음 연도 3월 10일까지 정산하여 신고

원천징수를 제때 신고하지 않거나 세금을 납부하지 않을 경우에는 가산세가 붙게 되며, 직원들이 추후 외국 출장을 가거나 은행대출을 받는 경우에 납세증명서를 발급받을 수 없게 되므로 주의해야 한다.

가산세 : 3% + (과소 · 무납부세액 × 3/10,000 × 경과일수) ≤ 10%

또한, 연말정산과 관련된 자료는 국세청 홈택스(www.hometax.go.kr)에서 확인할 수 있다.

3) 소득세

소득세는 일반적으로 소득을 과세대상으로 하는 조세를 말하며, 소득세는 소득이 귀속되는 주체에 따라 개인소득세와 법인소득세로 나누어진다. 우리나라에서는 개인소득세를 소득세라고 하고, 법인소득세를 법인세라고 한다. 따라서 소득세는 법인이 획득한 경제적 이득이라고 할 수 있다. 대한민국 국민이라면 누구나 발생하는 소득에 대해 세금을 내야 하며, 소득세의 종류는 〈표 6-5〉와 같다.

〈표 6-5〉 소득세의 종류

<table>
<tr><td rowspan="3">소득세</td><td>종합소득세</td><td>근로소득세
사업소득세
이자소득세
배당소득세
부동산임대소득세
연금소득세
기타소득세</td></tr>
<tr><td>양도소득세</td><td></td></tr>
<tr><td>퇴직소득세</td><td></td></tr>
<tr><td colspan="3">상속세, 증여세</td></tr>
<tr><td colspan="3">취득세, 재산세</td></tr>
</table>

개인소득자의 세율은 소득세법상 누진세율을 적용받아 소득에 비례하여 세율이 증가하게 되는데 최저 6%에서 최고 38%의 세율이 적용되고 있다. 사업소득이 있는 경우에도 1년간의 소득에 대해서 다음 해 5월 31일까지 소득세 과세표준과 세액을 계산하여 신고 및 납부하여야 하며, 그 계산과정은 다음과 같다.

- 소득금액 = 총수입금액(근로소득, 사업소득, 이자소득, 임대소득 등) - 필요경비
- 과세표준금액 = 소득금액 - 소득공제
- 산출세액 = 과세표준금액 × 소득세율
- 결정세액 = 산출세액 - 감면세액 - 세액공제

최근 연도 기준으로 소득세율을 살펴보면 〈표 6-6〉과 같다.

〈표 6-6〉 소득세율

과세표준	2014~2015년	누진공제
1,200만원 이하	6%	-
4,600만원 이하	15%	108만원
8,800만원 이하	24%	522만원
1억5천만원 이하	35%	1,490만원
1억5천만원 초과	38%	1,940만원

4) 법인세

법인세는 법인의 소득금액 등을 과세표준으로 부과되는 세금, 국세에서 직접세, 광의의 소득세의 일종으로 국내에 본점이나 주사무소 또는 사업의 실질적 관리장소를 둔 법인(내국법인)은 국내 · 외에서 발생하는 모든 소득에 대하여 법인세 납세의무가 있으며, 외국에 본점 또는 주사무소를 둔 법인(외국법인)은 국내에서 발생하는 소득 중 법에서 정한 것(국내 원천소득)에 한하여 법인세 납세의무가 있다. 법인세는 중간예납과 확정신고를 하여야 하는데 대상기간과 신고기한은 〈표 6-7〉과 같다.

〈표 6-7〉 법인세 신고기한

구분	법인세 중간예납	법인세 신고기한
대상기간	1.1~6.30	1.1~12.31
신고기한	8월 말일까지	익년 3월 말일까지
방법	• 전년도 결손시 → 중간 결산하여 납부 • 전년도 법인세 납부시 → 전년도 법인세의 1/2 납부	• 무신고 · 무기장가산세 정부결정 산출세액×20%와 매출액×7/10,000 중 큰 금액

법인세는 사업연도 소득금액 2억원을 기준으로 하여 영리법인의 경우에는 2억원 이하일 경우 10%, 2억원 초과일 경우에는 20~22%를 적용한다. 법인세 세율은 〈표 6-8〉과 같다.

법인세 산출세액 = 과세표준 × 세율

〈표 6-8〉 법인세 세율

법인 \ 소득	각 사업연도 소득			청산소득		
	과세표준	세율	누진공제	과세표준	세율	누진공제
영리법인	2억원 이하	10%	–	2억원 이하	10%	–
	2억원 초과 200억원 이하	20%	2,000만원	2억원 초과 200억원 이하	20%	2,000만원
	200억원 초과	22%	42,000만원	200억원 초과	22%	42,000만원
비영리법인	2억원 이하	10%	–			
	2억원 초과 200억원 이하	20%	2,000만원			
	200억원 초과	22%	42,000만원			
조합법인	9%			9%		

※ 2012.1.1. 이후 개시하는 사업연도분부터 적용

사업연도가 1년 미만인 경우 산출세액 계산

$$\text{법인세 산출세액} = (\text{과세표준} \times \frac{12}{\text{사업연도월수}}) \times \text{세율} \times \frac{\text{사업연도월수}}{12}$$

납세의무가 있는 법인은 사업연도 종료일이 속하는 달의 말일부터 3개월 이내에 법인세를 신고하여야 한다. 법인세 신고는 법인세 과세표준 및 세액신고서를 관할세무서에 제출하고 납부할 세액은 은행이나 우체국에 내야 한다. 이 경우 신고서와 함께 기업회계기준을 준용하여 작성한 개별 내국법인의 재무상태표, 포괄손익계산서, 이익잉여금처분(결손금처리)계산서와 세무조정계산서를 첨부해야 하며, 이를 첨부하지 않으면 신고하지 않은 것으로 간주한다.

2. 4대사회보험제도

4대사회보험제도는 국민에게 발생한 사회적 위험을 보험방식에 의하여 대처함으로써 국민의 건강과 소득을 보장하는 제도이다. 여기서 사회적 위험이란 질병, 장애, 노령, 실업, 사망 등을 의미한다. 이러한 사회적 위험은 사회구성원 본인은 물론 부양가족의 경제생활을 불안하게 하는 요인이 된다. 따라서 사회보험제도는 사회적 위험을 예상하고 이에 대처함으로써 국민의 경제생활을 보장하려는 소득보장제도라고 할 수 있다. 우리나라의 4대사회보험제도는 업무상의 재해에 대한 산업재해보상보험, 질병과 부상에 대한 건강보험 또는 질병보험, 폐질 · 사망 · 노령 등에 대한 연금보험, 실업에 대한 고용보험제도가 있다.

[그림 6-1] 4대사회보험 정보연계센터(www.4insure.or.kr) 메인화면

사업자등록 이전에도 사업을 할 수 있지만 사업자등록이 끝나면 법적으로 사업을 시작할 수 있는 절차가 완료되며 사업의 개시와 함께 법적 요건에 맞추어 기타 행정절차를 신고해야 한다.

- 4대사회보험은 고용보험, 산재보험, 국민연금, 건강보험을 말하며 근로자를 사용하는 모든 사업장은 반드시 가입하여야 한다.

※ 국민연금 · 건강보험의 근로자는 법인의 임원 및 대표자를 포함하며, 고용 및 산재

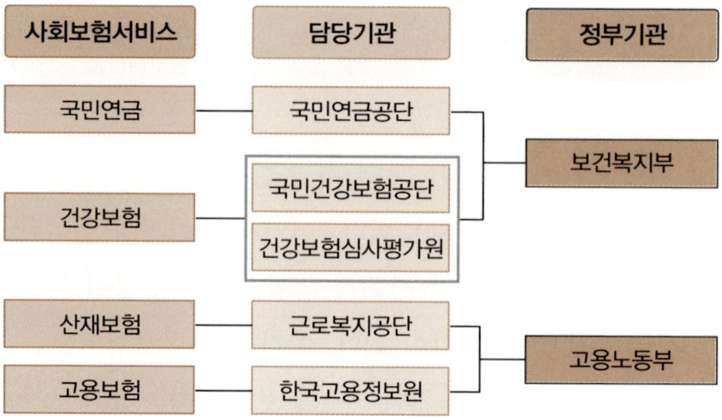

[그림 6-2] 4대사회보험 담당기관

보험의 근로자는 법인의 대표자를 포함하지 않고 근로기준법 제2조 제1항1호에 따른 근로자를 말한다.

• 신청과 각종 변경 및 탈퇴에 관련한 신고는 4대사회보험 공통서식으로 모든 행정 절차를 수행할 수 있으며, 사업장에서 가까운 기관들 중 한 곳에만 신고하거나 인터넷(www.4insure.or.kr)으로 신고하면 원스톱으로 해결할 수 있다.

〈표 6-9〉 4대사회보험 비교표

구분	국민연금	건강보험	고용보험	산재보험
적용사업장	상시근로자 1인 이상 법인 및 전문직종 개인사업장과 상시근로자 5인 이상 일반 사업장	상시근로자 1인 이상	1998년 10월 1일부터 1인 이상 근로자 의무 가입	상시근로자 1인 이상
신고기한	근로자를 사용하는 사업장이 된 때에서부터 14일 이내		가입사유가 발생한 날, 즉 근로자를 채용한 날로부터 그 다음 달 15일까지	
부과소득 상한선	360만원 (45등급)	548만원 (등급 없음)	상한선 없음	상한선 없음
보험료 부담	사용자와 근로자가 각각 1/2씩 부담	사용자와 근로자가 각각 1/2씩 부담	실업급여는 사용자와 근로자가 각 50%씩 부담, 기타 사업은 사업주가 전액부담	사업주가 전액부담

구분	국민연금	건강보험	고용보험	산재보험
납부방법	월납	월납	연납 (분할납부 가능)	연납 (분할납부 가능)
납부마감일	다음 달 10일 (신고마감일은 15일)	다음 달 10일 (신고마감일은 15일)	당해 연도의 3월 31일까지(연도 중 성립의 경우 성립일로부터 70일)	당해 연도의 3월 31일까지(연도 중 성립의 경우 성립일로부터 70일)
납부의무자	사용자	사용자	사업주	사업주

〈표 6-10〉 4대사회보험 사업장 적용대상

구분	당연적용(의무)대상	임의적용 가입대상
국민연금	• 상시 1인 이상의 근로자를 사용하는 모든 사업장 • 대사관 등 주한외국기관으로서 1인 이상의 대한민국 국민인 근로자를 사용하는 사업장	임의적용 가입대상 없음
건강보험	• 상시 1인 이상의 근로자를 사용하는 모든 사업장 • 공무원 및 교직원을 임용 또는 채용한 사업장	임의적용 가입대상 없음
고용보험	• 일반사업장 : 상시 근로 1인 이상의 근로자를 고용하는 모든 사업 및 사업장 ※ 다만, 농업, 임업, 어업, 수렵업 중 법인이 아닌 경우 5인 이상 • 건설공사 : 주택건설사업자, 건설업자, 전기공사업자, 정보통신공사업자, 소방시설업자, 문화재수리업자가 아닌 자가 시공하는 총공사금액 2천만원 미만 건설공사 또는 연면적이 100㎡ 이하인 건축물의 건축 또는 연면적이 200㎡ 이하인 건축물의 대수선을 제외한 모든 공사	고용보험법의 당연적용(의무)대상 사업이 아닌 사업으로 가입 여부가 사업주의 의사에 일임되어 있는 사업(근로복지공단의 승인 필요)
산재보험	• 일반사업장 : 상시근로자 1인 이상의 사업 또는 사업장 ※ 다만, 농업, 임업(벌목업제외), 어업, 수렵업 중 법인이 아닌 경우 5인 이상 • 건설공사 : 고용보험과 동일	산업재해보상보험법의 당연적용(의무)대상 사업이 아닌 사업으로 가입 여부가 사업주의 의사에 일임되어 있는 사업(근로복지공단의 승인 필요)

• 국민연금공단(www.nps.or.kr)
• 문의 : 국번없이 1355

• 국민건강보험공단(www.nhis.or.kr)
• 문의 : 1577-1000

• 고용보험(www.ei.go.kr)
• 문의 : 국번없이 1350

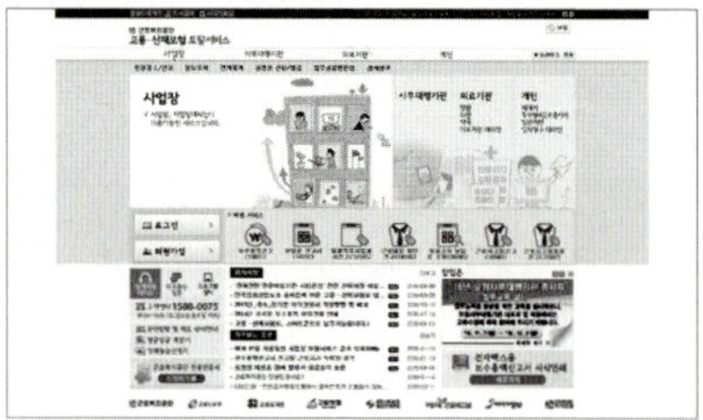

• 근로복지공단 고용 · 산재보험 토탈서비스(total.kcomwel.or.kr)
• 문의 : 1588-0075

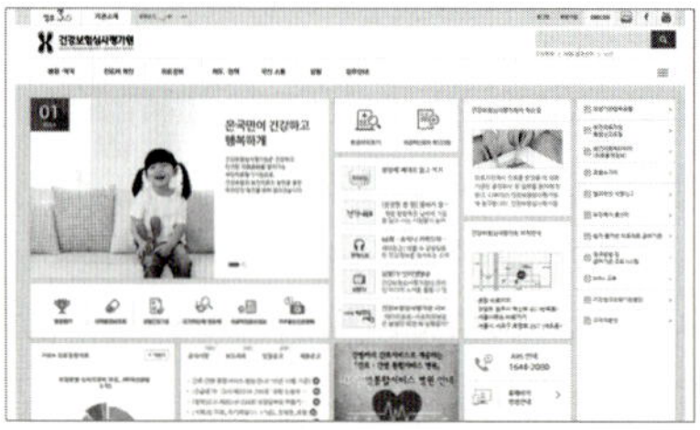

• 건강보험심사평가원(www.hira.or.kr)
• 문의 : 1644-2000

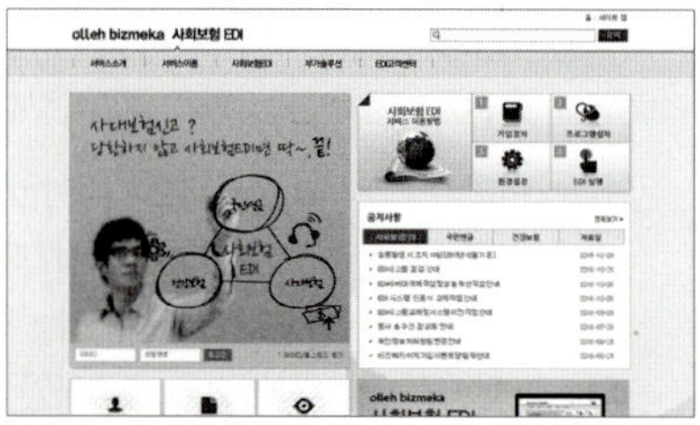

• 사회보험 EDI(bips.bizmeka.com)
• 문의 : 080-318-5306

• 국민건강보험 EDI(edi.nhis.or.kr)
• 문의 : 1644-2000

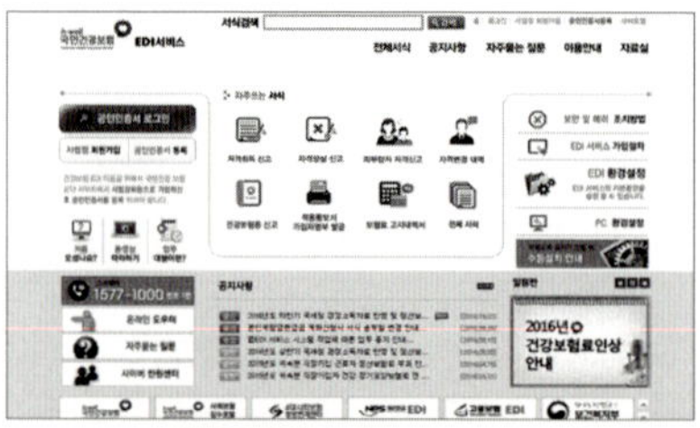

• 사회보험 통합징수 포털 (si4n.nhis.or.kr)
• 문의 : 1577-1000

[그림 6-3] 4대사회보험 업무처리 문의처

3. 창업기업의 세금혜택 및 절세방법

이 절에서는 창업기업의 세금혜택 및 절세방법에 대해서 살펴보기로 한다.

1) 법인세, 소득세 5년간 감면

수도권 과밀억제권역[1] 외의 지역에서 창업하는 중소기업으로서 제조업, 광업, 부가통신업, 연구 및 개발업, 과학 · 기술서비스업, 전문디자인업, 방송업, 엔지니어링사업, 정보처리 및 컴퓨터운용 관련업, 물류산업을 영위하는 기업을 말한다.

창업 후 최초로 소득이 발생한 연도(사업개시 후 5년이 되는 날까지 소득이 발생하지 않는 경우 5년이 되는 날이 속하는 과세연도)와 그 후 4년간 법인세 또는 소득세의 50%를 감면한다. 다만, 창업벤처중소기업인 경우에는 창업 후 3년 내 벤처기업으로 확인받은 날 이후 최초로 소득이 발생한 과세연도(벤처기업으로 확인받은 날부터 5년이 되는 날이 속하는 과세연도까지 당해 사업에서 소득이 발생하지 아니하는 경우에는 5년이 되는 날이 속하는 과세연도)와 그 다음 과세연도의 개시일부터 4년 이내에 종료하는 과세연도까지 당해 사업에서 발생한 소득에 대한 법인세 또는 소득세의 50%를 감면한다.

---

1) • 서울특별시, 인천광역시(강화군, 옹진군, 서구 대곡동, 불로동, 마전동, 금곡동, 오류동, 왕길동, 당하동, 원당동, 인천경제자유구역 및 남동 국가산업단지 제외)
- 의정부시, 구리시, 남양주시(호평동, 평내동, 금곡동, 일패동, 이패동, 삼패동, 가운동, 수석동, 지금동 및 도농동에 한함), 하남시, 고양시, 수원시, 성남시, 안양시, 부천시, 광명시, 과천시, 의왕시, 군포시, 시흥시(반월특수지역 제외)

2) 지방세의 감면

지방세의 감면에 대한 설명은 〈표 6-11〉과 같다.

〈표 6-11〉 지방세의 감면

구분	감면대상	취득세 감면이 추징되는 경우
지방소득세	• 법인세와 소득세의 감면대상과 같음	• 취득일부터 2년 이내에 당해 재산을 정당한 사유 없이 당해 사업에 직접 사용하지 아니하거나 다른 목적으로 사용, 처분(임대 포함)하는 경우 • 정당한 사유 없이 최초 사용일부터 2년간 당해 사업에 직접 사용하지 아니하거나 처분하는 경우
취득세	• 창업일(벤처기업확인일)부터 4년 이내에 취득하는 사업용 재산에 대한 취득세의 75%	
등록면허세	• 창업중소기업의 법인설립등기와 창업일부터 4년 이내 증자 시 등록면허세 면제 • 창업 중에 벤처기업으로 확인받은 중소기업이 그 확인을 받은 날부터 1년 이내에 행하는 법인설립의 등기	
재산세	• 당해 사업에 직접 사용하는 사업용 재산 (건축물 부속토지의 경우에는 공장입지기준 면적 이내 또는 용도지역 적용배율 이내의 부분에 한함) → 창업일(벤처기업 확인일)부터 5년간 재산세의 100분의 50에 상당하는 세액을 감면	
대상기업	• 2016년 12월 31일까지 수도권 과밀억제권역 외의 지역에서 창업한 중소기업 • 2016년 12월 31일까지 창업 후 3년 이내에 벤처기업으로 확인받은 기업	

3) 창업기업에 투자하는 경우 소득공제 혜택

창업중소기업이나 벤처기업에 투자한 경우 투자자에 대한 세금혜택도 있다. 투자금액의 10%를 2년 내에 종합소득금액에서 공제해 준다.

4) 창업자금 증여시 5억원 공제, 10% 세율 적용

창업자금을 가족이나 지인 등으로부터 증여받은 경우에는 증여세에도 혜택을 준다. 창업자금에서 5억원을 공제하고, 세율도 최저 10%에서 최고 50%인 증여세율 중 가장 낮은 10% 세율을 적용해 준다. 예를 들어, 부모로부터 창업자금 10억원을 증여받았다면 5억원을 공제한 후 남은 5억원에 대해 10% 세율로 세금을 내면 된다. 창업자금이 아닌 단순증여액 10억원의 증여세율은 30%이고, 5억원의 증여세율도 20%이므로 세금부담이 크게 낮아진다. 이와 같이 세금혜택이 적용되는 경우가 많으므로 창업자는 필요시 전문가의 자문을 받을 수 있는 체계를 구축할 필요가 있다.

5) 창업자금의 절세방법

(1) 절세방법

- 투명한 회계처리 : 최대한 기업경영과 회계를 투명하게 한다.
- 증빙서류의 비치 : 주차료, 통행료, 식대 등 사소한 지출에 대해서도 증빙을 철저하게 수취하여 처리한다.
- 세법상 의무이행 : 접대비의 한도 내 사용, 신용카드의 사용, 각종 세무신고기한의 준수, 세금의 적기 납부 등을 지킨다.
- 지원제도의 효율적 활용 : 벤처기업의 인증, 기업부설연구소 또는 연구개발 전담부서의 설치, 투자세액공제 등 중소기업 조세감면제도를 적극적으로 활용한다.

이와 같이 무조건 세금을 적게 내려는 의식을 버리고 합리적인 경영과 세법 숙지를 통한 절세방법을 확인하고 시행하도록 한다.

(2) 세무전문가를 통한 신고기간 및 오류방지

세무전문가(세무사)의 도움이 없어도 관리는 가능하겠지만, 도움을 받는 것이 좋다. 세무전문가의 협조를 받으면 신고오류를 방지할 수 있다. 최근 국세청의 전산시스템의 개선으로 사업자별로 지금까지의 신고추세, 신고소득에 대비하여 부동산 등 재산취득상황은 어떠한지, 동종업계에 비하여 부가가치율 및 신용카드 매출비율은 어떠한지, 신고내용과 세금계산서 합계표의 내용들을 종합적으로 분석하고 있다.

(3) 공제가 가능한 부분을 적극 활용

유형에 따른 세액공제 여부는 〈표 6-12〉와 같다.

〈표 6-12〉 유형에 따른 세액공제 여부

유형	공제 여부	내용
컴퓨터, TV, 냉장고 등 집기	가능	사회적 통념 범위 내에서 가능
직원 식비 및 회식비용	가능	사업자번호를 제시하고 세금계산서 수취 시 가능
택시요금, 철도 및 항공권 구입	불가능	여객운송업종은 공제 불가
주차비	부분적 가능	직원 출퇴근차량용(불가), 고객 또는 거래처 방문 (세금계산서 수취 시)
직장 체력단련비 등	가능	개인 여가가 아닌 직원복지 차원인 경우 가능

일반적으로 매입세액 공제가 안 되는 항목은 다음과 같다.

- 사업과 직접적인 관련이 없는 지출
- 비영업용 자동차의 구입과 임차 및 유지에 관한 지출
- 접대비 및 이와 유사한 비용의 지출
- 일반과세자가 아닌 사업자에게의 지출
- 간이과세자(매출액 4,800만원 미만)에게서 받은 카드영수증 공제 불가
- 비영리, 면세사업자로부터 받은 카드영수증 공제 불가
- 휴・폐업사업자로부터 받은 카드영수증 공제 불가

또한, 세법상 접대비 한도는 기본금액과 수입금액별 한도를 합하여 산정하는데 계산은 기본금액+수입금액기준이며, 기본금액은 1,200백만원이다.

- 기본금액=1,200백만원(중소기업은 1,800백만원)×과세기간 월수/12
- 수입금액기준=(수입금액×적용률)+특수관계자의 거래에서 발생한 수입금액×적용률×20%
- 수입금액에 따른 적용률

수입금액	적용률
100억원 이하	20/10,000
100억원 초과~500억원 이하	2,000만원+100억원 초과금액의 10/10,000
500억원 초과	6,000만원+500억원 초과 금액의 3/10,000

접대비는 단순비용으로만 처리되는 반면, 판매부대비용(판매와 관련된 부대비용)으로 처리된다면 해당 항목의 부가세에 대해서 매입세액을 환급받을 수 있다. 이와 같이 세무에서 가장 중요한 점은 적격증빙이다. 사업소득이 있는 자가 사업과 관련하여 사업자로부터 재화 또는 용역을 공급받고, 그 대가를 지출하는 경우 다음에 해당하는 증빙서류를 수취하여야 한다. 증빙서류는 세금계산서, 계산서, 신용카드전표, 현금영수증, 직불카드 등이며, 3만원 이하의 거래 시에는 간이영수증을 수취해야 한다.

(4) 부가가치세의 절세 기본 지식

- 세금계산서를 정확하게 주고받는다. 필요한 기재사항을 기재하지 않거나, 사실과 다른 세금계산서를 주고받은 경우에는 가산세가 부과되며 매입세액을 공제받을 수 없다.
- 정상사업자의 여부를 확인한다. 세금계산서의 발행자와 물건을 판 사람이 일치하는지의 여부, 세금계산서를 발행할 수 있는 정상 사업자인지를 확인한다(폐업자, 간이과세자는 세금계산서를 발행할 수 없다).
- 매출누락의 발생을 억제한다. 매출누락을 하게 되면 불이익을 받을 수 있다.
- 세금계산서가 발행되지 않을 경우 신용카드매출전표나 현금영수증을 교부받으면 매입세액공제를 받을 수 있다.
- 공급자가 세금계산서를 발행해 주지 않을 경우에는 매입자 발행 세금계산서제도를 활용할 수 있다. 거래시기 이후 15일 이내에 거래사실 확인신청서에 거래사실에 관한 증빙서류를 첨부하여 관할 세무서장에게 신청하고, 공급대가가 10만원 이상 500만원 이하로서 월별로 2건 이내에 한한다.
- 거래처의 부도로 대금을 받지 못할 경우에는 재화 또는 용역을 공급한 날로부터 5년이 경과되는 날이 속하는 과세기간의 확정신고기간까지 대손이 확정된 것은 대손세액공제를 받는다.

- 임차건물의 경우에는 전기사용자 명의를 변경하거나 임대인으로부터 세금계산서를 교부받는다.
- 세금 낼 돈이 없는 경우에도 부가가치세 신고는 반드시 이행하여 매입세액의 불공제와 신고불성실 가산세 부과를 받지 않는다.
- 구매시기를 조정한다. 6월 말과 12월 말에 대량구매를 하는 경우에는 부가가치율이 낮아지는 등 불성실신고자로 조사대상이 될 수 있다.
- 매입세액이 불공제되는 사항을 정확하게 알고 대처한다. 매입처별 세금계산서합계표를 제출하지 않거나 부실기재한 경우, 세금계산서를 수취하지 않거나 부실기재한 경우, 사업과 관련이 없는 지출에 대한 매입세액, 비영업용 승용차의 구입 및 유지에 대한 매입세액, 접대비와 이와 유사한 지출에 대한 매입세액, 면세사업 및 토지와 관련된 매입세액, 사업자등록 전 매입세액 등이 있다.
- 사업의 양도 시 재화의 공급으로 보지 않는 포괄양수도를 한다.
- 수출하는 경우에는 영세율신고 첨부서류를 반드시 제출한다.
- 면세사업자가 수출을 하는 경우에는 면세 포기를 하면 매입세액을 환급받을 수 있다.(면세포기신고서의 제출)

(5) 소득세의 절세 기본지식

- 장부의 기장을 철저히 한다. 이월결손금의 공제, 복식기장의무자의 가산세 배제, 간편장부의무자의 세액공제 혜택 등이 있다.
- 거래처가 의심스러우면 거래근거를 확실히 한다. 금융기관을 통해 대금을 지급하거나 사업자등록증의 사본, 수표 사본, 거래명세서에 운송사업자의 인적사항 및 차량번호 등을 기록한다.
- 기장을 하지 못했을 경우에는 증빙서류를 철저히 구비한다. 기준경비율 대상자의 경우에는 혜택이 가능하다.
- 부가가치세가 불공제되는 경우에는 부당한 거래 또는 제출하지 않아 공제를 받지 못하는 경우를 제외하고는 비용처리가 가능하다.
- 복식부기의무자는 사업용 계좌를 사용한다. 사업용 계좌를 사용하지 않은 금액의 0.5% 사업용 계좌를 신고하지 않은 때에는 0.5%에 해당하는 가산세를 부담한다.

- 충당금 규정을 활용한다. 충당금은 납세의무자가 계상하는 경우에만 필요경비로 인정받을 수 있다.(퇴직급여충당금, 대손충당금 등)
- 사업실적이 부진한 경우에는 중간예납추계액 신고를 한다. 중간예납추계액이 기준액의 30%에 미달하는 경우에는 11월 1일부터 11월 30일까지 중간예납추계액 신고를 할 수 있다.
- 소득세 납부세액이 1,000만원을 초과할 경우에는 2개월 이내에 분납한다. 1,000만원을 초과하는 경우 1,000만원을 초과하는 금액을 분납, 2,000만원을 초과하는 경우 납부세액의 1/2 이내의 금액이다.
- 근로소득, 인적용역소득, 기타소득을 지급하는 경우 원천징수를 철저하게 한다. 직전 사업연도 상시고용인원이 10인 이하인 사업자는 반기별 납부제도를 활용한다.

(6) 법인세의 절세 기본지식

- 가지급금 및 가수금의 발생을 억제한다. 가지급금에 대한 인정이자를 부담해야 하고, 가수금－매출누락이나 다른 수입금액의 변칙처리로 의심받을 수 있다.
- 특수관계자에 대한 처리를 명확히 한다. 정당하지 않게 특수관계자에게 유리한 거래가 발생할 경우 부당한 거래로 인정되어 무거운 세금을 부담하게 된다.
- 기업부설연구소를 통한 연구개발비의 처리는 연구개발비 지출액에 대한 일정액의 세액공제를 받을 수 있다.
- 조세감면제도를 적극적으로 활용한다. 창업중소기업에 대한 조세감면, 중소기업 특별감면세액의 활용, 기타 조세감면제도 등을 활용한다.

Entrepreneurship Role Model ⑥	**벤처는 어드벤처! 모험하라** 한국맥널티(주) 이은정 대표

한국맥널티는 20년간 국내 원두커피 산업 발전을 이끈 국내 커피업체 최초 코스닥 상장기업이다. 현재는 제약사업과 건강식품분야까지 새롭게 도약하며 Total Health-care 회사로의 발전을 지향하고 있다.

한국맥널티(www.mcnultykorea.co.kr) 메인화면

자세히 보라, 소비자가 무엇을 원하는지

처음에는 자본이 많지 않았기 때문에 커피숍 규모도 작았다. 프렌차이즈로 운영했고 자신의 점포는 교육장 용도로 사용했다. 지점이 늘어가면 그 자금을 가지고 직영점을 오픈하는 형식으로 확장해 나갔다. 사업은 번창했다. 커피전문점이 성행하는 지금의 큰 커피점 매출보다 그때 맥널티 한 개 지점의 매출이 더 많을 정도였다. '앞으로 커피가 잘 되겠구나' 하는 감이 왔다.

또 그즈음 커피메이커가 신혼부부의 혼수품이나 집들이 선물로 인기를 끄는 것을 보고 소위 말하는 '촉'이 왔다. 장비가 있으면 집에서도 원두커피를 마실 것이다. "그래, 원두다!" 이은정 대표는 즉시 원두유통업에 뛰어들었다.

당시 판매 중인 원두커피는 대부분 수입이었고, 판매처도 백화점뿐이었다. 심지어 원두는 사치품으로 분류되어 특소세까지 붙었다. 그 시장에 뛰어들어 승산이 있을까?

"기업인들은 어떤 사물을 볼 때, 자세히 봐야 합니다. '왜 아직 한국 소비자들이 원두커피를 잘 안 마실까? 이 가격이면 소비자가 구입할까?' 이런 저런 질문들을 던지면서 전략을 짜야 합니다."

다각도의 검토와 연구 끝에 새로운 방식을 고안했다. 해외에서 들여오되 만들어진 제품을 수입하는 것이 아니라 주문생산을 하기로 한 것이다. 덕분에 한국에 맞는 가격, 한국 소비자의 취향에 맞는 원두를 판매할 수 있었다.

한국맥널티의 제품에는 '최초' 도입한 아이디어들이 많다. 지금은 모든 커피 회사가 도입하고 있는 지퍼백형 포장법도 한국맥널티가 최초로 고안했다. 분쇄한 원두의 향을 오래 지키고 싶어 하는 소비자의 요구에서 얻은 답이었다. 기구가 없어도 원두커피를 즐기고 싶어 하는 소비자를 위해 컵 윗부분에 다리 형태의 종이 지지대를 걸쳐 놓고 물을 따르는 '드립백'도 개발했다. 드립을 귀찮아하는 소비자도 있다는 데 착안해 커피농축액도 고안했다. 이처럼 이 대표는 항상 소비자로부터 답을 찾는다. 소비자를 자세히 보면 가야 할 방향이 보이는 법이다.

과감한 도전, 보수적 경영

1997년 외환위기의 파도를 이은정 대표도 피해갈 수 없었다. 그러나 그는 이 위기를 적극적으로 돌파해 나갔다. 환율이 오르자 원두를 수입하던 회사들의 95% 이상이 문을 닫았다. 이때 이은정 대표는 제조업에 도전했다. 고환율 탓에 커피 원두를 100% 수입하는 방식으로는 회사를 운영할 수 없었다. 그래서 생두를 직접 구입해 국내에서 로스팅하기로 한 것이다. 커피숍은 모두 정리했다. 회사는 법인 전환을 하고 천안에 1,900평에 달하는 생산 공장을 설립했다. 주변에서 걱정할 만큼 과감한 결정이었다.

처음에는 판매에 어려움을 겪었다. 커피숍에 원두를 납품하고 대금을 못 받는 일이 많았다. 커피는 값비싼 아이템이 아니라 50만원, 100만원 정도의 금액이었지만 수금하러 간 영업사원에게 "사장 오라고 해" 하며 버티는 업주들도 있었다. 여자 사장이라는 이유로 만만하게 대하는 것이었다. 이은정 대표는 또 다시 결단을 내렸다. 커피숍에 팔지 않기로 한 것이다.

"창업 때부터 세워둔 원칙이 있어요. 여성 기업인은 기업을 하다가 잘못되면 남성보다 더 어려울 것이라는 생각을 창업 시부터 생각했기 때문에 보수적으로 경영을 했습니다. 이렇게 비굴하게 돈을 벌어서는 안 되겠다 싶어서 직원들에게 '그럼 커피숍에 커피를 팔지 말자'고 했습니다. 그런 전환점이 있었기 때문에 마트나 새로운 시장에 대한 연구를 하게 되었죠."

1996년 우리나라가 본격적으로 유통시장을 개방하면서 '까르푸'를 비롯한 대형 할인점 시대가 열렸다. 이은정 대표는 차라리 소비자에게 직접 원두커피를 파는 게 낫겠다는 생각에 대형 할인점을 중심으로 물건을 납품했다. 아직 소비자들의 원두커피에 대한 인식이 부족했던 터라 시음회를 늘리고 포장도 내용물이 보이게끔 했다. 다양한 이벤트를 통한 원두커피 인식 확대에 노력했다. 이후 한국맥널티는 단 3개월 만에 원두커피 판매 1위에 올랐다.

>>> 용어정리

1. 부가가치세

상품(재화)의 거래나 서비스(용역)의 제공과정에서 얻어지는 부가가치(이윤)에 대하여 과세하는 세금

2. 원천징수(원천세)

소득금액 또는 수입금액을 지급하는 자(원천징수의무자)가 소득자에게 그 소득에 대한 세액을 차감한 잔액만을 지급하고 그 세액을 국가에 납부하는 제도

3. 소득세

일반적으로 소득을 과세대상으로 하는 조세를 말하며, 소득세는 소득이 귀속되는 주체에 따라 개인소득세와 법인소득세로 나누어짐

4. 법인세

법인의 소득금액 등을 과세표준으로 부과되는 세금, 국세에서 직접세, 광의의 소득세의 일종

5. 4대사회보험제도

국민에게 발생한 사회적 위험을 보험방식에 의하여 대처함으로써 국민의 건강과 소득을 보장하는 제도

단 원 학 습 문 제

1. 부가가치세에 대해서 설명하시오.

2. 부가가치세 면제 품목에 대해서 설명하시오.

3. 원천징수(원천세)에 대해서 설명하시오.

4. 소득세에 대해서 설명하시오.

5. 법인세에 대해서 설명하시오.

6. 4대사회보험제도에 대해서 설명하시오.

7. 4대사회보험 사업장 적용대상에 대해서 설명하시오.

8. 창업기업에 대한 세금혜택에 대해서 설명하시오.

9. 창업기업의 절세방법에 대해서 설명하시오.

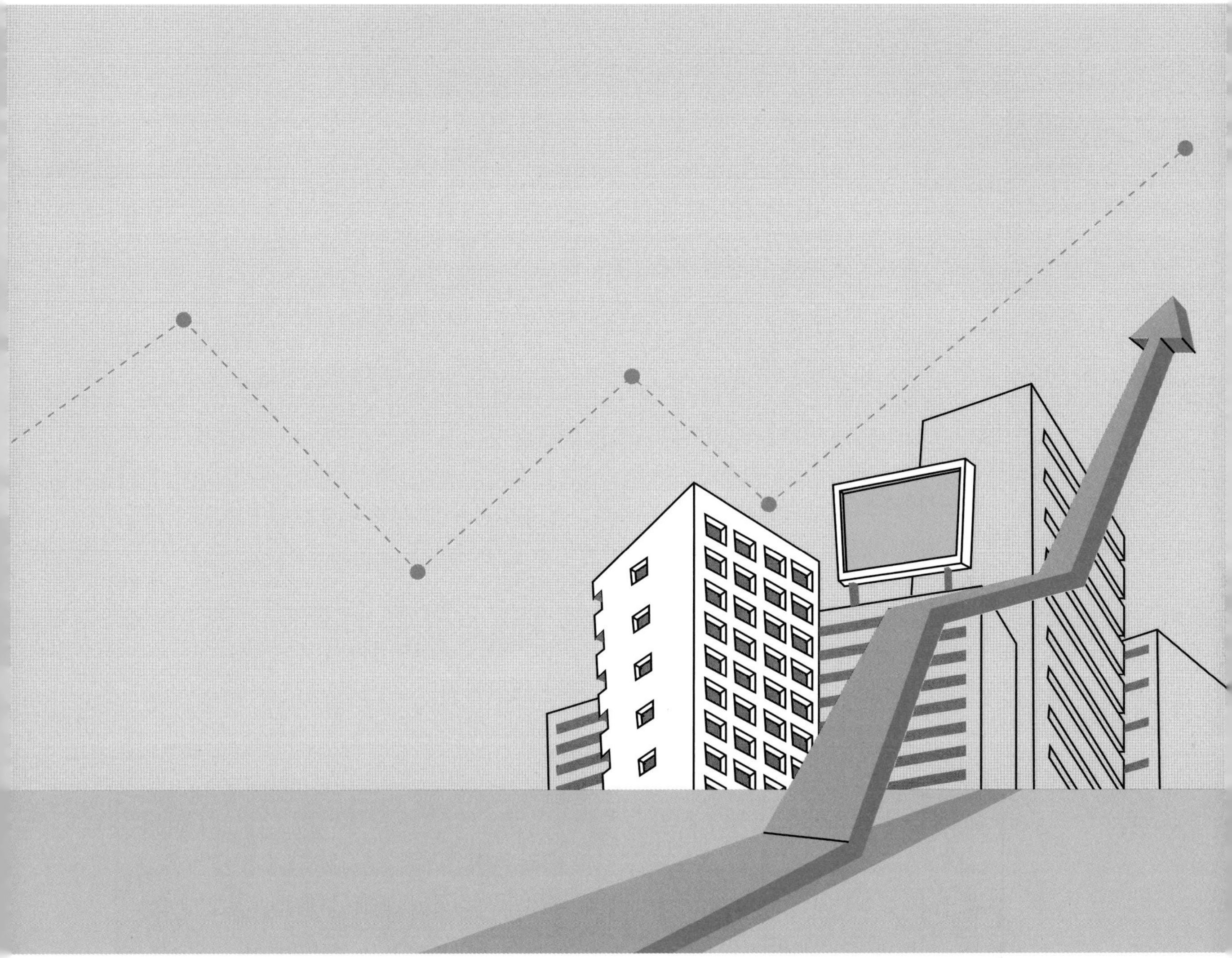

CHAPTER 7 아이디어 사업화 전략

1. 사업화를 추진하기 위한 5가지 핵심요소

2. 사업화 프로세스

학 / 습 / 목 / 표

사업화를 추진하기 위한 5가지 핵심요소로는 사업화 조직, 사업적 가능성, 사업모델, 기술적 가능성, 권리화를 들 수 있다. 또한, 효율적인 사업화를 추진하기 위해서는 1단계(사업기회 파악), 2단계(사업개발), 3단계(사업전개), 4단계(성과확산)를 거치게 된다.

이와 관련하여, 이 장에서는 효율적인 아이디어 사업화 전략에 대해서 학습하기로 한다.

단 / 원 / 키 / 워 / 드

사업화를 추진하기 위한 5가지 핵심요소, 사업화 조직, 사업적 가능성, 사업모델, 기술적 가능성, 권리화, 사업화 프로세스, 사업기회 파악, 사업개발, 사업전개, 성과확산

CHAPTER 07

아이디어 사업화 전략

1. 사업화를 추진하기 위한 5가지 핵심요소

사업화를 추진하기 위한 핵심요소로는 사업화 조직, 사업적 가능성, 사업모델, 기술적 가능성, 권리화를 들 수 있다. [그림 7-1]은 사업화를 추진하기 위한 5가지 핵심요소를 나타낸 것이다.

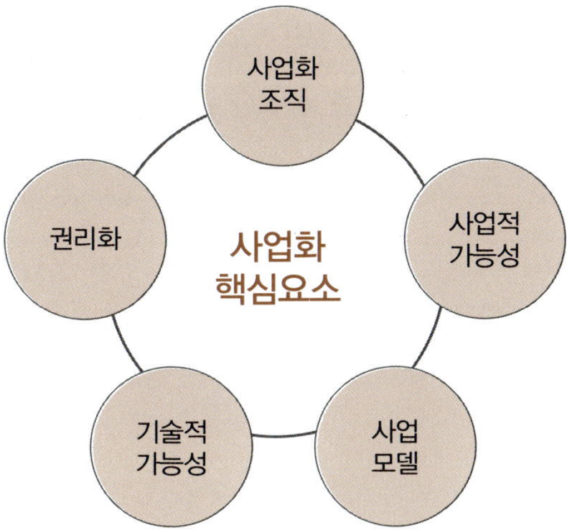

[그림 7-1] 사업화를 추진하기 위한 5가지 핵심요소

- 사업화 조직

기술사업화를 위해서는 우선 이를 추진할 조직이 구성되어야 하는데, 이 중 가장 중요한 구성원은 사업을 중추적으로 추진할 사업화 추진팀장이다. 또한, 사업화 추진팀장을 중심으로 팀원들이 필요하며, 이 외에 이들의 활동을 지원해줄 수 있는 후원자를 확보하는 것도 매우 중요하다. 팀원들만으로 사업화를 추진하기 어려울 경우에는 외부 조직을 활용할 필요가 있다.

■ 사업적 가능성

해당 아이템에 대한 사업적 가능성을 확인해볼 필요가 있는데, 이를 위해서는 잠재 고객을 정의하고, 시장으로 진입하기 위한 채널을 확인해야 하며, 경제적인 가능성 및 사업가치 등을 심층적으로 고려해 보아야 한다.

■ 사업모델

사업적 가능성이 있는 여러 대안 중에서 최종적으로 선정한 사업아이템에 대해 구체적인 사업모델을 설정하고, 사업화에 필요한 기술이 경제성을 유지할 수 있는지를 확인해 볼 필요가 있다. 또한, 해당 시장을 분석하고, 사업과 관련된 라이선스 여부도 확인해 보아야 하며, 자금조달 및 현금흐름(Cash Flow)을 포함한 재무분석도 필요하다.

■ 기술적 가능성

해당 기술의 명세를 작성한 후, 이 기술이 실용적 목적에 부합하는지의 여부와 프로토타입(Prototype)을 통해 기술이 제대로 구동될 수 있는지도 확인하여야 한다. 또한, 이 기술로 구현될 제품의 원가를 분석해 보고, 사업화에 필요한 인프라와의 적합성도 따져 볼 필요가 있다.

■ 권리화

해당 기술과 관련된 특허들의 위치와 권리청구범위(Claim)를 파악하고 이들에 대한 진입장벽 및 영업비밀(Trade Secrets)도 검토해 볼 필요가 있다.

2. 사업화 프로세스

사업화 프로세스는 1단계 사업기회 파악, 2단계 사업개발, 3단계 사업전개, 4단계 성과확산 등으로 이루어진다. [그림 7-2]는 단계별 사업화 프로세스를 나타낸 것이다.

1단계 사업기회 파악	2단계 사업개발	3단계 사업전개	4단계 성과확산
• 관련시장 파악 • 기술역량 확인 • 사업아이템 도출 • 잠재시장 규정 • 잠재적 사업모델 규정 • 최적의 사업아이템 선정	• 필요기술에 집중 • 수익성 확인 • 제품수용 테스트 • 제품조정 • 사업가치 파악 • 제품확정 • 목표시장 결정 • 제품 NABC 작성 • 업무확정 및 수행 • 사업개발팀장 선정 및 확보 • 팀 가동 • 협력자 확보 • 핵심인력 추가 • 사업계획 준비	• 시장전개 현황 모니터링 • 보완요소 개발 • 시장개발 계획 수행 • 자금확보 • 사업모델 구축 • 파트너협력 추가 • 제품인력 추가 • 지원인력 추가 • 지원인프라 투자 • 사업운영	• 새로운 사업기회 발굴 • 새로운 역량 추가 • 새로운 사업개발 계획 창출

[그림 7-2] 단계별 사업화 프로세스

1) 1단계 : 사업기회 파악

■ 관련시장 파악

- 해당 기술에 대한 전반적인 시장규모를 분석한다.
- 시장을 세분화하되, 각 세그먼트별로 고객, 경쟁자 규모 등을 파악한다.
- 관련 기술의 추이를 파악한다.

■ 기술역량 확인

- 개발된 기술이나 특정 툴과 같이 현재 보유하고 있는 역량을 파악한다.

■ 사업아이템 도출

- 사업아이템별로 평가를 실시한다.
- 사업성과나 사업가치 등과 같은 평가기준을 설정한다.

■ 잠재시장 규정

- 시장의 니즈를 파악하고, 잠재시장의 범위를 좁힌다.

• 시장선정의 기준을 마련하여 잠재시장을 선별한다.
• 해당 기술에 대한 실현가능성이 높을 것으로 판단되는 1~2개의 목표시장을 선택한다.

■ 잠재적 사업모델 규정
• 여러 가지의 가능성에 대해 검토한다.
• 사업목적에 대해 각 모델별로 찬반양론을 평가한다.
• 하나의 사업모델, 또는 사업모델의 조합을 선택한다.

■ 최적의 사업아이템 선정
• 평가결과를 분석한다.
• 설정된 선정기준에 따라 최적의 사업아이템을 선정한다.

2) 2단계 : 사업개발

■ 필요기술에 집중
• 기술역량을 사업아이템 및 제품과 연계한다.
• 기술역량을 정의하고, 담당자를 선정한다.
• 기술역량 담당자와 업무계획을 수립한다.

■ 수익성 확인
• 기술사업화의 성과를 평가할 담당자를 결정한다.
• 분석한 사업성과를 상세히 기록한다.

■ 제품수용 테스트
• 신제품의 성능 및 이점에 대해 시장 관련자들의 의견을 수렴한다.
• 시장 관련자들이 신제품에 대해 관심을 갖는지를 파악한다.

■ 제품조정
• 사업개발자나 사업부 등의 관점에 따라 제품을 수정한다.
• 불확실성이 클 경우에는 사업아이템에 대해 재점검한다.

■ 사업가치 파악

- 사업가치 창출의 가능성을 파악하기 위해 재무적인 분석을 실시한다.
- 제품 · 시장 테스트와 고객 반응에 대한 결과를 종합한다.
- 예상되는 자금과 소요자원을 추가로 고려한다.

■ 제품확정

- 최종적인 제품을 서술한다.
- 그 동안의 조사, 분석을 통해 파악된 결과를 상세히 기록한다.

■ 목표시장 결정

- 시장에 대해 파악한 결과를 검토한다.
- 목표시장에 대한 선정기준을 마련하고, 1~2개의 목표시장을 선정한다.

■ 제품 NABC 작성

- 시장의 Needs, Approach, Benefits, Competition을 정의한다.
- 어떻게 시장 Needs를 만족시키고 Benefits을 제공할 것인지를 구체화한다.

■ 업무확정 및 수행

- 가치제안(Value Proposition)을 실시한다.
- 출시를 결정하고, 제품 · 서비스를 제공한다.

■ 사업개발팀장 선정 및 확보

- 평가표를 마련한다.
- 팀장에 대한 예비 목표 및 관련된 보상기준을 마련한다.
- 시장 지향적인 후보자들을 조사하고 접촉한다.
- 후보자들을 정한 후, 인터뷰를 통해 최종적으로 팀장을 결정한다.

■ 팀 가동

- 사업개발팀을 구성하고 가동한다.
- 성과를 평가하고, 경제적 가치를 구체화한다.
- 제공할 신제품을 검토해 보고, 필요시에는 제품기술에 적절한 수정을 진행한다.

■ 협력자 확보

- 시장진입의 포인트 및 핵심역량을 가진 협력자들을 파악한다.
- 선정된 시장에 가장 적합한 협력자들의 순위를 결정한다.
- 이들과의 협력에 따른 매출과 운영비용을 추정한다.

■ 핵심인력 추가

- 사업에 필요한 역량을 정의하고, 후보자들을 결정한 후 팀에 합류시킴
- 필요한 자원을 동원하기 위해 계약, 동업 등을 추진한다.

■ 사업계획 준비

- 최종적인 사업모델을 선택하고 확정(당초의 사업모델과 다를 수도 있음)한다.
- 시장진입 전략, 마케팅, 사업운영, 팀원 구성 등을 포함시킨다.
- 재무적인 분석을 포함시킨다.

3) 3단계 : 사업전개

■ 시장전개 현황 모니터링

- 간단한 모니터링시스템을 운영한다.
- 신기술, 신시장, 파트너 등과 같이 사업계획에 영향을 줄 수 있는 요소들의 동향을 파악한다.
- 가장 잠재력이 큰 시장에 대해 사업적 가능성을 타진한다.

■ 보완요소 개발

- 제품에 대한 브로슈어를 준비한다.
- 잠재고객을 대상으로 한 발표회나 설명회를 준비한다.

■ 시장개발 계획 수행

- 잠재고객을 A, B, C등급으로 설정한다.
- 1차 접촉대상 고객을 선정한다.
- A등급 고객을 대상으로 설명회를 실시한다.
- 고객의 반응을 검토하고, 필요시 제품을 수정한다.

■ 자금확보

- 목표시장에 진출하는 데 필요한 자금을 파악한다.
- 자본투자자들과의 네트워크를 구축한다.
- 파트너나 투자자들 대상으로 사업설명을 위한 핵심자료를 준비한다.
- 1차 자금조달을 위한 최종 사업계획서를 작성한다.

■ 사업모델 구출

- 선정된 사업모델을 추진하는 데 필요한 항목들을 도출한다.
- 기업 내부의 사업 프로세서와 관련 부서와의 합의를 도출한다.
- 파트너의 조직과 자원을 적절히 연계한다.

■ 파트너협력 추가

- 필요로 하는 자원을 파악한다.
- 잠재적인 파트너들과 그들의 자원을 파악한다.
- 가장 적합할 것으로 판단되는 3개 정도의 파트너들과 협의를 추진한다.
- 필요하다면, 파트너십이나 협력체제를 구축한다.

■ 제품인력 추가

- 선정된 시장세분화에 따라 필요한 인력을 결정한다.
- 후보자들을 검토한 후에 팀에 합류한다.

■ 지원인력 추가

- 선정된 사업계획에 따라 재무, 인사, 총무 등과 같은 필요한 지원인력을 결정한다.
- 후보자들을 검토한 후에 팀에 합류한다.

■ 지원인프라 투자

- 설비, 건물, 통신망 등과 같이 필요한 인프라를 파악한다.
- 건물 부지, 설비, 자재공급자 등을 결정한다.

■ 사업운영

- 사업계획을 실행한다.

• 성과를 파악하여, 필요시에는 사업전략이나 실행계획을 수정한다.

4) 4단계 : 성과확산

■ 새로운 사업기회 발굴

• 사업적 성공과 새로운 시장기회를 연계한다.
• 1~2개의 새로운 사업기회를 선택하고 평가한다.
• 새로운 사업기회에 필요한 역량과 현재의 보유역량을 연계한다.

■ 새로운 역량 추가

• 새로운 시장에 필요한 역량을 파악한다.
• 현재 보유역량과의 잠재적인 갭을 파악한다.
• 새로운 역량과 기존 역량을 통합한다.

■ 새로운 사업개발 계획 창출

• 2단계(사업개발) 프로세스를 수행한다.
• 현재의 사업계획 및 활동과 연계한다.

5) 단계별 사업화 프로세스

앞에서 설명한 사업화 핵심요소들을 파악하고 나면, 본격적인 사업화를 추진해야 하는데, 사업화는 [그림 7-3]과 같이 사업기회 파악, 사업개발, 사업전개, 성과확산의 4단계로 구분해 볼 수 있다.

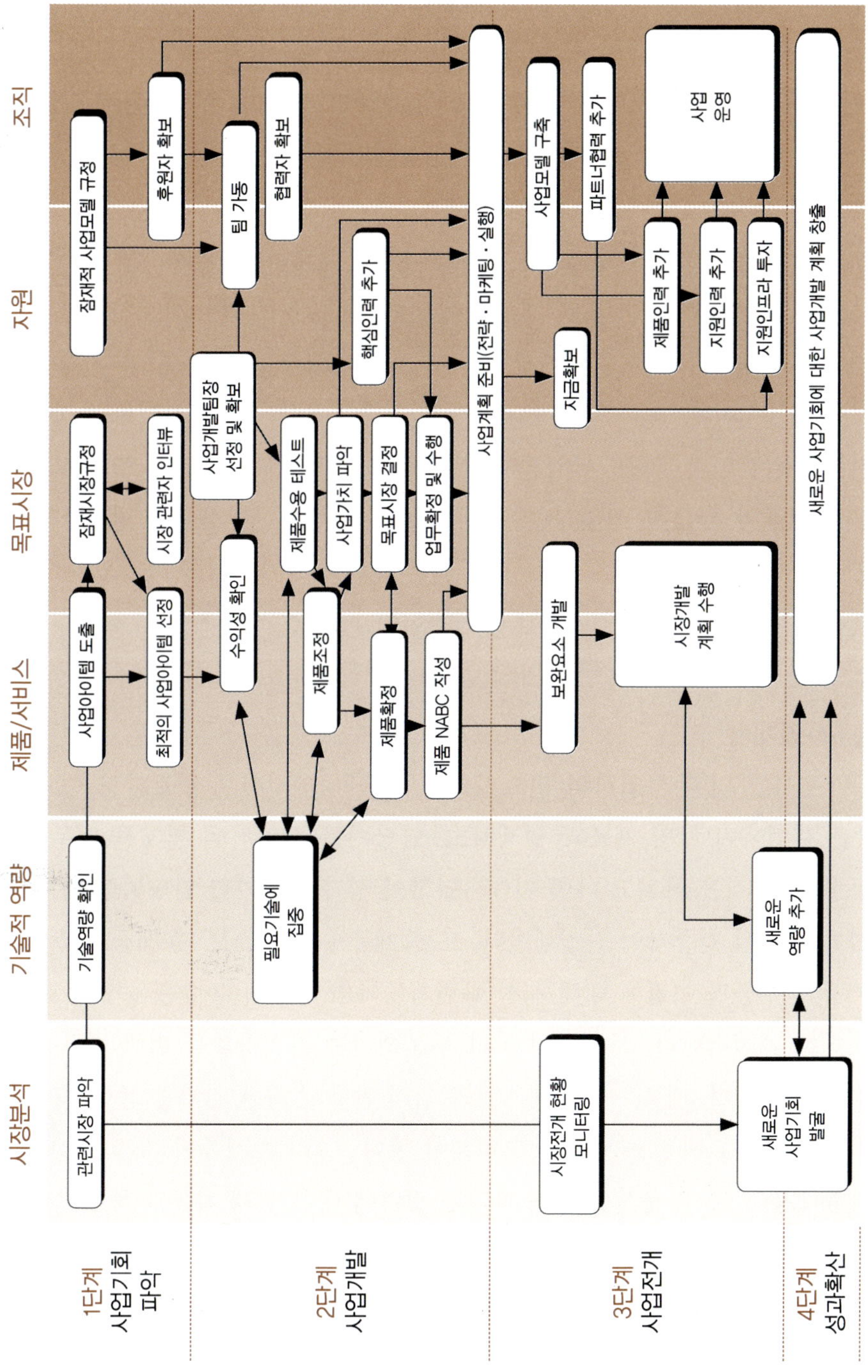

[그림 7-3] 단계별 사업화 프로세스

(1) 1단계 : 사업기회 파악

사업기회 파악에서 가장 우선적으로 추진해야 하는 사항은 해당 기술에 대한 전반적인 시장규모를 예측하는 것이다. 시장을 세분화하되, 각 세그먼트별로 고객, 경쟁자 규모, 관련 기술의 추이를 파악해야 한다. 또한, 개발된 기술이나 특정 툴과 같이 현재 보유하고 있는 역량을 이해하고, 사업아이템별로 평가를 실시하여 사업성과나 사업가치 등과 같은 평가기준을 설정할 필요가 있다.

잠재적 시장과 사업모델을 규정하는 문제도 매우 중요하다. 잠재시장을 규정하는 데 있어 시장의 니즈를 이해하고, 잠재시장의 범위를 좁혀야 하며, 시장선정의 특정기준을 마련하여 잠재시장을 적절히 선별해 나가는 것이 요구된다. 이를 통해 해당 기술에 대한 실현가능성이 높을 것으로 판단되는 1～2개의 목표시장을 선택하여 잠재시장의 접근가능성을 높인다. 또한, 사업모델 규정에서는 하나의 사업모델, 또는 사업모델의 조합을 선택해야 하는데, 사업목적에 따라 각 모델별로 찬반양론을 평가하고 여러 가지 가능성에 대해 검토할 필요가 있다. 이러한 일련의 평가분석을 마치고 나면 설정된 선정기준에 따라 최적의 사업아이템을 선정하는 과정을 거친다.

(2) 2단계 : 사업개발

사업개발에서는 먼저 사업화의 필요기술에 집중하는 것이 무엇보다도 중요하다. 기술역량을 사업아이템 및 제품과 연계하고, 담당자를 선정하여 철저한 업무계획을 수립해야 한다. 이것을 마치고 나면 기술사업화의 성과를 평가할 담당자와 함께 사업성과에 따른 수익성 검증작업을 진행한다. 또한 제품수용 테스트 및 제품조정 과정을 거쳐 신제품의 성능과 이점에 대해 시장 관련자들과의 의견과 동향을 수렴하고, 사업아이템에 대해 재점검한다. 사업가치 파악 부문에서는 가치창출을 위한 재무적인 분석을 실시하여야 하며, 제품 · 시장 테스트와 고객 반응에 대한 결과를 종합하는 한편, 예상되는 자금과 소요자원을 추가로 고려해야 한다. 그리고 제품이 확정되었다면 최종적인 제품내용과 조사, 분석을 통해 파악된 결과에 대한 상세 기록과 목표시장에 대한 선정기준을 마련하고 실제로 1～2개의 시장을 선정해 둘 필요가 있다.

목표시장에 따른 제품 NABC(Needs, Approach, Benefits, Competition)를 정의하여, 어떻게 시장의 요구를 만족시키고 이익을 제공할 것인지를 구체화하는 부분도 간과할 수 없다. 더 나아가 실제 출시를 결정하고, 제품 · 서비스를 제공하는 것으로 업무를 확정지었다면, 사업개발팀장을 선정하고, 성과를 평가하고 경제적 가치를 구체화시켜 줄 수 있는 팀을 가동하도록 한다. 사업개발팀(사업단) 구축 외에도 시장진입의 포인트 및 핵심역량을 가진 협력자들을 파악하여, 이들과의 협력에 따른 매출과 운영비용을 추정하는 과정이 요구된다. 또한 핵심인력을 추가하여 팀에 합류시키고 계약, 협약 등을 추진 완료하였다면 최종적인 사업모델을 선택하고 확정하는 단계로 넘어가도록 한다.

(3) 3단계 : 사업전개

사업전개에서는 시장전개 현황을 모니터링하여 보완해야 할 요소들을 점검한 후 개발에 착수해야 한다. 신기술, 신시장, 파트너 등과 같이 사업계획에 영향을 줄 수 있는 요소들의 동향을 파악하여 가장 잠재력이 큰 시장에 대해 사업적 가능성을 타진하는 한편, 제품에 대한 홍보물을 마련하여 잠재고객을 대상으로 한 발표회나 설명회를 개최할 필요가 있다. 잠재고객에게 접근하는 방식에서는 A, B, C등급으로 고객을 설정하여 1차 접촉대상 고객을 구분하여 그들을 대상으로 설명회를 실시, 고객의 반응을 검토하도록 한다. 또한 목표시장에 진출하는 데 필요한 자금을 파악하고, 선정된 사업모델을 추진하는 데 필요한 항목들을 도출하여 관련 부서와 합의를 통해 적절한 사업안을 작성하도록 한다.

사업전개에서 필수적으로 수반되어야 하는 것은 지원인력과 인프라 구축이다. 먼저 잠재적인 파트너들과 그들의 자원을 파악하여 협력체계를 구축하고, 선정된 시장세분화에 따라 필요한 인력을 결정한다. 지원인력 추가에서는 선정된 사업계획에 따라 재무, 인사, 총무 등과 같은 필요한 지원인력을 결정하고, 지원 인프라 투자에서는 설비, 건물, 통신망 등과 같은 기초 인프라를 파악하고 건물 부지, 설비, 자재공급자 등을 결정한다. 사업운영에서는 사업화 성과를 파악하여, 필요시에는 사업전략이나 실행계획을 수정할 수 있도록 준비한다.

(4) 4단계 : 성과확산

성과확산에서는 기존의 사업역량을 토대로 새로운 사업기회와 사업역량, 그리고 사업개발계획을 창출한다. 1~2개의 새로운 사업기회를 선택하고 평가하여 새로운 사업기회에 필요한 역량과 현재의 보유역량을 연계하도록 한다. 새로운 시장에 필요한 역량을 파악하는 과정에서는 현재 보유역량과의 잠재적인 갭(Gap)을 확인하여 적절하게 통합시킬 필요가 있다. 그리고 이를 현재의 사업계획 및 활동에 적용시켜 향후 개발계획 창출에 미리 대비할 수 있도록 하는 것이 필요하다.

Skill up

사업모델 캔버스(Business Model Canvas)

일반적으로 창업 초기에는 다양한 배경을 가지고 있는 사람들이 참여하게 된다. 각자의 전공이 다르고 경험도 다르다. 당연히 수익을 창출하는 방법에 대해서도 의견이 다를 수 있고 커뮤니케이션의 어려움에 직면할 수도 있다. 따라서, 각 구성원들이 사업모델 구성요소와 각 구성요소가 어떻게 유기적으로 연계되어 차별화된 가치를 생산하고, 고객에게 편익을 제공할 수 있으며, 수익을 창출할 수 있는지를 쉽게 모델링할 수 있는 도구가 필요하다.

이와 관련하여, 사업모델 캔버스는 사업모델을 구성하는 핵심요인을 9가지로 표현하기 때문에 '나인 캔버스(9 Canvas)' 또는 '나인 빌딩 블록(The 9 Building Blocks)'으로 불린다. 나인 캔버스는 오스터왈더(Osterwalder)의 박사학위 논문에서 탄생한 개념으로, 8년에 걸쳐 다양한 전문가로부터 피드백을 받아 완성되어 오늘날 사업모델의 모델링 도구로 가장 널리 사용되고 있다.

[그림 7-4]와 같이 사업모델 캔버스의 9가지 핵심요소는 가치제안, 고객관계, 타깃 고객, 수익모델, 유통 · 채널, 핵심자원, 비용구조, 핵심파트너, 핵심활동으로 구성되어 있다. 이와 같은 9가지 핵심요소들을 순서대로 파악하고 각 핵심요소 간의 연계성을 정의하면 사업모델을 체계적으로 수립할 수 있다.

나인 캔버스 작성은 한 번에 끝나는 것이 아니고, 나인 캔버스를 벽에 붙여 놓고 포스트잇 등을 활용해서, 각 블록별로 토론을 통해 아이디어를 수집해서 정리하고, 다시 현장조사를 통해 수정하는 등 일련의 과정을 거쳐 최종적으로 완성된다.

출처 : 알렉산더 오스터왈더 외 (2011). 비즈니스모델의 탄생. 유효상 역. 타임비즈.

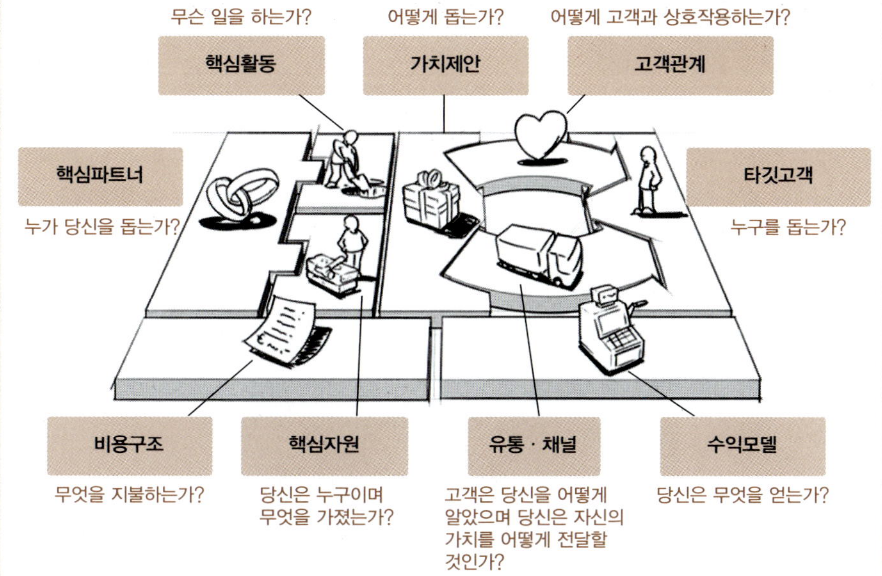

[그림 7-4] 사업모델 캔버스의 9가지 핵심요소

출처 : (재)한국청년기업가정신재단 (2015). 손에 잡히는 기업가정신.

Entrepreneurship Role Model ⑦	**성공의 경험을 공유해 후배를 기르라** (주)슈프리마에이치큐 이재원 대표

슈프리마에이치큐는 융합보안 및 ID 솔루션 전문기업으로 정부중심의 공공부문 사업을 담당하는 ID 솔루션 사업과 정보 보안과 물리 보안의 형태를 융합하여 영상감시 및 출입통제 시스템 사업을 담당하는 융합보안 솔루션 사업을 운영하고 있다.

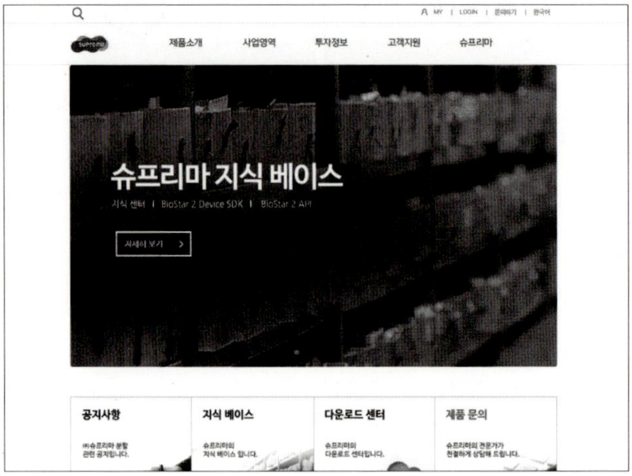

슈프리마에이치큐(www.supremainc.com) 메인화면

내가 하고 싶은 것을 열정적으로 하자

제어계측공학을 전공한 이재원 대표는 대학원 졸업 후 삼성전자에 입사했다. 삼성그룹이 자동차사업을 새로운 성장동력으로 삼고 대규모 투자를 하던 그 시절, 이 대표는 지능형 차량시스템 연구를 맡아서 열정적으로 일했다. 연구결과도 잘 나왔다. 그러나 그 시간은 짧았다. 입사 후 얼마 안 돼 외환위기가 터졌고 삼성그룹은 자동차사업을 철수했다. 이 대표는 하루아침에 연구를 중단해야 했고, 낯설기만 한 의료용 연구, 나노시스템 연구 쪽으로 배치됐다.

'아! 이것이 대기업이구나' 하고 느꼈다. 열정도 마음대로 쏟을 수 없는 곳. 어쩌면 이때의 절망감이 지금 '사람'을 중시하는 경영철학의 바탕이 되었을지 모른다. 사람이 소모품이 아니라 하나하나의 중심으로 제 역할을 할 수 있게 하는 기업이 필요했다.

2000년 이재원 대표는 대학원 동료 5명과 '슈프리마'를 설립했다. '내가 하고 싶은 것을 내가 한 번 해보자!' 하는 마음이 동력이 되었다.

벤처기업이라는 것조차 생소하던 1990년대, 당시 이재원 대표의 지도교수는 이런 말을 했다. "대기업에는 절대 가지 말라. 왜 재벌 좋은 일을 하느냐. 특히 서울대까지 와서 공부를 했으면 나라의 도움을 받은 것인데, 그러면 나라에 기여를 해야 한다. 대기업도 기여하는 방법이겠지만, 벤처를 창업해서 기여를 하거나 아니면 학문에 힘을 써서 후학을 양성하라."

그리고 그 지도교수는 실제로 산업체와 연관된 프로젝트도 많이 진행했다. 창업을 할 때 그때의 경험과 교수님의 말씀이 큰 도움이 되었다.

길이 없으면 길을 내며 걸으라

"정해진 길이 없다는 것이 가장 힘들었죠. 저희는 완전히 새로운 분야였거든요. 원래 있는 산업의 경우에는 선발업체들도 있고 여러 가지 노하우도 있을 텐데, 저희는 그런 것도 없었어요. 저 자신도 사업 경험이 한 번도 없었고요. 그런 상황에서 새로운 분야에 뛰어들어 어디가 길인지도 모르는 상태에서 가야 한다는 점이 가장 힘들었죠."

처음에는 대기업에서 하던 지능형 자동차 연구를 이어가려고 했다. 그런데 지문인식 관련 연구용역 의뢰가 들어왔고, 그것을 수행하면서 흥미를 느꼈다. 차선을 인식하는 자동주행시스템과 자문인식은 기본적인 영상처리기술 등에서 유사성이 많았다. 이 분야를 파고들면 1등이 될 거라는 예감이 왔다. 슈프리마는 창업 다음 해인 2001년에 지문인식시스템 개발을 본격적으로 시작했다.

아주 잠깐의 월급쟁이 경력 말고는 공학도로만 살아왔던 사람이 사업 일선에 섰으니 모든 것이 생소했다. 더구나 바이오인식 분야는 신생업종이라 모델로 삼을 만한 것도 없었다. 투자유치도 어려웠다. 제품생산은 했지만 6개월 정도 영업해 봐도 성과가 없었다. 국내에서는 도저히 팔 수가 없다고 판단했다.

"나는 창업하면 안 되는 사람이었나? 이런 생각도 살짝 들었죠. 하지만 여기서 뽑아든 칼을 집어넣을 수는 없다고 생각하고, '국내가 안 되면 그럼 해외로 나가 보자'라고 생각했습니다. 경험도 없었지만 젊었기 때문에 가능했던 것 같습니다. '도전해 보자, 안 되면 말지'라는 생각으로 했는데, 의외로 국내보다 해외가 영업하기 쉬웠습니다."

국내 비즈니스에는 아직도 갑을 논란이 있다. 물건을 파는 사람은 을이다. 심지어 그 대상이 대기업이 되면 결제도 당연히 외상이고, 너무나 비참하고 힘든 상황들이 이어진다. 술 잘 마시고, 골프도 잘 치며, 접대도 잘해야 영업이 잘된다고 하던 시절이었는데, 연구만 하던 엔지니어 출신들이라 그런 것을 감당할 수 없었다.

그런데 외국을 상대로 한 비즈니스에는 그 모든 것들이 해당되지 않았다. 오로지 제품의 질과 성능만으로 평가받았다. 슈프리마는 현재 전 세계 130개국에 1,000여개의 고객사를 두고 있다.

››› 용어정리

1. 사업모델

사업아이디어를 가지고 어느 시장에서, 누구에게, 어떤 가치를 어떤 방법으로 전달하고 어떻게 수익을 창출할 것인지에 대한 전반적인 방향과 방법

2. 기술적 가능성

해당 기술의 명세를 작성한 후, 이 기술이 실용적 목적에 부합하는지의 여부와 프로토타입(Prototype)을 통해 기술이 제대로 구동될 수 있는지의 여부

3. 권리화

해당 기술과 관련된 특허들의 위치와 권리청구범위(Claim)

4. 사업기회 파악단계

사업기회 파악단계에서는 관련시장 파악, 기술역량 확인, 사업아이템 도출, 잠재시장 규정, 잠재적 사업모델 규정, 최적의 사업아이템 선정 등이 필요

5. 사업개발단계

사업개발단계에서는 필요기술에 집중, 수익성 확인, 제품수용 테스트, 제품조정, 사업가치 파악, 제품확정, 목표시장 결정, 제품 NABC 작성, 업무확정 및 수행, 사업개발팀장 선정 및 확보, 팀 가동, 협력자 확보, 핵심인력 추가, 사업계획 준비 등이 필요

6. 사업전개단계

사업전개단계에서는 시장전개 현황 모니터링, 보완요소 개발, 시장개발 계획 수행, 자금확보, 사업모델 구축, 파트너협력 추가, 제품인력 추가, 지원인력 추가, 지원인프라 투자, 사업운영 등이 필요

7. 성과확산단계

성과확산단계에서는 새로운 사업기회 발굴, 새로운 역량 추가, 새로운 사업개발 계획 창출 등이 필요

8. NABC

Needs(요구), Approach(접근법), Benefit(이익), Competition(경쟁)의 첫머리 글자를 따온 것으로, 미국 실리콘밸리 등에서 기술기반 창업기업들이 시장진입에 성공할 수 있도록 지원하는 과정에서 탄생한 개념

단 원 학 습 문 제

1. 사업화를 추진하기 위한 5가지 핵심요소에 대해서 설명하시오.

2. 사업화 프로세스 1단계 : 사업기회 파악에 대해서 설명하시오.

3. 사업화 프로세스 2단계 : 사업개발에 대해서 설명하시오.

4. 사업화 프로세스 3단계 : 사업전개에 대해서 설명하시오.

5. 사업화 프로세스 4단계 : 성과확산에 대해서 설명하시오.

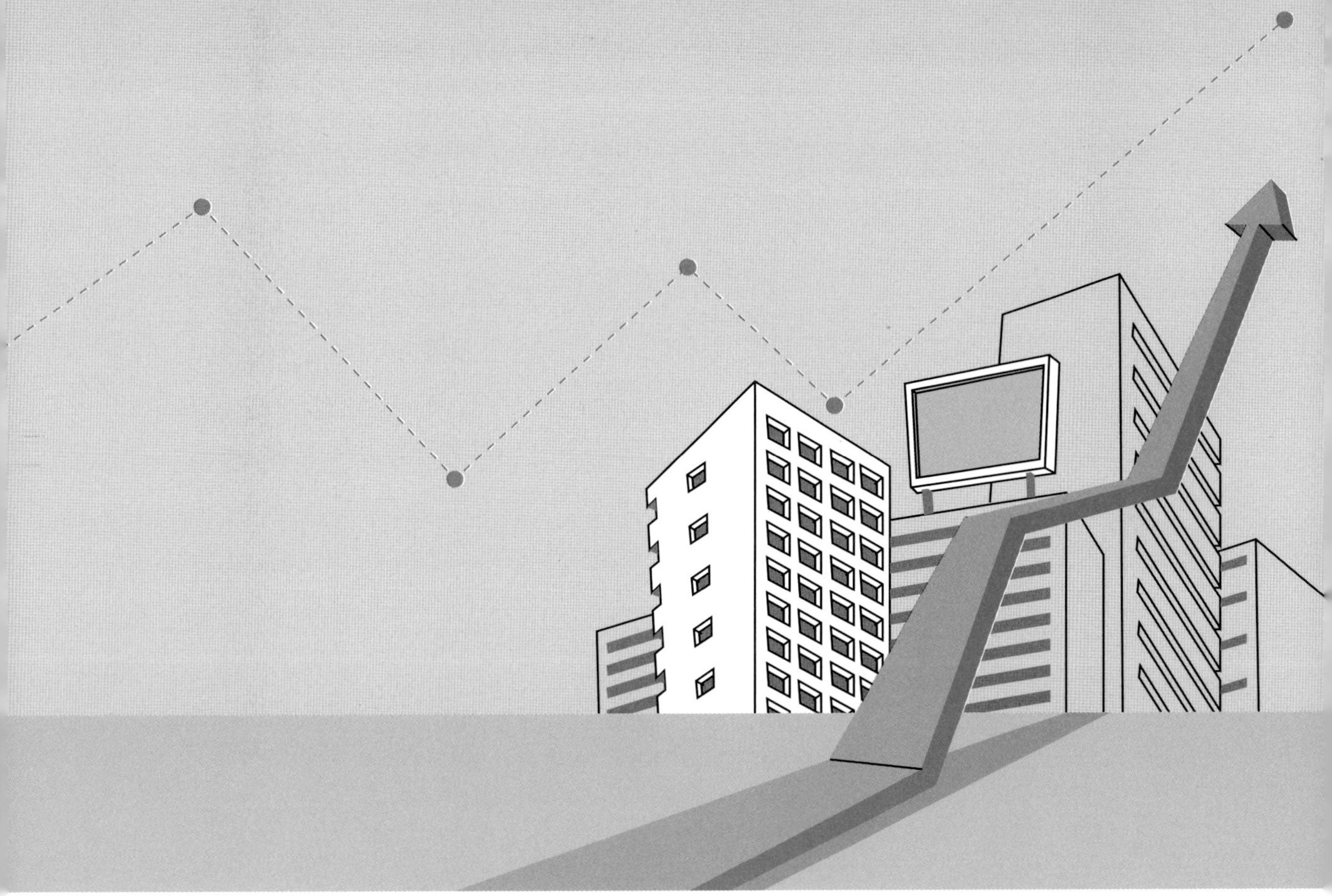

CHAPTER 8 사업계획서 작성방법

1. 기본개념
2. 사업계획서 작성스킬
3. 알아두면 도움이 되는 사업계획서 작성의 핵심포인트

학 / 습 / 목 / 표

사업계획서는 창업자를 중심으로 구상한 사업아이템을 실행가능한 구체적인 계획으로 발전시키는 것으로 사업계획서에는 반드시 기술성, 시장성, 사업성이 반영되어야 한다.

이와 관련하여, 이 장에서는 사업계획서 작성의 개요, 작성스킬 그리고 알아두면 도움이 되는 사업계획서 작성의 핵심포인트를 중심으로 학습하기로 한다.

단 / 원 / 키 / 워 / 드

사업계획서, 사업계획서 작성목적과 용도, 사업계획서의 구성 및 작성스킬, 기술사업계획서 작성 테크닉, 정책자금용 사업계획서 작성 테크닉

CHAPTER 08

사업계획서 작성방법

1. 기본개념

제2차 세계대전을 승리로 이끈 드와이트 아이젠하워(Dwight Eisenhower) 장군은 사전계획의 중요성에 대해 이렇게 말했다. “계획을 수립하는 과정이 전부이며 계획서 자체는 아무것도 아니다.” 이 언급은 겉으로 나타난 사업계획서 그 자체보다도 사업계획을 수립하는 과정이 중요함을 강조한 것이다.

따라서, 성공적인 사업을 수행하기 위해서는 사업 관련 환경분석 및 목표수립, 목표달성을 위한 전략을 통해 불확실성과 잠재적인 위험요인을 미리 예상하고 그 대응책을 사전에 마련할 수 있는 사업계획서 작성과정이 매우 중요하다. “사업계획은 기업가가 자신의 꿈이나 비전을 실현하기 위하여 고객을 대상으로 차별화된 제품 또는 서비스의 사업화를 추진하는 과정”이라고 할 수 있다.

1) 사업계획서 작성목적과 용도

사업계획서는 계획하고 있는 사업과 관련하여 투자, 생산, 판매, 재무 등의 추진계획을 정리한 보고서이다. 따라서 사업계획을 세우는 일은 사업을 추진하는 주체가 보유하고 있는 사업아이디어를 구체화해 나가는 과정의 표현이라고 할 수 있다. 물론 사업계획서는 사용하고자 하는 상황에 따라 형식이나 내용면에서 차이가 있다.

2) 사업계획서의 구성내용

사업계획서는 창업자나 사업주체가 효율적인 사업을 수행하기 위해서 작성하는 사업계획서와 제3자에게 보여 주기 위한 사업계획서로 구분할 수 있다. 제3자를 위하여 작성하는 사업계획서는 사업추진용 사업계획서, 정부, 지자체, 금융기관의 지원을 받기 위하여 제출하는 사업계획서, 투자자 및 투자기관 제출용 사업계획서, 기타 다양한 용도의 사업계획서로 구분할 수 있다.

또한 일반 사업계획서와 대별되는 재무적인 사항 등이 포함되지 않은 사업설명서, 기업소개서가 있고, 제품이나 서비스를 알리는 제품설명서 등이 있다. 이 장에서는 기본 사업계획서를 토대로 하여 사업계획서 작성목적과 필요에 따라 내용의 전부 또는 일부를 발췌하여 정해진 배열 순서에 따라 용도에 맞는 사업계획서를 작성해 보자.

(1) 기업현황

기업현황은 평가자(검토자)들이 관심을 가질 수 있도록 기업의 차별화된 부분을 최대한 부각하여 작성한다.

■ 회사개요

회사명, 설립일, 주소, 연혁 등의 일반적인 내용을 기술한다.

- **회사명** : 법인의 경우 법인등기부상의 정확한 명칭을 기입하며, 개인의 경우 사업자등록증상의 명칭을 기입하되, 법인으로 오인되지 않도록 개인임을 분명히 명시하여 기입한다.
- **설립일** : 법인의 경우 법인등기부상의 설립등기일을 기재하되, 설립예정인 경우는 예정일을 기재한다. 흔히 사업자등록증상의 설립일을 기재하는데, 이는 틀린 것이다. 그리고 개인의 경우 사업자등록증상의 개업일을 기입한다.
- **주소** : 본사는 법인인 경우에는 법인등기부등본상의 본점 주소를, 개인의 경우는 사업자등록증 및 인감증명서상의 주소를 기입한다. 현 사업장 및 계획사업장의 경우 현 사업장 주소는 사업장 소재지 부동산등기부상의 주소를 기입하며, 사업장 이전 및 신축계획이 있는 경우는 동 예정지의 토지등기부등본상의 주소를 기입한다.

- **연혁** : 발생일자별로 핵심내용을 기입한다.

■ 대표자 인적사항

주민등록번호, 최종학력, 주요경력, 개발실적 등을 중심으로 기술한다.

- **학력** : 교육기간, 학교명, 전공분야, 수학 상태(졸업, 수료, 중퇴) 등을 기록하되, 최종 학력 외에 그 전 단계 학력을 포함하여 기입한다.
- **경력** : 경력기간 및 근무처 내용을 기입하되, 근무처에는 근무 기업체명과 최종 직위를 표시한다. 기업체명 여백의 ( ) 내에 그 기업체의 주생산품목을 기입함으로써 과거 경력이 현 근무처와 어떤 연관성이 있는지를 표시한다.

■ 재무사항

자본금, 부채현황 등을 기술한다. 자본금은 최근 1, 2기 결산재무제표에 의거 납입자본금을 기입하되, ( )에 자기자본금을 기입한다.

■ 경영진 및 기술인력

경영진, 주주현황 등에 대해 기술한다.

- **경영진** : 대표자 및 경영진 현황은 직위, 성명, 학력, 경력, 교육훈련, 특기사항 등을 작성한다.
- **주주현황** : 주주현황은 회사가 보유하고 있는 주식수 및 출자액 등을 주주명부에 의거하여, 정확히 작성하여야 하며, 주주는 수시로 바뀔 수 있으므로 반드시 작성 기준일을 명시하여야 한다.

■ 지적재산권 현황

지적재산권 보유현황 등을 기술한다. 발명특허권, 실용신안권, 의장권 등의 산업재산권 및 지적재산권의 종류별로 고안의 명칭, 등록번호, 등록일, 발명자(고안자), 특허 또는 실용신안 등의 권리자, 전용실시권자 등을 표시하되, 출원 중인 경우에는 등록번호와 등록일란에 신청접수번호와 신청일을 기재한다.

(2) 사업내용

사업의 핵심내용을 최대한 부각할 수 있도록 작성한다.

■ 사업의 특성

사업의 특성과 가치를 중심으로 기술한다. 사업의 기대효과는 경제 및 산업에 대한 효과, 수출 기여 및 수입대체효과, 농어촌 소득향상 기여도, 노동창출 기여도, 기술향상효과, 지방부존자원 활용효과 등을 기술한다.

■ 경쟁상황

국내외 시장경쟁상황에 대해 기술한다.

■ 경쟁우위요소

차별화 전략을 통해 사업의 유망성을 강조한다.

■ 시장추이 및 전망

시장규모 및 시장전망을 통해 사업의 발전성을 기술한다.

■ 추정수익률

자본을 투자해서 얻을 수 있는 투자수익률(Return on Investment : ROI)에 대해 기술한다.

(3) 제품 및 서비스

자사제품 및 서비스의 강점을 최대한 부각시킨다.

■ 제품의 특성

제품의 특성 및 핵심기술에 대해 기술한다. 제품(상품)의 내용은 매출액 또는 예상매출액을 기준으로 주생산품과 부생산품으로 구분한 후, 각 제품의 제품명, 표준산업분류표상의 세세분류번호(5단위 번호)를 기입한다. 그리고 용도 및 특성에는 해당 제품이 어떤 산업과 연계되어 있으며, 어떻게 사용되고, 경쟁제품과 비교하여 어떤 특별한 성질을 갖고 있는지 제품별로 서술한다.

■ 경쟁제품과의 차별성

경쟁제품 대비 우수한 점에 대해 기술한다.

■ 제품 및 서비스의 고객가치

제품 및 서비스가 고객에게 주는 가치 및 만족도에 대해 기술한다.

■ 제품개발 현황

제품개발 현황 및 향후 개발계획에 대해 기술한다.

■ 제품 및 서비스 방향

향후 트렌드에 따른 제품 및 서비스 방향에 대해 기술한다.

(4) 생산 및 설비

생산시설 및 원자재 수급계획에 대해 작성한다.

■ 생산시설 현황

공장부지 및 설비 현황에 대해 기술한다. 보유시설은 기본 시설인 대지 및 공장건물의 규모와 배치내용을 간략하게 기록하고, 기계설비는 생산설비, 시험, 검사설비, 공해방지설비, 기타 설비로 구별하여 시설상, 규격, 수량과 법인세법 시행규칙 별표상 각 시설의 내용연수와 설치연도, 금액, 제작연도, 제작회사 및 제작국 명을 표시한다.

■ 생산능력 및 실적 현황

생산능력, 실적, 가동률 등에 대해 기술한다.

- **생산능력** : 생산능력은 손익분기점에 대한 시설명의 제약조건이 될 뿐만 아니라, 조업도의 산출기초가 되기 때문에 매우 중요하다.
  따라서 생산능력 산정 시에는 과거의 일간 최고실적과 경험치를 참고로 하여 생산능력 = 일간(8시간)생산능력×25일×12개월로 산정하되, 창업기업의 경우에는 시설공사가 완료된 후 기술적 제약이 없는 정상 가동상태를 가정하고, 시설의 물리적 능력을 초과하지 않는 범위 내에서 생산할 수 있는 최대 생산가능능력을 산정하며, 회사 실정에 맞는 생산능력 산출근거를 명시하는 것이 좋다.
- **실적** : 기존 기업은 최근 결산재무제표상의 생산계수를 기입하되 가동기간이 1년 미만인 경우는 ( ) 내에 1년을 환산한 생산실적을 기입한다. 창업예정기업의 경우 실제 생산가능량 산정이 필요한 경우에는 최대 생산가능능력(1년 기준) × 가동률로 산정한다.
- 가동률 : 일반적으로 조업도 내지 가동률 = (연간생산능력/연간생산량) × 100%로

계산한다. 조업도는 기업의 손익수준과 밀접한 관련을 가지고 있으며, 품목이 단일하거나 품목이 부분별로 독립되어 있을 때, 또는 서로 생산능력을 환산할 수 있을 때에는 이를 계산하기 쉽지만, 그렇지 못한 경우에는 제품별로 계산할 수밖에 없다. 또한, 가동률은 업종에 따라서도 차이가 있을 수 있다.

■ 원자재 수급계획

원 · 부자재 조달상황, 계획, 전망에 대해 기술한다.

- **원 · 부자재 조달계획** : 원 · 부자재별로 목표생산량을 달성하기 위한 원 · 부재료의 연간 소요를 물량과 금액으로 표시하고, 이를 국산, 외산으로 구분 표시한다.
- **원 · 부자재 조달전망** : 원 · 부자재 생산업체 및 관련 사업의 기업환경을 면밀히 분석하여 원 · 부자재 조달상 예견되는 어려움 또는 원 · 부자재의 적기 조달 및 낮은 값으로 구매할 수 있는 방안 등 제 전망을 기술한다.

■ 생산성 향상계획

품질관리나 생산관리 등 생산성 향상계획에 대해 기술한다. 생산성 향상계획은 기준연도 및 향후 1~3차 연도간의 노동생산성 및 자본생산성 향상계획을 표시한다. 연차별 목표는 추정재무제표에 의거 부가가치액, 총자본, 종업원 수의 연차별 변화 예상치를 추정하여 계산한다.

■ 생산시설 투자계획

설비투자를 위한 생산시설 투자계획에 대해 기술한다. 시설투자계획은 현재 보유하고 있는 시설 외에 추가 설치예정인 계획시설을 견적서, 계약서, 카탈로그 등에 의거 생산설비(기계), 시험검사설비, 공해방지설비, 기타 설비로 구분하여 작성한다.

(5) 시장성 분석

내용에 대한 객관성과 정확성이 요구되며, 시장규모 및 전망부분은 특히 주의를 기울여 작성한다.

■ 시장규모 및 전망

시장규모 및 전망에 대해 온 · 오프라인 측면에서 기술한다. 시장 총규모는 관련 산업, 동업계 및 경쟁회사 현황조사를 토대로 시장성 및 시장 총규모를 추정하고, 이를 근거로 자사제품의 수요전망을 수주계약, 납품계약, 대리점 계약 등의 근거에 의거 제시하여야 한다.

■ 산업성숙도 파악

도입기, 성장기, 성숙기, 쇠퇴기인지에 대해 파악한다.

■ SWOT분석

기업의 경영 환경에 관련된 이슈를 크게 기회(Opportunities), 위협(Threats), 강점(Strength), 약점(Weakness)으로 구분하여 파악함으로써 전략방향을 유도하고 가장 경쟁전략적인 포지션을 설정하여 작성한다.

■ 핵심성공요인 도출

산업분석을 통해 산업의 핵심성공요인(Critical Success Factor : CSF)을 도출한다. 참고로, 핵심성공요인은 목표 성취를 위해 필요한 요소를 뜻한다. 전략적 분석이나 핵심성공요인 접근에서는 조직의 정보 요구사항이 소수 핵심성공요인으로 결정된다고 강조한다.

창업Tip

시장규모 작성스킬

- **확실한 근거를 가지고 작성한다.**
  알 수 없는 많은 요소가 있더라도, 최대한 입증 가능한 숫자(객관적인 데이터)에 근거하여 작성한다.
- **논리적으로 생각한다.**
  추정치는 논리적 결론이어야 하며, 논리적 비약이나 명시되지 않은 가정(Assumption)에 의존해서는 안 된다.
- **자료를 비교한다.**
  여러 가지 다양한 자료원(인터뷰, 통계, 전문가 의견 등)을 비교하여 객관성을 확보한다.
- **알 수 없는 변수가 있을 경우에는 대체적인 변수가 있는지를 찾아본다.**

(6) 인력 및 조직

경영진 및 핵심인력에 대해서는 주의를 기울여 작성한다. 경영진 및 핵심인력 현황은 원칙적으로 회사의 법인등기부등본에 나타나 있는 임원(등재임원)을 모두 기재해야 하며, 성명과 직위, 담당업무의 내용 등도 기재한다. 여기서, 조직도는 반드시 기재해야 하는 것은 아니지만 기업의 조직현황이 한 눈에 들어오기 때문에 매우 유용하다. 기업경영자로서의 입장에서도 조직도는 필요하므로 가급적 작성하도록 한다.

■ 조직도

조직도는 회사의 규모 및 실정에 맞게 부 또는 과 단위까지 작성하되, 필요시 계 단위까지 작성한다. 또한, 조직은 현재의 조직도는 실선으로, 향후 추가될 부 · 과 · 계 등은 점선으로 표시하고, 각 부 · 과 · 계의 밑에 근무인원 수를 ( )로 표시하는 것도 좋다.

■ 부서별 소요인력

해당 부서별 소요인력에 대해 작성한다. 창업기업의 단순한 인적 구성요소를 파악하는 지표로서 사용되는 것 이외에 실질적으로는 기업의 기술 · 수준을 알 수 있는 척도가 되며, 직원 충원이 원활하여 생산관리 등에 차질이 없는지, 인력난을 겪고 있는 최근의 상황을 감안할 때 직원 충원이 용이한지를 살펴보는 좋은 자료가 된다.

■ 급여 및 보상정책

연봉, 인센티브, 상여금, 휴가 및 여가제도 등에 대해 기술한다.

■ 인력수급계획

향후 소요인력에 대해 작성한다.

■ 경영진 및 핵심인력

경영진 및 핵심인력에 대해 기술한다. 대표자 및 경영진 현황은 직위, 성명, 학력, 경력, 교육훈련, 특기사항 등을 작성한다. 기술인력 보유현황은 기술자격증 보유자, 기술분야, 기술등급 등을 중심으로 기재한다.

(7) 재무계획

재무계획이란 자금과 관련된 계획으로, 사업성이 있는지를 예측하기 위한 기본자료이므로 정확성이 요구된다. 여기에서는 사업계획 수행을 위한 자금조달 규모와 방법 및 사업연도별 재무상환 검토가 포함되어야 한다.

■ 손익계산서

소득을 보여주는 지표로서 매출과 수익, 총매출, 이자수익과 배당금, 기타 소득, 비용, 매출원가, 판매비와 관리비, 감가상각비, 이자비용, 세금 등이 이에 해당된다.

■ 대차대조표

사업의 가치를 나타내주는 지표로 부채＋자기자본＝자산이다.

■ 현금흐름표

기간에 대한 현금의 흐름을 보여 주는 지표로 현금매출액, 이자수입, 투자유입액, 매출원가, 판매관리비, 이자지급세금, 설비투자비, 차입금상환, 배당금, 현금의 순증감 등이다.

(8) 사업추진계획

사업추진에 대한 일정계획을 보기 쉽게 작성한다. 일반적으로 계획사업의 추진 스케줄을 어디까지 기재해야 한다는 원칙이나 기준은 없으며, 통상적으로 제품의 양산시까지나 3~5년까지의 추진일정을 계획하여 보기 쉽게 작성한다. 이때 주의할 점은 추진일정을 너무 촉박하게 잡지 않도록 한다. 각 프로세스별로 어떤 변수가 발생하여 전체 추진일정의 애로사항으로 작용할지 모르므로 여유 있게 일정을 잡는 것이 바람직하다.

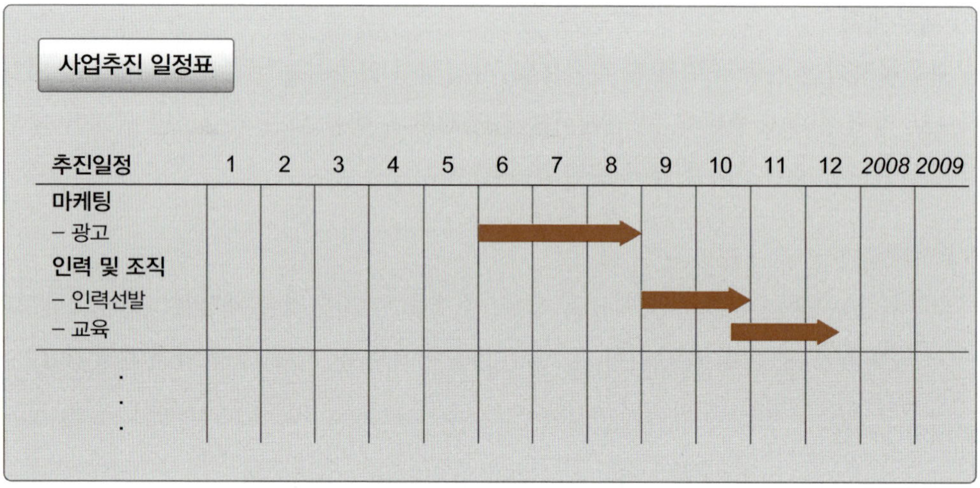

2. 사업계획서 작성스킬

■ 사업계획서는 사업구조를 구체적이고 설득력 있게 작성하여야 한다.

창업자 자신이 가지고 있는 사업목표 및 사업구조를 점검하고 제3자에게 설득력 있게 납득시키는 것이 사업계획서의 일차적 목적이다. 따라서 계획사업에 대한 전반적인 내용을 고르게 안배하여 구체적으로 작성하여야 한다.

■ 소요자금 및 자금조달계획은 정확하고 실현가능성이 있어야 한다.

창업자 자신의 사업의 소요자금과 조달가능한 자본은 구체적으로 검토하고 추정매출과 추정이익을 분석하여야 한다. 창업자 자신의 수준과 능력에 맞지 않는 사업은 시행착오를 겪을 수 있기 때문이다. 이외에도 계획사업에 잠재되어 있는 문제점과 향후 발생가능한 위험요소를 심층분석하고, 사업계획서를 보는 사람들의 입장에서 작성하여야 한다. 만약 투자유치를 위한 사업계획서라면 투자자 입장에서 관심항목을 구체적으로 작성하는 것이 효과적이다.

■ 이해하기 쉽게 작성해야 한다.

사업계획서는 해당 분야의 비전문가도 이해할 수 있도록 쉽게 작성하는 것이 좋다. 사업계획서를 통해 투자자나 고객 등 제3자를 설득력 있게 납득시키기 위해서는 그들이 이해하기 쉽도록 작성되어야 한다. 특히, 제품 및 기술성 분석에 대한 내용은 가급적 전문적인 용어를 피하고, 단순하고도 보편적인 내용으로 구성한다. 또한, 제품 및 기술성 분석 근거자료로서 공공기관의 기술타당성 검토보고서 또는 특허증 사본 등의 관련 증빙서류를 첨부하면 보다 신뢰성을 높일 수 있다.

- 객관성이고 현실성이 있어야 한다.

사업계획서는 객관성이 있어야 한다. 자칫 자신감이 지나쳐 제3자가 보기에 너무 허황되고, 실현가능성이 없다고 판단될 때에는 신뢰성에 큰 타격을 입을 수도 있다. 따라서 공공기관 또는 전문기관의 증빙자료를 근거로 정확한 시장수요 조사와 최소한의 회계지식을 바탕으로 매출액과 수익이 추정되어야 한다.

- 사업계획의 핵심내용을 최대한 강조해야 한다.

사업계획의 핵심내용을 최대한 강조하여 부각시켜야 한다. 사업계획이 평범해서는 제3자의 호감을 사지 못한다. 계획제품이 경쟁제품보다 소비자의 호응이 있으리라는 기대감을 갖고, 제품의 특성을 중심으로 설명하되, 잡다한 부수적 생산제품보다 전략계획상품을 중심으로 1~2종, 많더라도 3종을 넘지 않는 범위 내에서 핵심제품을 중점적으로 설명할 필요가 있다.

- 일관성과 정확성이 있어야 한다.

앞뒤 내용이 연결되지 않고, 제시된 숫자가 정확하지 않다던가, 주장과 관점이 일치하지 않는 사업계획서는 사업계획서 전체의 신뢰성을 떨어뜨린다. 따라서 사업계획서 작성 시에는 편집방식, 숫자 또는 화폐단위 등을 통일해서 표현하여야 하며, 일관된 흐름과 주제를 가지고 작성하여야 한다.

- 문제점 및 위험요인을 심층적으로 분석해야 한다.

계획사업의 긍정적인 내용만 제시하기보다는 장래 발생할 수도 있는 문제점이나 리스크에 대해서도 언급하는 것이 좋다. 계획사업에 잠재되어 있는 문제점과 향후 발생가능한 위험요소를 심층분석하고 예기치 못한 사정으로 인하여 사업이 지연되거나 불가능하게 될 경우에 어떻게 대처할 것인지에 대해서도 검토하여야 한다.

1) 기술사업계획서 작성 테크닉

(1) 기술개발의 개요

- 개발기술의 중요성(필요성)

동 기술개발의 필요성과 지원받아야 할 당위성을 제시하며, 국내 · 외 시장현황, 기술개발 동향 등은 객관적인 자료(보고서, 시장동향, 관련자료 등)를 보조자료로 활용하여 관련 내용을 요약하여 작성한다.

- 국내 · 외 관련 기술의 현황

개발하고자 하는 기술에 대한 차별적 근거, 국내 · 외 기술개발 현실 및 향후 기술개발 방향 등에 대해서 구체적인 회사 등을 예시로 하여 제시한다. 각종 보고서 및 논문 등을 활용하여 객관적 자료를 추가적으로 제시하는 것이 좋다.

- 기술개발 시 예상되는 파급효과 및 활용방안

경제 · 산업적 측면에서 시장창출, 수입대체, 수출기대, 산업발전 등을 구체적으로 나열하면서 제시하며, 동 기술개발을 통하여 향후 유사산업 또는 타 산업으로의 활용방안 및 활용 정도를 나열한다. 기술개발 파급순서는 기술이 발전되면 사업화가 이루어지고, 이에 따라 관련 기업이 활성화되며, 이를 통해 관련 산업분야가 확대되고, 국가경제가 발전되는 것이다. 기술개발의 당위성과 국가연구개발자금 지원의 의미를 포함한다.

- 개발기술 도출근거

기술개발이 요구되는 사업별 특성을 파악하여 국가산업기술로드맵, 특허, 논문, 관련 서적, 세계 기술개발 동향 보고서 등 관련 내용을 구체적으로 작성한다.

(2) 수요현황 및 사업화 계획

- 시장현황

정확한 데이터 자료를 제시하고, 관련 자료에 대한 근거 자료도 함께 제시하도록 한다. 일반적으로 추정된 데이터인 경우에는 산출된 방법에 대하여 제시하면 신뢰성이 높아진다.

■ 경쟁업체 현황

관련 내용에 대한 국내외 경쟁업체와 매출액을 구체적으로 제시하고, 필요하다면 근거자료도 제시한다. 기술개발 진행에 따른 향후 경쟁사업체 및 국가에 대한 제시도 필요하다.

■ 사업화 현황

주관기관의 동 기술개발에 대한 사업화 방향을 구체적으로 제시하고, 관련 근거도 포함한다. 필요하면, 특허 회피가능성을 일부 제시한다.

■ 특허현황

동 기술개발에 대한 특허분석맵 특허현황을 제시한다. 주관기관의 사전 특허현황을 간략하게 소개하고, 유사/경제 특허분석결과에 대한 요약정리를 제시한다. 필요하면, 특허 회피가능성을 제시할 필요가 있다.

(3) 기술개발의 목표 · 내용 및 차별성

■ 최종목표 및 평가방법

기술적 측면에서 명확성과 상호연계성이 유지되도록 개조식으로 구체적으로 서술한다. 필요하다면 도식을 삽입하여 목표에 대한 구체화 제시도 좋은 방법이다. 본 기술개발 수행을 통하여 달성하고자 하는 최종목표를 제시, 추상적이지 않고 구체적으로 제시할 필요가 있다. 그리고 평가방법은 정량적 기준을 제시하고, 최종평가를 수행할 시 성공과 실패에 대한 평가의 기준이 될 수 있도록 구체적으로 나열하는 것이 필요하다. 필요시, 공인인증기관의 성적서 기준을 제시하는 것이 유리하다. 또한, 현재 수준과 향후 파급효과를 상호 비교할 수 있는 구체화된 평가방안 제시도 필요하다.

■ 연차별 개발목표 및 내용

개발목표는 개발하고자 하는 기술(또는 공정)의 수준, 성능, 품질을 가능한 한 정량적으로 기술하며, 연차별 평가시 계속 · 중단을 판정할 수 있도록 객관적이고 구체화된 정량적/정성적 목표를 제시한다. 그리고 연차별 차별성을 가지면서 기술개발의 최종목표에 도달할 수 있도록 기술개발이 필요한 전체적인 흐름도를 고려하여 제시하며, 개발내용 및 범위는 타 연구개발사업과제 및 기존연구수행내용에 대하여 충분히 탐색하여 중복되지 않도록 하며, 목표달성을 위해 수행할 세부내용 및 이에 대한 구체적인 설명을 서술하되 시스템 구성 및 구조도는 가능한 한 그림으로 표현한다.

(4) 기술개발의 목표 · 내용 및 차별성

■ 최종목표 및 평가방법

위탁기관에서 기술개발하고자 하는 최종목표 및 평가방법을 제시하며, 주관기관에서 제시한 내용과 상호 연관성 및 차별성을 제시하고, 최종 또는 중간평가시 활용가능한 정량적/정성적 목표치를 제시한다. 그리고 기타 작성방법은 주관기관의 최종목표 및 연차별 개발목표 작성법과 유사하다.

(5) 기술개발 추진전략 및 체계

■ 기술개발 추진전략

개발하고자 하는 구체적인 추진전략을 나열한다. 주관기관, 위탁기관, 참여기업, 기타 관련 연구기관의 상호 공동연구방향 및 전략, 향후 기술개발 진행방향 등을 나열하여 작성한다. 그리고 최적의 연구결과물을 도출하기 위하여 각 기관별 현황분석과 역할 등을 구체적으로 분석 · 제시한다.

■ 기술개발 추진체계

주관기관, 위탁기관, 참여기업별로 개발하고자 하는 기술의 내용 및 역할분담을 구체적으로 작성하고, 주관기관 내부에서 파트별로 구분하여 연구시 파트별, 책임자별로 작성하는 것이 좋다. 그리고 기술개발 관련 추진방향의 체계도를 작성하여 제시한다.

(6) 기술개발 추진일정

연차별로 개발하고자 하는 계획을 월별 또는 분기별로 계획에 따라 상세하게 작성하며, 필요시 위탁 연구기관 및 기타 기관도 포함한다.

(7) 총사업비

사업비 구성은 기술개발 내용과 목표 달성을 위하여 수행하기 위한 실질적인 연구비 사용계획을 작성하며, 전체 사업비의 합계가 일치하고, 관련 사업비 계상기준에 맞게 적정하게 작성한다.

2) 정책자금용 사업계획서 작성 테크닉

(1) 정책자금 신청요령

정부가 지원하는 정책자금은 자금운용기관에서 예산이 확보되면 먼저 그 운용계획을 일반에게 공고한다. 그리고 정해진 기간 내에 신청서를 접수하여 서류검토와 현장실사를 통해 신청업체를 심사하고 일정 점수 이상의 업체를 선정하여 이를 통보해 주고 있다. 이러한 과정에서 다음 사항을 고려한다면 지원업체로 선정될 가능성을 훨씬 높일 수 있다.

- 정책자금의 지원성격과 회사의 사업성격을 확실하게 맞춘다. 즉, 시설투자, 연구개발, 수출, 창업, 운영자금지원 등 어떤 성격의 지원자금인지를 먼저 파악하고 가급적 현재 회사의 사업성격과 일치하도록 한다.
- 자금신청에 필요한 사업계획서의 세심한 작성이 필요하다. 자금신청용 사업계획서는 소정양식으로 되어 있으며 각 구성항목이 사업심사의 평가대상이 된다. 그러므로 정해진 양식에 맞추어 빈칸 없이 기재하도록 하며, 사실에 근거하여 회사의 성장성을 제시하도록 한다.
- 해당 자금을 지원받게 되면 사업의 성장뿐만 아니라 회사 경쟁력 제고에 큰 힘이 된다는 것을 강조하도록 한다.
- 신청하는 금액(시설 또는 운전자금)을 산출하는 데 있어 가능한 세부적인 내용을 기준으로 작성하여 산정금액의 객관성을 보여준다.
- 신청 시 첨부해야 하는 구비서류(특히 견적서 등)는 꼼꼼히 살펴보고 빠짐없이 준비하여야 한다.
- 사업계획서와 일치하는 현장 실태조사가 중요하다. 사업계획서에 담겨 있는 내용과 경영실태를 주관기관의 담당자가 회사를 방문하여 현장에서 직접 확인하는

과정이기 때문에 좋은 인상을 줄 수 있도록 하여야 한다.

- 현장 확인 시 조사원이 요구하는 자료 이외에도 회사에서 내세우거나 자랑할 만한 것들이 있으면 충분히 보여주도록 한다.
- 재무제표는 그 회사의 경영성과를 보여주는 객관적인 자료이므로 평상시 재무제표의 관리(수익성, 성장성, 특히 부채비율을 나타내는 안정성)에 신경을 쓴다.

(2) 현황과 계획의 중요성

정책자금 신청 시에는 소정 사업계획서를 요구한다. 해당 정책자금을 신청하기 위해서는 자금운영기관에서 요구하는 사업계획서 양식에 준하여 작성된 사업계획서를 첨부하여야 한다. 이 사업계획서의 내용은 주로 신청하고자 하는 자금의 사용용도와 신청금액의 규모 그리고 신청인의 회사현황과 앞으로의 각 분야별 사업계획으로 구성되어 있다. 사업계획서는 현재의 회사현황과 앞으로의 회사전망을 나타내는 것이기 때문에 자금을 지원하는 기관에서는 사업승인 여부를 위한 심사과정에서 기본자료로 쓰인다. 따라서 정책자금을 신청하는 회사에서는 회사현황을 사업계획서에 반영하여야 한다.

- 은행 등 금융기관은 사업계획서의 체계성보다는 기업의 신용과 안정성을 더욱 중시하는 경향이 있다.
- 기본적으로 신용조사를 실시하고, 담보를 요구하며, 담보가 미비할 경우에는 보증기관의 신용보증서를 요구한다.
- 기업의 재무상태, 영업실적의 추이, 자금흐름과 경영자의 신용상태를 매우 중요시한다.

3) 사업계획서 작성시 간과되기 쉬운 부분

(1) 시장분석

훌륭한 아이디어를 갖고 좋은 제품을 만들었다 해도 제품을 팔기 위한 시장이 존재하지 않는다면 결국 그 사업은 빛을 보지 못하게 된다. 따라서 자세한 기술적 설명보다는 제품이 팔릴 수 있는 잠재적인 시장의 존재와 성장가능성을 부각시키는 것이 중요하다.

(2) 재무자료의 계량화

재무계획은 사업계획서가 경제적으로 실현가능한지를 평가하는 부분이다. 따라서 재무관련 자료는 창업투자회사나 엔젤 등과 같은 투자자들의 투자여부 판단에 핵심이 된다. 특히 사업의 결과는 결국 재무제표상의 손익으로 표현되는데, 재무자료는 경영자의 계수화 및 관리능력을 대변한다고 해도 과언이 아니다. 그러나 대부분 사업계획서 작성 시 재무자료를 계량화하지 않는 경우가 많으며, 계량화된 재무자료를 포함한 사업계획서 중에서도 예측치의 근거가 제대로 제시되지 않는 경우가 많다. 투자자금의 유치가 재무계획의 가장 큰 목적이라고 할 때 고려해야 할 부분은 투자를 받게 되면 사업의 어느 부분에 집중적으로 사용하게 될 것인지를 밝히는 것이다. 기존기업이라면 회사의 자본구조를 설명하고 그 사업을 계획하기 위해서 어떻게 자금을 운영하고 그 효과는 무엇인지를 설명해야 한다.

(3) 수익모델

수익모델이 취약한 사업의 경우 자금조달 자체도 쉽지 않다는 점에서 수익모델의 중요성은 더욱 커지고 있다. 수익모델은 정교하게 설계되어야 하는 측면도 있지만 남들이 이해하기 쉽게 적어야 한다. 또한, 수익모델을 뒷받침할 수 있는 객관적인 자료를 함께 제시해 주어야 한다. 사업계획서에서 중요한 요인이라고 제시한 시장분석, 재무자료의 계량화, 수익모델은 상호관련성이 높다고 할 수 있다. 수익모델을 설명하기 위해서 재무자료의 계량화가 필수적이며 재무자료는 철저한 시장조사와 분석을 바탕으로 이루어져야 한다.

3. 알아두면 도움이 되는 사업계획서 작성의 핵심포인트

사업계획서의 핵심요소는 크게 기술성, 시장성, 사업성으로 구분할 수 있다.

1) 기술성

■ 돈 되는 아이디어인가? (또는 참신한 아이디어인가?)
어떻게 돈을 벌 것인가를 알기 쉽게 기술해야 한다.

■ 사업아이템에 대한 산업재산권(특허권, 실용신안권) 취득 여부
유사한 아이템에 대한 산업재산권 현황을 파악하는 능력이 필요하다. 특허정보검색서비스(www.kipris.or.kr) 또는 네이버 전문검색 등을 활용한다.

■ 사업아이템을 어떻게 구현할 것인가? (구현방법을 단계별로 표시)
본인이 직접 해결할 수 있는 것과 해결할 수 없는 것을 판단해 보고, 해결할 수 없는 것을 어떤 방법으로 해결해 나갈 것인가를 계획서에 기술한다.

주) 3C : Customer, Company, Competitor

2) 시장성

사업계획서를 작성하기 위해서는 국내 시장규모 또는 해외 시장규모를 예측하는 능력이 필요하다.

■ 시장규모를 예측하는 방법
- 확실한 근거를 가지고 작성한다.
  알 수 없는 많은 요소가 있더라도, 입증이 가능한 숫자(객관적인 자료)에 근거하여 작성한다.
- 논리적으로 생각한다.

논리적 결론이어야 하며, 논리적 비약이나 명시되지 않은 가정(Assumption)에 의존해서는 안 된다.

- 자료를 비교한다.

  여러 가지 다양한 자료원(인터뷰, 통계, 전문가 의견 등)을 비교하여 객관성을 확보해야 한다. 또한, 알 수 없는 변수가 있을 경우에는 대체적인 변수가 있는지를 찾아보며, 각 추정치가 적절한 규모인지 스스로 점검이 필요하다.

■ 시장규모에 따른 시장점유율을 예측한다.

만약, 국내 시장규모가 100억원인데 본인이 점유할 수 있는 시장규모가 10%라고 가정하면 본인이 확보할 수 있는 시장규모는 10억원으로 예측할 수 있다.

■ 시장점유율을 높일 수 있는 방법을 기술한다.

시장점유율을 높일 수 있는 마케팅, 홍보, 인적판매 등의 방법을 기술한다.

■ 마케팅체계

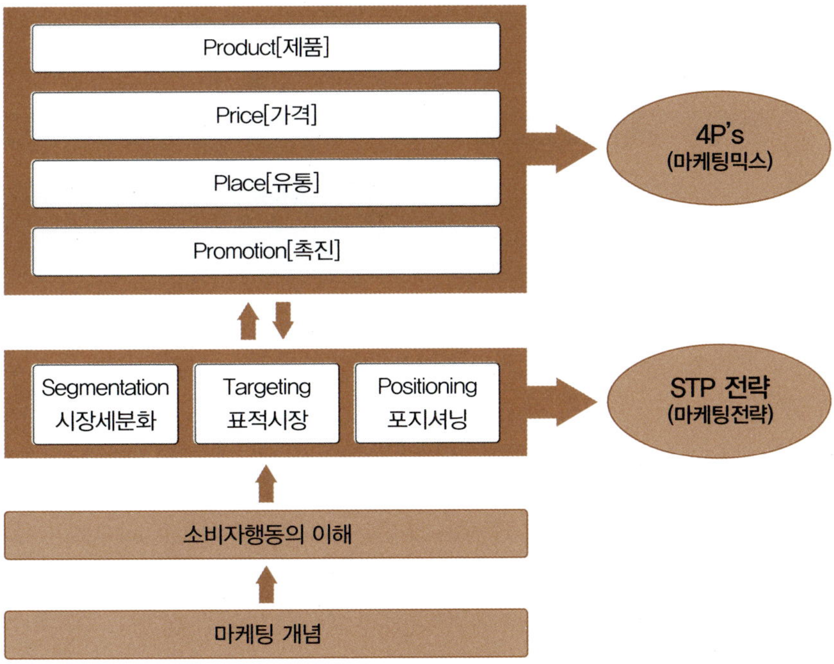

[그림 8-1] 마케팅체계

3) 사업성

사업성은 얼마를 투자해서 얼마를 벌 것인가를 작성하는 것이다.

자본 = 자기자본 + 타인자본

참고로, 신용을 통해 자금을 조달할 수 있는 방법으로는 신용보증기금, 기술보증기금, 지역신용보증재단 등을 이용하는 방법이 있다.

창업Tip

국가통계포털(www.kosis.kr)

국내 통계자료는 물론 해외자료까지 다양한 통계자료를 제공하는 사이트이다. 객관적인 근거자료가 필요할 때 매우 유용하다.

[그림 8-2] 국가통계포털(www.kosis.kr) 메인화면

Skill up

기획서 작성

기획서의 8요소

- why 왜 이 기획을 입안하는가?
- what 이 기획으로 무엇을 하려 하는가?
- target 무엇에 대해 이 기획을 실시하는가?
- how 이 기획을 어떻게 추진하려고 하는가?
- when 언제 어떠한 일정으로 추진하려고 하는가?
- who 누가 하는가?
- where 어디에서 실시하는가?
- how much 비용과 이익은 어떠한가?

기획서가 갖추어야 할 가장 기본적인 1+3법칙

차별성 + [접근용이성(이해 및 보기가 쉬워야 한다), 집중성(기획서의 모든 메시지는 콘셉트를 향해 집중되어야 한다), 일관성]

기획서 작성스킬

- 가득 채우기보다는 여백의 미를 고려하라.
- 디테일보다 키워드로 요약하라.
- 가급적 포인트를 3가지로 정리하라.
- 명확히 이해할 수 있는 흐름을 보여줘라.
- 문장만이 아니라 비주얼로 차별화하라.
- 특색 없는 이미지보다 실제 사진을 활용하라.
- 고객이 이해하기 쉽게 비교법을 사용하라.
- 수치보다 그래프로 표현하는 방법을 연구하라.
- 복잡하지 않도록 이미지를 통일하라.
- 상대의 꿈을 실현하는 제안을 하라.

프레임 설정

- 살보다 통뼈가 중요하다.
- 숲을 그리고 나무를 심는다.
- 요약해 주고 상세하게 풀어나간다.
- 핵심과 부연
- 전략과 전술
- 연역적 방법
- 답부터, 결론부터 말하기

슬라이드에서 메시지 강조방법

- 덜 중요한 항목은 회색으로 처리하기
- 정보를 강조하기 위한 색 사용하기
- 모양을 다르게 지정해 차이점 강조하기
- 크기의 차이를 이용해 핵심 강조하기
- 관련 있는 것끼리 가깝게 배치하기

비즈니스 글쓰기를 위한 필담력

- 청취자가 이해하고 설득이 되도록 작성한다.
- 목적을 충분히 생각하고 작성한다.
- 'know-how'보다 'know-where'가 중요하다.

Entrepreneurship Role Model ⑧	**기업이라는 마라톤에 즐겁게 도전하라** (주)쏠리드 정준 대표

쏠리드는 국내 및 해외 통신사업자를 대상으로 CDMA/WCDMA/WiBro/LTE 등 통신환경 변화에 부합되는 다양한 장비를 개발 및 납품하고 있다. 최근에는 팬택을 인수하면서 새로운 성장 동력의 한 축을 마련했다.

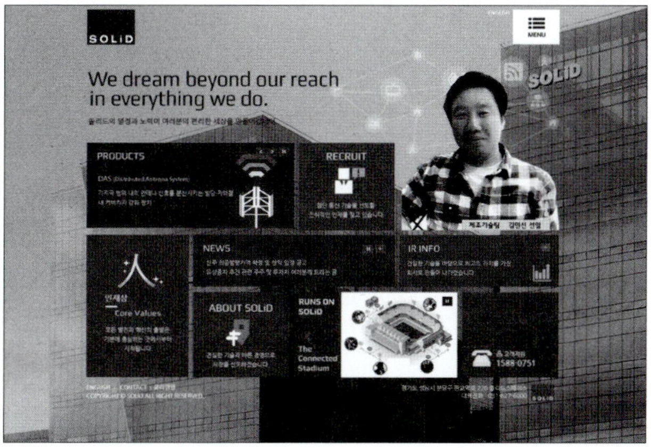

쏠리드(www.solid.co.kr) 메인화면

작은 성공과 실패에 둔감하라

1998년 정준 대표는 7명의 직원과 함께 창업을 했다. 대학 졸업 후 미국 스탠퍼드대학에 유학 중일 때, 실리콘밸리의 기업들을 볼 기회가 많았다. 함께 작업을 할 때도 있었고 그들이 구비한 비싼 장비를 빌려 쓰러 갈 때도 있었다. 그러면서 좋은 기업에서 그 기업이 성장하는 데 기여하는 것도 보람 있을 것이라는 생각을 하게 되었다.

귀국 후 일본 히타치 중앙연구소와 한국통신(현 KT) 연구개발본부에서 일했지만 창업에 대한 막연한 꿈이 있었던가? 1998년 초 KT에서 KT 연구원이나 직원들 중에서 벤처를 창업하게 되면, 심사를 통해 자본금 일부를 지원해 주고 3년간 휴직을 하게 해주는 벤처지원프로그램이 생겼을 때 주저없이 그 기회를 잡았다.

그것이 쏠리드의 시작이다.

당시 우리나라에서는 이동통신분야가 한창 성장하고 있었다. 시장의 잠재력은 의심할 필요도 없었고, 쏠리드는 건물 안에 이동통신 커버리지를 제공하는 '인빌딩 중계기'를 첫 아이템으로 택했다. 시장만 생각한 것은 아니었다. '잘할 수 있는 것'을 먼저 고려했고, 그것이 통신분야 장비였다. "감사하게 생각하는 것은 일을 하다 보면 일이 잘 풀릴 때도 있고 그렇지 않을 때도 있는데, 쏠리드는 비교적 큰 어려움 없이 해왔던 것 같습니다. 제가 좀 둔해서 그럴 수도 있지만요. 물론 직원들이 열심히 하고 고생 많이 한 것을 알고 있습니다. 그러나 아주 큰 문제 없이 꾸준히 했던 것 같습니다."

정준 대표는 경영자의 자질 중 하나를 '둔감'이라고 이야기한다. 회사가 어려워진다고 너무 민감하게 반응하거나 돈이 좀 벌린다고 자만하는 것은 금물이라는 것이다. 그렇게 흔들리지 않고 꾸준히 해나가기 위해서는 둔감할 필요가 있다고.

세상이 필요로 하는 기업을 하라

'쏠리드'라는 회사명은 탄탄하게 키워보자는 의미에서 '알맹이가 꽉 찬'이라는 의미를 지닌 단어 'solid'를 사용한 것이다. 그러나 3년 전까지만 해도 한글명은 '쏠리테크'였다. 창업 당시 법인등록을 할 때 같은 이름으로 먼저 등록된 곳이 있어서 영어로는 'Solid technologies'로 하되 한글로는 '쏠리테크'로 했다. 그리고 3년 전 경기도로 이전하며 제 이름인 '쏠리드'를 찾아 한글명을 변경하게 되었다. 쏠리드는 처음 작명할 때의 바람처럼 '탄탄한' 기업으로 성장해왔다.

외부에서는 외형적인 성장을 기준으로 쏠리드의 성공을 말한다. 그러나 정준 대표에게 성공의 기준은 규모가 아닌 다른 것에 있다. "주변 사람들한테 필요한 회사냐 그렇지 못하냐를 성공의 기준으로 얘기할 수 있지 않을까요? 없어지는 것을 좋아하는 사람들보다 아쉬워하는 사람들의 숫자가 조금이라도 더 많으면 나름대로 성공한 회사라고 봅니다. 저희 희망은 저희를 필요로 하는 사람들이 많아지는 것이고, 그게 성공의 기준 중에 중요한 기준이 되지 않을까 싶습니다."

정준 대표는 즐겁게 일하는 기업들에게는 공통점이 있다는 것을 발견했다. 그들은 남들에게 도움이 되는 일을 하려고 한다. 돈을 많이 벌어서 남을 위해서 쓰기도 하고, 다른 사람이 필요로 하는 것을 만들어서 그들이 그것을 사용하는 것을 보고 즐거움을 느낀다. 쉬운 일만 하는 것이 아니라 새로운 일, 필요한 일, 도움이 되는 일이면 과감하게 도전해 나가고, 그런 일들을 하고 싶어 하는 사람이 진정한 기업가라고 정준 대표는 생각한다. "세상에 없는 것을 만들어 새로운 가치를 창출해 내는 것에 강한 매력을 느끼는 분들이 기업을 잘하시는 것 같습니다. 이왕이면 저희도 그런 회사가 됐으면 좋겠다는 생각을 합니다. 직원이나 고객이나 누구에게든 도움이 되어야 하지 않겠어요?"

[실습문제]

단, 현재 본인(팀)과 관계없는 부분은 가상으로 설정하여 작성한다.

사업계획서 실전연습

학과 :

학번 :

이름(팀명) :

Ⅰ. 기업현황

1. 대표자(예비창업자) 인적사항

<table>
<tr><td>성 명</td><td colspan="2"></td><td>생년월일(남/여)</td><td colspan="3">(남/여)</td></tr>
<tr><td>주 소</td><td colspan="2"></td><td>전화번호
(휴대폰)</td><td colspan="3"></td></tr>
<tr><td rowspan="2">최종학력</td><td>졸업년도</td><td>학교명</td><td>전 공</td><td colspan="2">수학상태
(졸업, 수료, 중퇴)</td><td>비 고
(취득학위 등)</td></tr>
<tr><td></td><td></td><td></td><td colspan="2"></td><td></td></tr>
<tr><td rowspan="5">경 력</td><td colspan="2" rowspan="2">근무기간</td><td colspan="3">근 무 처</td><td rowspan="2">담당업무
(최종직위)</td></tr>
<tr><td colspan="2">근무처명</td><td>전화번호</td></tr>
<tr><td colspan="2">~</td><td colspan="2"></td><td></td><td></td></tr>
<tr><td colspan="2">~</td><td colspan="2"></td><td></td><td></td></tr>
<tr><td colspan="2">~</td><td colspan="2"></td><td></td><td></td></tr>
<tr><td rowspan="2">재산보유현황
(단위 : 백만원)</td><td>종 목</td><td>내 역</td><td>금 액</td><td>종 목</td><td>내 역</td><td>금 액</td></tr>
<tr><td>주 택
기타 부동산
현금 · 예금</td><td>자가, 임차</td><td></td><td>주식 · 채권
기타</td><td></td><td></td></tr>
<tr><td>기타 특기사항</td><td colspan="6">(자격증, 상벌, 연수, 대외활동사항)</td></tr>
<tr><td rowspan="2">연구개발 및
사업화 실적</td><td>개발과제명 및 내용</td><td>근무처</td><td>개발기간</td><td>사업규모
(소요자금)</td><td colspan="2">비고
(사업화
현황 등)</td></tr>
<tr><td></td><td></td><td></td><td></td><td colspan="2"></td></tr>
</table>

※ 대표자가 수인인 경우이거나 대표자 외에 경영실권자가 있는 경우에는 별지로 추가 작성한다.

2. 기업체현황

■ (창업)회사 개요

<table>
<tr><td colspan="2">업 체 명</td><td></td><td>대 표 자</td><td colspan="2"></td></tr>
<tr><td colspan="2">설 립 일 자</td><td></td><td>상시 근로자수</td><td colspan="2">명</td></tr>
<tr><td colspan="2">법인등록번호</td><td></td><td>사업자등록번호</td><td colspan="2"></td></tr>
<tr><td colspan="4">소 재 지</td><td>전화번호</td><td>소유여부</td></tr>
<tr><td colspan="2">본 사</td><td colspan="2"></td><td></td><td>자가, 임차</td></tr>
<tr><td colspan="2" rowspan="2">사 업 장</td><td colspan="2"></td><td></td><td>자가, 임차</td></tr>
<tr><td colspan="2"></td><td></td><td>자가, 임차</td></tr>
<tr><td colspan="2">업 종</td><td></td><td>주 제 품</td><td colspan="2"></td></tr>
<tr><td colspan="2">관계회사</td><td></td><td>자 본 금
(납입자본금)</td><td colspan="2">백만원</td></tr>
<tr><td colspan="2">공업소유권,
규격표시허가,
기술제휴 등</td><td></td><td></td><td colspan="2"></td></tr>
<tr><td rowspan="2">연혁</td><td>년 월</td><td colspan="4">주요내용</td></tr>
<tr><td></td><td colspan="4">(자본증감, 대표자변경, 상호변경 및 주요경영내용 변경 등)</td></tr>
</table>

※ 본사 및 사업장 약도 등을 별지 첨부한다.

■ (창업)경영진 및 주요주주현황

(단위 : 백만원)

구분	직위	성명	생년월일(남/여)	대표자 관계	소유주식 (금액)
경영진					
주주					
합계					

※ 소유 주식은 법인기업에 한하여 작성한다.

■ 대표자(예비창업자)의 경영철학 및 경영목표

※ 창업동기, 향후 회사발전계획, 인사/조직관리 및 거래처 선정중시 사항 등을 기술한다.

■ 금융거래현황(20　.　.　. 현재)

(단위 : 백만원)

대출기관	운전/시설	대출금액	대출금리	대출기한	담보제공 내용 등
합계					

■ 재무상황

(단위 : 백만원)

구분	직전전년도	직전년도	당해연도 실적 및 예상		차기년도	차차기년도
			(　월 현재)	예상		
총자산						
자기자본						
고정부채						
유동부채						
총매출액						
신청기술 (제품)매출액						
지급이자						
법인세 차감전 이익						
법인세						
당기순이익						

■ 연구개발 인력 및 시설현황(예비창업자의 경우는 확보계획)

연구개발조직				
개발인력	명(박사 명, 석사 명, 대졸 명, 고졸 명)			
개발방법				
주요 연구시설				
산업재산권 보유현황	특허 건, 실용신안 건, 프로그램 건, 기타( )			
연구개발실적	개발과제 및 내용	개발기간	사업규모 (소요자금)	비 고 (사업화현황 등)

※ 연구개발조직은 연구개발 전담부서의 형태를 기술한다.

※ 개발방법은 신청대상기술(제품)의 개발형태를 중심으로 기술한다.

■ 보유 생산시설현황 (예비창업자의 경우는 확보계획)

시설명	규격	수량	용도

II. 사업내용 및 추진계획

1. 평가신청기술

<table>
<tr><td>기술 및 제품명</td><td colspan="6"></td></tr>
<tr><td>개발기간</td><td></td><td colspan="2">개발비용</td><td>백만원</td><td>제품화여부</td><td>여, 부</td></tr>
<tr><td>개발방법</td><td colspan="6">(단독, 공동)공동개발의 경우 상대처 :</td></tr>
<tr><td>권리구분</td><td colspan="6">특허, 실용신안, 의장권, 신기술 사업, 자체기술개발 등</td></tr>
<tr><td rowspan="2">권리자(발명자)</td><td>성명</td><td></td><td>생년월일(남/여)</td><td>(남/여)</td><td rowspan="2">비고</td><td rowspan="2"></td></tr>
<tr><td>주소</td><td colspan="3"></td></tr>
<tr><td>기술(제품)
용도 및 기능</td><td colspan="6"></td></tr>
<tr><td>대체 또는
경쟁제품과의
차별성</td><td colspan="6">(기술/기능상의 차이를 중심으로 기술하되 제품의 핵심기술과 보유여부 포함)</td></tr>
<tr><td>기술의 파급효과</td><td colspan="6">(적용범위 및 응용성을 중심으로 기술하되 계획한 제품 포함)</td></tr>
<tr><td>기대효과</td><td colspan="6">(매출증대, 고용창출, 경영개선 효과 등)</td></tr>
</table>

※ 제품 및 기술이 2가지 이상일 경우에는 별지로 추가 작성한다.

2. 시장현황

<table>
<tr><td rowspan="2">시장현황 및 특성
(단위 : 백만원)</td><td colspan="3">– 시장규모
<table><tr><td>구분</td><td>직전년도</td><td>당해년도</td><td>차기년도</td><td>차차기년도</td></tr><tr><td>세계시장</td><td></td><td></td><td></td><td></td></tr><tr><td>국내시장</td><td></td><td></td><td></td><td></td></tr></table>※ 작성근거(반드시 기재)

– 시장특성(향후 3년간 자료로 판단)</td></tr>
<tr><td colspan="3"><table><tr><td>구분</td><td>국내</td><td>국외</td></tr><tr><td>시장상태(독점/경쟁)</td><td></td><td></td></tr><tr><td>안전성</td><td></td><td></td></tr><tr><td>지속성</td><td></td><td></td></tr><tr><td>성장성</td><td></td><td></td></tr></table></td></tr>
<tr><td rowspan="6">주요 수요처
(년)
(수주 또는
납품현황만을 기재)</td><td>수요처명</td><td>수요처의 총수요규모</td><td>당사 수주(납품)</td></tr>
<tr><td></td><td></td><td></td></tr>
<tr><td></td><td></td><td></td></tr>
<tr><td></td><td></td><td></td></tr>
<tr><td></td><td></td><td></td></tr>
<tr><td></td><td></td><td></td></tr>
<tr><td rowspan="2">경쟁업체 현황</td><td colspan="3">– 국내시장
(업체명, 기술개발계획, 양산/증산계획 등)</td></tr>
<tr><td colspan="3">– 국외시장
(업체명, 기술개발계획, 양산/증산계획 등)</td></tr>
</table>

※ 시장특성은 유무, 고저 등으로 간략하게 표기한다.
※ 제품 및 기술이 2가지 이상일 경우에는 별지로 추가 작성한다.

3. 향후 판매전략 및 판매계획

(단위 : 백만원)

판매 전략					
판매 계획	제품명(상품명)	직전년도	당해년도	차기년도	차차기년도
	기타 제품				
	계				

※ 판매전략은 경쟁제품과의 비교 등을 통한 신청기술(제품)의 판매전략 위주로 기술한다.
※ 판매계획은 현재 생산 중이거나 계획 중인 제품 중 신청기술(제품)을 포함한 주력제품 위주로 기술한다.

4. 추진계획(상세기술 요망)

향후 추진일정 계획	
인력수급 계획	
소요자금 및 조달계획	
설비투자계획	(추가 설비명, 구입처, 규격, 금액 등을 명시)

※ 별지 사용이 가능하다.

»» 용어정리

1. 사업계획서
계획하고 있는 사업과 관련하여 투자, 생산, 판매, 재무 등의 추진계획을 정리한 보고서

2. 기업소개서
사업에 관한 계획이나 홍보의 목적으로 기업의 고객 또는 거래처나 관련 기업에게 서비스를 제공하고 마케팅과 관련한 아이디어를 쉽게 이해할 수 있도록 도와주는 중간 역할을 하는 문서 수단

3. 제품설명서
회사에서 생산한 제품을 개발하기 위한 절차 및 방법 등을 상세히 명시한 문서

4. 현금흐름표
일정기간 동안의 기업의 현금흐름을 나타내는 표

5. 원자재
공업 생산의 원료가 되는 자재

6. 부자재
주요한 자재의 기능을 충분히 발휘시키기 위해 보조적으로 사용되는 자재

7. 조업도
기업의 최대 생산규모의 몇 %를 현재 생산・운영하고 있는가를 나타내는 것

8. 가동률
작업자나 기계설비의 실제 가동시간과 전 작업시간의 비율

9. 주주
주식을 소유함으로써 주식회사의 사원인 지위를 가진 자

10. 수주계약
계획한 내용과 견적 금액 등을 고객이 수락하고 계약을 체결하는 것

11. 재무계획
자금과 관련된 계획으로, 사업성이 있는지를 예측하기 위한 기본자료

12. 시장점유율

어떤 기업의 특정 상품 매출액이 그 상품의 국가 전체 매출액 가운데 차지하는 비율

13. 출자액

사업을 위해 자금을 내는 행위나 그 자금 자체

14. 고정부채

장기부채(長期負債)라고도 하며, 일반적으로 지불기한이 1년을 넘는 부채

15. 유동부채

1년 이내에 상환해야 하는 채무

16. 설비투자

건물 · 기계 · 설비와 같은 고정자본설비에 새로 투자되는 증가분

단 원 학 습 문 제

1. 사업계획서 작성의 필요성과 작성목적에 대해서 설명하시오.

2. 사업계획서에서 반드시 반영되어야 할 요소에 대해서 설명하시오.

3. 사업계획서 작성 시 간과되기 쉬운 부분에 대해서 설명하시오.

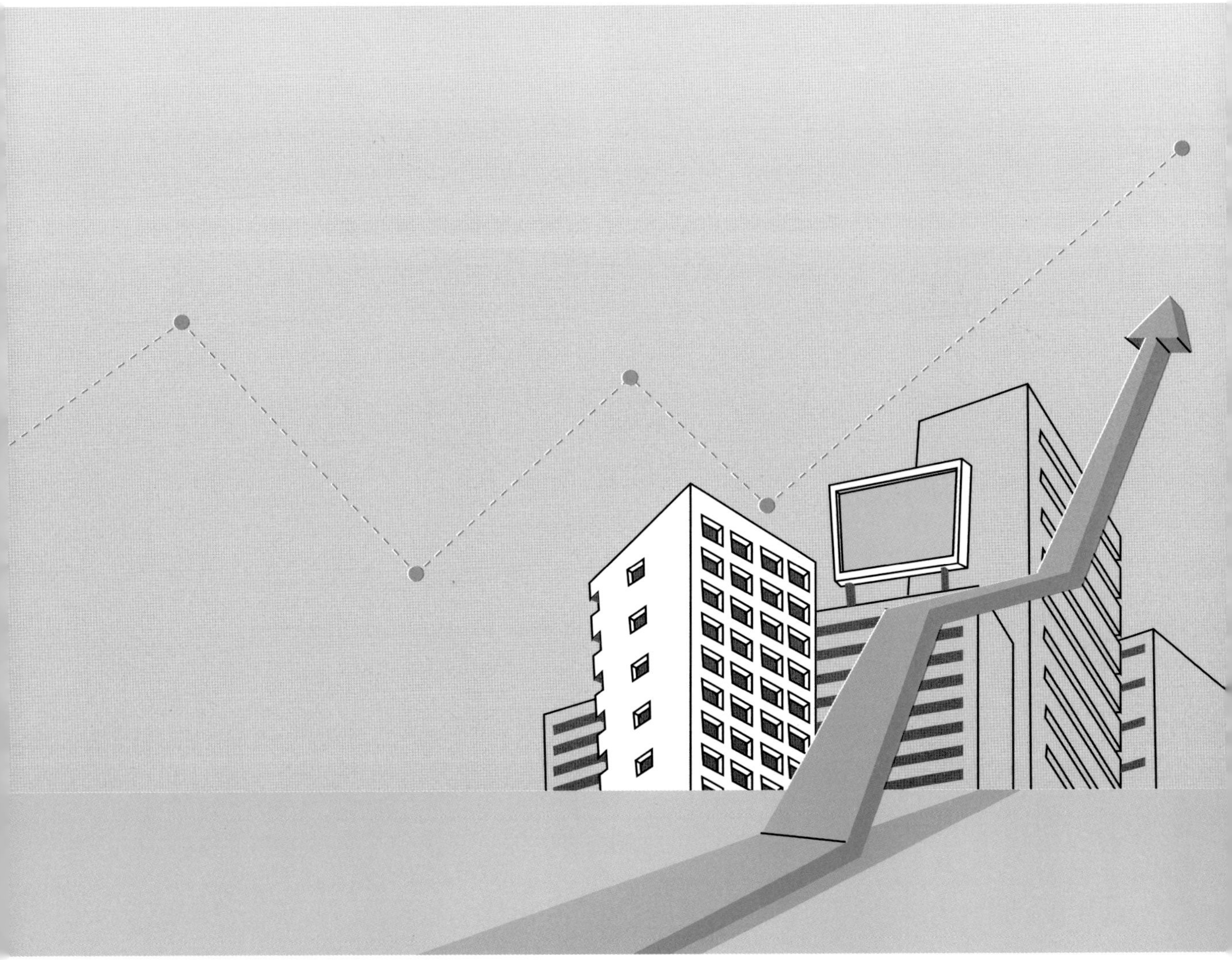

CHAPTER 9 사업타당성 분석

1. 사업타당성 분석 개요
2. 창업자 경영능력
3. 시장성 분석
4. 기술적 타당성 분석
5. 재무적 타당성 분석

학 / 습 / 목 / 표

일반적으로 사업타당성 분석은 창업자 경영능력, 시장성 분석, 기술적 타당성 분석, 재무적 타당성 분석 순으로 이루어진다.

이와 관련하여, 이 장에서는 사업타당성 분석의 의미와 필요성을 이해하고 사업타당성 분석에 필요한 기초이론을 학습하기로 한다.

단 / 원 / 키 / 워 / 드

사업타당성 분석, 사업타당성 분석 시 고려사항, 사업타당성 분석절차, 창업자 경영능력 평가요소, 시장성 분석요소, 기술적 타당성 분석요소, 재무적 타당성 분석요소

CHAPTER 09

사업타당성 분석

1. 사업타당성 분석 개요

사업을 하기 위해서는 충분한 준비가 필요하다. 이를 위한 가장 중요한 과정 중의 하나가 바로 사업타당성 분석이다. 사업타당성 분석은 기업(창업자)의 핵심요소를 체계적으로 검토하여 실패요인을 사전에 예방하거나 발생할 수 있는 손실에 대해 대비하는 역할을 한다.

특히, 벤처기업은 고위험을 동반하고 있기 때문에 창업을 하기 전에 자신이 선정한 아이템에 대한 면밀한 분석이 필요하다. 이러한 분석은 시장성이나 기술적 타당성, 재무적 타당성을 평가하여 사업수행 시 나타날 수 있는 제반 위험을 사전에 제거하고 성공가능성을 높일 수 있다. 많은 창업자가 좋은 아이템이 있어도 이를 사업화하는 데 실패하는데, 그러한 원인 중의 하나로 창업아이템을 세심히 검토해서 올바른 방향을 설정하는 과정이 간과된 경우가 많다.

요컨대 사업타당성 분석은 창업자가 개인적으로 보완해야 할 사항들과 함께 사업운영을 위한 필수지식과 노하우를 습득하게 되며, 창업 이전에 경영능력을 향상시킬 수 있는 과정이라고 할 수 있다.

1) 사업타당성 분석의 핵심사항

사업타당성 분석에서 우선적으로 검토되어야 할 핵심사항은 다음과 같다.

- 이 제품(서비스)이 얼마나 팔리겠는가?

모든 기업은 생산하는 제품(서비스)이 팔려야 유지될 수 있다. 그러므로 사업에 있어서 가장 근본적인 문제는 제품이 잘 팔리겠는가이다. 제품에 대한 판매를 추정하기 위해서는 시장과 관련된 다양한 조사가 이루어져야 한다.

■ 기술적으로 타당한가?

제품을 생산하는 데 필요한 기술적인 능력을 갖추고 있는지에 대해 검토해 보아야 한다. 기술적 타당성이란 기술적 실현가능성이라는 말로 표현될 수 있다. 물론 기존의 기술을 사용하는 경우라면 기술적 타당성이 문제가 되지 않을 수도 있겠으나, 발명이나 첨단기술에 대한 사업이라면 기술적 타당성이 중대한 문제가 될 수 있다. 예를 들면, 이론적으로는 성립되는 사업이라도 대량생산체계를 갖추는 데 너무 많은 시간이나 자금이 소요되는 경우에는 기술적 타당성이 없다고 판단할 수 있기 때문이다.

■ 이 사업을 위해 투입할 수 있는 자금은 얼마인가?

사업 개시 전 또는 사업이 시작된 후에 발생하는 가장 큰 어려움 중의 하나가 바로 자금이다. 자금은 실제로 필요하지만 쉽게 조달할 수 없기 때문에 발생하기도 하지만, 소요자금 추정을 잘못하여 어려움을 겪는 경우도 많다. 따라서 사업타당성 분석단계에서 소요자금을 명확히 추정하여야 한다.

■ 이 사업의 수익성은 어떠한가?

사업의 수익성 평가는 사업타당성 분석의 결론부분이다. 즉, 사업이 아무리 유망하다고 하여도 적정수준의 이윤이 창출되지 않는다면 사업으로서의 가치가 떨어진다고 할 수 있다. 따라서 사업전개 후 어느 정도의 기간에 얼마나 수익을 올릴 수 있는지를 미리 검토해 보는 것이 필요하다.

2) 사업타당성 분석 시 고려사항

사업타당성 분석 시 고려사항은 다음과 같다.

- 객관적인 자료를 바탕으로 목적에 따라 구성항목이 구체적이어야 한다.
- 사업타당성 분석이 단순히 사업계획서를 작성하기 위한 목적인가, 투자를 받기 위한 목적인가에 대해 명확히 하여야 한다.
- 사업타당성 분석 시 분석범위와 분석방법은 사업계획의 규모와 특성에 따라 결정

해야 한다.

- 창업아이템은 타인으로부터 얻는 것보다 자신의 경험을 통해서 얻은 전문지식 및 노하우를 기반으로 선정되어야 성공가능성이 훨씬 높다.
- 첨단기술에 기반을 둔 기술창업일수록 창업자 자신의 경험과 전문성에 대한 객관적인 확보가 중요하다.
- 창업하고자 하는 아이템이 도입기에서 성장기와 성숙기를 거치지 않고 바로 쇠퇴기로 진행되는 유행아이템이 아닌지를 면밀히 검토해야 한다.

3) 사업타당성 분석절차

사업타당성 분석은 예비 사업타당성 분석과 실질적인 사업타당성 분석으로 구분할 수 있다. 예비 사업타당성 분석은 특정 사업아이템 선정 전에 다수의 예비 사업 프로젝트를 비교하여 최종적으로 하나의 사업아이템을 선정하는 과정이며, 실질적인 사업타당성 분석은 선정된 후보 사업아이템의 시장성, 기술성, 재무성 등의 분석을 통해 사업의 성공가능성을 확인하는 과정을 의미한다. [그림 9-1]은 일반적인 사업타당성 분석절차를 나타낸 것이다.

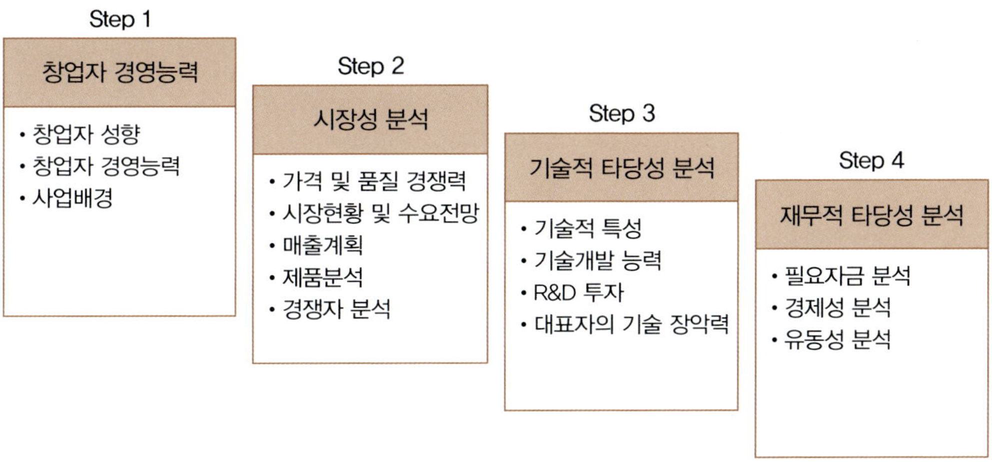

[그림 9-1] 사업타당성 분석절차

2. 창업자 경영능력

사업의 성공과 실패는 경영자의 능력에 달려 있다고 해도 과언이 아니다. 특히, 창업 초기기업은 창업자의 경영능력의 중요성을 강조하고 있다.

창업자의 경영능력은 창업자가 자신의 성향과 능력에 알맞은 사업을 추진하고 있는지, 필요자원 조달을 위한 네트워크 구축이 가능한지에 대해서 살펴보아야 한다. 창업자 자질이 벤처기업 경영에 매우 중요한 요소임에도 불구하고, 창업자들은 사업타당성 분석에서 자신에 대한 분석을 간과하는 경우가 많다. 〈표 9-1〉은 창업자 경영능력 평가요소를 나타낸 것이다.

〈표 9-1〉 창업자 경영능력 평가요소

구분	주요항목	세부내용
창업자 성향	통찰력과 예측능력	• 산업변화에 대한 인지 정도 • 경제규칙의 변화방향에 대한 인지 정도 • 경쟁우위 창출방안 유무
	지배구조	• 창업자 지분 정도 • 스톡옵션 분배 계획
	신뢰성	• 주변의 평가 • 개인의 재무적 신용도
	개인적 네트워크	• 학력으로 구축된 관계 • 창업 이전 기업 경험시 구축된 관계 • 창업과정에서 구축된 관계
	실천력	• 평소 목표달성 정도 • 목표에 대한 몰입 정도
	창조성	• 아이디어 개발능력 • 신규사업 기회 포착능력
	모험심	• 위험을 감안한 모험능력
창업자 경영능력	위기대응 및 조직관리 능력	• 위험 감지와 대처능력 • 의사소통 유형 • 핵심인력 유치 방안
	비전제시 능력	• 공유 비전의 유무 • 비전 달성방법 제시 정도

구분	주요항목	세부내용
	분석력	• 경쟁자 분석능력 • 시장기회 분석능력
	기획력	• 사업계획 구체화 능력 • 미래 사업기획 능력
	조직력	• 조직 구축과 관리능력 • 조직내부 갈등 관리능력
	포용력	• 종업원의 실수를 용서해 줄 수 있는 정도 • 창조적 실패를 장려할 수 있는 능력
사업배경	창업동기	• 창업의 실질적인 동기 • 기술권리와 관련된 문제 발생가능성 • 창업의 적절성
	성장단계	• 기업의 향후 성장가능성 • 기업의 성장 원동력
	외부 투자자에 대한 인식	• 회계처리의 투명성 • 외부자본에 대한 배당의지 여부 • 기업 공개 계획 및 추진의지 여부

3. 시장성 분석

시장성 분석이란 제품 및 서비스를 판매할 수 있는 시장을 찾아 판매수요를 예측하는 것으로 제품 및 서비스를 얼마나 팔 수 있는가에 초점을 맞추어야 한다. 즉, 시장에서 어느 정도 팔릴 수 있는가를 분석하는 것이다.

참고로, 벤처캐피탈을 대상으로 조사한 결과, 90% 이상의 창업자들이 시장수요를 실제 시장보다 40% 이상 과대평가하고, 60% 이상의 창업자들이 60% 이상을 과대평가한다고 지적하였고, 시장수요 예측 시 창업자들이 깊이 있는 잠재시장 분석에 중요성을 부여하지 않으며, 주로 직관에 의존하여 체계적이지 못하고, 부정적 정보를 무시하거나 편견을 가지고 있는 것으로 나타났다. 다음 〈표 9-2〉는 시장성 분석요소를 나타낸 것이다.

〈표 9-2〉 시장성 분석요소

분석요소	세부내용
가격 및 품질 경쟁력	• 경쟁제품 및 수입품과의 비교 • 자사제품의 비교우위 요인 도출
시장현황 및 수요전망	• 일반적인 시장현황 • 시장규모 및 전망 • 판매영역별, 고객별 잠재수요 분석 • 국내 제품 및 대체, 유사품에 대한 수급실적 • 시장의 특성 및 구조분석 • 소비자 특성 및 변화추세 분석
매출계획	• 시장 개척 및 판매계획의 실현가능성 분석 • 시장점유율 분석 • 판매량 증감요인 분석 및 영역별 판매 전망
제품분석	• 제품의 강약점 분석 • 제품의 라이프 사이클(Life Cycle) 및 보급률 분석 • 제품원가 및 마케팅 비용 분석 • 마진율 및 제품가격 분석
경쟁자 분석	• 재무상태 비교 • 생산능력 및 실적 비교 • 주요 경쟁요소 비교 • 전략집단 분석

4. 기술적 타당성 분석

기술적 타당성 분석은 제품생산에 필요한 물적 · 기술적 요소를 파악하고 관련 비용을 추정하는 것이다. 기술사업화 측면에서 기술이전, 기술가치평가, 기술개발, 산업재산권 등도 기술적 타당성 분석에 포함된다. 이러한 기술적 타당성 분석은 기술 자체로도 중요하지만 사업에 있어서 시장성을 증대시키는 보완적인 부분으로도 강조되어야 한다. 〈표 9-3〉은 기술적 타당성 분석요소를 나타낸 것이다.

〈표 9-3〉 기술적 타당성 분석요소

분석요소	세부내용
기술적 특성	• 기술상의 차별성 • 경쟁제품 및 수입품과의 기술 차이, 성능 비교 • 외부연구기관의 자문 • 신기술 관련 인증, 심사 등의 시험자료 활용 • 동업계와 산업별 단체 또는 기술에 대한 분석
기술개발 능력	• 기술인력의 과거 개발실적 • 회사의 개발기술 보유실적
R&D 투자	• R&D 투자비율 • 총인원대비 기술인력의 비율
대표자의 기술장악력	• 대표자의 기술개발 능력 • 핵심 기술인력의 이탈가능성 • 신규인력 확보 노력

5. 재무적 타당성 분석

재무적 타당성 분석은 경제성이나 수익성을 측정하는 여러 가지 지수를 이용하여 추진사업의 타당성 여부를 검토하는 것이다. 재무적 타당성 분석에서는 총소요자금의 정확한 추정이 필요하다. 사업을 시작하게 되면 설비 및 인적자원, 연구개발 등에 대한 대단위의 투자가 요구된다. 따라서 총요구비용과 기대매출액을 정확히 산정하여 손익분기점에 도달하는 시기를 확인하여야 한다. 이와 같은 재무적 타당성 분석이 명확하게 되지 못하면, 벤처캐피탈이나 엔젤로부터 투자받기는 어려우며, 이는 사업성공의 장애요인이 될 수 있다. 〈표 9-4〉와 [그림 9-2]는 재무적 타당성 분석요소와 분석의 흐름을 나타낸 것이다.

〈표 9-4〉 재무적 타당성 분석요소

분석요소	분석방법		
필요 자금 분석	• 시설자금	• 운전자금	• 향후 현금 흐름
경제성 분석	• 자본 조달 비용	• 수익성 추정	• 손익분기점 도달시기
유동성 분석	• 민감도 분석	• 부채비율	• 유동비율

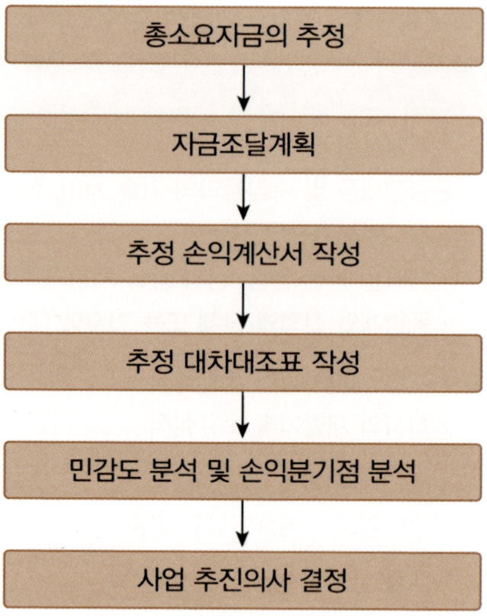

[그림 9-2] 재무적 타당성 분석의 흐름

출처 : 한정화 (2015). 벤처창업과 경영전략. 홍문사. 208쪽.

결론적으로, 사업타당성 분석은 정확하고 객관성이 유지되어야 하며, 전문성을 갖춘 보편타당한 분석이 되어야 한다. 또한 창업자는 주어진 사업기회가 어느 수준의 위험과 보상을 갖고 있으며, 사업을 추진할 때 확보할 수 있는 경쟁우위의 수준은 어떠한지를 총체적으로 판단할 수 있어야 한다. 그러한 판단을 통해 자신이 계획한 사업과 과거의 다른 창업자들이 추구한 사업기회를 비교했을 때 상대적으로 어떠한 수준인가를 객관적인 시각에서 파악해야 한다.

Entrepreneurship Role Model ⑨

1등은 바뀌지만 1호는 영원하다

(주)비트컴퓨터 조현정 회장

비트컴퓨터는 '소프트웨어'라는 단어조차 생소하던 1983년, 국내대학생 벤처 1호, 소프트웨어 전문회사 1호로 설립된 회사이다. 현재 의료정보 분야의 전문성을 바탕으로 헬스케어 전문기업으로 입지를 확고히 하겠다는 목표를 세우고 있다.

비트컴퓨터(www.bit.kr) 메인화면

시공간을 초월해 몰입하라

대학교 3학년이던 1983년, 자본금 450만원으로 처음 회사를 차린 곳은 일반 사무빌딩이 아닌, 이용객이 뜸했던 변두리 호텔의 스위트룸이었다. 호텔을 선택한 것도 바로 '몰입'을 위한 공간을 찾았기 때문이다. 사업 경험은 물론 사회 경험도 없으니 네트워크가 있을리 없고 자본금을 비롯해 모든 것이 부족했다. 그때 그는 '시간'을 승부처로 봤다. 출퇴근 시간, 식사 시간을 아낄 수 있고 쾌적한 공간에서 개발에 몰두할 수 있어 호텔 스위트룸을 택한 것이다. 그곳에서 직원 2명과 주말과 공휴일은 커녕 출퇴근도 없이 2년 반을 생활했다.

연간 300억원대의 매출을 올리는 지금도 조현정 회장이 창업할 당시 품었던 초심은 변함없다. 소박한 회장실에는 화려한 집기들 대신 자료와 책자들이 가득하다. 조현정 회장은 보여지는 것보다 본질을 중시한다. 군더더기는 모두 버리고 핵심으로 들어가 효율을 높이고자 하는 초심이 여전히 그를 이끌고 있다.

"기업을 시작할 때 누구나 마음에 품는 기본적인 것이 있습니다. 좋은 제품을 만들어서 고객을 만족시키고, 복지로 직원들을 만족시키고, 돈을 벌어서 사회공헌을 하겠다는 것입니다. 그러나 세월이 지나다 보면 어느새 무너집니다. 사회공헌은 잊히고 직원복지는 흐지부지되며 고객서비스와 제품의 질은 두 번째가 되고 원가가 제일 중요해집니다. 초심을 끝까지 가져가는 기업이 끝내 성공한다고 생각합니다. 후배 기업가들에게도 '처음 창업할 때 생각했던 것을 잊지 말자'고 항상 이야기합니다."

세상에 없는 것을 만들라

조현정 회장의 집무실 책장에는 빛바랜 사진 한 장이 놓여 있다. 자세히 들여다보니 익숙한 얼굴들이 보인다. 1980년대에 유행하던 잠자리 안경을 낀 가수 이선희, 이제는 예능프로그램에서 만날 수 있는 씨름선수 이만기의 앳된 얼굴도 보인다. 그 사이에 젊은 조현정 회장이 있다. 1985년 9월 중앙일보가 창간 20주년을 기념해 실은 '분야별 20대 스타들' 기사에 나왔던 사진이다. 대학생 벤처 1호였던 조 회장도 '20대 스타'로 초대받은 것이다.

학창시절에 1등 한 번 해본 적이 없는 조현정 회장은 현재 벤처 1호, SW업체 1호, 의료정보기업 1호, 테헤란밸리 입주 1호, SW업체 병역특례 1호 등 따지면 100개 정도 되는 '1호' 타이틀을 보유하고 있다. 1등은 바뀌기도 한다. 하지만 1호라는 기록은 변하지 않는다. 1호는 가장 창조적인 행위의 결과물이다.

1호의 가치를 처음 깨닫게 된 것은 첫 거래에서였다. 컴퓨터 프로그래밍이 가능한 사람이 별로 없던 당시, 조현정 회장은 '이것으로 뭔가 할 수 있을 것 같다'는 느낌을 받았다. 48킬로바이트 용량의 애플PC가 전부였던 시절이었다. 일반인에게는 컴퓨터라는 단어도 생소하던 당시에 그는 열심히 독학으로 기술을 익혔다. 그리고 회사를 세운 후 국내 최초의 상용 소프트웨어인 '의료보험 청구 프로그램'을 개발 · 공급했다. 다행히 사용자의 반응이 무척 좋았다. 소프트웨어를 얼마에 팔아야 할지도 모를 때라 10만원 정도 받으려고 생각했다. 그런데 고객은 그에게 150만원을 지불했다.

'아니 왜 이 거금을 나한테?' 조현정 회장은 어리둥절했다. 고객은 자신들이 얻은 가치를 그에게 준 것이었다. 매일 병원 진료를 마치고 3명이 달라붙어서 3시간씩 수작업으로 처리하던 일을 소프트웨어로 해결했으니, 한 달에 150만원 이상의 효과를 봤다고 생각하고 그 가치만큼의 비용을 조현정 회장에게 지불한 것이다. 사업은 승승장구했고 창업 다음 해에 비트컴퓨터는 1억 7,000만원을 벌어들였다. 요즘 가치로 20억원이 넘는 액수다.

"그 돈은 세상에 없는 것을 만들었기 때문에 받을 수 있었던 겁니다. 처음부터 남들이 시도하지 않은 의료정보분야 소프트웨어를 개척한 것이 '대박'을 쳤습니다. 창업아이템은 반드시 자기만의 사업아이템과 틈새시장을 찾는 것이 무엇보다 중요합니다. 비타민이 아닌 아스피린 같은 절실한 아이디어로 승부해야 합니다."

'비타민과 아스피린론'은 창업을 꿈꾸는 후배들에게 조현정 회장이 빼놓지 않고 들려주는 조언이다. 비타민은 섭취하면 좋지만 꼭 섭취하지 않아도 상관없다. 그러나 아스피린은 열을 내리기 위해서 반드시 필요하다. 바로 그런 존재, 반드시 필요한 아이템으로 만들어야 한다는 것이다. 많은 창업자들의 아이템을 보면 유사성이 보인다. 이런 유사 아이템들로는 큰 기업이 되기 어렵다. 남이 하지 않는 것, 세상에 없는 것을 찾아 나서야 한다.

"혁신적인 것, 세상에 없는 것을 만들라고 하면 '그런 게 어딨습니까?'라고들 합니다. 하지만 찾지 않으면 망합니다. 찾아내야 합니다. 없는 것을 만드는 것, 그것이 바로 기업가정신입니다."

>>> 용어정리

1. 사업타당성 분석

기업(창업자)의 핵심요소를 체계적으로 검토하여 실패요인을 사전에 예방하거나 발생할 수 있는 손실을 대비하는 역할을 함

2. 경제성

경제적 · 기술적 목적이 그 실현을 위한 여러 활동에 의해 얼마만큼 달성되었느냐 하는 성과성(成果性)

3. 유동성

자산을 현금으로 전환할 수 있는 정도를 나타내는 경제학 용어

4. 시설자금

중소기업이 생산설비를 구입, 개체하거나 정보화 촉진을 위해 시스템과 설비를 개체하는 데 소요되는 자금

5. 운전자금

기업이 임금이나 이자의 지불 또는 원재료의 매입 등 경상적 활동에 필요로 하는 자금

6. 대차대조표

특정시점에 현재 기업이 보유하고 있는 자산(경제적 자원)과 부채(경제적 의무), 자본의 잔액에 대한 정보를 보고하는 보고서

7. 민감도 분석

자본예산의 오류를 감소시키기 위하여 다른 조건이 일정한 경우에 어느 한 투입요소가 변동될 때 그 투자안의 순현재가치가 어느 정도 변동되는지 분석하는 것

8. 손익분기점

한 기간의 매출액이 당해기간의 총비용과 일치하는 점

9. 손익계산서

일정기간 동안의 기업의 경영성과를 한눈에 나타내기 위한 재무제표

단 원 학 습 문 제

1. 사업타당성 분석에 대해서 설명하시오.

2. 사업타당성 분석절차에 대해서 설명하시오.

3. 창업자 경영능력 평가요소에 대해서 설명하시오.

4. 시장성 분석요소에 대해서 설명하시오.

5. 기술적 타당성 분석요소에 대해서 설명하시오.

6. 재무적 타당성 분석요소에 대해서 설명하시오.

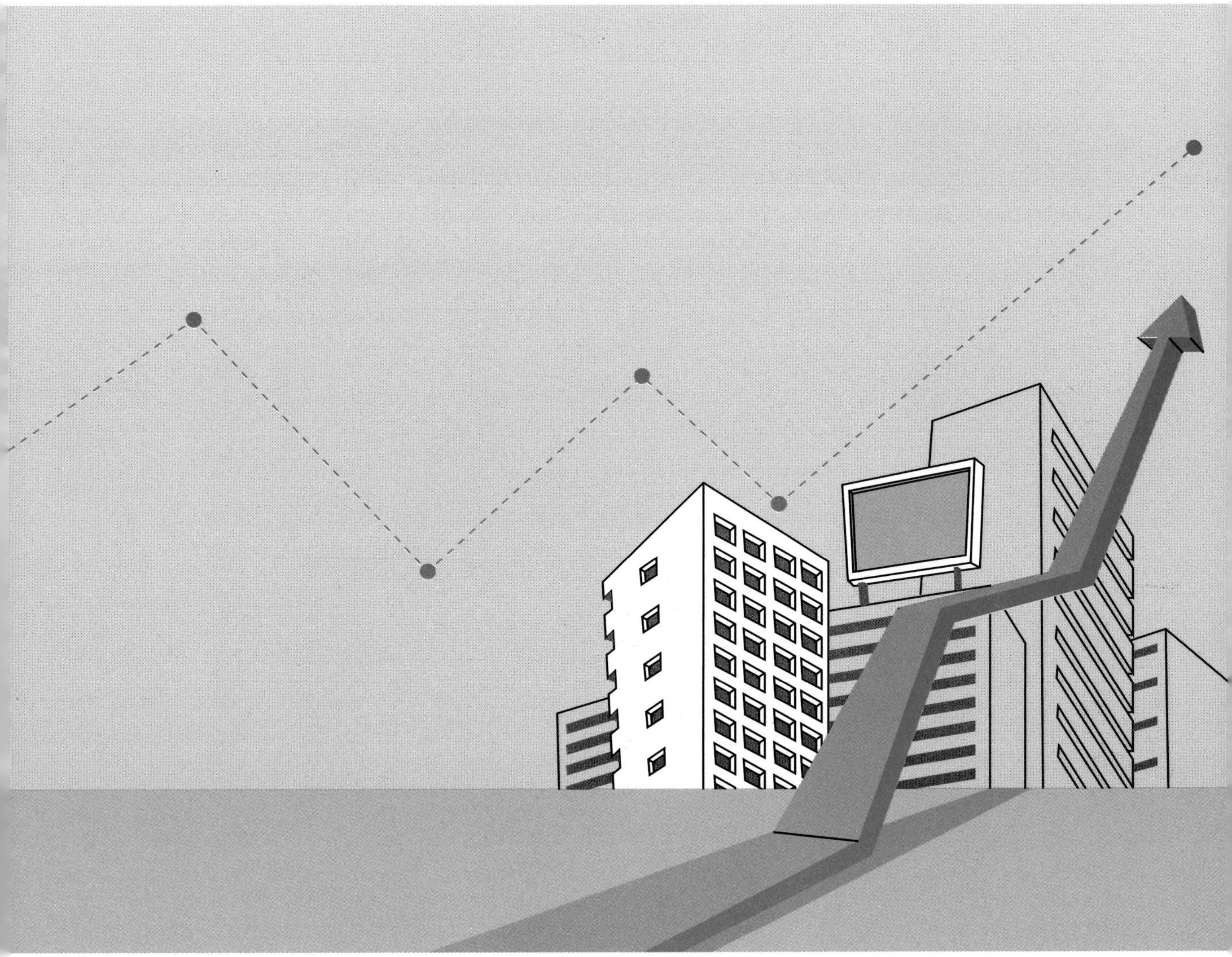

CHAPTER 10 자금조달

1. 자금조달의 기초
2. 벤처캐피탈과 엔젤투자
3. 기업공개(IPO)

학 / 습 / 목 / 표

자금조달은 기업의 성공과 실패를 결정하는 중요한 요소 중의 하나이다. 적절한 시기의 자금조달은 시장이나 기술에 못지않게 사업 성장에 영향을 미치게 된다.

이와 관련하여, 이 장에서는 기업의 중요한 원천인 자금조달과 벤처캐피탈, 엔젤투자 등에 대해서 살펴보고 기업공개 및 국내의 주식시장제도에 대해서도 학습하기로 한다.

단 / 원 / 키 / 워 / 드

자금조달, 자금조달 시 고려요인, 정책자금의 조달, 신용보증기관의 활용, 성장단계별 자금조달 방법, 벤처캐피탈, 엔젤투자, 팁스(TIPS), 크라우드펀딩, 기업공개(IPO), 상장, 코스닥시장, 코넥스시장

CHAPTER 10

자금조달

1. 자금조달의 기초

자금조달은 기업의 성공과 실패를 결정하는 중요한 요소 중의 하나이다. 적절한 시기의 자금조달은 시장이나 기술에 못지않게 사업 성장에 영향을 미친다. 창업 초기에 지분투자방식으로 자금을 조달하는 경우에는 창업자의 지분비율은 줄어든다. 증자과정에서 어떠한 비율로 자금을 조달하는가에 따라 창업자에게 돌아올 수 있는 미래의 자산가치에는 많은 차이가 생긴다. 즉, 불리한 조건으로 창업 초기 자금조달을 하는 경우에는 자신의 노력과 기여에 비해 보상이 크게 줄어들 수 있다.

반면 차입에 의한 자금조달을 하는 경우에는 금융비용의 부담이 커진다. 부채비율이 증가하면 도산의 위험이 높아지며, 기업이 실패하는 경우에는 창업자의 개인적 채무가 되거나 신용불량 상태에 빠지게 된다. 창업 초기에는 기업의 신용이 약하기 때문에 차입에 의한 자금조달 자체가 어렵고, 위험이 높은 경우에는 개인적인 담보에 의한 자금조달은 신중하게 고려해야 한다.

자금조달은 창업 초기뿐만 아니라 성장단계에서도 매우 중요하다. 성장단계에서 급속히 소요자본이 증가하는 경우 IR(Investor Relations ; 벤처투자 유치를 위한 기업홍보활동)을 통해 외부자금을 조달해야 할 필요성이 생기게 된다. 적절한 시기에 적절한 방법을 통해 유리한 조건으로 자금을 조달할 수 있다면 창업의 성공가능성은 훨씬 높아진다. 이를 위해서 기업은 창업자 자신이 자금조달에 대한 지식을 가지고 있거나, 아니면 유능한 CFO(Chief Financial Officer ; 자금담당임원)를 고용해야 한다.

창업자금조달 시 어떤 내용의 자금을 누구로부터 어떻게 조달하는가는 창업의 성공을 위해서 매우 중요하다. 창업주주의 구성이나 자금조달의 원천을 보면 창업기업의 장래를 예측하는 것도 어느 정도 가능하다. 가령 명성이 있는 벤처캐피탈의 투자나 정부의 지원을 얻어낸 기업이라면 추가 투자유치에도 매우 유리한 평가를 얻어낼 수 있다. 일반적인 창업의 경우 초기에는 창업자 자신의 자금을 밑천으로 시작하는 경우가 많다. 그 후 사업이 진전됨에 따라, 필요해지면 외부로부터 자금을 조달하게 된다. 그러나 창업의 경우에는 창업시점에서 적절한 외부자금의 동원을 염두에 두고 시작해야 한다. 위험이 높은 사업에 개인부담이 높은 자금동원은 여러 가지 면에서 적절치 않다. 또한 자금조달의 적시성(Timing)이 기업경쟁력의 확보와 유지에 결정적인 요소이기 때문에 기업의 성장단계에 따라 위험과 보상을 고려한 다양한 방법의 자금조달이 필요하다.

요컨대 창업을 하기 위해서는 자기자금만으로는 부족하고 외부에서 자금을 조달해야 할 경우가 생긴다. 적절한 자금조달은 창업성공의 핵심요인이다. 자금조달을 원활히 하기 위해서는 자금조달에 대한 기본적인 지식이 있어야 하며, 이를 바탕으로 벤처캐피탈, 정책자금, 신용보증기관, 은행 등의 자금을 적절히 활용할 수 있어야 한다. [그림 10-1]은 자금조달방법을 설명한 것이다.

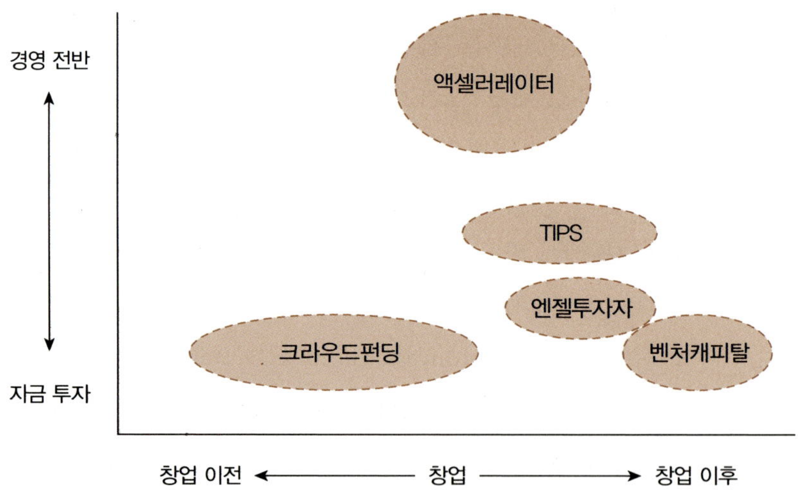

[그림 10-1] 자금조달방법

1) 자금조달 시 고려요인

기업이 어떤 조건으로 자금을 조달하느냐 하는 것은 기업 운영에 많은 영향을 미친다. 따라서 기업이 자금을 조달할 때는 자본조달비용, 조달기간, 경영권 문제 등을 면밀히 검토해야 한다. 자본조달비용은 자금을 사용한 대가로 지불해야 하는 비용을 의미한다. 금융기관으로부터 자금을 차입하는 경우에는 그에 상응하는 이자를 지불해야 하며, 주식을 발행하여 자본을 조달하는 경우에는 그 자본을 활용하여 적절한 수익을 내어 자본을 제공한 주주에게 배당하여야 한다. 이처럼 자금을 조달하는 경우에는 그에 상응하는 대가를 지불해야 하므로 기업의 입장에서는 어떤 방법으로 자본조달비용을 가장 적게 들일 수 있는지를 충분히 고민해야 한다.

자금조달방법에 따라 자금조달기간도 다를 수 있고, 이는 자본비용에도 영향을 미치므로 충분히 고려해야 한다. 금융기관으로부터 장기대출이나 주식, 사채 등의 발행을 통해 자금을 조달하는 경우에는 많은 시일이 걸리기는 하지만 이자부담이 낮고 안정적으로 자금을 활용할 수 있다. 반면, 단기자금을 조달하는 경우에는 소요기간은 많이 걸리지 않지만 상환기일이 짧아 안정적으로 자금을 활용하기가 어렵다는 단점이 있다. 주식이나 사채 발행 중에서 어느 것을 선택할 것인가를 결정할 때는 이러한 자금조달이 경영권에 어떠한 영향을 미치는가를 고려하여야 한다. 과도한 주식발행은 경영권 유지에 심각한 영향을 줄 수 있다는 점을 명심해야 한다.

2) 정책자금의 조달

정책자금은 크게 출연보조금과 융자지원금으로 분류할 수 있다. 출연보조금은 신기술을 개발하는 사업자 등에 대해 정부에서 무담보, 무보증, 무이자로 지원해 주는 정책자금이며, 융자지원금은 장기저리의 형태로 융자해 주는 지원자금을 말한다. 참고로, 정책자금은 주무부처 또는 지자체의 정책에 따라 지원규모나 지원시기 등이 매년 변하기 때문에 항상 관심을 갖고 정확한 정보를 파악하는 것이 필요하다. [그림 10-2]는 정책자금의 종류를 설명한 것이다.

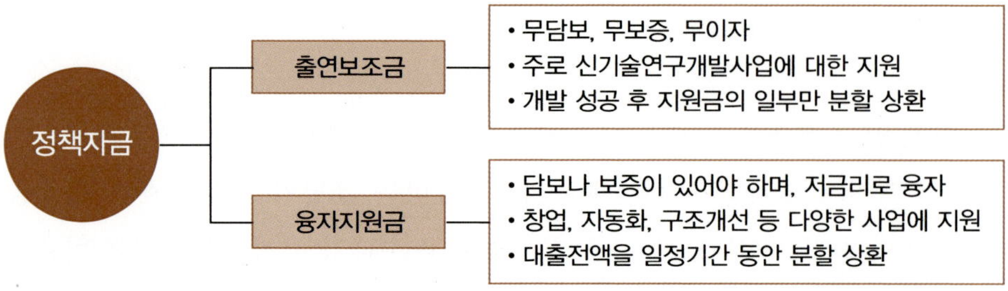

[그림 10-2] 정책자금의 종류

기업(창업자)이 정책자금을 지원받기 위해서는 먼저 자신의 회사가 정책자금의 지원대상에 해당되는가를 확인하고 구체적인 지원요건 및 절차를 알아보는 것이 필요하다. [그림 10-3]은 정책자금의 지원절차를 나타낸 것이다.

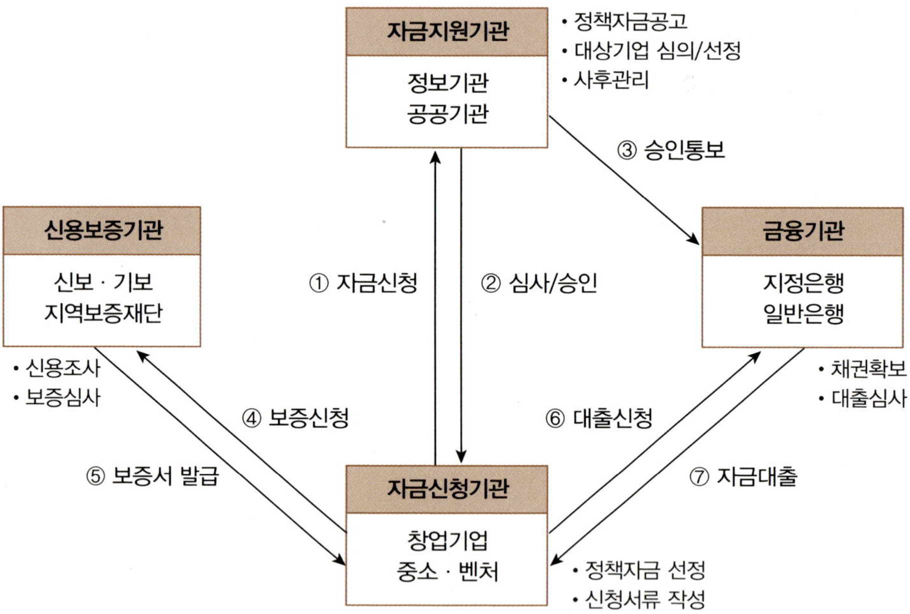

[그림 10-3] 정책자금의 지원절차

3) 신용보증기관의 활용

기업이 금융기관으로부터 대출을 받기 위해서는 담보가 필요하다. 일반적으로 대출을 받기 위해서 제공되는 담보는 아파트나 공장 등과 같은 부동산이지만, 부동산이 없거나 이미 담보로 활용하여 추가로 활용할 수 있는 여력이 없을 경우에는 자금을 조달하기가 힘들어진다. 이처럼 기업이 사업체를 운영하면서 필요한 담보를 대신하여 보증을 서 줌으로써 자금융통을 도와주는 기관이 바로 신용보증기관이다. 즉, 신용보증기관은 기업의 신용도나 자금융통을 도와주는 기관이다. 신용보증기관으로는 신용보증기금, 기술보증기금, 지역신용보증재단 등이 있다. 세 기관 모두 보증업무를 전문적으로 취급하는 기관이라는 공통점이 있으나 세부적인 업무내용에 있어서는 다소 차이가 있다. 우선 신용보증기금은 일반적인 보증업무를 취급하고, 기술보증기금은 벤처기업이나 신기술개발기업에 대한 특화된 보증업무를 취급하고 있으며, 지역신용보증재단에서는 담보력이 취약한 지방영세소기업 및 소상공인에 대한 신용보증업무를 주로 취급하고 있다.

(1) 신용보증기관을 이용할 수 있는 대상

신용보증기관을 이용할 수 있는 대상은 영리를 추구하는 기업이면 사업주체가 개인기업이든 법인기업이든 보증대상이 될 수 있다. 다만, 사치성, 불건전 오락산업 및 사업연관 효과가 작거나 국민경제 기여도가 적은 업종(예, 담배 · 알코올음료 도매업, 금융업, 댄스교습소, 골프장운영업, 도박장운영업 등)에 대하여는 보증취급을 제한하고 있다. 또한, 신용보증기관은 공적자금을 바탕으로 지원되는 기관이기 때문에 기금의 건전하고 견실한 운영을 위하여 신용상태가 불량한 기업은 보증대상에서 제외하고 있다.

(2) 신용보증업무의 처리절차

신용보증업무의 처리절차는 [그림 10-4]와 같이 신용보증 상담, 신용보증 신청, 신용조사, 보증심사, 보증서 발급 순서로 이루어진다.

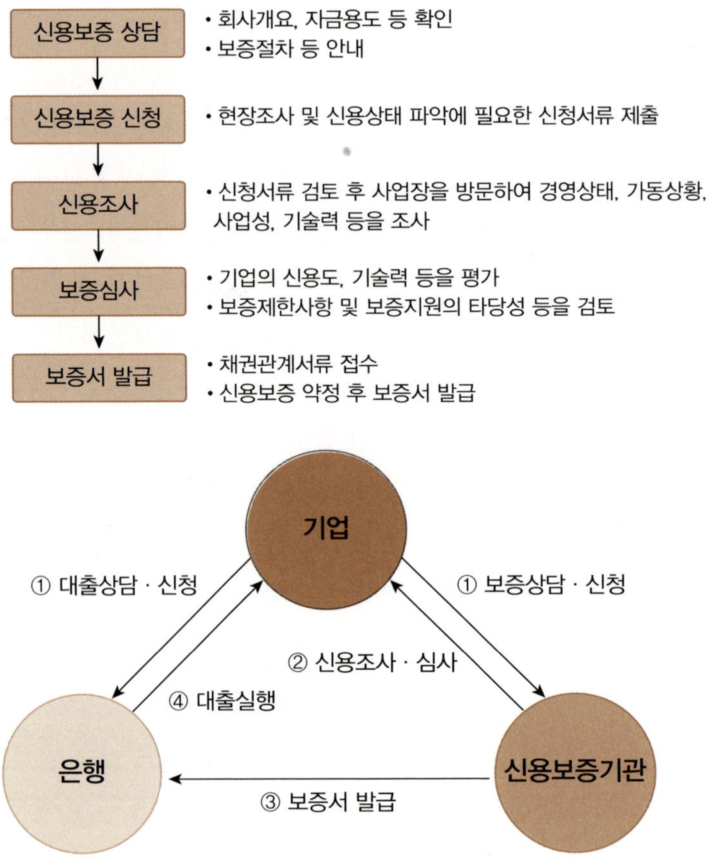

[그림 10-4] 신용보증업무의 처리절차

4) 성장단계별 자금조달 방법

기술과 제품이 일정한 주기로 성장하듯이 기업도 마찬가지이다. 신제품이나 신기술에 대한 아이디어를 체계화하는 연구개발단계, 실제 조직이 갖추어지고 신제품과 신기술을 사업화하는 창업단계, 제품을 시장에 공급하면서 점차 시장을 확대하여 매출이 급성장하는 성장단계, 기업이 안정된 매출을 일으키면서 규모를 확대하거나 신제품을 추가하고자 하는 확장단계, 안정적인 매출과 이익이 발생하고 일정한 성장세를 유지하는 성숙단계, 그리고 시장에서 도태하는 쇠퇴기까지 일정한 수명주기(Life cycle)를 가진다. 〈표 10-1〉은 성장단계별 자금조달 방법을 나타낸 것이다.

〈표 10-1〉 성장단계별 자금조달 방법

구분	성장단계	자금조달 방법
1	연구개발단계	자기자본, 엔젤, 정부정책자금, 공공 벤처캐피탈
2	창업단계	
3	성장단계	벤처캐피탈, 기관투자, 일반금융기관
4	확장단계	벤처캐피탈, 자본시장(IPO : Initial Public Offering, 회사채 등), 일반금융기관, 기관투자
5	성숙단계	자본시장, 일반금융기관
6	쇠퇴기	시장에서 도태

출처 : 산업연구원

따라서 기업은 자신이 위치하는 성장단계별로 자금을 조달함으로써 위험을 최소화하고 수익을 극대화하는 성장전략을 취하는 것이 필요하다.

연구개발단계 및 창업단계에서 조달할 수 있는 자금은 창업자나 엔젤 등에 의한 자금이다. 이러한 자금은 기업의 부채를 증가시키지 않음으로써 재무적 위험부담을 줄일 수 있으며, 창업 초기 기술개발이나 기업의 안정성 확보에 중요한 역할을 한다. 그러나 창업자나 엔젤자금에 의해 조달하는 자금은 그 규모가 한정되어 있어 기업의 성장에 필요한 자금수요를 충족시키기에는 한계가 있다. 따라서 이 단계에서는 창업자 개인자금이나 엔젤자금 이외의 정책자금을 적극 활용하여 부족한 자금을 조달하는 방법을 찾는 것이 요구된다. 또한 창업자들은 벤처캐피탈을 통해서 투자를 유치하려고 노력하는 경우가 많은데, 초기단계에서는 높은 위험으로 인하여 민간 벤처캐피탈들이 투자를 꺼리는 경우가 많으므로 이 단계에서는 주로 공공 벤처캐피탈을 알아보는 것이 유리하다. 공공 벤처캐피탈에서는 기술성과 사업성이 충분할 경우에는 투자를 적극적으로 검토하고, 투자 후에도 계속적으로 기업이 성장단계에 이를 수 있도록 지원하는 경우가 대다수이다.

성장단계에서는 매출이 급격히 증가함에 따라 시설투자, 인력 확보, 마케팅 등을 위한 시설자금과 운전자금이 많이 필요하다. 그러나 매출실적과 담보력 부족으로 금융기관에서 자금지원을 받는 데는 많은 어려움이 있다. 따라서 이 단계의 기업들은 미래 예측이 어느 정도 가능해지고 투자가 유망하다는 점을 강조하여 벤처캐피탈로부터 투자유치를 받아 자금을 조달하는 것이 필요하다.

확장단계에서는 안정적 매출도 있고, 담보력도 있기 때문에 일반금융기관으로부터 자금조달이 용이하다. 일반적으로 신규사업 진출자금, 운전자금 등이 소요되는데, 기업의 실적이 가시적으로 나타나는 시기이기 때문에 벤처캐피탈들이 적극적으로 투자에 나서게 된다.

성숙단계 이후에는 기업의 안정단계를 유지하여 자본시장과 일반금융기관으로부터 안정적으로 자금을 조달할 수 있다. 결론적으로, 자금조달은 사업 초기에는 창업자 개인자금이나 정책자금 등을 이용하고, 사업에 대한 명확한 비전과 사업성, 성장성을 보여줄 수 있는 시점에서는 벤처캐피탈을 통해 투자를 유치하는 전략을 취하며, 기업이 안정단계에 접어들면 자본시장을 통해 자금을 조달하는 것이 바람직하다고 볼 수 있다.

2. 벤처캐피탈과 엔젤투자

벤처캐피탈(Venture Capital)은 ①벤처기업의 성공가능성이 인정되는 경우에 그 성장을 돕는 직접투자자금, ②높은 위험을 감수하면서 자본투자를 통해 고수익을 얻고자 하는 모험자본, ③장래 성장가능성은 있으나 자금이 부족한 중소벤처기업에 자금을 지원하고 경영자문을 행하는 투자회사라고 정의할 수 있다.

초기의 벤처캐피탈은 자본투자 및 투자목적의 자금지원만을 담당했는데 점차 투자대상에 대한 성장지원을 위해 경영컨설팅도 담당하고 있다.

벤처캐피탈은 투자대상기업에 자금을 지원하는 기능을 가지고 있어 금융활동이란 측면에서는 일반금융기관과 유사하지만 투자기업이 성장하지 않으면 이득을 얻을 수 없으며, 투자기업과 위험부담을 함께 하기 때문에 수동적인 기능을 수행하는 은행의 융자와는 성격이 다르다. 벤처캐피탈과 일반금융기관과의 차이점을 살펴보면 〈표 10-2〉와 같다.

- 벤처캐피탈은 투자형식으로 이루어지며 원칙적으로 경영권을 목적으로 투자하지는 않는다.
- 벤처캐피탈은 고수익, 고위험 지향의 투자자금이다.

- 벤처캐피탈의 투자심사는 기업의 경영능력, 시장성, 기술성, 성장성 및 수익성을 중시한다.
- 벤처캐피탈은 투자기업의 성장이 수익과 직결되어 연대의식이 강하다.
- 벤처캐피탈의 수익은 배당금보다는 소유주식 매각에서 얻은 자본소득에 주목표를 둔다.

〈표 10-2〉 벤처캐피탈 투자와 일반금융기관의 융자 비교

구분	벤처캐피탈 투자	금융기관의 융자
지원대상	사업성이 있고 미래 성장 유망기업	신용이 있거나 담보력이 있는 기업
지원형태	주식인수, 전환사채 인수 등 투자	대출(채권, 채무)
담보	원칙적으로 요구하지 않음	신용평가, 담보, 신용보증서 등
회수방법	기업공개, 환매, M&A, 주식매각	원리금 상환
리스크	높음(투자자금 전체)	낮음(담보가치 부족분)
기대수익	기업가치 증가에 따른 자본이익	일정률의 이자수입
지원결정	전문적인 투자심사	융자심사, 담보여력 등
지원효과	장기적으로 안정된 자금 확보, 재무구조 개선, 기업가치 제고	단기 · 중기 자금 확보, 부채비율 증대, 재무구조 약화
원금의 책임	투자자의 유한책임(돈을 공급한 사람 책임)	기업의 무한책임(돈을 사용한 사람 책임)

출처 : 홍성도 (2014). 벤처창업경영 길잡이. 이프레스. 459쪽 참조.

1) 벤처캐피탈의 투자유치 흐름도

벤처캐피탈로부터의 투자유치, 즉 창업가가 기업에 필요한 자금을 조달하기 위해서는 어떠한 준비를 하여야 하는가? 어떻게 하면 성공적으로 투자유치를 이룰 수 있는가? 이는 먼저 벤처캐피탈은 어떠한 관점에서 투자대상기업을 심사하고 벤처캐피탈의 최종 투자목적은 무엇인가에 대한 이해에서부터 시작된다. 사전준비단계에서는 명확한 투자유치 목표 정립, 사업계획서 작성기준, 투자유치시기와 규모, 투자자 및 각 단계별 전략, 최적의 VC(Venture Capital) 탐색 및 관계 유지, 벤처캐피탈의 투자트렌드 파악 등에 대한 세심한 준비가 필요하다. [그림 10-5]는 벤처캐피탈의 투자유치 흐름도를 나타낸 것이다.

[그림 10-5] 벤처캐피탈의 투자유치 흐름도

출처 : 한정화 (2015). 벤처창업과 경영전략. 홍문사. 270쪽.

2) 벤처캐피탈의 투자심사절차

일반적으로 벤처캐피탈의 투자심사는 발굴(언론, 세미나 등을 통한 직접 발굴, 투자대상기업과의 상담, 기존의 투자기업 또는 유관기관으로부터의 추천 등)과 1차적으로 내부검토(예비검토, 현황보고 등)가 이루어지며, 이후 본격적인 투자심사(Due Diligence) 및 투자의사결정이 이루어지고 나면 투자계약서 협의 및 계약체결, 그리고 투자금 입금의 순으로 진행된다.

창업Tip

벤처캐피탈이 선호하는 기업

- 명확한 사업계획서 : 개발일정, 매출추정근거, 장기자금흐름, 위험요인(Risk Factor) 및 대응방안을 제시한 사업계획
- 제품의 차별성이 명확한 기업(상당기간 독점이익 창출이 가능한 기업)
- 강한 IP(한국뿐만 아니라 미국, 일본, 중국 등을 비롯한 해외특허 등록)로 무장한 기업
- 국내시장보다는 해외시장에 주력하는 기업
- 회수방법을 명확히 제시한 기업

3) 엔젤투자

엔젤이란 용어는 미국 브로드웨이 128번가에서 1920년대에 오페라 공연을 추진하는 단체가 자금이 고갈되었을 때 독지가들이 나타나 자금을 지원해 주었는데, 공연이 끝난 후 연출자가 천사들 때문에 오페라의 공연이 가능했다고 감사의 말을 표현한 데서 유래되었다고 한다. 따라서 엔젤(Angel)은 사업아이디어나 기술을 가진 창업자에게 천사처럼 나타나 부족한 자본을 투자하고 경영 노하우를 지원하여 투자지분에 해당하는 이익배당이나 주식양도차익을 통해 고수익을 추구하는 개인투자자를 의미한다. 〈표 10-3〉은 벤처캐피탈과 엔젤을 비교한 것이다.

〈표 10-3〉 벤처캐피탈과 엔젤의 비교

구분	벤처캐피탈	엔젤
투자단계	창업 이후 주식공개에 이르는 후기 성장단계(Later Stage) 선호	사업구상에서 초기단계(Start-up or Early Stage) 선호
투자동기	고수익성	고수익성 · 친분과 인연 중요
지원내용	자금지원 위주, 조직 전문 노하우	자금지원 및 개인의 전문 노하우
투자재원	투자자를 모집하여 펀드조성	개인자산(엔젤펀드 가능)
자격요건	일정한 법적 자격요건 존재	자격요건 없음

구분	벤처캐피탈	엔젤
위험허용도	엔젤보다 적음	벤처캐피탈보다 큼
투자수익성	엔젤보다 적음	벤처캐피탈보다 큼
기업과 거리	거리제한 없음	근거리 선호
신분관계	공개적	익명 선호

출처 : 홍성도 (2014). 벤처창업경영 길잡이. 이프레스. 480쪽 참조

- 초기단계에는 엔젤이, 성장단계에는 벤처캐피탈이 자금을 지원한다. 엔젤투자의 절반 이상이 기업형성단계에 투자됨으로써 자기자본조달의 부족을 메워주며, 벤처캐피탈은 이를 보완해 주고 있다.
- 엔젤은 벤처캐피탈보다 높은 투자수익률을 기대한다. 엔젤이 투자하는 기업은 벤처캐피탈이 투자하는 성장단계의 기업보다 초기단계의 기업에 투자하기 때문에 위험은 높지만 수익도 더 높다. 일반적으로 엔젤이 목표로 하는 수익률은 5년 뒤 원금 대비 5배 이상이다.
- 엔젤의 투자수익률과 벤처기업의 실패율은 다르다. 엔젤은 투자수익률을 높이기 위해서 자금투자뿐만 아니라 재무관리, 마케팅 등 경영지원을 통해 기업의 부가가치를 높임으로써 투자의 성공률을 제고하고자 한다.
- 엔젤투자는 공개된 주식시장에서의 주식투자와 비교해 볼 때 투자대상 및 조건 등에서 차이가 있다. 다음은 엔젤투자와 주식투자를 비교하면 〈표 10-4〉와 같다.

〈표 10-4〉 엔젤투자와 주식투자와의 비교

구분	엔젤투자	주식투자
투자대상의 정보원천	비공식적 구전효과, 동료들의 소개	투자관련 간행물, 공개된 정보, 중개인 (원천 다양)
정보의 형태	제한적인 과거자료, 신규시장에 대한 제한된 정보	과거성과와 시장에 관련된 공개된 정보
투자조건	가격, 증권 형태, 조건은 협상을 통해 결정	시장에서 정해지는 가격에 따라 투자 결정
투자의 유동성	유동적이지 못하며 적어도 몇 년간은 묶여 있음	매우 유동적이며 원할 때는 언제나 팔 수 있음
투자자의 경영개입	실적 보고, 자문, 이사회 참여	없음

출처 : 홍성도 (2014). 벤처창업경영 길잡이. 이프레스. 482쪽 참조

(1) 엔젤투자

엔젤투자는 몇 개의 과정을 거치게 되는데 각 단계를 요약하면 다음과 같다.

- 투자할 원천 및 대상 찾기(투자대상기업을 찾는다)
- 후보기업에 대한 정밀심사(투자할 기업을 정밀 조사한다)
- 기업에 대한 가치평가(인수할 주식의 가격을 분석한다)
- 협상을 통해 거래형성(투자조건을 협상한다)
- 투자기업에 대한 관찰(투자된 기업의 진척사항을 추적한다)
- 회수 및 수확(투자한 기업의 주식을 매각한다)

(2) 엔젤투자 시 유의점

- 투자목적과 범위, 규모, 투자기간을 명확히 설정한다.
- 투자할 기업의 선택을 신중하게 하여야 하며, 사업성에 대한 철저한 확인과 분석이 요구된다.
- 투자조건의 세밀한 검토와 협상이 필요하다.
- 엔젤투자의 과정에서 나타나는 문제점을 파악한다.
- 선택적으로 투자하고 투자기간은 매년 조금씩 늘리면서 분산투자한다.
- 지분투자에는 자신의 재산 중의 일부만 투자한다.
- 경험이 많은 유능한 투자자와 같이 투자하는 것이 좋다.

(3) 엔젤클럽의 활용

- 엔젤클럽 가입 : 좋은 투자기업을 찾는 데 도움이 된다.
- 투자할 기업 선택 : 투자설명회 참석, 기업분석, 엔젤들과의 협의, 전문가의 조언을 청취한다.
- 투자조건의 협상 : 기업과 엔젤과의 신뢰관계 구축이 투자협상 성공에 가장 핵심적인 요소이다.
- 투자한 기업에 대한 감시 : 투자조건의 이행 여부, 경영상태 파악 등에 관심을 갖는다.
- 투자한 기업의 성공 지원 : 경영의 적극적인 참여, 기업의 애로사항 해소를 지원한다.

- 투자원금과 과실의 회수 : 상장, 지분매각, 다른 투자자에의 매각, M&A 등을 활용한다.

(4) 경제적 효과

- 기업의 자금지원 : 미국의 경우 엔젤이 벤처기업의 자금조달에 있어서 가장 중요한 역할을 담당하고 있다. 엔젤에 의한 투자자 벤처캐피탈에 비하여 금액으로는 5배, 투자건수로는 20배 이상을 기록하고 있다.
- 기업의 투명성 제고 : 엔젤은 투자한 기업의 투명성을 요구하게 된다. 투자기업이 주주의 이익을 극대화하는 경영을 촉진하는 계기가 된다.
- 기업의 성장성 제고 : 경영자원을 효율적으로 동원할 수 있어야 가능하다. 엔젤은 자금제공뿐만이 아니라 경영관리, 기술, 마케팅, 경영정보 등 다양한 지원기능을 수행할 수 있다.
- 사업다각화 촉진 : 시장경쟁에서 기술개발을 통한 사업의 다각화를 촉진하는 데 기여한다. 대만의 경우에는 많은 중소기업들이 해외기술 획득을 위하여 엔젤투자로 나서고 있다.
- 포트폴리오(Portfolio)의 다각화 : 재테크에 있어서 부동산, 주식투자, 예금 등 재산운용에 있어서 포트폴리오의 다양화가 요구된다.
- 기업에 대한 이해증진 : 투자를 결정하고 투자금을 회수하는 과정은 기업과 시장의 매커니즘을 이해하고 기업경영에 대하여 학습하는 과정이 될 수 있다.
- 자금운용의 건전화 : 자금의 투기화를 부분적으로 방지하고 투자자금의 유입을 촉진시킴으로써 국민경제에 있어서 자금흐름을 건전하게 한다.
- 지역경제의 활성화 : 지역단위로 엔젤투자가 활성화되면 그 지역에 바탕을 둔 기업의 성장을 지원할 수 있다.
- 경제의 활성화 촉진 : 고용창출, 생산증대 및 성장기반을 강화하여 경제의 활력을 제고시킨다.
- 자본시장 활성화 : 엔젤의 활동이 확산됨으로써 비제도권 자본시장의 활성화에 도움이 된다.

4) 팁스(TIPS)

TIPS(민간투자주도형 기술창업지원, 이스라엘식)란 Tech Incubator for Startup의 약자로 세계시장을 선도할 기술아이템을 보유한 창업팀을 민간주도로 선발하여 미래유망 창업기업을 집중 육성하는 프로그램이다. TIPS 프로그램은 글로벌시장을 지향하는 기술력을 갖춘 유망한 창업팀을 발굴하여 과감한 창업 도전기회를 제공하기 위하여 성공벤처인 중심의 엔젤투자사, 초기전문 벤처케피탈, 기술대기업 등을 운영사로 지정하여 엔젤투자 · 보육 · 멘토링과 함께 R&D자금 등을 매칭하여 일괄 지원한다.

TIPS 프로그램의 지원조건을 보면, 창업팀당 최대 10억원 내외(최장 3년 이내)이고, 지원내용은 엔젤투자(1억원)+성공벤처인의 보육 · 멘토링+R&D(5억원)+추가지원 4억원(창업자금 1억원, 엔젤매칭펀드 2억원, 해외마케팅 1억원)이다. [그림 10-6]과 〈표 10-5〉는 TIPS 프로그램 개요와 TIPS 프로그램의 지원내용을 정리한 것이다.

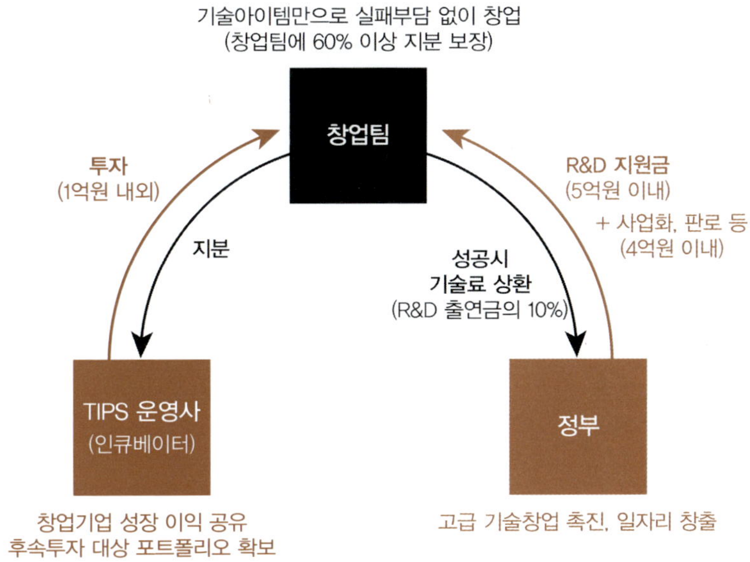

[그림 10-6] TIPS 프로그램 개요

〈표 10-5〉 TIPS 프로그램의 지원내용

<table>
<tr><th rowspan="3">구분</th><th rowspan="3">보유 기간</th><th>창업사업화 자금</th><th colspan="3">기술개발자금(R&D)</th><th rowspan="3">추가연계지원</th></tr>
<tr><th rowspan="2">엔젤투자금 (운영사)</th><th rowspan="2">정부출연금</th><th colspan="2">민간부담금</th></tr>
<tr><th>현금</th><th>현물</th></tr>
<tr><td rowspan="2">창업팀 (1팀 기준)</td><td rowspan="2">2~3년</td><td rowspan="2">1억원 내외 (정부출연금 20% 이상)</td><td>최대 5억원</td><td>민간부담금의 50% 이상</td><td>해당 금액</td><td rowspan="2">• 창업자금 연계지원 1억원
• 엔젤매칭펀드 2억원
• 해외마케팅 1억원</td></tr>
<tr><td>기술개발자금의 80% 이내</td><td colspan="2">기술개발자금의 20% 이내</td></tr>
</table>

참고로, 〈표 10-6〉은 TIPS 운영사를 정리한 것이다.

〈표 10-6〉 TIPS 운영사

운영사	전문투자분야
더벤처스	모바일, 인터넷, S/W
본엔젤스	인터넷, S/W, 모바일
이노폴리스파트너스(한국과학기술지주)	H/W 기반 제조, 바이오, IT
카이트창업가재단	제조, 부품소재, 의료바이오
케이큐브벤처스(서울대기술지주)	인터넷, S/W, 모바일
캡스톤파트너스(스파크랩)	부품소재, IT
쿨리지코너 인베스트먼트	부품소재, H/W, IT
프라이머(빅베이슨)	인터넷, S/W, 서비스, H/W와 S/W 융합, 헬스케어
패스트트랙아시아	인터넷, S/W, 모바일
퓨처플레이	IT(H/W, S/W)
포스코	전 산업분야
엔텔스	인터넷, 모바일
액트너랩	웨어러블, IoT, 커넥티트카, 헬스케어
한화 S&C	ICT 전 분야
현대자동차	기계, 소재, IT 등
슈프리마인베스트먼트(디지털병원수출조합)	의료바이오(헬스케어, IT 융합, 적정의료 등)
에트리홀딩스(DSC)	ICT 융합, 부품소재, 방송, S/W 등
블루포인트파트너스(미래과학기술지주)	첨단제조기술, 바이오, 헬스케어

출처 : 한국청년기업가정신재단 (2015). 손에 잡히는 비즈니스 플랜.

5) 크라우드펀딩(Crowd Funding)

크라우드펀딩은 소셜미디어나 인터넷 등의 매체를 활용하여 자금을 모으는 투자방식으로 대중(Crowd)+자금조달(Funding)이다. 즉, 창의적 아이디어나 사업계획을 가진 기업이 중개업자가 운영하는 온라인포털에서 "집단지성(The Wisdom of Crowds)"을 활용하여 다수의 소액투자자로부터 자금을 조달하는 것이다. 다음 [그림 10-7]은 크라우드펀딩의 개념을 나타낸 것이다.

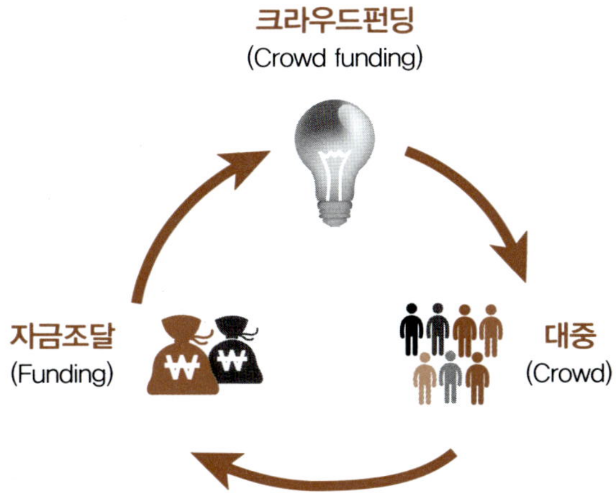

[그림 10-7] 크라우드펀딩의 개념

크라우드펀딩으로 자금을 조달할 수 있는 기업은 비상장 중소기업으로 창업 후 7년 이내이거나 프로젝트성 사업을 수행하는 자이다(다만, 벤처기업, 이노비즈기업은 창업 후 7년 이상이 경과해도 가능하다). 또한, 크라우드펀딩으로 자금을 조달할 수 있는 증권은 창업기업의 주요 자금조달 수단인 지분증권(주식), 채무증권(채권), 투자계약증권(특정 프로젝트 투자)으로 발행이 가능하고, 자금조달 한도는 연간 7억원이다. 장점은 [그림 10-8]과 같이 증권신고서 제출을 면제하고, 소액공모 대비 제출서류가 비교적 간소화되어 있다는 점이다.

일반공모	소액공모	크라우드펀딩
• 증권신고서(약 27종) • 금융위원회 수리	• 소액공모 공시서류(약 17종) • 금융위원회 제출	• 증권 발행 조건, 재무상황, 사업계획서 등 • 중개업자 홈페이지 게재

[그림 10-8] 크라우드펀딩의 장점

(1) 크라우드펀딩의 유형

자금모집방식에 따라 기부 · 후원형, 대출형, 증권형(투자형)으로 구분할 수 있다. 〈표 10-7〉은 크라우드펀딩의 유형을 나타낸 것이다.

〈표 10-7〉 크라우드펀딩의 유형

유형	자금모집방식	보상방식	주요사례
기부 · 후원형	기부금 · 후원금 납입	무상 또는 출시제품	문화 · 예술 · 복지, 아이디어상품
대출형	대출	이자	자금이 필요한 개인, 사업자
증권형(투자형)	기업 · 프로젝트 투자	지분, 이익배당	창업 초기기업

(2) 크라우드펀딩 투자

크라우드펀딩 투자자의 유형별 투자한도는 ①일반투자자(②, ③을 제외한 나머지), ②소득요건 구비 투자자(금융소득종합과세 대상자 등), ③일정요건을 갖춘 전문투자자(전문엔젤, 벤처캐피탈) 등이다. 다음 〈표 10-8〉은 투자자 유형별 투자한도에 대한 설명이다.

〈표 10-8〉 투자자 유형별 투자한도

구분	동일 기업당 투자한도	연간 총 투자한도
일반투자자	200만원	500만원
소득요건 구비 투자자	1,000만원	2,000만원
전문투자자	없음	없음

(3) 크라우드펀딩 중개업체 등록절차

크라우드펀딩 중개업체(온라인소액투자중개업자)는 온라인상에서 소액증권의 모집 및 사모의 중개를 영업으로 하는 자로 자본금, 인적 · 물적요건 등의 일정요건을 갖추어 금융위원회에 등록하면 된다. [그림 10-9]는 크라우드펀딩 중개업체 기능과 등록절차를 나타낸 것이다.

[그림 10-9] 크라우드펀딩 중개업체 기능과 등록절차

3. 기업공개(IPO)

기업공개(Initial Public Offering : IPO)는 일반적으로 소수인의 주주로 구성된 폐쇄기업(Closed Company)이 최초로 일반인을 대상으로 신주를 발행하거나 이미 발행된 주식을 매도함으로써 주식을 분산시키는 행위를 의미한다. 유가증권인수업무에 관한 규칙에서는 기업공개를 "한국거래소가 개설하는 유가증권시장에 상장하기 위하여 주식을 공모하는 행위" 및 "코스닥 상장법인이 유가증권시장에 주권을 신규로 상장하기 위하여 공모하는 행위"로 정의하고 있다.

1) 상장

상장이란 일정한 요건을 충족한 기업들이 발행하는 유가증권에 대하여 한국거래소가 유가증권시장에서 최초로 매매거래될 수 있는 자격을 부여하는 것을 말하며 그 자격을 얻은 유가증권을 상장유가증권이라고 한다. 특히, 유가증권시장에 주권을 상장하지 아니한 발행기업이 주식분산을 통하여 처음으로 발행주권을 상장하는 것을 주권신규상장이라고 하며, 모집 또는 매출 여부에 따라 공모상장과 직상장(유통상장)으로 구분된다.

(1) 공모상장

공모상장은 유가증권시장의 예비상장심사 결과, 상장적격통보를 받은 기업이 모집 또는 매출을 통하여 자금을 조달한 후 상장을 하는 형태의 신규상장, 즉 유가증권시장에 신규상장을 원하는 기업이 상장을 추진하는 과정에서 일반투자자들을 대상으로 공모를 통하여 자금조달을 한 후 상장하는 형태를 말한다.

(2) 직상장(유통상장)

직상장(유통상장)은 이미 분산요건을 충족한 기업이 유가증권시장의 예비상장심사 후 공모를 통한 자금조달을 하지 아니하고 주권을 바로 상장하는 형태의 신규상장을 말한다. 즉, 상장을 추진하는 과정에서 자금조달이 수반되지 아니하는 형태이며, 현재 코스닥시장 상장법인에 한하여 허용하고 있다.

(3) 신규상장절차

신규상장절차는 크게 선행절차, 준비단계, 상장단계로 구분할 수 있다. 이때 코스닥(KOSDAQ)이 유가증권시장에 상장하려는 경우에는 〈표 10-9〉에서와 같이 몇 가지 세부절차를 생략할 수 있다.

〈표 10-9〉 신규상장절차

구분		코스닥	일반기업	주요내용
선행절차	지정감사인 지정	○	○	상장 직전 사업연도에 한하여 증권선물위원회가 지정한 회계감사인의 감사를 받아야 함
	금융감독위원회에 기업등록	×	○	상장을 위해서는 금융감독위원회에 등록을 해야 하며, 시기는 정해져 있지 않으나 직전연도까지는 등록하는 것이 좋음
준비단계	주간사 계약 체결	○	○	주간사는 상장에 필요한 업무를 대행함
	정관의 정비	○	○	상장회사협의회에서 정한 표준정관을 참고함
	명의개서 대행계약	○	○	한국예탁결제원, 국민은행, 하나은행이 가능
	우리사주조합 결성 및 주관리위탁계약	○	○	-
상장단계	예비접촉	○	○	상장을 계획한 법인은 유가증권시장과 미리 접촉하여 상장신청절차와 예비상장심사청구시기 및 상장일정 등에 관한 협의를 하여야 함
	예비상장심사청구서 제출	○	○	-
	예비상장심사결과의 통지	○	○	예비상장 심사결과는 상장위원회의 심의를 거쳐 심사청구일로부터 2개월 내에 신규상장신청인과 금융감독위원회에 문서로 통지
	수요예측, 발행가격 결정	○	○	발행가격은 발행회사와 주간사가 수요예측 결과를 감안하여 결정
	청약 및 납입	○	○	납입 후 익일에 등기
	유가증권 발행실적 보고	○	○	금융감독위원회에서 발행할 실적 보고
	주권의 발행 및 교부	○	○	-
	주권신규상장신청서 제출	○	○	납입일까지 상장신청서 제출
	상장승인 및 매매개시	○	○	-

출처 : 한국거래소

2) 코스닥시장

코스닥(Korea Securities Dealers Automated Quotation : KOSDAQ)은 미국의 나스닥(NASDAQ)과 유사한 기능을 하는 중소 · 벤처기업을 위한 증권시장이다. 코스닥의 명칭은 미국의 나스닥(NASDAQ)을 한국식으로 영문 합성한 것으로, 1996년 7월 1일 금융투자협회에 의하여 개설되었다. 코스닥 개장으로 증권거래소 상장을 위한 예비적 단계에 머물렀던 장외시장은 미국의 나스닥(NASDAQ)과 같이 자금조달시장 및 투자시장으로서 증권거래소와 대등한 독립적인 시장으로서의 역할을 수행하게 되었다.

이와 관련된 코스닥시장의 상장요건에 대해서 살펴보기로 한다. 코스닥시장의 상장요건은 일반기업, 벤처기업, 기술성장기업으로 구분되며, 코스닥 상장을 용이하게 하기 위해 벤처기업과 기술성장기업에 대해서는 일반기업과 달리 일부 요건을 완화하고 있다. 〈표 10-10〉은 코스닥시장의 상장요건을 나타낸 것이다.

〈표 10-10〉 코스닥시장의 상장요건

<table>
<tr><th colspan="2">상장요건</th><th>일반기업</th><th>벤처기업</th><th>기술성장기업</th></tr>
<tr><td colspan="2">설립 후 경과년수</td><td>3년 이상</td><td>미적용</td><td>미적용</td></tr>
<tr><td rowspan="2">규모
(①+②)</td><td>① 자기자본*</td><td>30억원 이상*</td><td>15억원 이상*</td><td>10억원 이상*</td></tr>
<tr><td>② 기준시가총액</td><td colspan="3">90억원 이상</td></tr>
<tr><td colspan="2">지분의 분산</td><td colspan="3">※ 다음 요건 중 택일
• 소액주주 500명 이상, 지분 25% 이상과 청구 후 모집 5%(25% 미만 시 10%)
• 자기자본 500억원 이상, 소액주주 500명 이상, 청구 후 모집지분 10% 이상과 규모별 일정 주식 수 이상
• 공모 25% 이상과 소액주주 500명</td></tr>
<tr><td colspan="2">자본상태</td><td colspan="2">자본잠식* 없을 것
(※ 대형법인 미적용)</td><td>자본잠식률 10% 미만</td></tr>
<tr><td colspan="2">감사의견</td><td colspan="3">최근 사업연도 적정일 것
(연결재무제표 작성대상법인의 경우 연결재무제표에 대한 감사의견 포함)</td></tr>
<tr><td colspan="2">경영성과</td><td colspan="2">계속 사업이익 시현
(※대형법인 미적용)
(연결재무제표 작성대상법인의 경우 연결재무제표 기준)</td><td>미적용</td></tr>
</table>

상장요건	일반기업	벤처기업	기술성장기업
이익규모* 매출액**과 시가총액	※ 다음 요건 중 택일 • ROE* 10% • 당기순이익* 20억원 • 매출액** 100억원과 시가총액 300억원 • 매출액증가율 20% 및 매출액 50억원 이상	※ 다음 요건 중 택일 • ROE* 5% • 당기순이익* 10억원 • 매출액** 50억원과 시가총액 300억원 • 매출액증가율 20% 및 매출액 50억원 이상)	미적용
최대주주 등 지분의 매각제한	6월		1년
기타 외형요건	주주양도 제한이 없을 것		

출처 : 한국거래소

※ ROD(자기자본이익률) = 당기순이익/자기자본×100

※ 기술성장기업 : 전문기관 기술평가(복수) 결과 A등급 이상인 기업(녹색인증기업은 단수)

※ 대형법인 : 자기자본 1,000억원 또는 기준시가총액 2,000억원 이상 기업(상장예비심사청구일 현재)

* 연결재무제표 작성대상법인의 경우에는 연결재무제표상 자기자본(자본금)을 기준으로 하되 비지배지분은 제외

** 재화의 판매 및 용역의 제공에 한함(단, 지주회사는 연결재무제표 기준)

3) 코넥스시장

우리나라에서의 중소기업 자금조달의 대부분은 은행대출에 편중되어 있으며 주식 발생을 통한 자금조달 수준은 매우 낮은 편이다. 이러한 현상은 중소기업의 부채비율 상승과 이자비용 부담의 증가로 인해 재무구조를 악화시키고, 대출정책의 변화 등이 발생할 경우에는 기업의 존립도 위협될 수 있다.

이와 관련하여, 2013년 7월 1일에 개장된 코넥스(Korea New Exchange : KONEX)시장은 자본시장을 통한 초기 중소기업 지원을 강화하고 창조경제 생태계 기반을 조성하기 위한 코스닥(KOSDAQ) 이전 단계의 주식시장이라고 할 수 있다. 이는 중소기업의 자금조달이 은행대출 등에 편중된 것은 코스닥시장이나 프리보드(현 K-OTC)의 중소기업 지원역할이 미흡했기 때문이다. 코스닥시장은 투자자 보호를 위한 상장요건을 지속적으로 강화하여 초기 중소기업의 진입을 어렵게 하였고, 또한 프리보드는 계속된 거래부진으로 시장기능이 크게 위축되었다. 은행대출이 막히면 바로 자금난에 허덕일 수밖에 없는 중소기업이 원활하게 자금을 조달할 수 있도록 하겠다는 코넥스는 기존

주식시장인 코스피와 코스닥에 비해 상장 문턱이 낮다. 자기자본 5억원 이상, 매출액 10억원 이상, 순이익 3억원 이상이라는 3가지 조건 가운데 1가지만 충족하면 상장할 수 있다. 반면, 투자자격은 까다롭다. 투자주체는 증권사, 펀드, 정책금융기관, 은행·보험사 및 각종 연기금 등 자본시장법상 전문투자자로 제한되었다. 직접투자도 벤처캐피탈, 기관투자자, 3억원 이상 예탁한 개인 등으로 제한되었는데, 이는 상장기업들이 창업 초반의 중소기업이고 공시의무가 완화된 점 등을 감안한 배려이다. 일반투자자는 펀드 가입 등을 통해 간접투자를 할 수 있다.

Entrepreneurship Role Model ⑩	**최초의 기술로 유일한 제품을 만들라** 주성엔지니어링(주) 황철주 대표

주성엔지니어링은 반도체 장비 분야를 시작으로 이후 디스플레이 장비, 태양전지 장비, LED와 OLED 시장으로 진출하며 8개의 세계 최초 제품과 기술을 개발하는 등 세계적인 기술 노하우를 쌓아 왔다.

주성엔지니어링(www.jseng.com) 메인화면

세계 최고가 아니면 생각하지도 말라

주성엔지니어링의 집무동 건물에는 회사의 로고 옆에 그만큼 큰 글씨로 "주성은 세계 1등 제품만 만듭니다"라는 문구가 붙어 있다. "세계 최초가 아니면 생각도 하지 말고, 세계 최고가 안 될 것이면 하지도 말라"는 것은 황철주 대표가 입버릇처럼 하는 말이다. 놀랍게도 황철주 대표는 창업 당시부터 '세계 1등 제품 개발'을 목표로 삼았다. 그 배경에는 서러움이 깔려 있었다.

1980년대 당시 우리나라는 반도체 분야에서 글로벌 시장을 주도하고 있으면서도 정작 반도체 제조에 쓰이는 주요 장비는 외국산 제품에 의존하고 있었다. 국산은 나사못 하나 못 쓴다고 하던 시절이었다. 현장에서 접한 그런 현실에 울분이 쌓였다.

"분명 우리 것이지만 정작 주인이 주인 행세를 못하고 있었습니다. 대단한 것도 아닌데 아예 반도체 장비에 손도 못 대게 하더군요. 비싼 장비 망가질까 봐서죠."

제품의 주인은 우리지만 정작 주인이 도움 준 사람의 하인 역할을 한다고 느꼈다. 현실에 대한 그 고민이 그를 반도체 제조장비회사로 이끌었고, 1986년 황철주 대표는 결국 유럽반도체장비 회사의 국내법인에 입사했다. 그리고 그곳에서 7년 동안 세계 1등을 위해 치열하게 일하게 했다. 그러다 그 회사의 국내 지사가 철수하면서 황철주 대표는 바로 독립을 했다. '그 잘난 반도체 장비 내가 만들고 만다'는 오기가 그에게 창업의 길을 터준 셈이다.

1993년 대학 친구와 사무실 반을 나눠 쓰며 맨손으로 시작한 황철주 대표는, 혼자 반도체 장비를 개조하고 대기업에 납품하며 3억원 가량의 종자돈을 모았다. 그리고 1995년 법인으로 전환한 것이 주성엔지니어링의 시작이었다. 처음부터 '세계 1등 제품 개발로 새로운 시장 창조'를 목표로 삼았던 주성은 도전 2년 만에 그 어렵다는 반도체 전공정 장비 수출의 국내 최초 기업으로 기록을 남겼다. 오기가 자신감으로 변한 순간이다. 이후 세계 최초 · 최고 기술력으로 디스플레이와 태양광 장비까지 잇달아 선보이며 초고속 성장 신화를 써나갔고, 그 결과 창사 이래 지금까지 8개의 세계 최초 제품을 개발하는 성과를 선보였다.

기술만 보지 말고 시장을 보라

"선진국과 거래 경험이 있습니까? 다른 회사와의 경험은요?"

황철주 대표가 처음 사업을 시작해 거래에 나설 때마다 받던 질문이다. 최초의 제품, 창조적 기술에는 앞선 경험이 있을 수가 없다. 그러나 당시 우리나라는 '모방형', '추격형' 시장이었다. 새로운 것보다 이미 시장에서 인정받은 것을 얼마나 잘 따라잡을 수 있느냐가 더 중요했던 것이다. 따라서 경험이 없는 기업이나 제품에는 좀처럼 시장이 열리지 않았다. 그것이 가장 큰 벽이었다.

'주성엔지니어링'이란 기업이 가진 기능성보다 기존 기업들의 경험에 더 큰 점수가 주어졌다. 어쩔 수 없이 황철주 대표는 미국의 반도체장비 회사와 협업해, 그 회사의 이름으로 국내 디바이스업체에 납품을 하며 국내시장에 진출할 수 있었다.

"내가 개발한 기술에 다른 나라 브랜드 이름을 달고 국내시장에 들어오는 게 싫었지만, 그게 유일한 방법이니까 어쩔 수 없었습니다. 시장이 그랬으니까요. 다만 지적재산권(IP)이나 마케팅은 우리가 하는 것으로 했습니다."

황철주 대표는 창업자들이 간과해서는 안 될 것이 '시장'이라고 강조했다.

"많은 벤처 창업자들이 실패하는 이유가 기술은 보는데 정작 시장을 보지 못하기 때문입니다. 현실에서는 기술보다 시장이 훨씬 중요합니다. 대기업이나 자금력이 풍부한 기업은 시장이 열릴 때까지 기다릴 여력이 있지만, 스타트업 기업들은 세계 최초의 기술을 가지고도 시장을 열 수 있는 힘과 지탱할 자금이 없어서 무너집니다."

물론 여기에는 다른 이들의 도움이 더 컸다. 시장 진출과 세계 1등을 만드는 것 모두 혼자만의 성공이 아니었다는 것이다. 비록 자기 이름은 달지 못했지만 다행히 그가 개발한 장비와 시간의 요구가 맞아떨어지며 빠르게 성공기류를 탈 수 있었다. 지금도 황철주 대표는 기술개발보다 시장 개척이 10배는 힘들다고 생각한다. 기술개발은 의지와 실력으로 극복할 수 있지만 시장 개척은 열정이나 실력만으로 해결되지 않기 때문이다. 자칫하면 애써 개발한 기술로 남 좋은 일만 시키는 것이 될 수도 있었다.

>>> 용어정리

1. 자금조달
기업활동의 바탕이 되는 자금, 즉 자본을 조달하는 방법

2. 출연보조금
신기술을 개발하는 사업자 등에 대해 정부에서 무담보, 무보증, 무이자로 지원해 주는 정책자금

3. 벤처캐피탈(Venture Capital)
벤처기업에 주식투자 형식으로 투자하는 기업 또는 기업의 자본

4. 엔젤(Angel)
사업아이디어나 기술을 가진 창업자에게 천사처럼 나타나 부족한 자본을 투자하고 경영 노하우를 지원하여 투자지분에 해당하는 이익배당이나 주식양도차익을 통해 고수익을 추구하는 개인투자자

5. 팁스(TIPS)
세계시장을 선도할 기술아이템을 보유한 창업팀을 민간주도로 선발하여 미래유망 창업기업을 집중 육성하는 프로그램

6. 크라우드펀딩
소셜미디어와 인터넷 등의 매체를 활용하여 자금을 모으는 투자방식

7. 기업공개(Initial Public Offering : IPO)
일반적으로 소수인의 주주로 구성된 폐쇄기업(Closed Company)이 최초로 일반인을 대상으로 신주를 발행하거나 이미 발행된 주식을 매도함으로써 주식을 분산시키는 행위

8. 상장
일정한 요건을 충족한 기업들이 발행하는 유가증권에 대하여 한국거래소가 유가증권시장에서 최초로 매매거래될 수 있는 자격을 부여하는 것

9. 공모상장
유가증권시장의 예비상장심사 결과, 상장적격통보를 받은 기업이 모집 또는 매출을 통하여 자금을 조달한 후 상장을 하는 형태의 신규상장

10. 직상장(유통상장)
이미 분산요건을 충족한 기업이 유가증권시장의 예비상장심사 후 공모를 통한 자금조달을 하지 아니하

고 주권을 바로 상장하는 형태의 신규상장

11. 코스닥(Korea Securities Dealers Automated Quotation : KOSDAQ)

미국의 나스닥(NASDAQ)과 유사한 기능을 하는 중소・벤처기업을 위한 증권시장

12. 코넥스(Korea New Exchange : KONEX)

2013년 7월 1일에 개장되었으며, 자본시장을 통한 초기 중소기업 지원을 강화하고 창조경제 생태계 기반을 조성하기 위한 코스닥(KOSDAQ) 이전 단계의 주식시장

단 원 학 습 문 제

1. 벤처캐피탈과 엔젤투자를 비교해서 설명하시오.

2. 팁스(TIPS)에 대해서 설명하시오.

3. 크라우드펀딩에 대해서 설명하시오.

4. 기업공개(IPO)에 대해서 설명하시오.

5. 신규 상장절차에 대해서 설명하시오.

6. 코스닥시장의 상장요건에 대해서 설명하시오.

7. 코넥스시장에 대해서 설명하시오.

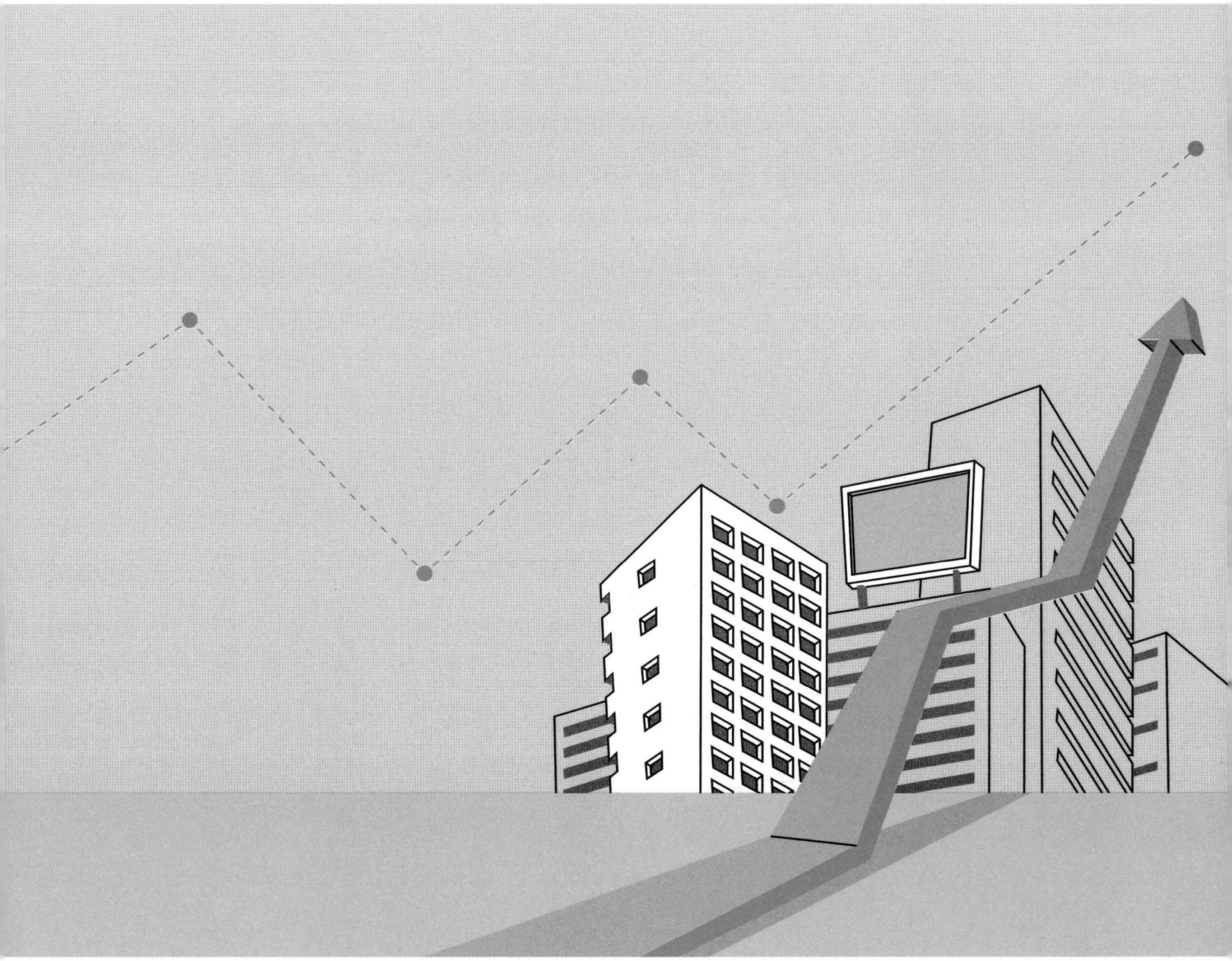

CHAPTER 11 정부의 창업정책

1. 창업지원정책
2. 창업보육정책
3. 창업교육 프로그램
4. 창업유관기관

학 / 습 / 목 / 표

정부에서 추진하고 있는 주요 창업지원정책으로는 K-스타트업, K-ICT창업맨토링센터, 중소기업 지원 종합정보서비스, 벤처기업확인제도, 기술혁신형 중소기업(Inno-biz) 지원제도, 경영혁신형 중소기업(Main-biz) 지원제도 등이 있다. 또한, 정부에서 운영하고 있는 대표적인 창업보육정책으로는 창업보육센터, 창업도약패키지 지원사업, BI 보육역량강화사업, 스마트세계로누림터, 앱 캐스터 등이 있다.

이와 관련하여, 이 장에서는 정부에서 운영하고 있는 창업지원정책, 창업보육정책, 창업교육정책, 창업유관기관에 대해서 학습하기로 한다.

단 / 원 / 키 / 워 / 드

K-스타트업, K-ICT창업멘토링센터, 중소기업 지원 종합정보서비스, 벤처기업확인제도, 기술혁신형 중소기업(Inno-biz) 지원제도, 경영혁신형 중소기업(Main-biz) 지원제도, 창업보육센터, 액셀러레이터(Accelerator), 창업아카데미, 스마트창작터, 대학 기업가센터 운영, 창업선도대학육성사업, 한국청년기업가정신재단, 신용보증기금, 기술보증기금, 창업유관기관

CHAPTER 11

정부의 창업정책

1. 창업지원정책

정부에서 추진하고 있는 주요 창업지원정책으로는 K-스타트업, K-ICT창업멘토링센터, 중소기업 지원 종합정보서비스, 벤처기업확인제도, 기술혁신형 중소기업(Inno-biz) 지원제도, 경영혁신형 중소기업(Main-biz) 지원제도 등이 있다. [그림 11-1]은 정부의 단계별 창업지원정책을 도식화한 것이다.

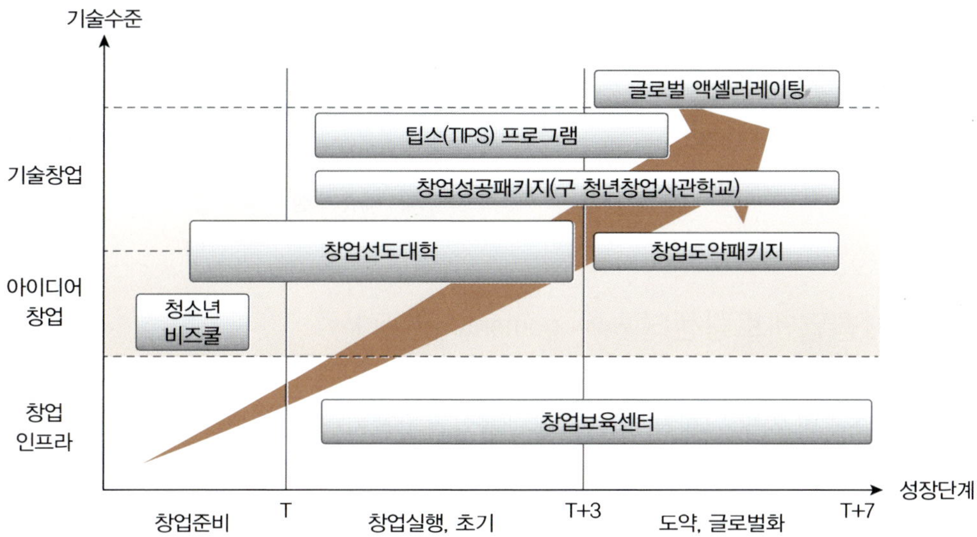

[그림 11-1] 정부의 단계별 창업지원정책

1) K-스타트업(www.k-startup.go.kr)

K-스타트업은 창업희망자와 초기창업기업들이 창업에 대한 모든 정보를 쉽게 파악할 수 있도록 제공하고 있다. K-스타트업의 세부메뉴 구성은 [그림 11-2]와 같다.

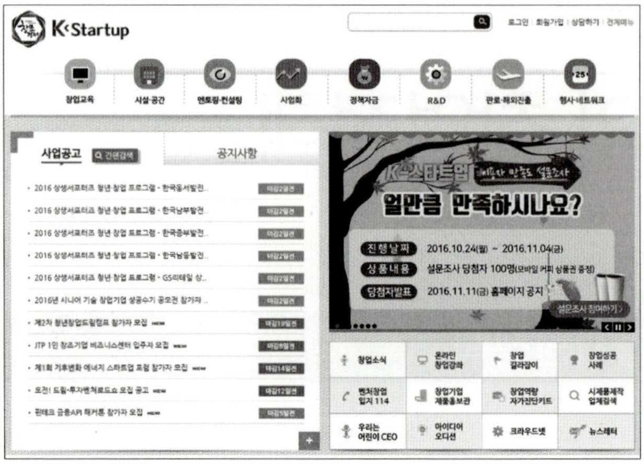

공고 · 신청 ▸	앱다운로드 안내 ▶	사업화 ▶	판로 · 해외진출 ▶
소식 ▸			
창업길라잡이 ▸	전체 ▶	정책자금 ▶	창업교육 ▶
창업성공사례 ▸			
벤처창업입지114 ▸	시설 · 공간 ▶	R&D ▶	멘토링 · 컨설팅 ▶
창업기업 · 제품홍보관 ▸			
창업역량자가진단키트 ▸	행사 · 네트워크 ▶	법인설립시스템 ▶	창업사업 통합정보 관리시스템 ▶
1인 창조기업 비즈니스센터 ▸	스마트세계로누림터 ▶	앱캐스터 ▶	시제품제작업체 검색 ▶
· 비즈니스센터 정보/예약 · 공지사항 · 상담하기	· 센터소개 · 시설안내 및 사용예약 · 기업현황 · 공지사항 · 상담하기 · 커뮤니티	· 앱캐스터 소개 · 앱알리미 · 스마트앱전문가 인프라넷	· 업체검색 · 신청하기 · 신청내역 확인 및 수정

[그림 11-2] K-스타트업의 세부메뉴 구성

2) K-ICT창업멘토링센터(www.gomentoring.or.kr)

미래창조과학부가 지원하고 한국청년기업가정신재단이 운영하는 멘토-멘티들의 만남의 장이다. ICT 창업자들의 창업-성장-발전 단계에서 느끼는 다양한 애로사항에 대하여, 10~20년간 벤처 ICT분야에서 사업해왔던 경험을 가진 선배 멘토들과 함께 문제를 해결해 나갈 수 있다.

[그림 11-3] K-ICT창업멘토링센터(www.gomentoring.or.kr) 메인화면

3) 중소기업 지원 종합정보서비스(www.bizinfo.go.kr)

중소기업 지원 종합정보서비스에서는 중소기업에 필요한 지원사업정보 및 중소기업을 위한 다양한 콘텐츠를 제공하고 있다. 중소기업 지원 종합정보서비스의 세부메뉴 구성은 [그림 11-4]와 같다.

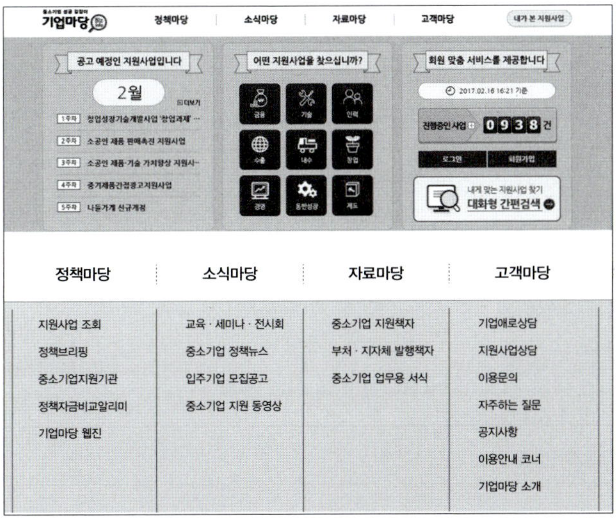

[그림 11-4] 중소기업 지원 종합정보서비스의 세부메뉴 구성

4) 벤처기업확인제도

벤처기업 육성에 관한 특별조치법 제2조의2 규정에 의한 요건에 해당하는 기업을 벤처기업으로 확인하여 시장진입이 어려운 사업 초기에 인적 · 물적 자원조달을 지원하는 제도이다. 〈표 11-1〉은 벤처기업의 유형을 설명한 것이다.

〈표 11-1〉 벤처기업의 유형

벤처 유형	벤처요건	기술성 · 사업성 평가기관	확인 기관
벤처 투자기업	• 벤처투자기관*이 자본금의 10%** 이상을 투자 * 창업투자회사(조합), 실기술사업금융업자, 신기술사업투자조합, 한국벤처투자조합, 산업은행, 기업은행, 일반은행, 개인투자조합, 사모투자전문회사 ** 문화산업진흥기본법 제2조 제9호에 따른 제작자 중 법인인 경우에는 자본금의 7% 이상 • 최소 5천만원 이상 투자해야 함 • 벤처기업 확인서 유효기간 : 2년	–	벤처 캐피탈 협회
기술평가 보증 · 대출기업	• 보증 · 대출금액이 8천만원 이상일 것 ※ 창업후 1년 이내의 기업은 보증(대출)금액 4천만원 이상, 총자산 비율 적용 제외 • 보증 · 대출금액이 총자산에서 차지하는 비율이 5% 이상일 것, 다만 보증 또는 대출금액이 10억원 이상인 경우에는 비율 적용 제외 • 기술성 평가가 우수할 것(기술성 60% 이상) ※ 창업하는 기업(예비벤처*)은 기술성 평가만 적용 * 예비벤처 : 창업준비 중인 자 • 벤처기업 확인서 유효기간 : 2년	기술보증기금, 중소기업진흥공단	기술보증기금, 중소기업진흥공단
연구 개발기업	• 기업부설연구소를 보유할 것 • 연구개발비 5천만원 이상일 것 • 연간 연구개발비가 차지하는 금액이 총매출액의 5~10% 이상일 것 ※ 창업 3년 미만 기업 : 연구개발비 비율 적용 제외 • 사업성 평가가 우수할 것 • 벤처기업 확인서 유효기간 : 2년	기술보증기금, 중소기업진흥공단, 한국기술거래소, 정보통신진흥연구원, 기술이전 촉진법상의 평가기관	기술보증기금, 중소기업진흥공단

창업Tip

벤처기업 확인 및 평가기관

벤처기업을 확인할 수 있는 기관은 기술보증기금(www.kibo.or.kr), SBC 중소기업진흥공단(hp.sbc.or.kr), 한국벤처캐피탈협회(www.kvca.or.kr) 등이며, 벤처기업을 평가할 수 있는 기관은 <표 11-2>와 같다.

〈표 11-2〉 벤처기업 평가기관

평가기관	주된 평가분야	담당부서
기술보증기금	전분야 전략영업부	지식창업부
중소기업진흥공단	전분야 융자사업처	기업협력팀
한국기술거래소	연구개발기업 사업성평가	기술평가본부
한국정보통신연구진흥원	연구개발기업 사업성평가	기술사업화지원센터, 기술가치평가팀
한국발명진흥회	연구개발기업 사업성평가	특허기술평가팀
한국에너지기술연구원	연구개발기업 사업성평가	산학협력센터
전자부품연구원	연구개발기업 사업성평가	기술사업화센터
한국과학기술정보연구원	연구개발기업 사업성평가	성과연구팀
한국보건산업진흥원	연구개발기업 사업성평가	벤처지원팀
산업은행	연구개발기업 사업성평가	산은기술평가원

※ 기타 자세한 내용은 중소기업청(www.smba.go.kr) → 지원정책 → 창업/벤처에서 확인할 것

창업Tip

벤처인(VENTUREIN)(www.venturein.or.kr)

벤처인은 대한민국의 미래 핵심성장동력으로 성장할 벤처기업을 적극적으로 발굴·육성함은 물론, 벤처투자의 활성화를 위해 투자자와 기업이 상호간에 정보를 주고받을 수 있는 양방향 정보서비스를 제공하고 있다.

[그림 11-5] 벤처인(www.venturein.or.kr) 메인화면

- 운영주체 : 기술보증기금(www.kibo.or.kr)

〈표 11-3〉 제공서비스

구분	제공정보	서비스 내용
벤처확인	벤처확인신청절차	벤처확인신청 및 진행상황조회 등 벤처확인 관련 모든 절차를 한 곳에서 제공
	벤처확인요건	
	벤처확인신청	
	벤처확인서재발급	
	벤처확인FAQ	벤처확인과 관련한 자주 물어보는 질문 모음
	벤처서식다운로드	벤처확인 관련 서식 제공
	벤처확인자가진단	자신이 벤처확인요건에 부합하는지 스스로 진단할 수 있는 프로그램

구분	제공정보	서비스 내용
벤처공시	최근공시	최근 벤처 확인이 완료된 법상벤처기업을 순차적으로 조회
	벤처기업 검색	이용자가 원하는 각종 조건으로 벤처기업 조회
	벤처기업가 검색	
벤처투자	벤처투자지원제도	이달의 우수벤처기업, 기보투자기업 등 기보가 추천하는 우수기업의 IR(Investor Relations)정보 제공
	투자관심기업검색(참고용)	기금이 보유하고 있는 기업정보DB를 바탕으로 우수 기술혁신기업을 조건별로 검색하여 제공
	벤처주식거래(프리보드)	한국증권업협회의 프리보드와 연계하여 정보제공
벤처지원	지원제도안내	기금이 지원하는 각종 중소기업 지원제도 안내
	사이버기술경영컨설팅	인터넷을 통한 기술경영컨설팅 신청
	정책자금공고	기업금융연구원 제공정보
벤처뉴스	벤처행사/세미나	기업금융연구원 제공정보
	정책자금뉴스	
벤처자료	벤처통계자료	각종 벤처 관련 통계자료 제공
	벤처경영자료	기업금융연구원 제공정보
	벤처 관련 법령	각종 벤처 관련 법령 제공
	무료경영서식	기업금융연구원 제공정보

5) 기술혁신형 중소기업(Inno-biz) 지원제도

기술혁신형 중소기업 지원제도는 기술경쟁력과 미래 성장가능성을 갖춘 기술혁신형 중소기업(Inno-biz)을 발굴·선정하여 자금, 기술, 판로 등을 정부의 지원시책 연계를 통해 글로벌 경쟁력을 갖춘 혁신기업으로 육성하기 위한 제도이다. 참고로 Inno-biz는 Innovation, Business의 합성어이다.

■ 신청조건

- 업력 3년 이상의 중소기업으로 정상가동 중인 기업
- 업종별 기술혁신시스템평가(기술혁신능력, 기술사업화능력, 기술혁신 경영능력 등)에

의한 기술보증기금의 현장평가 결과 평가점수가 700점(1,000점 만점) 이상이고, 개별기술 평가 결과가 B등급 이상인 기업

■ 지원내용

- 기술보증기금 보증 지원시 우대
- 서울보증보험 보증 지원시 우대
- 코스닥 상장조건 완화
- 중소기업 정책자금 및 지원시책 참여시 우대

■ 전용정보사이트 : www.innobiz.net

[그림 11-6] 기술혁신형 중소기업(Inno-biz) 지원제도 전용정보사이트(www.innobiz.net) 메인화면

6) 경영혁신형 중소기업(Main-biz) 지원제도

경영혁신형 중소기업 지원제도는 서비스업, 문화산업 등 비기술분야 기업군에서 경영혁신활동으로 기업의 경쟁력 확보 및 미래 성장가능성이 있는 중소기업을 발굴·선정하여 자금, 기술, 판로 등 정부의 지원시책 연계를 통해 글로벌 경쟁력을 갖춘 혁신기업으로 육성하기 위한 제도이다. 참고로 Main-biz는 Management, Innovation, Business의 합성어이다.

■ 신청조건

- 업력 3년 이상의 중소기업으로 정상가동 중인 기업
- 신용보증기금 · 기술보증기금의 경영혁신시스템평가에 의한 현장평가 결과 평가 점수가 700점(1,000점 만점) 이상, 한국생산성본부의 생산성경영시스템평가에 의한 현장평가 결과 PMS 3등급 이상인 기업

■ 지원내용

- 신용보증기금 보증 지원시 우대
- 서울보증보험 보증 지원시 우대
- 금융혜택
- 중소기업 정책자금 및 지원시책 참여시 우대
- 기타지원

■ 전용정보사이트 : www.mainbiz.go.kr

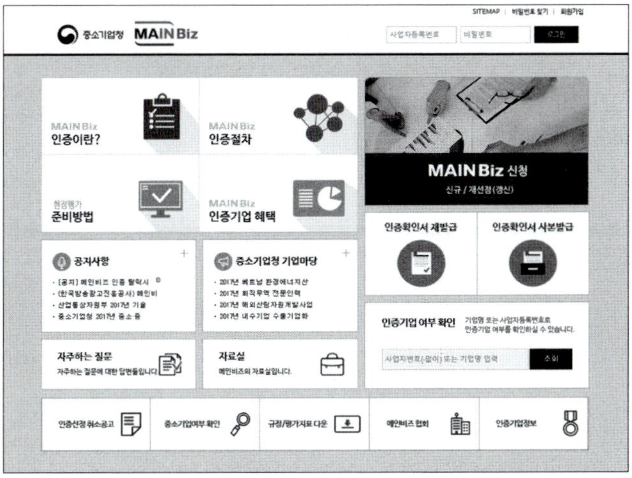

[그림 11-7] 경영혁신형 중소기업(Main-biz) 지원제도 전용정보사이트(www.mainbiz.go.kr) 메인화면

2. 창업보육정책

정부에서 운영하고 있는 대표적인 창업보육정책으로는 창업보육센터, 한국창업보육협회, 액셀러레이터, 창업도약패키지 지원사업, BI(Business Incubator) 보육역량강화사업, 스마트세계로누림터 등이 있다. 이에 대한 핵심내용을 중심으로 살펴보기로 한다.

1) 창업보육센터

「중소기업창업 지원법」 제2조 제7항에 의한 창업보육센터는 창업의 성공가능성을 높이기 위하여 창업자에게 시설 · 장소를 제공하고 경영 · 기술 분야에 대하여 지원하는 것을 주된 목적으로 하는 사업장을 말한다. 즉, 창업보육센터는 기술과 사업성은 있으나 자금, 사업장 및 시설확보에 어려움이 있는 창업자 또는 예비 창업자에게 개인 또는 공동작업장 등의 시설을 저렴하게 제공하며, 아울러 경영, 세무, 기술지도 등의 지원을 통해 창업의 따른 위험부담을 줄이고 원활한 성장을 유도하여 성공가능성을 높이기 위해 설립된 시설을 말한다.

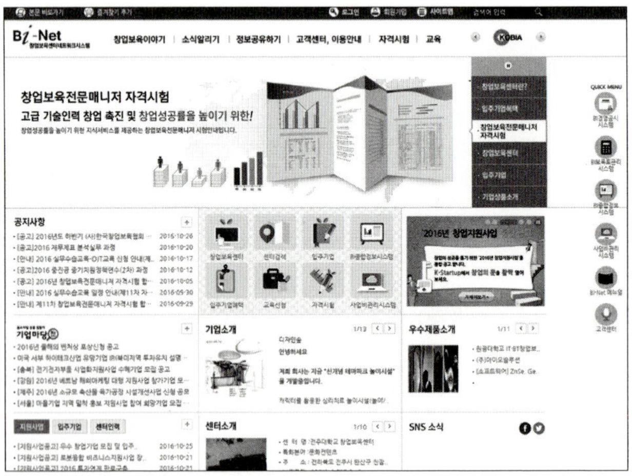

[그림 11-8] 창업보육센터 네트워크시스템(www.bi.go.kr) 메인화면

2) 한국창업보육협회(www.kobia.or.kr)

한국창업보육협회는 기술기반 창업기업의 성공률 제고를 위하여 설립된 창업보육센터들의 창업 관련 정보의 국내 · 외 교류 · 협력 및 조사 · 연구들을 추진하여 일자리 창출과 경제발전에 이바지하고 있다.

[그림 11-9] 한국창업보육협회(www.kobia.or.kr) 메인화면

3) 액셀러레이터(Accelerator)

액셀러레이터는 스타트업에 초기자금과 멘토링 등을 제공하는 단체이다. 창업아이디어나 아이템만 존재하는 단계의 신생 스타트업을 발굴하여 업무공간 및 마케팅, 홍보 등 비핵심 업무를 지원하는 역할을 담당하는 단체를 이른다. 벤처 인큐베이터와 비슷한 개념이지만, 조금 더 초기단계에 있는 창업기업을 벤처단계로 성장시키는 역할을 한다는 점에서 차이가 있다. 액셀러레이터는 창업기업에 사무실, 컨설팅 서비스를 제공할 뿐 아니라 마케팅, 전략 등 각 분야의 전문가들을 멘토로 연결시켜 주기도 한다. [그림 11-10]은 인큐베이터와 액셀러레이터의 차이점을 나타낸 것이다.

인큐베이터		액셀러레이터
Non-competitive	Selection	Competitive
Long-term	Support	Short-term
Minimal	Mentorship	Intense

[그림 11-10] 인큐베이터와 액셀러레이터의 차이점

참고로, 국내에서는 2010년 이후로 현재 10여 개의 주요 액셀러레이터(Accelerator)가 활동 중이며, 〈표 11-4〉와 같다.

〈표 11-4〉 국내 액셀러레이터 현황

구분	전문투자분야	평균투자규모
카이트창업가재단	ICT제조, 전자 · 소재, 바이오 · 의료	1~2억원
프라이머	ICT서비스	0.5억원
패스트트랙아시아	ICT서비스	0.5~1억원
더벤쳐스	ICT서비스	0.5~2억원
퓨쳐플레이	ICT서비스, ICT제조	1~2억원
스파크랩	ICT서비스	0.3억원(25,000$)
엑트너랩	ICT제조, 전자 · 소재, 바이오 · 의료	0.5~1억원
블루포인트파트너스	ICT제조, 전기 · 기계, 전자 · 소재, 바이오 · 의료	1~3억원

4) 창업도약패키지 자원사업

사업아이템의 경쟁력과 사업모델 차별화 가능성이 높은 창업기업을 발굴하여 사업모델(Business Model) 개발, 아이템 검증 · 개발, 시장진입 등을 도와 창업기업의 빠른 수익창출을 도모하는 사업이다.

■ 신청대상 : 3년 이상 7년 미만 창업기업

■ 지원내용

• 사업모델(BM) 혁신, 아이템 검증 · 보강, 판로개척 및 글로벌 시장진출, 투자유치

및 정부사업 연계, 성과창출 프로그램 등 지원

■ 사업비 지원 : 최대 1억원

■ 참가자 모집
- 신청방법 : K-스타트업(www.k-startup.go.kr)을 통하여 온라인 신청
- 제출서류 : 사업계획서

5) BI(Business Incubator) 보육역량강화사업

창업보육센터의 입주기업 보육 프로그램 운영 지원을 통해 개별 BI의 보육역량을 강화함으로써 창업보육센터 입주기업의 안정적인 성장을 도모하기 위함이다.

■ 사업개요
- 지원대상 : 「중소기업창업 지원법」 제6조에 따른 창업보육센터
- 지원내용 : 교육, 멘토링, 기타 자율 프로그램의 개발 · 운영에 소요되는 비용 지원

■ 신청방법 : 온라인 신청(www.bi.go.kr)

■ 접수기관 : (사)한국창업보육협회(KOBIA)

6) 스마트세계로누림터

모바일 앱(웹), S/W, 콘텐츠 등 지식서비스 분야의 (예비)창업기업을 육성하기 위해 사무공간, 보육 프로그램 및 테스트 장비, 영상 촬영 스튜디오 등을 지원한다.

■ 지원대상 및 지원내용

– 사무공간 및 편의시설 제공
- 지원대상 : 지식서비스 분야 예비창업자 또는 공고일 기준 창업 3년 이내 기업
- 모집시기 : 매년 상반기(4월 말), 하반기(10월 말) 총 2회 내외

– 서비스 개발을 위한 공동지원시설 제공
- 지원대상 : 누림터 입주 · 졸업기업 및 외부기업

[참고자료] 정부의 주요 창업자금 지원사업

창업준비부터 창업성장까지 대학생들이 이용할 수 있는 정부의 주요 창업자금 지원사업은 [그림 11-11]과 같다.

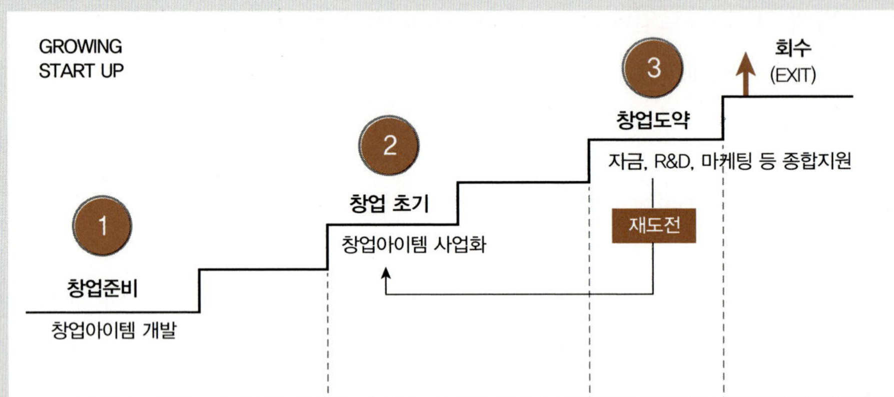

<table>
<tr><td>목적</td><td>기업가정신 함양, 역량 강화</td><td>아이디어 사업화, 기술창업 촉진</td><td colspan="2">죽음의 계곡 극복을 통한 성공률 제고</td></tr>
<tr><td>사업</td><td>• 청소년 비즈쿨
• 창업아카데미
• 창업대학원</td><td>• 창업선도대학
• 스마트창작터
• 창업인턴제</td><td rowspan="2">• 창업도약패키지
• 창업기업자금</td><td rowspan="3">• 재도전 성공 패키지
• 재창업 자금</td></tr>
<tr><td colspan="3">스마트벤처창업학교, 창업성공패키지(구 청년창업사관학교)</td></tr>
<tr><td colspan="4">본 글로벌 액셀러레이팅 활성화/민간투자주도형 기술창업 프로그램(TIPS)</td></tr>
</table>

[그림 11-11] 정부의 주요 창업자금 지원사업

출처 : 윤세명 (2015). TIPS의 현재와 미래. 중소기업청.

3. 창업교육 프로그램

정부와 유관기관에서 제공하고 있는 창업교육 프로그램에 대해서 살펴보기로 한다.

1) 중소기업청

중소기업청에서 제공하는 대표적인 창업교육 프로그램으로는 창업아카데미, 스마트창작터, 대학 기업가센터 운영, 창업선도대학육성사업, 스마트벤처창업학교, 창업성공패키지, 대한민국 창업리그, YES리더 양성 등이 있다.

(1) 창업아카데미

대학생 및 예비창업자에게 실전형 창업교육, 멘토링 지원, 네트워킹 조성 등 창업을 위한 기초역량을 갖출 수 있도록 맞춤형 교육을 지원한다.

- 신청대상 : 대학생 및 예비창업자
- 지원내용
  - 창업교육 : 학점 인정형 창업강좌 및 실전 창업교육 제공
  - 창업동아리 : 대학생 창업동아리 지원
  - 멘토링 및 네트워킹 : 멘토링 지원 및 네트워킹 조성
- 제출서류 : 사업계획서 등 신청서류 제출

(2) 스마트창작터

체험형 창업교육과 사업아이템의 사업모델 검증, 시제품 구체화 등 후속연계를 지원한다.

- 신청대상 : 대학생, 일반인 등 창업을 희망하는 예비창업자 및 창업 3년 이내의 초기 기업

■ 지원내용

- 온 · 오프라인 실습교육 : 온라인 플랫폼과 오프라인 교육을 병행한 체험형 창업 교육
- 사업모델 검증 : 고객수요 검증을 위한 최소요건제품 제작, 랜딩페이지 제작, 시장조사 활동비 등 지원
- 후속연계지원 : 보육공간 제공 및 시제품개발, 지재권 출원 · 등록, 마케팅활동 등에 소요되는 자금지원

■ 신청 및 접수

- 신청방법 : K-스타트업(www.k-startup.go.kr)을 통하여 온라인 신청
- 제출서류 : 교육신청 시 별도 요구서류 없음. 단, 사업모델검증 대상자 및 후속연계지원 대상자로 선발될 경우, 사업모델검증계획서 및 사업계획서 제출

(3) 대학 기업가센터 운영

대학생들에게 창업교육 및 창업 관련 프로그램(네트워킹, 컨설팅 등)을 제공하여 대학 내 창업을 확산하고, 재기창업자들에게는 재기창업, 지원 프로그램을 지원한다.

■ 신청대상 : 대학(원)생, 예비창업자, 재기창업자 등

■ 지원내용 : 대내 · 외 광범위한 네트워크 구축, 멘토링, 보육연계 강화, 컨설팅 및 기초연구 활성화, 실전창업교육 강화

■ 참가자 모집 : 대학 기업가센터 지정 완료 후 각 대학으로 직접 문의

■ 기업가센터 현황

- 서울대학교 벤처경영기업가센터, KAIST SK사회적기업가센터, 한양대학교 글로벌기업가센터, 인하대학교 기업가센터 등 다수

(4) 창업선도대학육성사업

우수한 창업지원 인프라(전문인력, 연구장비 등)를 갖춘 대학을 '창업선도대학'으로 지정하여 창업교육부터 창업아이템 발굴 및 사업화, 후속지원까지 패키지식 지원을

통해 대학을 창업의 요람으로 육성한다.

■ 신청대상

- 창업아이템 사업화 : 제조 및 지식서비스분야 예비창업자 및 창업 후 3년 미만 기업
- 실전창업교육 및 자율특화프로그램 : 창업에 관심이 있는 대학(원)생 및 일반인

■ 지원내용

- 창업아이템 사업화 : 시제품 개발, 지재권 출원 · 등록, 마케팅 활동 등 창업사업화에 소요되는 자금 지원
- 실전창업교육 및 자율특화프로그램 : 대학생 및 일반인 실전창업교육, 창업한마당축제, 지역창업 경진대회, 투자유치 연계 등 대학별 자율특화 프로그램 운영

■ 신청 및 접수

- 신청방법 : K-스타트업(www.k-startup.go.kr)을 통하여 온라인 신청
- 제출서류 : 사업신청서, 사업계획서 등

(5) 스마트벤처창업학교

앱, 콘텐츠, S/W융합 등 유망 지식서비스 분야의 전문기업 육성을 위해 사업계획에서 개발, 사업화까지 실전창업을 집중 지원한다.

※ 스마트벤처창업학교 4개소 : 서울, 대구, 광주, 부산

■ 신청대상 : 앱/웹, 콘텐츠, S/W, 융합 등 유망 지식서비스 분야의 창업 및 사업화를 희망하는 만 39세 미만의 예비창업자(팀) 및 창업 3년 미만 기업

■ 지원내용 : 창업아이템에 대한 사업계획 수립, 창업교육, 개발 멘토링 및 마케팅 등 창업 및 사업화 비용 지원

■ 신청 및 접수

- 신청방법 : 희망 지역 스마트벤처창업학교를 통해 별도 신청 · 접수
- 제출서류 : 입교신청서, 사업계획서, 개인정보 수집 · 이용 · 제공동의서 등

(6) 창업성공패키지(舊 청년창업사관학교)

기술성 및 사업성이 우수한 (예비)청년CEO들의 원활한 창업과 지속적인 성장을 위해 사업화과정 및 단계별 후속연계 프로그램을 지원한다.

■ 신청대상 : 제조업 및 지식서비스 업종 영위(예정) 기업, 만 39세 이하의 예비창업자 또는 창업 후 3년 이하인 기업의 대표자(2017. 1. 1. 기준)

※ 단, 신청과제와 관련된 기술경력 보유자는 10% 내외 만 49세 이하까지 지원 가능

■ 총모집인원 : 500팀 내외

■ 지원내용

- 창업공간 : 청년창업사관학교 내 창업 준비공간(개별 · 공동)을 제공
- 창업코칭 : 전문인력을 전담교수로 배치하여 진도관리 및 창업 전 과정 지원
- 창업교육 : 기술사업화 및 전문지식 등 단계별 교육 실시
- 기술지원 : 제품설계(CAE · 역설계 등), 시제품제작 등 제품개발 관련 기술 및 장비 지원
- 자금지원 : 1년간 최대 100백만원 총사업비의 70% 이내 지원(창업활동비, 기술개발 및 시제품제작비, 기술정보활동비, 지재권 취득 및 인증비, 마케팅비 등 용도)

  ※ 단, 기술개발이 장시간 소요되는 고급기술의 경우, 2년간 최대 200백만원 이내 지원
- 후속연계지원 : 청년창업사관학교 졸업기업의 성장촉진을 위한 신속지원 프로그램(Fast-track)(보육 · 코칭, 기술개발, 정책자금, 마케팅 · 수출, 투자유치 등)

■ 신청 및 접수

- 신청방법 : K-스타트업(www.k-startup.go.kr)을 통하여 온라인 신청
- 제출서류 : 사업참가신청서, 사업계획서 등

(7) 대한민국 창업리그

성공창업을 꿈꾸는 미래의 유망CEO 발굴과 전 국민 창업분위기 제고를 위한 대한민국 최고의 창업경진대회로 치열한 경쟁과정을 거친 수상자들에게는 포상금과 후속지원 등의 기회를 제공한다.

■ 신청대상 : 우수 기술 · 아이디어를 보유한 예비창업자(팀) 및 창업 3년 이내의 자(팀)

■ 지원내용
- 통합본선 진출자(팀) : 상금 및 맞춤형 멘토링, 특허출원비 지원
- 왕중왕전 진출자(팀) : 상금(최대 2억원) 및 후속 연계지원(사업화 연계, 박람회 참가 지원)

■ 신청 및 접수
- 신청방법 : K-스타트업(www.k-startup.go.kr)을 통하여 온라인 신청
- 제출서류 : 참가신청서 및 사업계획서, 개인정보 수집 및 이용 동의서

(8) YES리더 양성

청소년, 대학생 등 청년 예비창업자를 대상으로 대대적인 기업가정신 특강을 실시하여 도전의식 고취 및 창업 마인드를 함양한다.

■ 지원대상 : 초 · 중 · 고등학교 및 대학교(원)

■ 지원내용 : 스타 CEO가 창업 도전기, 기업경영 철학 등을 통해 기업가 정신 함양에 대한 강의 진행

■ 관련 사이트 : www.facebook.com/YESleader

2) 한국청년기업가정신재단 프로그램

한국청년기업가정신재단에서 운영하는 프로그램에 대해서 살펴보기로 한다.

(1) 기업가정신 교육과정 개발 및 운영

■ 사업목적 : 생애 전주기적 기업가정신 교육과정의 체계적 개발 및 운영

■ 사업내용
- 참여형 · 체험중심형 기업가정신 교재 · 교구 개발 및 보급

• 대상별 · 수준별 맞춤형 기업가정신 교육과정 운영

(2) 해외 우수 교육 프로그램 도입

■ 사업목적 : 해외에서 검증된 우수 기업가정신 교육 프로그램 도입을 통한 글로벌 인재 양성

■ 사업내용 : 美 · EU 등의 기업가정신 연구기관 및 대학 중심으로 개발 · 운영 중인 교육 프로그램 도입 및 국내화

(3) 기업가정신 교육전문가 역량 강화 프로그램 운영

■ 사업목적 : 기업가정신 교육전문가 역량 강화 및 네트워크 구축

■ 사업내용 : 기업가정신 교육전문가 양성과정 개발 및 운영 · 기업가정신 교육 우수 사례 발굴

(4) 행복한 기업가정신 가족캠프

■ 사업목적

• 다양한 가족 간의 상호 이해와 가족애를 증진하고, 기업가적 삶의 자세와 태도 고취
• 기업가 및 창업에 대한 인식을 개선하고, 기업가정신의 중요성, 필요성에 대한 공감대 형성

■ 사업내용 : 다양한 특성 및 계층을 대상으로 테마별 가족캠프 실시

(5) 글로벌 인재양성 프로그램

■ 사업목적 : 글로벌 네트워크를 활용하여 대학생 국제 교류 프로그램 기획 · 운영

■ 사업내용

• 노스이스턴 대학생 국제 교류 : 미국 노스이스턴 대학 · 국내 대학생이 한 조가 되어 글로벌 진출 계획 중인 국내 중소벤처기업의 현장문제를 해결하는 프로젝트

형 교육 프로그램

- 한 · 핀란드 대학생 국제 교류 : 창조적 아이디어를 보유한 국내 대학생을 핀란드 알토 대학교에 파견, 기업가적 마인드 형성, 글로벌 역량 강화를 목적으로 하는 체험 중심의 국제교류 프로그램

(6) KDB 청년창업지원사업

■ 사업목적 : 우수 청년창업가 발굴 및 육성

■ 사업내용

- 청년창업가에 대한 잠재 · 예비 · 초기 단계별 창업지원 및 후속지원
- 액셀러레이팅, 기업가정신 훈련 프로그램

(7) 창업교육 우수대학 발굴 · 육성

■ 사업목적 : 대학 차원의 창업교육 역량 및 기업가정신 교육 여건을 개선

■ 사업내용

- 대학 창업교육 컨설팅 및 창업교육 우수대학 발굴
- 창업친화적 학사제도와 프로그램 등 우수사례 발굴

(8) 창업교육 전문가 역량강화

■ 사업목적 : 전국 대학 및 청소년 창업교육 담당 교직원의 창업교육 역량 향상

■ 사업내용

- 대학 창업교육 전문가 연수 실시
- 청소년 창업교육 교사 양성과정 운영
- 창업교육 정보제공 홈페이지 운영

(9) 대학 창업교육 콘텐츠 개발 및 확산

■ 사업목적 : 대학 및 청소년 창업교육 콘텐츠 활성화 방안 마련

■ 사업내용
- 청소년 창업교육 콘텐츠 개발
- 대학생 교육교재 및 동영상 강좌 개발

(10) KC-Startup Festival

■ 사업목적 : 전국 대학생을 대상으로 교육형 창업경진대회 및 창업동아리 육성 프로그램을 통하여 기업가정신을 갖춘 우수한 창업가형 인재 발굴 · 양성

■ 사업내용
- 교육형 창업경진대회
- 창업교육 콘텐츠 제작 경진대회

(11) 네이버 청소년 기업가정신 스쿨

■ 사업목적 : 기업가정신 교육자로서 가져야 할 소양과 기본과정 운영 역량제고

■ 사업내용 : 4주 간 매주 PBL(Project Based Learning) 기반 워크숍 교육을 실시하여 교수법 학습 및 콘텐츠 제작 후 교육시연

3) 신용보증기금(KODIT)

신용보증기금(KODIT)에서 운영하는 프로그램에 대해서 살펴보기로 한다.

(1) 창업지원종합시스템(C3S)

창업기업을 위한 단계별 맞춤형 프로그램으로 [그림 11-12]와 [그림 11-13]은 C3C의 기본구조와 C3S 주요내용을 설명한 것이다.

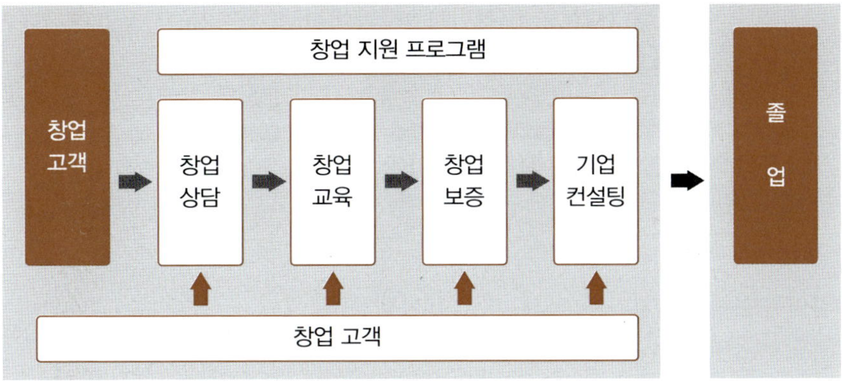

[그림 11-12] C3C의 기본구조

- 창업 관련 상담 서비스(사이버경영자문)
- 창업역량을 강화하기 위한 실무중심 단계별 교육
- 창업단계별 유망창업기업 보증지원 프로그램 운영
  - 예비창업보증(창업 전 6개월)
  - 신생기업보증(창업 후 1년 이내)
  - 창업초기보증(창업 후 1~3년)
  - 창업성장보증(창업 후 3~5년)
- 창업 후 애로사항 해결을 위한 단계별 맞춤형 컨설팅 제공
  [사후관리 → 직원의 직접컨설팅 → 외부 전문가 컨설팅]

[그림 11-13] C3S 주요내용

(2) 희망창업아카데미

신용보증기금(KODIT)이 창업자를 모집하여 창업 관련 정보를 제공하고, 예비창업자 및 창업 후 1년이 지나지 아니한 자를 대상으로 교육을 실시하는 강좌이다.

■ 수강생 선정

수강신청서, 사업계획서, 신용정보조회서 등을 참고하여 코딧 소정양식의 '평가표' 상 종합평점 및 교육인원을 감안하여 선정하며 ①여성 · 장애인 및 청년창업 예정자,

②사업 예정인 업종 관련 자격증, 규격인증, 지적재산권 소지자, ③창업경진대회 수상자 등의 경우에는 우대한다.

■ 커리큘럼

사례분석, 기업CEO 특강 또는 현장실습과정 등을 포함한 사례 · 실무중심의 교육으로 운영한다.

- 창업이론단계 : 창업가의 자세, 창업아이템 선정
- 창업분석단계 : 사업타당성 분석
- 창업계획수립단계 : 사업계획서 작성실무, 창업사례분석
- 창업실무단계 : 창업세무, 창업기업자금운영, 창업절차실무, 창업마케팅 등

4) 기술보증기금(www.kibo.or.kr)

(1) 기술보증기금 기술창업기업 종합지원 체계도

단계	구분	내용
예비창업	보증	예비창업자 사전보증(멘토링)
	전문강좌	기보 벤처창업교실, 청년 · 기술창업교실
	컨설팅	• 창업컨설팅(기보벤처창업교실 수료자)
↓ 창업 초기	보증	맞춤형 창업성장 프로그램 등
	전문강좌	새싹기업 CEO 성공창업강좌
	컨설팅	• 기술경영컨설팅(진단) (새싹기업 CEO 성공창업강좌 수료자 등)
↓ 성장단계	보증	맞춤형 창업성장 프로그램 등
	전문강좌	도약기업 CEO 전문강좌
	컨설팅	• 기술경영컨설팅(전문) (도약기업 CEO 전문강좌 수료자 등)
↓ 성숙기	보증	맞춤형 창업성장 프로그램 등
	컨설팅	중소기업 사전부실예방 지원사업

[그림 11-14] 기술창업기업 종합지원 체계도

(2) 예비창업자 사전보증제도

창업준비단계에서 기술평가를 실시하여 창업자금 지원가능금액을 제시해 주고, 창업 즉시 당초 제시한 창업자금 보증을 지원하는 제도이다.

■ 지원대상

분야	자격요건
일반창업	– 지식재산권 사업화 · 신성장동력산업 창업 예정인 자 – 지식문화, 이공계챌린저, 기술경력 · 뿌리창업, 첨단 · 성장연계 창업 예정자 – 창업교실, 창직 · 창업인턴 수료 및 창업경진대회 입상자, 예비창업자 지원사업(시제품 제작지원 등)에 선정된 자 – 기타 우수 기술로 사업화 가능성이 높다고 인정되는 자
전문가창업	관련법에서 정한 교수 및 연구원(3년 이상 경력자), 기술사, 기능장 및 특급기술자

■ 기술평가 : 기술사업계획서를 기초로 예비창업자의 기술경험(지식)수준, 기술개발 역량, 기술혁신성(완성도) 등을 종합적으로 평가

■ 기술평가료 : 200,000원(기술평가 신청 · 접수시 납부)
※ 단, 신청금액이 1억원 이하인 경우에는 기술평가료 면제

■ 관련기관 : 기술보증기금(www.kibo.or.kr)

5) 서울특별시 창업스쿨

서울특별시 창업스쿨은 온라인 창업교육과 창업을 준비하는 사람들에게 창업컨설팅, 자금, 경영지도에 이르기까지 창업을 위한 실전교육을 진행하는 오프라인 창업교육으로 운영한다.

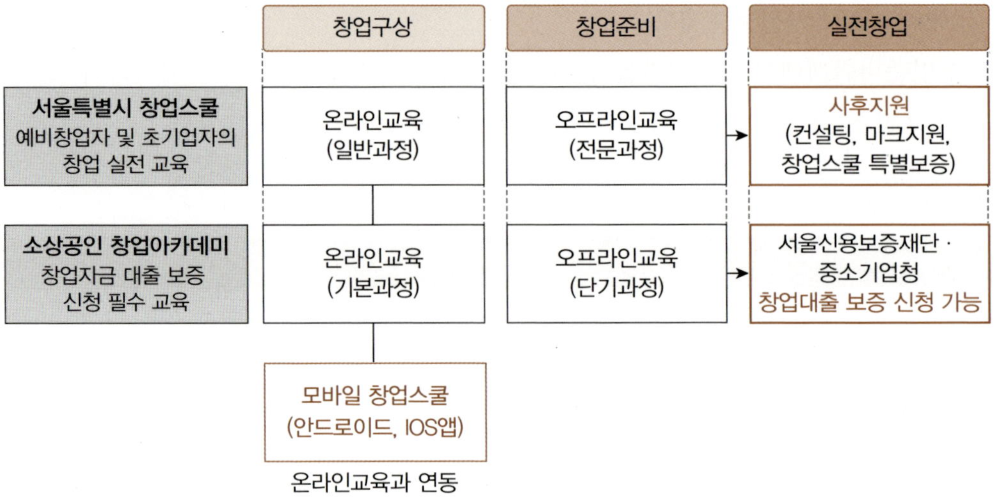

[그림 11-15] 서울특별시 창업스쿨 교육체계

- 온라인교육(일반과정) : 창업준비에 대한 분야별 기초교육으로 누구나 시공간적 제약 없이 온라인과 모바일상에서 학습할 수 있다.
  - 모집대상 : 만 20세 이상의 서울지역 창업 예정자 또는 창업 2년 미만 기창업자
  - 신청방법 : 홈페이지 회원가입 후 교육신청
  - 학습방법 : 온라인 학습(진도율 100% 시 이수)

- 오프라인교육(전문과정) : 창업 업종별 장기 교육과정(이론＋실습)으로 오프라인으로 진행된다.
  - 모집대상 : 만 20세 이상의 서울지역 창업 예정자 또는 창업 2년 미만 기창업자
  - 신청방법 : 신청하기 버튼 클릭 후 신청서 양식 작성
  - 선정방법 : 창업전문가에 의한 신청서 심사 후 교육생 선정(기본과정 이수자는 심사 시 가점 부여)

[참고자료] 2017년 창업지원 사업 현황

<table>
<tr><th colspan="6">창업교육</th></tr>
<tr><th colspan="2" rowspan="2">사업명</th><th colspan="2">모집구분</th><th rowspan="2">예산(억원)</th><th rowspan="2">소관부처</th></tr>
<tr><th>지원대상</th><th>주관(수행)기관</th></tr>
<tr><td rowspan="2">창업교육지원</td><td>청소년비즈쿨</td><td>초 · 중 · 고등학생 등 청소년</td><td>초 · 중 · 고교 등</td><td>76.6</td><td>중기청</td></tr>
<tr><td>창업아카데미</td><td>대학생, 예비 및 3년 미만 기창업자</td><td>대학, 연구 · 공공 · 민간기관</td><td>20.8</td><td>중기청</td></tr>
<tr><td colspan="2">창업대학원</td><td>창업학 석사과정 희망자</td><td>창업대학원</td><td>7.2</td><td>중기청</td></tr>
<tr><td colspan="2">장애인 맞춤형 창업교육</td><td>장애인 예비창업자 및 장애인기업</td><td>(재)장애인기업 종합지원센터</td><td>9.7</td><td>중기청</td></tr>
<tr><td colspan="2">시니어기술창업지원</td><td>만 40세 이상 (예비)창업자</td><td>지자체 및 대학</td><td>47.4</td><td>중기청</td></tr>
<tr><td colspan="2">스마트창작터</td><td>예비창업자 및 3년 이내 창업기업</td><td>대학 등 전문기관</td><td>98.4</td><td>중기청</td></tr>
<tr><td colspan="2">대학창업교육 체계 구축</td><td>대학생 및 대학 교수 등 대학 관계자</td><td>한국연구재단 한국청년기업가 정신재단, 대학</td><td>15.5</td><td>교육부</td></tr>
<tr><td colspan="2" rowspan="2">스포츠산업창업지원</td><td>스포츠산업 예비창업자</td><td>대학, 선정된 연구 · 공공 · 민간기관</td><td rowspan="2">26.5</td><td rowspan="2">문체부</td></tr>
<tr><td>스포츠산업 3년 미만 초기 창업기업</td><td>선정된 창업 액셀러레이터</td></tr>
</table>

<table>
<tr><th colspan="6">창업시설 · 공간</th></tr>
<tr><th colspan="2" rowspan="2">사업명</th><th colspan="2">모집구분</th><th rowspan="2">예산(억원)</th><th rowspan="2">소관부처</th></tr>
<tr><th>지원대상</th><th>주관(수행)기관</th></tr>
<tr><td colspan="2">크리에이티브팩토리 지원사업</td><td>예비창업자 및 7년 미만 창업기업</td><td>크리에이티브팩토리</td><td>80</td><td>중기청</td></tr>
<tr><td rowspan="2">창업보육 센터 지원</td><td>건립지원사업</td><td>창업보육센터</td><td>지방중소기업청, 한국창업보육협회</td><td>30</td><td>중기청</td></tr>
<tr><td>보육역량 강화지원</td><td>창업보육센터</td><td>한국창업보육협회</td><td>72</td><td>중기청</td></tr>
<tr><td colspan="2">시제품 제작터 운영</td><td>예비창업자 또는 창업기업</td><td>지방중소기업청 (경기, 대구, 광주, 부산, 전북)</td><td>–</td><td>중기청</td></tr>
</table>

창업시설 · 공간				
사업명	모집구분		예산 (억원)	소관 부처
	지원대상	주관(수행)기관		
1인 창조기업 비즈니스센터	1인 창조기업 및 예비 1인 조기업	공공 · 민간기관 등	66	중기청
장애인 창업보육실 운영	장애인 예비창업자 및 창업 초기 장애인기업(3년미만)	(재)장애인기업 종합지원센터	6.5	중기청
장애인 창업점포 지원	장애인 예비창업자	(재)장애인기업 종합지원센터	28.6	중기청
K-Global 빅데이터 스타트업 지원	대학생, 예비 및 기창업자 등	대학, 연구 · 공공 · 민간기관	8.4	미래부
K-Global 스마트콘텐츠 허브활성화사업	스마트콘텐츠 제작, 서비스, 마케팅 등 관련 분야의 국내 유망 중소기업	정보통신산업진흥원	8	미래부

멘토링 · 컨설팅				
사업명	모집구분		예산 (억원)	소관 부처
	지원대상	주관(수행)기관		
선진글로벌 교육 제공 (K-Global 기업가정신 및 인큐베이팅 인턴십)	ICT 기반 우수 유망 스타트업, 중소 · 중견 벤처기업 대표 (내국인) 및 해외 진출 가능성이 높은 국내 우수 스타트업	정보통신산업진흥원	7	미래부
벤처1세대 멘토링 프로그램 운영 (K-Global 창업멘토링)	ICT기반 창업초기 · 재도전 기업, 대학창업동아리	(재)한국청년기업가 정신재단	29.9	미래부
6개월 챌린지 플랫폼 사업	아이디어의 사업화를 준비하는 예비창업자 및 신청일 기준 창업 1년 이내 기업	연구개발특구진흥재단	112.5	미래부
액셀러레이터 연계지원 사업	혁신센터를 통해 검증된 창업 기업, '6개월챌린지플랫폼' 졸업기업 등	연구개발특구진흥재단	91	미래부
우주기술 기반 벤처창업 지원 및 기업역량 강화 (STAR-Exploration)사업	우주기술을 활용한 창업/신사업 창출에 관심 있는 예비창업자 및 기업	한국항공우주연구원	2.5	미래부

<table>
<tr><th colspan="5">멘토링 · 컨설팅</th></tr>
<tr><th rowspan="2">사업명</th><th colspan="2">모집구분</th><th rowspan="2">예산
(억원)</th><th rowspan="2">소관
부처</th></tr>
<tr><th>지원대상</th><th>주관(수행)기관</th></tr>
<tr><td>농식품 크라우드펀딩
컨설팅 비용지원</td><td>창업 7년 이내 농식품 기업</td><td>농업정책보험금융원</td><td>1.2</td><td>농식품부</td></tr>
<tr><td>농촌현장 창업보육</td><td>창업 5년 미만 농식품 기업</td><td>농업기술실용화재단</td><td>4.8</td><td>농식품부</td></tr>
<tr><td>IP 디딤돌 프로그램</td><td>예비창업자</td><td>–</td><td>26</td><td>특허청</td></tr>
<tr><td>IP 나래 프로그램</td><td>기술기반 창업기업</td><td>지역지식재산센터</td><td>72</td><td>특허청</td></tr>
</table>

<table>
<tr><th colspan="6">사업화</th></tr>
<tr><th colspan="2" rowspan="2">사업명</th><th colspan="2">모집구분</th><th rowspan="2">예산
(억원)</th><th rowspan="2">소관
부처</th></tr>
<tr><th>지원대상</th><th>주관(수행)기관</th></tr>
<tr><td rowspan="8">창업
사업화
지원</td><td>창업도약패키지</td><td>3년 이상 7년 미만 창업기업</td><td>창업진흥원</td><td>500</td><td>중기청</td></tr>
<tr><td>선도벤처연계
기술창업</td><td>예비창업자 및 3년
미만 창업기업</td><td>창업진흥원 등</td><td>70</td><td>중기청</td></tr>
<tr><td>창업인턴제</td><td>대학(원) 재학(대학생은
4학기 이상 수료자) 및
고등학교 · 대학(원) 졸업
후 7년 이내 미취업자</td><td>창업진흥원 등</td><td>50</td><td>중기청</td></tr>
<tr><td rowspan="2">민관공동 창업자
발굴육성
(TIPS 창업팀
지원)</td><td>TIPS창업팀 중
3년 미만 창업기업
(창업사업화 자금지원)</td><td rowspan="2">창업진흥원</td><td rowspan="2">150</td><td rowspan="2">중기청</td></tr>
<tr><td>TIPS창업팀 중 7년 미만
창업기업
(해외 마케팅 자금지원)</td></tr>
<tr><td>스마트벤처
창업학교</td><td>만 39세 이하 예비창업자
및 3년 이내 창업기업</td><td>대학 등 전문기관</td><td>121.5</td><td>중기청</td></tr>
<tr><td>상생서포터즈 청년
· 창업 프로그램</td><td>7년 미만 창업기업, 벤처기업</td><td>대 · 중소기업협력재
단 등</td><td>100</td><td>중기청</td></tr>
<tr><td colspan="1">창업선도대학 육성</td><td>예비창업자 및 3년 미만
창업기업</td><td>창업선도대학</td><td>922</td><td>중기청</td></tr>
<tr><td colspan="2">창업성공패키지
(청년창업사관학교)</td><td>만 39세 이하의 창업 3년
이내의 자(기업)</td><td>중소기업진흥공단</td><td>500</td><td>중기청</td></tr>
</table>

사업화				
사업명	모집구분		예산(억원)	소관부처
	지원대상	주관(수행)기관		
여성벤처창업 케어 프로그램	여성 예비(벤처)창업자	(사)한국여성벤처협회	5	중기청
장애인기업 제품디자인 및 시제품제작지원	장애인 예비창업자 및 장애인기업	장애인기업종합 지원센터	4.7	중기청
패키지형 재도전 지원사업	(예비)재창업자 또는 재창업 3년 미만 기업	창업진흥원, 정보통신산업진흥원	125	중기청 미래부
K-Global Re-Startup 민간투자 연계지원사업	7년 미만의 창업기업	민간기관	50	미래부
K-Global Startup 공모전	ICT분야(SW, IoT, DB등) 예비창업자 및 창업기업	정보통신산업진흥원	10	미래부
K-Global 액셀러레이터 육성	ICT 및 SW 분야 예비창업자, 재도전 기업, 스타트업, 벤처 기업	액셀러레이터	18	미래부
K-Global Startup 스마트 디바이스	스마트 디바이스 분야 중소, 벤처, 창업기업 및 예비 창업자, 학생 등	공공기관	14	미래부
K-Global 스마트미디어	신규 스마트미디어 서비스 아이디어를 가진 중소 · 벤처 개발사, 1인 창조기업 등	중소 · 벤처 개발사 등	7	미래부
K-Global DB-Stars	데이터 활용 BM(아이디어)을 보유한 연 매출 5억원 미만의 스타트업, 개인개발자	한국데이터진흥원	4.5	미래부
K-Global 클라우드기반 SW개발환경지원	예비창업자 및 스타트업	정보통신산업진흥원	4	미래부
K-Global 시큐리티 스타트업	정보보호 우수 아이디어를 보유하고, 해당 아이디어의 구현기술을 보유한 예비 창업희망자	한국인터넷진흥원	1	미래부
K-Global Startup IoT 신제품 개발지원 사업	예비 창업자, 스타트업, 중소 · 벤처기업	예비 창업자, 스타트업, 중소 · 벤처기업	3.6	미래부
K-Global 스타트업 다국적화 지원	ICT 해외 인력 채용계획이 있고 이를 활용해 조직 구성 다국적화, BM 및 사업아이템의 글로벌화를 희망하는 국내 스타트업	정보통신산업진흥원	20	미래부

사업화				
사업명	모집구분		예산(억원)	소관부처
	지원대상	주관(수행)기관		
사회적기업가 육성사업	예비창업자 또는 1년 미만 창업기업	한국사회적기업 진흥원	150	고용부
창업발전소 스타트업 육성 지원	예비창업자 및 창업 3년 미만 기업	한국콘텐츠진흥원	15	문체부
관광벤처사업 발굴 및 지원	예비창업자 및 창업 3년 미만 기업, 창업 3년 이상 중소기업	한국관광공사	22	문체부
기술가치평가 지원	농식품 관련 IP(품종보호권, 특허권 등)를 보유한 농식품 창업 기업	농업기술 실용화재단	2.4	농식품부

R&D				
사업명	모집구분		예산(억원)	소관부처
	지원대상	주관(수행)기관		
창업성장기술개발 창업기업과제	창업 후 7년 이하인 중소기업	중소기업	1,306	중기청
창업성장기술개발 기술창업투자연계과제	창업 후 7년 이하인 중소기업	중소기업	645	중기청
창조혁신형 재도전 기술개발사업	예비재창업자 및 재창업기업 (7년 미만)	중소기업기술정보 진흥원	38	중기청
K-Global ICT유망기술개발 지원사업 (ICT창업 · 재도전기술개발지원)	(창업) 예비 창업자 및 창업 1년 미만의 중소 · 벤처 창업기업 (재도전) 재도전 기업인의 재창업 기업 * 재창업 기업의 경우 신청일 기준 3년 이내 법인설립 기업에 한함	중소 · 중견기업	30	미래부
투자연계형 기업성장 R&D 지원	「중소기업창업 지원법」 제2조제2호에 따른 창업기업(팀)	중소기업기술정보 진흥원	120	미래부

<table>
<tr><th colspan="5">R&D</th></tr>
<tr><th rowspan="2">사업명</th><th colspan="2">모집구분</th><th rowspan="2">예산
(억원)</th><th rowspan="2">소관
부처</th></tr>
<tr><th>지원대상</th><th>주관(수행)기관</th></tr>
<tr><td>K-Global SW전문 창업기획사</td><td>ICT 및 SW 분야 예비창업자, 재도전 기업, 스타트업, 벤처기업</td><td>액셀러레이터</td><td>15</td><td>미래부</td></tr>
<tr><td>농식품 벤처창업 R&D 바우처사업</td><td>창업 및 벤처 최초 인증 5년 이하 중소기업</td><td>농림수산식품기술기획평가원</td><td>-</td><td>농식품부</td></tr>
</table>

<table>
<tr><th colspan="5">판로 · 해외진출</th></tr>
<tr><th rowspan="2">사업명</th><th colspan="2">모집구분</th><th rowspan="2">예산
(억원)</th><th rowspan="2">소관
부처</th></tr>
<tr><th>지원대상</th><th>주관(수행)기관</th></tr>
<tr><td rowspan="2">글로벌창업기업 발굴 · 육성 프로그램</td><td>(글로벌진출지원) 5년 미만 창업기업</td><td rowspan="2">창업진흥원</td><td rowspan="2">53</td><td rowspan="2">중기청</td></tr>
<tr><td>(외국인창업) 학사학위 이상 취득한 ①외국인 또는 ②재외동포 또는 ③귀환 유학생 중 예비창업자 또는 3년 미만 창업기업</td></tr>
<tr><td>1인 창조기업 마케팅 지원</td><td>1인 창조기업 및 예비 1인 창조기업</td><td>민간기업</td><td>40</td><td>중기청</td></tr>
<tr><td>K-Global 해외진출사업</td><td>ICT융합분야 예비 및 7년 이내 기창업자</td><td>민간기관</td><td>51.8</td><td>미래부</td></tr>
<tr><td>K-Global 데이터 글로벌</td><td>데이터 분야 스타트업, 중소 · 중견기업</td><td>한국데이터진흥원</td><td>3.6</td><td>미래부</td></tr>
<tr><td>농산업체 판로지원
(A-startup 마켓 입점지원)</td><td>농식품 분야 7년 미만 창업업체 제품</td><td>농업기술실용화재단</td><td>3</td><td>농식품부</td></tr>
</table>

<table>
<tr><th colspan="5">행사 · 네트워크</th></tr>
<tr><th rowspan="2">사업명</th><th colspan="2">모집구분</th><th rowspan="2">예산
(억원)</th><th rowspan="2">소관
부처</th></tr>
<tr><th>지원대상</th><th>주관(수행)기관</th></tr>
<tr><td>벤처창업대전</td><td>벤처 · 창업기업, 청년기업 등</td><td>창업진흥원</td><td>2.3</td><td>중기청</td></tr>
<tr><td>대한민국 창업리그</td><td>예비창업자 및 3년 이내 창업기업</td><td>지방 중소기업청</td><td>14</td><td>중기청</td></tr>
</table>

행사 · 네트워크				
사업명	모집구분		예산(억원)	소관부처
	지원대상	주관(수행)기관		
장애인 창업아이템 경진대회	장애인 예비창업자 및 창업 1년 미만 장애인기업	(재)장애인기업 종합지원센터	0.5	중기청
여성창업경진대회	예비여성창업자 및 2년 미만 여성기업(공고일기준)	(재)여성기업 종합지원센터	0.9	중기청
2017 농식품 창업 콘테스트	농식품 분야 창업 5년 이내 (예비)창업자	농업기술 실용화재단	4	농식품부
대한민국 지식재산대전	전 국민	한국발명진흥회	12.7	특허청

4. 창업유관기관

창업유관기관으로는 중소기업청, 창업진흥원, 중소기업진흥공단, 중소기업진흥공단, 중소기업기술정보진흥원, 한국청년기업가정신재단, 소상공인시장진흥공단, 신용보증기금, 기술보증기금, 벤처기업협회, 한국벤처캐피탈협회, 중소기업기술혁신협회 등이 있다.

1) 중소기업청(www.smba.go.kr)

중소기업청은 중소기업 지원체제 구축, 자금, 인력, 수출, 판로확대 등 중소기업 성장지원, 중소기업정책의 기획, 중소기업 기술혁신, 중소기업 육성 및 창업활성화, 전통시장 등 소상공인 지원, 중견기업 육성 및 글로벌화 촉진을 목적으로 하고 있다.

[그림 11-16] 중소기업청(www.smba.go.kr) 메인화면

2) 창업진흥원(www.kised.or.kr)

창업진흥원은 창업이 보다 활발하게 이루어지는 생태계를 조성하기 위해 창업준비단계, 창업실행단계, 창업성장단계 및 재도전단계 등 단계별 맞춤형 전략으로 창업기업을 지원함으로써 창조경제 실현에 앞장서고 새로운 시대, 새로운 접근방식으로 고객 맞춤형 서비스 개발에 역점을 두고 있다.

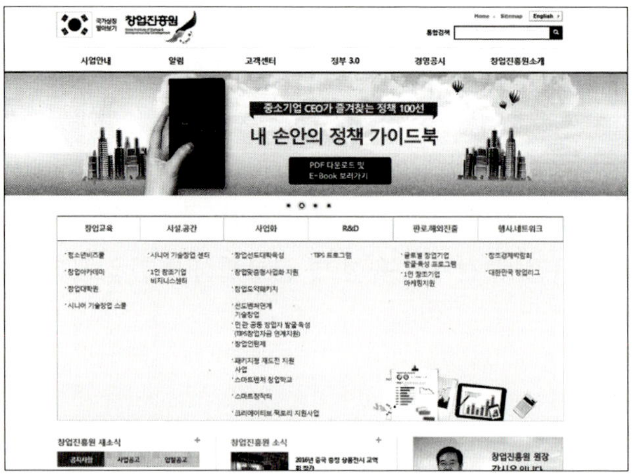

[그림 11-17] 창업진흥원(www.kised.or.kr) 메인화면

3) 중소기업진흥공단(hp.sbc.or.kr)

중소기업진흥공단은 중소기업 진흥을 위한 사업을 추진하기 위해 설립된 공법상의 특수법인으로 중소기업의 경쟁력 제고와 당면 애로사항을 해결하기 위한 자금, 창업, 수출마케팅, 연수, 기술지원, 정보제공 등을 종합적으로 지원하고 있다.

[그림 11-18] 중소기업진흥공단(hp.sbc.or.kr) 메인화면

4) 중소기업기술정보진흥원(www.tipa.or.kr)

중소기업기술정보진흥원은 중소기업의 급변하는 경쟁환경에 능동적으로 대응할 수 있도록 기술개발, 정보화 등의 혁신역량 강화를 지원하기 위한 전문기관이다.

[그림 11-19] 중소기업기술정보진흥원(www.tipa.or.kr) 메인화면

5) 한국청년기업가정신재단(www.koef.or.kr)

한국청년기업가정신재단은 초등학교부터 대학교까지 모든 학생이 기업가정신에 대해서 배우고, 도전할 수 있도록 교육사업, 연구 사업, 그리고 벤처 인큐베이팅 지원 사업을 통해 전 사회에 기업가정신이 확산되도록 노력하고 있다.

[그림 11-20] 한국청년기업가정신재단(www.koef.or.kr) 메인화면

6) 소상공인시장진흥공단(www.semas.or.kr)

소상공인시장진흥공단은 소상공인 육성, 전통시장 · 상점가 지원 및 상권활성화를 위해 설립한 전문기관이다.

[그림 11-21] 소상공인시장진흥공단(www.semas.or.kr) 메인화면

[참고자료] 소상공인마당(www.sbiz.or.kr)

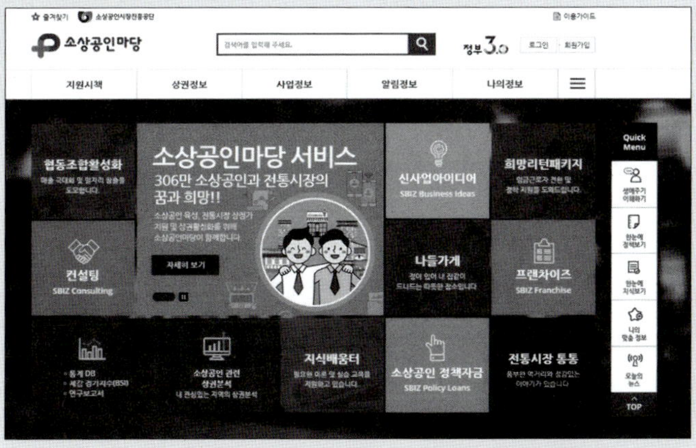

[그림 11-22] 소상공인마당(www.sbiz.or.kr) 메인화면

7) 신용보증기금(www.kodit.co.kr)

신용보증기금은 담보능력이 미약한 중소기업이 부담하는 채무를 보증하여 기업의 자금융통을 원활히 하고, 신용정보의 효율적 관리 · 운용을 통하여 건전한 신용질서를 확립함으로써 신용사회 구현과 균형 있는 국민경제 발전에 이바지하고 있다.

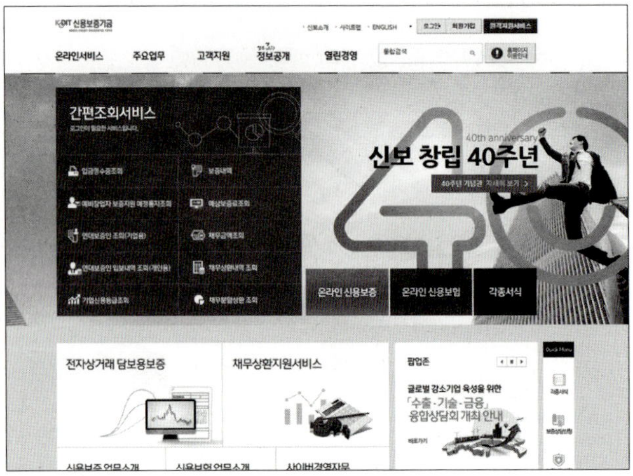

[그림 11-23] 신용보증기금(www.kodit.co.kr) 메인화면

8) 기술보증기금(www.kibo.or.kr)

기술보증기금은 기술신용보증기금법에 의해 설립된 정부출연기관으로서 기술혁신형 기업에 기술보증 및 기술평가를 중점지원하여 기업의 기술경쟁력을 제고하고 나아가 우리경제의 지속적인 성장동력 창출의 일익을 담당하고 있는 기술금융 전문지원기관이다.

[그림 11-24] 기술보증기금(www.kibo.or.kr) 메인화면

9) 벤처기업협회(www.venture.or.kr)

벤처기업협회는 벤처기업 권익 신장을 위해 활동하는 단체이다.

[그림 11-25] 벤처기업협회(www.venture.or.kr) 메인화면

10) 한국벤처캐피탈협회(www.kvca.or.kr)

한국벤처캐피탈협회는 벤처캐피탈산업과 관련한 제도 및 벤처캐피탈 상호간의 정보교환 및 업무협의를 위해 발족되었으며, 중소기업창업투자회사 및 신기술금융회사들로 구성되어 있다.

[그림 11-26] 한국벤처캐피탈협회(www.kvca.or.kr) 메인화면

11) 중소기업기술혁신협회(www.innobiz.or.kr)

중소기업기술혁신협회는 Innovation(혁신)과 Business(기업)의 합성어로 기술우위를 바탕으로 경쟁력을 확보한 기술혁신형 중소기업의 모임이다.

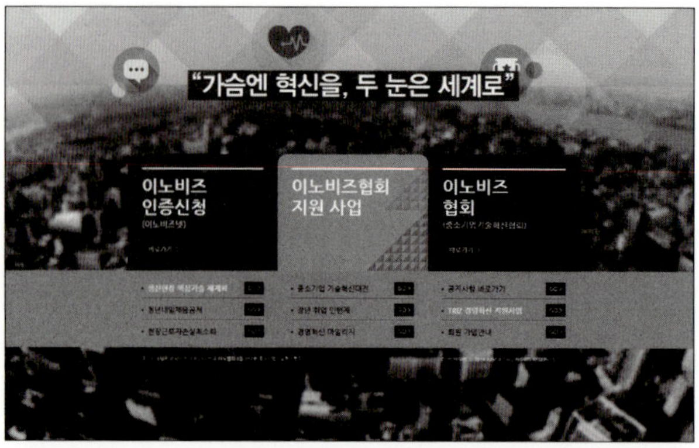

[그림 11-27] 중소기업기술혁신협회(www.innobiz.or.kr) 메인화면

>>> 용어정리

1. K-스타트업

중소기업청 창업포털 사이트로 창업에 대한 모든 정보를 쉽게 파악할 수 있도록 제공하고 있음

2. 중소기업 지원 종합정보서비스

중소기업에 필요한 지원사업 정보 및 중소기업을 위한 다양한 콘텐츠를 제공하고 있음

3. 벤처기업확인제도

벤처기업 육성에 관한 특별조치법 제2조의2 규정에 의한 요건에 해당하는 기업을 벤처기업으로 확인하여 시장진입이 어려운 사업 초기에 인적 · 물적 자원조달을 지원하는 제도

4. 벤처인

벤처포털 사이트로 투자자와 기업이 상호간에 정보를 주고받을 수 있는 양방향 정보서비스를 제공하고 있음

5. 기술혁신형 중소기업(Inno-biz) 지원제도

기술경쟁력과 미래 성장가능성을 갖춘 중소기업을 발굴 · 선정하여 자금, 기술, 판로 등을 정부의 지원시책 연계를 통해 글로벌 경쟁력을 갖춘 혁신기업으로 육성하기 위한 제도

6. 경영혁신형 중소기업(Main-biz) 지원제도

경영혁신 활동으로 기업의 경쟁력 확보 및 미래 성장가능성이 있는 중소기업을 발굴 · 선정하여 정부의 지원시책 연계를 통해 글로벌 경쟁력을 갖춘 혁신기업으로 육성하기 위한 제도

7. 창업보육센터

창업의 성공가능성을 높이기 위하여 창업자에게 시설 · 장소를 제공하고 경영 · 기술 분야에 대하여 지원하는 것을 주된 목적으로 하는 사업장

8. 액셀러레이터(Accelerator)

스타트업에 초기자금과 멘토링 등을 제공하는 단체

9. 창업도약패키지 지원사업

사업아이템의 경쟁력과 사업모델 차별화 가능성이 높은 창업기업을 발굴하여 사업모델(Business Model) 개발, 아이템 검증 · 개발, 시장진입 등을 도와 창업기업의 빠른 수익창출을 도모하는 사업

10. BI(Business Incubator) 보육역량강화사업

창업보육센터의 입주기업 보육 프로그램 운영지원을 통해 개별 BI의 보육역량을 강화함으로써 창업보육센터 입주기업의 안정적인 성장을 도모하기 위한 사업

11. 스마트세계로누림터

모바일 앱(웹), S/W, 콘텐츠 등 지식서비스 분야의 (예비)창업기업을 육성하기 위해 사무공간, 보육 프로그램 및 테스트 장비, 영상 촬영 스튜디오 등을 지원

12. 창업아카데미

대학생 및 예비창업자에게 실전형 창업교육, 멘토링 지원, 네트워킹 조성 등 창업을 위한 기초역량을 갖출 수 있도록 맞춤형 교육을 지원

13. 스마트창작터

체험형 창업교육과 사업아이템의 사업모델 검증, 시제품 구체화 등 후속연계 지원

14. 창업선도대학육성사업

우수한 창업지원 인프라(전문인력, 연구장비 등)를 갖춘 대학을 창업선도대학으로 지정하여 창업교육부터 창업아이템 발굴 및 사업화, 후속지원까지 패키지식으로 지원하는 사업

15. 스마트벤처창업학교

앱, 콘텐츠, S/W융합 등 유망 지식서비스 분야의 전문기업 육성을 위해 사업계획에서 개발, 사업화까지 실전창업을 집중 지원하는 제도

16. 창업성공패키지

기술성 및 사업성이 우수한 (예비)청년CEO들의 원활한 창업과 지속적인 성장을 위해 사업화과정 및 단계별 후속연계 프로그램을 지원하는 제도

17. 창업지원종합시스템(C3S)

신용보증기금에서 운영하는 것으로 창업기업을 위한 단계별 맞춤형 프로그램

18. 희망창업아카데미

신용보증기금(KODIT)이 창업자를 모집하여 창업 관련 정보를 제공하고, 예비창업자 및 창업 후 1년이 지나지 아니한 자를 대상으로 교육을 실시하는 강좌

19. 예비창업자 사전보증제도

창업준비단계에서 기술평가를 실시하여 창업자금 지원가능금액을 제시해 주고, 창업 즉시 당초 제시한 창업자금 보증을 지원하는 제도

단 원 학 습 문 제

1. 정부에서 추진하고 있는 창업지원정책에는 어떤 것들이 있는지 설명하시오.

2. 벤처기업으로 지정받을 수 있는 조건에 대해서 설명하시오.

3. 정부에서 추진하고 있는 창업보육정책에는 어떤 것들이 있는지 설명하시오.

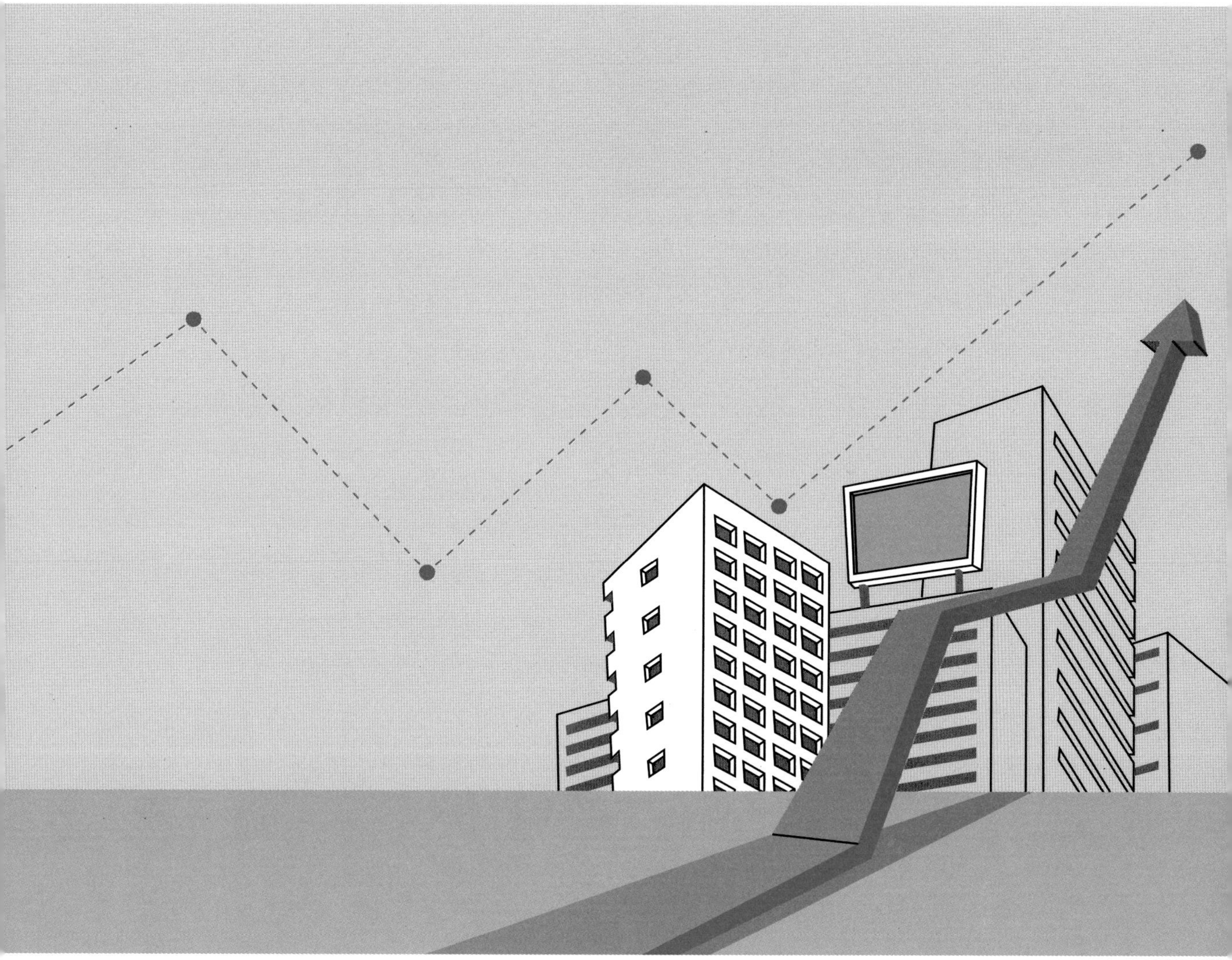

부록

1. 기술사업계획서 작성 핵심요약

2. 사업계획서 작성양식

3. 프레젠테이션 작성방법

1. 기술사업계획서 작성 핵심요약

1. 기술개발의 개요

■ 개발기술의 중요성(필요성)

동 기술개발의 필요성과 지원받아야 할 당위성을 제시하며, 국내 · 외 시장현황, 기술개발 동향 등은 객관적인 자료(보고서, 시장동향, 관련 자료 등)를 보조자료로 활용하여 관련 내용을 요약하여 작성한다.

■ 국내 · 외 관련 기술의 현황

개발하고자 하는 기술에 대한 차별적 근거, 국내 · 외 기술개발 현실 및 향후 기술개발 방향 등에 대해서 구체적인 회사 등을 예시로 하여 제시한다. 각종 보고서 및 논문 등을 활용하여 객관적 자료를 추가적으로 제시하는 것이 좋다.

■ 기술개발 시 예상되는 파급효과 및 활용방안

경제 · 산업적 측면에서 시장창출, 수입대체, 수출기대, 산업발전 등을 구체적으로 나열하면서 제시하며, 동 기술개발을 통해서 향후 유사산업 또는 타 산업으로의 활용방안 및 활용 정도를 나열한다. 기술개발 파급순서는 기술이 발전되면, 사업화가 이루어지고, 이에 따라 관련 기업이 활성화되며, 이를 통해 관련 산업분야가 크고, 국가경제가 발전되는 것이다. 기술개발의 당위성과 국가연구개발자금 지원의 의미를 포함한다.

■ 개발기술 도출근거

기술개발이 요구되는 사업별 특성을 파악하여 국가산업기술로드맵, 특허, 논문, 관련 서적, 세계 기술개발 동향 보고서 등 관련 내용을 구체적으로 작성한다.

2. 수요현황 및 사업화 계획

■ 시장현황

정확한 데이터 자료를 제시하고, 관련 자료에 대한 근거 자료도 함께 제시하도록 요구된다. 일반적으로 추정된 데이터인 경우에는 산출된 방법에 대하여 제시하면 신뢰성이 높아진다.

■ 경쟁업체 현황

관련 내용에 대한 국내 · 외 경쟁업체와 매출액을 구체적으로 제시하고, 필요하다면 근거자료도 제시한다. 기술개발 진행에 따른 향후 경쟁사업체 및 국가에 대한 제시도 필요하다.

■ 사업화 현황

주관기관의 동 기술개발에 대한 사업화 방향을 구체적으로 제시하고, 관련 근거도 포함한다. 필요하면, 특허 회피가능성을 일부 제시한다.

■ 특허현황

동 기술개발에 대한 특허분석맵 특허현황을 제시한다. 주관기관의 사전 특허현황을 간략하게 소개하고, 유사 · 경제 특허분석 결과에 대한 요약정리를 제시한다. 필요하면, 특허 회피가능성을 제시할 필요가 있다.

3. 기술개발의 목표 · 내용 및 차별성

■ 최종목표 및 평가방법

기술적 측면에서 명확성과 상호연계성이 유지되도록 개조식으로 구체적으로 서술한다. 필요하다면 도식을 삽입하여 목표에 대한 구체화 제시도 좋은 방법이다. 본 기술개발 수행을 통해서 달성하고자 하는 최종목표를 추상적이지 않고 구체적으로 제시할 필요가 있다. 그리고 평가방법은 정량적 기준을 제시하고, 최종평가를 수행할 시 성공과 실패에 대한 평가의 기준이 될 수 있도록 구체적으로 나열하는 것이 필요하다. 필요시, 공인인증기관의 성적서 기준을 제시하는 것이 유리하다. 또한, 현재 수준과 향후 파급효과를 상호 비교할 수 있는 구체화된 평가방안 제시도 필요하다.

■ 연차별 개발목표 및 내용

개발목표는 개발하고자 하는 기술(또는 공정)의 수준, 성능 품질을 가능한 한 정량적으로 기술하며, 연차별 평가시 계속 · 중단을 판정할 수 있도록 객관적이고 구체화된 정량적 · 정성적 목표를 제시한다. 그리고 연차별 차별성을 가지면서 기술개발의 최종목표에 도달할 수 있도록 기술개발이 필요한 전체적인 흐름도를 고려하여 제시하며, 개발내용 및 범위는 타 연구개발사업과제 및 기존연구수행내용에 대해 충분히 탐색하여 중복되지 않도록 하며, 목표달성을 위해 수행할 세부내용 및 이에 대한 구체적인 설명을 서술하되 시스템 구성 및 구조도는 가능한 한 그림으로 표현한다.

4. 기술개발의 목표 · 내용 및 차별성

■ 최종목표 및 평가방법

위탁기관에서 기술개발하고자 하는 최종목표 및 평가방법을 제시하며, 주관기관에서 제시한 내용과 상호 연관성 및 차별성을 제시하고, 최종 또는 중간평가시 활용가능한 정량적 · 정성적 목표치를 제시한다. 그리고 기타 작성방법은 주관기관의 최종목표 및 연차별 개발목표 작성법과 유사하다.

5. 기술개발 추진전략 및 체계

■ 기술개발 추진전략

개발하고자 하는 구체적인 추진전략을 나열한다. 주관기관, 위탁기관, 참여기업, 기타 관련 연구기관의 상호 공동연구방향 및 전략, 향후 기술개발 진행방향 등을 나열하여 작성한다. 그리고 최적의 연구결과물을 도출하기 위하여 각 기관별 현황분석과 역할 등을 구체적으로 분석 · 제시한다.

■ 기술개발 추진체계

주관기관, 위탁기관, 참여기업별로 개발하고자 하는 기술의 내용 및 역할분담을 구체적으로 작성하고, 주관기관 내부에서 파트별로 구분하여 연구시 파트별, 책임자별로 작성하는 것이 좋다. 그리고 기술개발 관련 추진방향의 체계도를 작성하여 제시한다.

6. 기술개발 추진일정

연차별로 개발하고자 하는 계획을 월별 또는 분기별로 계획에 따라 상세하게 작성하며, 필요시 위탁 연구기관 및 기타 기관도 포함한다.

7. 총사업비

사업비 구성은 기술개발 내용과 목표 달성을 위하여 수행하기 위한 실질적인 연구비 사용계획을 작성하며, 전체 사업비의 합계가 일치하고, 관련 사업비 계상기준에 맞게 적정하게 작성한다.

2. 사업계획서 작성양식

벤처기업 평가 사업계획서

R&D평가용 기술사업계획서

벤처기업 평가 사업계획서

Ⅰ. 기업현황

1. 대표자(예비창업자) 인적사항

성 명		생년월일(남/여)	(남/여)
주 소		전화번호 (휴대폰)	

최종학력	졸업년도	학교명	전 공	수학상태 (졸업, 수료, 중퇴)	비 고 (취득학위 등)

경 력	근무기간	근 무 처		담당업무 (최종직위)
		근무처명	전화번호	
	~			
	~			
	~			

재산보유현황 (단위 : 백만원)	종 목	내 역	금 액	종 목	내 역	금 액
	주 택 기타 부동산 현금 · 예금	자가, 임차		주식 · 채권 기타		

기타 특기사항	(자격증, 상벌, 연수, 대외활동사항)

연구개발 및 사업화 실적	개발과제명 및 내용	근무처	개발기간	사업규모 (소요자금)	비고 (사업화 현황 등)

※ 대표자가 수인인 경우이거나 대표자 외에 경영실권자가 있는 경우에는 별지로 추가 작성한다.

2. 기업체현황

■ (창업)회사 개요

<table>
<tr><td colspan="2">업 체 명</td><td></td><td>대 표 자</td><td colspan="2"></td></tr>
<tr><td colspan="2">설 립 일 자</td><td></td><td>상시 근로자수</td><td colspan="2">명</td></tr>
<tr><td colspan="2">법인등록번호</td><td></td><td>사업자등록번호</td><td colspan="2"></td></tr>
<tr><td colspan="4">소 재 지</td><td>전화번호</td><td>소유여부</td></tr>
<tr><td colspan="2">본 사</td><td colspan="2"></td><td></td><td>자가, 임차</td></tr>
<tr><td colspan="2" rowspan="2">사 업 장</td><td colspan="2"></td><td></td><td>자가, 임차</td></tr>
<tr><td colspan="2"></td><td></td><td>자가, 임차</td></tr>
<tr><td colspan="2">업 종</td><td></td><td>주 제 품</td><td colspan="2"></td></tr>
<tr><td colspan="2">관계회사</td><td></td><td>자 본 금
(납입자본금)</td><td colspan="2">백만원</td></tr>
<tr><td colspan="2">공업소유권,
규격표시허가,
기술제휴 등</td><td></td><td></td><td colspan="2"></td></tr>
<tr><td rowspan="2">연혁</td><td>년 월</td><td colspan="4">주요내용</td></tr>
<tr><td></td><td colspan="4">(자본증감, 대표자변경, 상호변경 및 주요경영내용 변경 등)</td></tr>
</table>

※ 본사 및 사업장 약도 등을 별지 첨부한다.

■ (창업)경영진 및 주요주주현황

(단위 : 백만원)

구분	직위	성명	생년월일(남/여)	대표자 관계	소유주식 (금액)
경영진					
주주					
합계					

※ 소유 주식은 법인기업에 한하여 작성한다.

■ 대표자(예비창업자)의 경영철학 및 경영목표

※ 창업동기, 향후 회사발전계획, 인사/조직관리 및 거래처 선정중시 사항 등을 기술한다.

■ 금융거래현황(20 . . . 현재) (단위 : 백만원)

대출기관	운전/시설	대출금액	대출금리	대출기한	담보제공 내용 등
합계					

■ 재무상황 (단위 : 백만원)

구분	직전전년도	직전년도	당해연도 실적 및 예상		차기년도	차차기년도
			(월 현재)	예상		
총자산						
자기자본						
고정부채						
유동부채						
총매출액						
신청기술 (제품)매출액						
지급이자						
법인세 차감전 이익						
법인세						
당기순이익						

■ 연구개발 인력 및 시설현황(예비창업자의 경우는 확보계획)

<table>
<tr><td>연구개발조직</td><td colspan="4"></td></tr>
<tr><td>개발인력</td><td colspan="4">명(박사 명, 석사 명, 대졸 명, 고졸 명)</td></tr>
<tr><td>개발방법</td><td colspan="4"></td></tr>
<tr><td>주요 연구시설</td><td colspan="4"></td></tr>
<tr><td>산업재산권
보유현황</td><td colspan="4">특허 건, 실용신안 건, 프로그램 건, 기타( )</td></tr>
<tr><td rowspan="5">연구개발실적</td><td>개발과제 및 내용</td><td>개발기간</td><td>사업규모
(소요자금)</td><td>비 고
(사업화현황 등)</td></tr>
<tr><td></td><td></td><td></td><td></td></tr>
<tr><td></td><td></td><td></td><td></td></tr>
<tr><td></td><td></td><td></td><td></td></tr>
<tr><td></td><td></td><td></td><td></td></tr>
</table>

※ 연구개발조직은 연구개발 전담부서의 형태를 기술한다.

※ 개발방법은 신청대상기술(제품)의 개발형태를 중심으로 기술한다.

■ 보유 생산시설현황 (예비창업자의 경우는 확보계획)

시설명	규격	수량	용도

II. 사업내용 및 추진계획

1. 평가신청기술

<table>
<tr><td>기술 및 제품명</td><td colspan="6"></td></tr>
<tr><td>개발기간</td><td></td><td>개발비용</td><td>백만원</td><td>제품화여부</td><td colspan="2">여, 부</td></tr>
<tr><td>개발방법</td><td colspan="6">(단독, 공동)공동개발의 경우 상대처 :</td></tr>
<tr><td>권리구분</td><td colspan="6">특허, 실용신안, 의장권, 신기술 사업, 자체기술개발 등</td></tr>
<tr><td rowspan="2">권리자(발명자)</td><td>성명</td><td></td><td>생년월일(남/여)</td><td>(남/여)</td><td rowspan="2">비고</td><td rowspan="2"></td></tr>
<tr><td>주소</td><td colspan="3"></td></tr>
<tr><td>기술(제품)
용도 및 기능</td><td colspan="6"></td></tr>
<tr><td>대체 또는
경쟁제품과의
차별성</td><td colspan="6">(기술/기능상의 차이를 중심으로 기술하되 제품의 핵심기술과 보유여부 포함)</td></tr>
<tr><td>기술의 파급효과</td><td colspan="6">(적용범위 및 응용성을 중심으로 기술하되 계획한 제품 포함)</td></tr>
<tr><td>기대효과</td><td colspan="6">(매출증대, 고용창출, 경영개선 효과 등)</td></tr>
</table>

※ 제품 및 기술이 2가지 이상일 경우에는 별지로 추가 작성한다.

2. 시장현황

<table>
<tr>
<td rowspan="2">시장현황 및 특성
(단위 : 백만원)</td>
<td>
– 시장규모
<table>
<tr><td>구분</td><td>직전년도</td><td>당해년도</td><td>차기년도</td><td>차차기년도</td></tr>
<tr><td>세계시장</td><td></td><td></td><td></td><td></td></tr>
<tr><td>국내시장</td><td></td><td></td><td></td><td></td></tr>
</table>
</td>
</tr>
<tr>
<td>
※ 작성근거(반드시 기재)

– 시장특성(향후 3년간 자료로 판단)
<table>
<tr><td>구분</td><td>국내</td><td>국외</td></tr>
<tr><td>시장상태(독점/경쟁)</td><td></td><td></td></tr>
<tr><td>안전성</td><td></td><td></td></tr>
<tr><td>지속성</td><td></td><td></td></tr>
<tr><td>성장성</td><td></td><td></td></tr>
</table>
</td>
</tr>
<tr>
<td>주요 수요처
(　　년)
(수주 또는
납품현황만을 기재)</td>
<td>
<table>
<tr><td>수요처명</td><td>수요처의 총수요규모</td><td>당사 수주(납품)</td></tr>
<tr><td></td><td></td><td></td></tr>
<tr><td></td><td></td><td></td></tr>
<tr><td></td><td></td><td></td></tr>
<tr><td></td><td></td><td></td></tr>
<tr><td></td><td></td><td></td></tr>
</table>
</td>
</tr>
<tr>
<td rowspan="2">경쟁업체 현황</td>
<td>– 국내시장
(업체명, 기술개발계획, 양산/증산계획 등)</td>
</tr>
<tr>
<td>– 국외시장
(업체명, 기술개발계획, 양산/증산계획 등)</td>
</tr>
</table>

※ 시장특성은 유무, 고저 등으로 간략하게 표기한다.
※ 제품 및 기술이 2가지 이상일 경우에는 별지로 추가 작성한다.

3. 향후 판매전략 및 판매계획

(단위 : 백만원)

판매전략					
판매계획	제품명(상품명)	직전년도	당해년도	차기년도	차차기년도
	기타 제품				
	계				

※ 판매전략은 경쟁제품과의 비교 등을 통한 신청기술(제품)의 판매전략 위주로 기술한다.
※ 판매계획은 현재 생산 중이거나 계획 중인 제품 중 신청기술(제품)을 포함한 주력제품 위주로 기술한다.

4. 추진계획(상세기술 요망)

향후 추진일정 계획	
인력수급 계획	
소요자금 및 조달계획	
설비투자계획	(추가 설비명, 구입처, 규격, 금액 등을 명시)

※ 별지 사용이 가능하다.

R&D평가용 기술사업계획서

기 술 사 업 계 획 서
(R&D평가용)

◈ 기술평가 신청기술(제품)

기술 · 사업명칭	

◈ 평가종류

평가종류	세부신청내용
☐ 자금지원용평가	☐ 운전 : (　　　)백만원　☐ 시설 : (　　　)백만원
☐ 기술가치평가	☐ 현물출자용　☐ 담보가치산정용　☐ 투자용 ☐ 기술이전 · 거래용　☐ 기타(　　　　)
☐ 우수기술기업인증평가	☐ 벤처기업확인평가　☐ 이노비즈기업선정평가
☐ 기술평가인증	☐ 여신심사용　☐ 기술이전 · 거래용　☐ 투자용　☐ 기타(　　　)
☐ 기 타	(R&D평가용　　　　　　)

Ⅰ. R&D과제 사업화 개요

1. 개요

<table>
<tr><td>과 제 명</td><td colspan="5"></td><td colspan="3">업종분류 :
(분류기호 :)</td></tr>
<tr><td>과제분류</td><td colspan="8">신제품개발( ), 기존제품개선( ), 신공정개발( ), 기존공정개선( ), 기타( )</td></tr>
<tr><td>총사업기간</td><td colspan="3">년 월 ~ 년 월</td><td>총소요자금</td><td>백만원</td><td rowspan="2">당해사업
신청자금</td><td rowspan="2" colspan="2">백만원</td></tr>
<tr><td>당해사업기간</td><td colspan="3">년 월 ~ 년 월</td><td>당해사업
소요자금</td><td>백만원</td></tr>
<tr><td>권리구분</td><td colspan="8">(특허권, 실용신안권, 의장등록, 프로그램, 저작권, 기타 ( ))</td></tr>
<tr><td rowspan="2">권리자
(발명자)</td><td>성명</td><td></td><td>주민등록번호</td><td colspan="3"></td><td rowspan="2">비
고</td><td rowspan="2"></td></tr>
<tr><td>주소</td><td colspan="5"></td></tr>
</table>

2. 단계별 소요기간

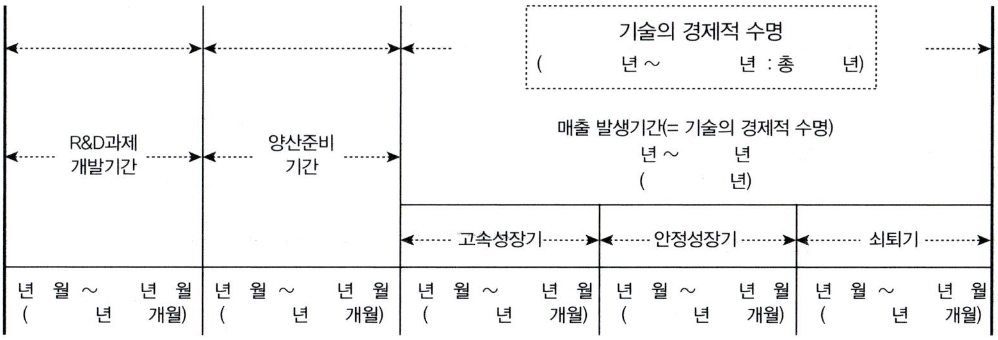

※ 용어정리

- R&D과제 개발기간 : R&D과제 선정 후 개발완료까지 소요되는 기간
- 양산준비기간 : R&D과제 개발완료 후 매출시현 전까지 양산준비에 소요되는 기간
- 고속성장기 : R&D과제의 사업화 성공으로 인한 시장선점 효과 등으로 인해 동업종 평균을 상회하는 성장을 보여 매출액, 순현금흐름 등이 증가하는 기간
- 안정성장기 : 유사기술의 출현 등으로 인한 시장의 경쟁 심화 등으로 인해 동업종 평균과 비슷한 성장을 보여 매출액, 순현금흐름 등이 안정적인 패턴을 보이는 기간
- 쇠퇴기 : 기술의 진부화 등으로 인해 매출액, 순현금흐름 등이 감소하는 기간

3. R&D과제의 기술 · 시장성

1) 기술특성(기술의 개요, 기술의 핵심내용 및 혁신성, 개발기술동향)

(1) 기술의 개요

* R&D과제에 대한 전반적인 내용 정리

(2) 기술의 핵심내용 및 혁신성

* R&D과제 기술의 핵심이 되는 부분을 중심으로 현시점 대비 혁신적인 내용 정리
* 수명주기(Life Cycle Time)상 R&D과제 기술의 예상되는 위치(A~E 중 선택) 및 그 근거
* 수명주기상 위치 : (   )
* 선택근기

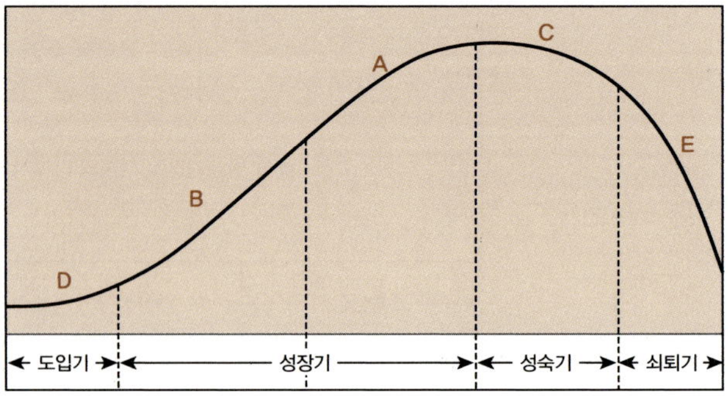

(3) 개발기술동향

* 현재 유사기술 연구개발 및 제품화 현황(기업체명과 기술명)
* 개발완료 후 예상되는 최종제품의 형태(종류가 여러 가지인 경우 3가지 정도만 기술함)
* 개발기술의 예상되는 향후 동향
* R&D개발 완료 후 단독으로 제품화 가능유무 및 핵심기술 및 주변기술 기여도
* 신청과제 개발완료나 제품화 후 발생할 기술의 응용가능성 및 확장가능성

2) 산업 · 시장 특성(고속성장기간 동안의 예상 시장규모 추정)

(1) 목표시장 정의 및 규모

* 예상 최종제품의 목표시장을 정의하고 시장 규모 및 그 근거

(2) 목표시장 예상 참여자수와 경쟁관계

* 제품화 이후 예상되는 경쟁업체 수와 경쟁강도
* R&D과제 추진 주체의 독과점, 과점, 경쟁 등 예상 정도
* R&D과제의 예상되는 목표시장 점유율

(3) 산업의 특성

* 최종제품이 속할 것으로 예상되는 산업의 특성
* 해당 산업의 법 · 규제 · 정책적 제약요인 및 장려요인(현재시점을 기준으로 작성)

(4) 산업 및 시장의 예상 risk정도

* 최종제품이 속한 산업 및 시장의 예상되는 위험정도 작성

3) 생산추진계획(개발완료 및 제품화시기, 설비도입, 양산착수, 판매 등의 계획)

※ (계획)제품 및 기술이 2가지 이상일 경우 별지로 추가작성 할 것

(1) 개발기술의 생산특성

* 생산형태(완제품, 반제품, 부품 중) 및 최종제품에 사용이 예상되는 핵심원재료 리스트
* 핵심원재료의 가격(현재시점)과 과거 가격추이 및 조달측면상 용이성
* 생산규모(대규모, 소규모, 대규모 생산 시설의 필요성 등)와 원료투입 및 예상 Lead-Time

(2) 기존 자원 활용정도

* 기존 사업아이템과 R&D과제의 연관 정도
* 기존 생산라인(설비포함) 예상 활용정도(　　%) 및 근거
* 원재료 및 개발설비 공용화정도(　　%) 및 근거

(3) 최종제품의 제품경쟁력 수준

* 예상 경쟁사 및 유사제품과 비교하여 제품경쟁력 정도 작성

4. 투자계획

1) 연구개발인력 확보계획(개발기간 포함 인력확보 계획 작성)

구 분	현재인원 (신청일 현재)	추가 소요인원							확보방안
		년	년	년	년	년	년	년	
연구개발직									
계									

2) R&D과제 개발기간의 투자금액(R&D과제 개발완료 기간까지 투입예상되는 투자금액)

(단위 : 백만원)

구 분	R&D과제 개발기간(기간 : 년)				
	1차년 (년)	2차년 (년)	3차년 (년)	4차년 (년)	5차년 (년)
연구개발비					
인건비					
연구기자재비					
기타 연구개발비					
기 타					
계					

■ 상세근기

- 연구개발비

- 기타

3) 양산준비 기간의 투자금액(R&D과제 개발완료 후 매출시현 전까지 양산준비에 필요한 투자금액)

(단위 : 백만원)

구 분	양산준비 기간(기간 : 년)				
	1차년 (년)	2차년 (년)	3차년 (년)	4차년 (년)	5차년 (년)
시설자금					
건물, 구축물					
기계장치					
기타 자본적 지출					
운전자금					
계					

※ 미상각자산(토지 등)은 기재 생략

■ 상세근기

- 시설자금

- 운전자금

5. 판매계획 및 전략

(단위 : 백만원)

연 도 별		1차년도 (　　년)	2차년도 (　　년)	3차년도 (　　년)	4차년도 (　　년)	5차년도 (　　년)
제품 1	국내					
	해외					
제품 2	국내					
	해외					
제품 3	국내					
	해외					
합계						

■ 판매전략(판로개척 및 마케팅 계획)

• 연도별 판매계획

* 매출액 기준으로 작성

* 매출추정의 근기를 명확하게 작성하고, 국내와 해외 매출이 있는 경우에는 각각 작성함

• 연도별 판매전략

6. 추정 요약 손익계산서

(단위 : 백만원)

구 분	1차년도 (　　　년)	2차년도 (　　　년)	3차년도 (　　　년)	4차년도 (　　　년)	5차년도 (　　　년)
매출액					
매출원가 (감가상각비)	(　　　)	(　　　)	(　　　)	(　　　)	(　　　)
매출총이익					
판매 및 관리비 (감가상각비)	(　　　)	(　　　)	(　　　)	(　　　)	(　　　)
영업이익					

■ 추정근기(각 항목별 추정근기를 구체적으로 기술)

II. 기업경영현황

1. 개요

<table>
<tr><td rowspan="2" colspan="3">기업체명
(영문)</td><td rowspan="2" colspan="2"></td><td rowspan="2">대표자
(영문)</td><td rowspan="2"></td><td colspan="2">E-mail(대표자)</td><td colspan="2"></td></tr>
<tr><td colspan="2">Homepage</td><td colspan="2"></td></tr>
<tr><td rowspan="4">사
업
장</td><td>본사
여부</td><td>우편물수령
희망지</td><td colspan="3">주소</td><td>사업자번호</td><td rowspan="4">소
유
여
부</td><td>소유/임차</td><td rowspan="4">연
락
처</td><td>전화번호(Fax)</td></tr>
<tr><td>☐</td><td>☐</td><td colspan="3">1)</td><td></td><td></td><td></td></tr>
<tr><td>☐</td><td>☐</td><td colspan="3">2)</td><td></td><td></td><td></td></tr>
<tr><td>☐</td><td>☐</td><td colspan="3">3) 외 개</td><td></td><td></td><td></td></tr>
<tr><td colspan="3">상시근로자</td><td colspan="8">당기 평균 : 명 (사무직 : 명, 기술직 : 명, 기능직 : 명, 기타 : 명)
최근 월말 : 명</td></tr>
<tr><td colspan="3">업종분류</td><td colspan="8">(분류기호:)</td></tr>
<tr><td colspan="3">주 요 제 품
(상품, 용역)</td><td colspan="3"></td><td rowspan="2" colspan="2">용도 및 특성</td><td rowspan="2" colspan="3"></td></tr>
<tr><td colspan="3">주요원재료</td><td colspan="3"></td></tr>
<tr><td colspan="3">상장구분</td><td colspan="2">거래소( ) 코스닥( )
제3시장( )</td><td>기업형태</td><td colspan="5">등록( ) 벤처기업( ) 외감( )
외국인투자( ) 전문경영인( )</td></tr>
<tr><td colspan="3">주거래여신기관</td><td colspan="3"></td><td colspan="2">당좌거래은행(지점)</td><td colspan="3"></td></tr>
</table>

〈작성요령〉

- 사업장 : 규모순으로 사업자등록증상 사업장을 기재(3개 초과시 마지막주소 말미에 "외 ㅇ개" 기재)
- 본사 : 법인기업은 법인등기부등본상의 본점소재지, 개인기업은 사업자등록증상의 사업장소재지 기재
  ※ 공부상 소재지가 실제와 상이한 경우 함께 기재 : [예시) 공부 : 사하구 장림동 469-3, 실제 : 사하 신평 474]
- 상시근로자 : 당해기업에 계속하여 고용되어 있는 근로자(대표자 · 이사, 감사 및 3개월 이내 기간을 정하여 고용되어 있는 근로자, 일용근로자, 기업부설연구소 연구전담요원 제외)
  –당기평균 : 전년도의 매월말일 현재(급여대장 등 인원)의 근로자를 합하여 월로 나눈 인원
  – 최근월말 : 최근월말현재 상시근로자를 기재함(년도 중 창업한 기업은 최근월말 인원만 기재)
- 주요제품 : 기존 생산(판매)제품 · 상품(서비스)이 있는 경우 품목기재(창업 후 기술개발 중인 경우 예정 품목 기재)
- 주거래여신기관 : 거래여신(대출)기관 중 아래를 순차적으로 적용하여 해당되는 여신기관
  ① 주채무계열기업의 여신을 관리하는 주채권은행 ② 보증신청일 현재 여신잔액이 가장 많은 여신기관
- 당좌거래은행 : 당좌거래가 있는 은행(지점)을 기재함(개인기업의 경우 가계당좌거래은행 포함)

2. 연혁

연월	연혁
	(설립, 증자, 대표자 · 상호 · 업종 변경, 공장신축, 이전 등)

〈작성요령〉
- 법인기업은 법인 설립 후의 자본, 대표자 등 변동상황을 기재
- 법인등기부등본상 증자등기 이후에 이루어진 증자분(유, 무상증자)이 있을 경우도 포함하여 기재

3. 사업장 현황

(단위 : 백만원)

<table>
<tr><td rowspan="4">사업장</td><td>생산방식</td><td colspan="3">자사제조 % / 외주가공 %</td><td colspan="4">주문생산 % / 시장생산 %</td></tr>
<tr><td>가동상황</td><td colspan="7">월평균 일 / 1일평균 시간</td></tr>
<tr><td>복리후생</td><td colspan="7">1. 상여금(%) 2. 단체퇴직보험 ( ) 3. 학자보조금( ) 4. 식당( )
5. 기숙사( ) 6. 주택(자금)대여( )</td></tr>
<tr><td>근무형태</td><td>( )교대</td><td>노동조합</td><td></td><td>노사분규</td><td></td><td>임금체불</td><td></td></tr>
</table>

〈작성요령〉
- 생산방식 : 자사 직접제조와 외주가공 비율 및 주문생산과 시장생산 비율을 각각 기재

4. 관계회사

(단위 : 백만원)

<table>
<tr><td colspan="2">기업체명</td><td></td><td></td><td></td></tr>
<tr><td colspan="2">대표자(설립일자)</td><td>( )</td><td>( )</td><td>( )</td></tr>
<tr><td colspan="2">법인(주민)등록번호</td><td></td><td></td><td></td></tr>
<tr><td colspan="2">사업자등록번호</td><td></td><td></td><td></td></tr>
<tr><td colspan="2">소재지</td><td></td><td></td><td></td></tr>
<tr><td colspan="2">업종(주제품)</td><td>( )</td><td>( )</td><td>( )</td></tr>
<tr><td colspan="2">관계내용</td><td></td><td></td><td></td></tr>
<tr><td rowspan="3">기금작성</td><td>총자산(자기자본)</td><td>( )</td><td>( )</td><td>( )</td></tr>
<tr><td>매출액(당기순이익)</td><td>( )</td><td>( )</td><td>( )</td></tr>
<tr><td>보증잔액(신보)</td><td>( )</td><td>( )</td><td>( )</td></tr>
</table>

〈작성요령〉

- 관계회사 : 독점규제 및 공정거래에 관한 법률 제2조 제2호 및 동법시행령 제3조에 의한 기업집단에 해당하는 관계에 있는 기업(관계회사는 개인기업도 포함됨)
  - 동일인(8촌 이내 혈족 등 관련자지분 합산)이 최다 출자자로서 당해 회사의 발행주식(의결권 없는 주식 제외)의 30/100 이상을 소유하는 회사 또는 당해 회사경영에 대해 상당한 영향력을 행사하고 있다고 인정되는 회사
- 관계내용 예시 1) 대표자가 동일인임, 2) 대표이사 ○○○ 25% 주식소유, 3) 모기업격인 ○○○(주) 25% 주식소유
- 총자산(자기자본), 매출액(당기순이익) 및 보증잔액(신보)란은 작성생략(기금에서 직접 기재)
  ⇨ 해당 관계기업의 재무제표 또는 공인회계사 감사보고서 제출

5. 대표자 등(1. 대표자( ), 2. 공동대표자( ), 3. 실제경영자 등( ))

(단위 : 백만원)

성 명		주민등록번호		전화번호		휴대전화	
현 주 소				소유자(관계)	( )	임차보증금	
실거주지				소유자(관계)	( )	임차보증금	
동 업 계 종사기간	년 개월		5년 이내 상훈 (기업, 대표자)	회	가족상황		
건강상태	양호( ) 보통( ) 불량( )		취 미		종 교		
경영형태	창업( ) 2세승계( ) 인수( ) 전문경영인( )				자 격 증		
최종학력	년도 월 학교 과 졸업						
주요경력	기간		근무처		업종	담당업무	최종직위
	년 월 ~ 현 재						
	년 월 ~ 년 월						
	년 월 ~ 년 월						
	년 월 ~ 년 월						
기타 소유재산 및 특기사항							

〈작성요령〉

- 공동대표자, 실제경영자 등이 있을 경우 해당 내역에 "○" 표시하고 서식복사하여 별지로 추가작성
  - 실제경영자 : 형식상의 직위, 직책, 주식지분 등에 불구하고 임원에 업무지시 등 사실상의 경영권을 가진 자
- 현주소 : 현주소는 주민등록상 주소기재 (임차일 경우 임차계약서 제출)
- 실거주지 : 주민등록상 주소지와는 관계없이 실제 거주주택을 기재 (임차일 경우 임차계약서 제출)
- 동업계종사기간 : 동사포함 표준산업분류상 중분류범위 내 동일업종 실제 근무년수(대표자로서가 아닌 경우 포함)
- 5년이내 상훈 : 국가 · 지자체, 공공단체로부터 5년 이내 기업 및 대표자의 상훈법에 의한 훈 · 포장의 서훈사실

• 가족상황 : 함께 거주하는 직계 존비속을 기재함 (예: 부, 모, 처, 1남1녀)
• 학력 : 특수대학원 등 교육과학기술부 인정 정규학력 이외 과정은 입력 제외
• 주요경력 : 최근경력부터 순차적으로 기재(장기간 경력 공백시 "기타 소유재산 및 특기사항"란에 기재)
  – 업종은 구체적으로 표시[(예시) S/W개발업, 유압프레스제조업, 전선제조업, 아동복제조업 등]
• 기타 소유재산 및 특기사항
  – 거주주택 이외 부동산(골프회원권, 콘도미니엄)의 소재지, 종별, 규모, 설정관계 등을 간단하게 기재 [(예시) 서울 중구 수송동 5가 1(대 220m², 건 100m², ○○은행 1억 설정), 통도사 골프회원권 ○○○]
  – 대표자 동업계 경력중 "협회, 단체장, 임원역임, 회원"인 경우 동 내용을 기재(기업이 회원인 경우 포함)

6. 경영진 및 주주현황

1) 경영진현황

직위	성명	담당업무	주민등록번호	경영실권자 또는 대표자와의 관계	근속 년수	최종학교	주요경력

2) 주주현황

(단위 : 백만원)

주주명	경영실권자 또는 대표자와의 관계	소유주식 금액	점유비 (%)	주주명	경영실권자 또는 대표자와의 관계	소유주식 금액	점유비 (%)
				계			
				주가(현재)	시가 : 원 / 액면가 : 원		

〈작성요령〉
• 법인기업 : 최근 법인등기부등본에 의해 대표이사(수인인 경우 전부기재), 이사, 감사의 순으로 기재
  – 실제경영자가 있을 경우 실제경영자와의 관계만을 기재(예시 : 처, 형, 제, 처남 등)
  – 등기된 임원이 아니더라도 관리, 기획, 재무, 마케팅 분야 담당 핵심인력을 포함하여 기재
  – 회사에 근무하지 않는 단순주주의 경우 직위 · 담당업무는 기재생략 및 주요경력란에 "비상근" 기재
• 개인기업 : 대표자(수인인 경우 전부 기재), 실제경영자에 대하여 직위 등을 확인 기재

  - 근속연수는 동사에서 근무한 연수를 기재
  - 관리, 기획, 재무, 마케팅 분야 담당 핵심인력을 포함하여 기재
- 소유주식금액(법인기업만 작성) : 기술사업계획서 작성일 현재 주주명부상의 주주(단, 거래소, 코스닥, 제3시장 상장기업은 당기말 기준) 및 점유비를 기재(주주수가 난을 초과할 때는 "기타 ㅇ명"으로 기재)
  - 시가 · 액면가 : 상장기업(거래소, 코스닥, 제3시장)의 경우 기준일 현재 종가와 액면가를 기재

Ⅲ. 영업상황(일반업종용)

1. 최근 영업상황

(단위 : 백만원)

<table>
<tr><td colspan="3">매출 (수출) 실적 (현재)</td><td colspan="2">(천불)</td></tr>
<tr><td colspan="3">수주 (L/C) 액 (현재)</td><td colspan="2">(L/C : 천불)</td></tr>
<tr><td colspan="3">부실채권 보유액 (현재)</td><td colspan="2">( ) 백만원</td></tr>
<tr><td>가격동향</td><td>제품(상품, 용역)</td><td></td><td>원 재 료</td><td></td></tr>
<tr><td rowspan="2">매출조건</td><td colspan="2">현금 % / 외상 %</td><td rowspan="2">매입조건</td><td>현금 % / 외상 %</td></tr>
<tr><td colspan="2">결제기간 (일 ~ 일)</td><td>결제기간 (일 ~ 일)</td></tr>
</table>

〈작성요령〉

- 최근 매출(수출)실적, 수주(L/C)액 : 기술사업계획서 작성일 또는 최근 월말 현재 기준으로 기재
  - L/C보유현황 및 수주액은 신용장 및 order(계약서)상으로 확인가능한 금액 기재
- 가격동향 : 제품(상품 · 용역), 원재료의 전년 대비 최근 가격변동 상황에 따른 가격동향(상승, 보합, 하락) 기재
- 외상비율 : 매출(매입)중 외상매출(매입), 지급(받을)어음거래 등이 각각 차지하는 비율을 기재
- 결제기간 : 어음 결제시 어음결제 만기일까지의 기간을 기재

2. 매출현황

(단위 : 백만원)

제품, 상품 \ 기간		전전기	전기	당기
		～	～	～
계(수출실적)		(　　천불)	(　　천불)	(　　천불)
반기별 실적	상반기	(　　천불)	(　　천불)	(　　천불)
	하반기	(　　천불)	(　　천불)	(　　천불)

〈작성요령〉

• 당기 : 결산확정 여부에 불구, 평가신청일의 직전회계년도(기중에 영업이 개시된 경우 동 기간을 표시)

(예시1)	설립 : 1997. 9. 3. 평가신청 : 2000. 3. 3.	⇨	1997. 9. 3 – 1997. 12. 31	1998. 1. 1 – 1998. 12. 31	1999. 1. 1 – 1999. 12. 31
(예시2)	설립 : 1999. 7. 8. 평가신청 : 2000. 3. 3.	⇨			1999. 7. 8 – 1999. 12. 31

• 제품별 비율 큰 순서대로 기재(상품매출 · 용역수입이 있을 경우 구분기재) 및 제품별 구분 곤란시 합산 기재가능(품목별 매출실적의 합계액은 손익계산서의 순매출액과 일치하여야 함)

• 수출실적에는 외화금액(U$)만 기재하되, 원화는 합계에 포함 기재

3. 주요거래처

(단위 : 백만원)

구분	상호 (사업자등록번호)	연간거래액	전화번호	거래 기간	구분	상호 (사업자등록번호)	연간거래액	전화번호	거래 기간
매출처	(　–　–　)				매입처	(　–　–　)			
	(　–　–　)					(　–　–　)			
	(　–　–　)					(　–　–　)			
	(　–　–　)					(　–　–　)			
	(　–　–　)					계		약　개 업체	
	(　–　–　)				외주가공	(　–　–　)			
	(　–　–　)					(　–　–　)			
	(　–　–　)					(　–　–　)			
	계		약　개 업체			(　–　–　)			
						계		약　개 업체	

〈작성요령〉
- 당기말(년도중 창업기업은 최근월말)을 기준으로 작성
- 매출처/매입처/외주가공 : 거래금액 큰 순서로 기재(거래처수가 난을 초과할 때에는 기타로 표시)
  - 합계액은 각각 당기 손익계산서의 순매출액/당기 제조원가명세서상 당기원재료매입액/외주가공비와 일치
  - 수출의 경우상대 국가별로 원화환산 구분 기재 및 "거래기간"은 작성일 기준 년단위로 절사하여 기재
- 임가공업, 용역업 등의 경우에는 원재료 매입처 및 외주가공비란의 작성을 생략 가능

Ⅳ. 영업상황(건설업종용)

1. 면허 및 시공능력 현황(건설면허 1.종합, 2.전문)

(단위 : 백만원)

면허종류	년도		년도		년도		비고
	순 위	시공능력	순 위	시공능력	순 위	시공능력	(취득일자 등)
	/		/		/		
	/		/		/		

〈작성요령〉
- 취득한 면허종류(1.종합건설업, 2.전문건설업)를 입력(전문건설업의 경우 면허종목을 괄호로 기재)
- 면허종류별 3개년도 순위(순위/업체수), 시공능력을 전전기, 전기, 당기순으로 입력

2. 최근영업상황

(단위 : 백만원)

매출 (수출) 실적 (		현재)	(		천불)
수주 (L/C) 액 (		현재)	(L/C :		천불)
부실채권 보유액 (		현재)	(		) 백만원
가격동향	제품(상품, 용역)		원 재 료		
판매조건	현금 % / 외상 %		구매조건	현금 % / 외상 %	
	결제기간 (일 ~ 일)			결제기간 (일 ~ 일)	

〈작성요령〉
- 최근 영업상황 : 수주계약서 등에 의해 확인 가능한 최근월말 현재의 매출액을 입력
  - L/C보유현황 및 수주액은 신용장 및 order(계약서)상으로 확인가능한 금액 기재
- 가격동향 : 제품(상품 · 용역), 원재료의 전년 대비 최근 가격변동 상황에 따른 가격동향(상승, 보합, 하락) 기재
- 외상비율 : 매출(매입)중 외상매출(매입), 지급(받을)어음거래 등이 각각 차지하는 비율을 기재
- 결제기간 : 어음결제시 어음결제 만기일까지의 기간을 기재

3. 공사수입현황

(단위 : 백만원)

공사구분 \ 기간		전전기	전전기	전전기
		~	~	~
국내공사(소계)				
구분	일반수주공사			
	관납공사			
	분양공사			
해외공사		(천불)	(천불)	(천불)
기타매출				
매출합계				

〈작성요령〉

- 기중에 영업이 개시된 경우에는 동 기간을 표시
- 매출합계액 : 손익계산서의 순매출액과 일치하도록 작성
- 분양공사 : 분양 및 시공을 같이 하는 경우 건설업으로 분류됨(분양만 하는 경우 부동산업으로 분류)
- 관납공사 : 정부(지자체 포함)가 발주한 공사를 직접 수주(원청업체)한 경우만 작성
- 해외공사 : 손익계산서 · 결산부속명세서 · 수출대금입금증명원 등에 의거 확인 가능한 경우 입력
- 기타매출 : 건설업매출 이외의 매출액이 있는 경우 업종별로 구분 입력
- 최근 영업상황 : 수주계약서 등에 의해 확인 가능한 최근월말 현재의 매출액을 입력
- 당기 : 결산확정 여부에 불구, 평가신청일의 직전회계년도(기중에 영업이 개시된 경우 동 기간을 표시)

(예시1)	설립 : 1997. 9. 3. 평가신청 : 2000. 3. 3.	⇨	1997. 9. 3 – 1997. 12. 31	1998. 1. 1 – 1998. 12. 31	1999. 1. 1 – 1999. 12. 31
(예시2)	설립 : 1999. 7. 8. 평가신청 : 2000. 3. 3.	⇨			1999. 7. 8 – 1999. 12. 31

- 제품별 비율 큰 순서대로 기재(상품매출 · 용역수입이 있을 경우 구분기재) 및 제품별 구분 곤란시 합산 기재가능(품목별 매출실적의 합계액은 손익계산서의 순매출액과 일치하여야 함)
- 수출실적에는 외화금액(U$)만 기재하되, 원화는 합계에 포함 기재

4. 당기말 현재 진행공사 및 당기말 이후(　 .　 .　 현재) 신규계약공사

(단위 : 백만원)

주요공사명	발주처	당기말 현재 진행공사			당기말 이후 신규수주금액	공사예정기간
		수주금액	당기말현재 총기성고	이월공사액		
						–
						–
						–
계						–

〈작성요령〉
- 당기말 현재 진행 중인 공사의 수주금액, 기성고 및 이월공사액을 각 공사별로 입력
- 당기말 이후 조사일까지의 신규계약 체결한 공사내용을 신규수주금액란에 입력(조사일 현재 공사완료된 건은 입력 생략)
- 이월공사액 : 수주금액에서 당기말 현재 총기성고를 차감한 금액

[(예시) 수주금액 500,000, 총기성고 300,000('07년 기성고 100,000 + '08년 기성고 200,000) → 이월공사액 200,000]

5. 주요거래처

(단위 : 백만원)

	상호 (사업자등록번호)	연간거래액	전화번호	거래 기간		상호 (사업자등록번호)	연간거래액	전화번호	거래 기간
구매처	(- -)				하도급	(- -)			
	(- -)					(- -)			
	(- -)					(- -)			
	(- -)					(- -)			
	(- -)					(- -)			
	계		약 개 업체			계		약 개 업체	

〈작성요령〉
- 당기말을 기준으로 작성하고 각 구매처, 하도급처별 사업자등록번호를 상호란 하단에 입력
- 매출 · 매입처원장 등에 의해 거래금액이 큰 순서대로 입력 및 입력난을 초과할 때에는 기타로 표시
- 구매처 합계액 : 공사원가명세서상의 당기원재료매입액과 일치하도록 작성
- 하도급 합계액 : 당기 공사원가명세서상 외주비와 일치하도록 작성

3. 프레젠테이션 작성방법

프레젠테이션은 개인이 가지고 있는 지식 또는 정보를 상대방에게 알기 쉽도록 다양한 기법을 활용하여 전달하는 표현기술이다. 주어진 시간 안에 자신이 전달하고자 하는 내용을 명확히 전달하거나 상대방을 설득하는 것은 그리 쉬운 일이 아니다. 따라서, 많은 연습을 통해 효과적으로 발표할 수 있는 능력을 기르는 것이 요구된다.

프레젠테이션의 발표내용을 구성할 때는 서론 → 본론 → 결론의 순서인 '3단 논법'을 많이 사용한다. 각종 보고서의 작성이나 논문 게재 등의 경우에도 대체로 이러한 순서를 거쳐 만들어진다. 다음 〈표 1〉은 래니 아르돈도(Lani Arredondo)가 제시한 자료 조직화의 5단계이다. 이 방법에 따라 발표내용을 구성하면 매우 효과적이다.

〈표 1〉 자료 조직화의 5단계

단계	주요내용
1단계	프레젠테이션 발표시간을 결정한다.(60분)
2단계	시작과 끝맺는 부분(각 5분)
3단계	알맞은 요지의 수를 결정한다. 3-3-3기법(오프닝 → 주제 → 소주제 1, 2, 3 → 본론 1, 2, 3 → 요약 1, 2, 3 → 결론)
4단계	각 단계별로 세분화 및 구체화한다.
5단계	내용 개발 및 부제목, 주제목을 결정한다.

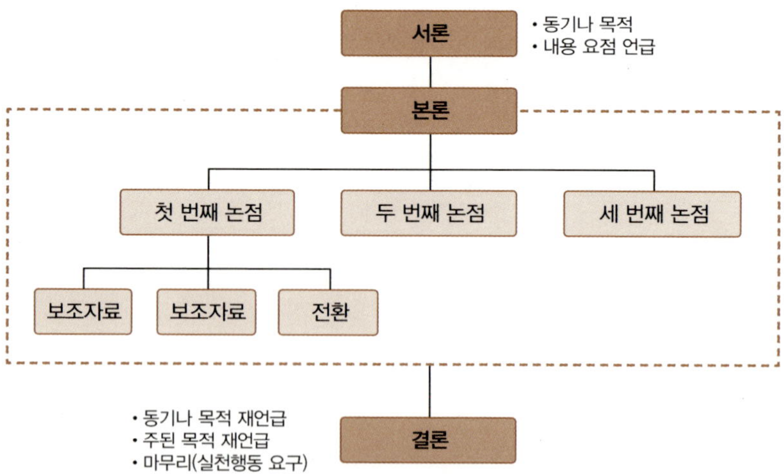

[그림 1] 발표내용의 구성

1. 3P 분석

해당 주제를 발표하기 전에 3P(Purpose, Place, People) 분석을 명확히 파악해야 한다.

■ 목적(Purpose) 분석

프레젠테이션의 목적이 무엇인지를 파악한다. 즉, 목적 분석은 ①왜 프레젠테이션을 하는가, ②청중은 무엇을 기대하고 있는가, ③청중으로부터 최종적으로 무엇을 얻고 싶은가에 대한 목적을 정하는 것이라고 할 수 있다.

■ 장소(Place) 분석

장소 분석은 프레젠테이션을 실시하는 구체적인 장소뿐 아니라 일정 및 시간까지 포함한다. 따라서, 시연장소에 따라 프레젠테이션을 준비하는 과정도 달라질 수 있기 때문에 프레젠터(Presenter)는 발표장소의 환경을 면밀히 살펴보아야 한다.

■ 청중(People) 분석

청중 분석은 청중이 원하는 것(Needs), 청중의 특성 및 주제에 대한 지식수준, 호감도 등을 파악하는 것이다. 이에 따라 프레젠테이션의 전개방식을 결정해야 한다.

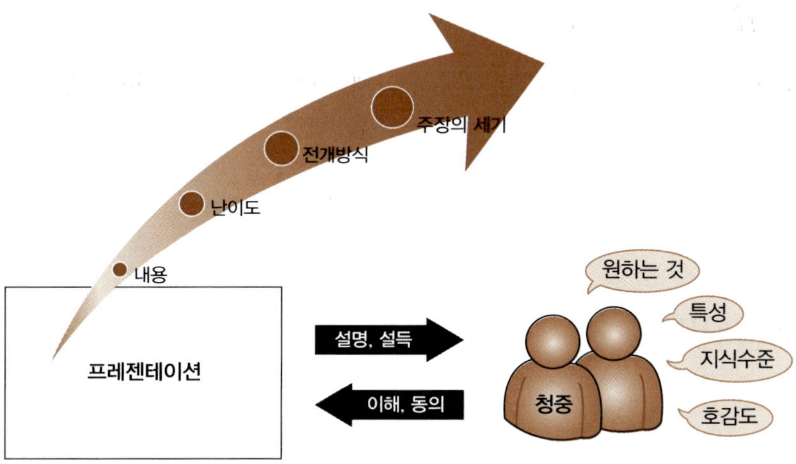

[그림 2] 청중 분석의 필요성

2. 주제 전개 및 조직화

발표할 내용을 단계별로 구성하며, 필요한 자료에 대해서는 충분히 이해한다. 또한, 발표내용을 청중이 호응하며 들을 수 있도록 적절한 표현방식을 고려한다. 일반적으로 20분 정도의 발표일 경우에는 세부영역을 3~4개로 제한하며, 특히 발표내용의 결론은 단순한 요약이나 주제의 재강조가 아닌 그 이상의 것이 되도록 하여야 한다.

1) 자료 조직화의 유형

자료를 조직화하는 방법에는 다음과 같이 몇 가지 유형이 있다.

- 전체와 부분 : 큰 주제와 그에 따른 작은 주제로 구분하여 전개하는 방법
- 시간적 순서 : 과거로부터 현재까지의 사건의 흐름을 중심으로 전개하는 방법
- 문제해결 : 문제의 인과관계를 풀어 해결방안을 제시하는 방법
- 공간적 순서 : 전후, 좌우, 동서남북 등 공간적 배치를 기준으로 전개하는 방법
- 뉴스 기사식 : '5W(Who, What, When, Where, Why)'식으로 전개하는 방법
- 최선의 대안 : 제시된 대안을 하나씩 제시하면서 최적의 대안을 결정하는 방법

2) 자료는 간단명료하게 구성

프레젠테이션 자료를 작성할 때는 올바른 순서에 따라 페이지를 배열하는 동시에 청중들이 쉽게 파악할 수 있도록 간단명료하게 구성하여야 한다.

3. 발표

1) 발표 전 준비사항

- 도입부에서 간단한 유머를 통해 청중을 집중시킨다.
- 발표의 도입, 주제 제시, 본론, 결론의 주요 키워드 등을 메모하여 발표할 때 사용할 수 있도록 한다.
- 전달할 내용이 논리적인지, 표현이나 자료가 적절한지, 내용의 순서가 적합한지에 대한 전체적 흐름을 검토한다.
- 발표내용을 강조하기 위한 제스처(Gesture)를 고민한다.

- 발표주제 이외의 내용은 다루지 않는다.
- 예상질문을 준비한다.
- 제한시간을 준수한다.
- 실제 발표를 하기 전에 사전에 연습해 본다.
- 시선은 최대한 여러 사람을 골고루 바라보되, 시선을 너무 자주 바꾸지 않는다.

2) 바람직한 표현법

- 자연스럽게 말하되 능동태를 사용한다.
- 전문용어나 약어 등은 자제하며, 가급적 쉬운 어휘를 사용한다.
- 극단적인 표현은 삼간다. 예) 결코, 절대로, 아무도, 반드시, 모두, 전혀, 일체, 모조리 등

〈표 2〉 설득력을 높이는 표현법

요소	주요내용
언어적 표현법	목소리 톤, 발음, 음색, 고저, 강약, 속도 및 쉼표
비언어적 표현법	표정과 눈 맞춤, 몸동작, 복장, 태도 등
질문법	반대의견 처리하기, 질문이 나오지 않는 경우 대처하기

3) 좋은 음성

프레젠터(Presenter)의 음성은 전달하고자 하는 메시지를 역동적으로 나타낼 수 있는 중요한 요소이다. 따라서, 프레젠터는 항상 자신의 음성을 모니터링하며 세심하게 관리할 필요가 있다.

- 힘 있는 목소리 : 메시지의 성격에 따라 목소리의 강약을 조정하며 변화를 준다.
- 페이스 조절 : 프레젠테이션 진행 속도와 보조를 맞추며 속도를 조절한다.
- 잠시 멈추기 : 중요한 메시지를 말할 때에는 잠시 숨을 들이쉬며 멈추면 청중의 주의를 집중시키는 효과를 기대할 수 있다.
- 적절한 어조 : 음성의 높낮이를 조절하고 발성을 적절하게 한다.

4) 좋은 제스처

좋은 제스처를 위하여 다음 사항에 유의한다.

- 두 발은 어깨 넓이보다 약간 좁게 벌린다.
- 청중 앞에 서서 발표하는 것이 원칙이며, 상황에 따라 적절하게 응용한다.
- 팔은 편안하고 자연스러운 상태를 유지하며, 중요한 포인트는 양손을 사용하여 강조한다.
- 상황을 묘사할 때는 손으로 시각적인 이미지를 형상화하여 보여 준다.
- 때로는 제스처를 크게 하여 청중의 관심을 유도한다.

5) 유인물의 효과적 활용

청중이 시각자료에 대한 유인물을 원할 경우 발표자는 청중의 요청에 응해야 하지만, 발표가 시작되기 직전에 유인물을 나누어 주면 집중력이 흩어지게 된다. 대부분의 청중은 발표자보다 유인물에 집중할 것이며, 발표자보다 앞서서 미리 자료를 보게 될 것이다. 따라서, 유인물을 나눠주고자 할 때는 발표가 끝난 다음 가장 중요한 자료만을 선별하여 제공하는 것이 효과적이다.

■ 발표용 원고

발표자가 프레젠테이션의 모든 내용을 많은 연습을 통해 머릿속에 두고 발표하는 것이 가장 이상적이다. 그러나 긴장이나 돌발상황에 대처하기 위해서 발표용 원고를 준비하는 것이 좋다. 프레젠테이션 제작이 완료되면 발표용 원고를 작게 만들어 둔다. 그러나 실제 발표장에서는 원고를 보지 않고 할 수 있도록 충분히 연습을 해야 한다.

■ 배부자료의 준비

발표 동안 참고할 수 있는 자료를 인쇄하여 청중에게 배부한다. 인쇄물은 중요한 내용을 메모하고 발표내용을 재확인하며 전체 내용을 파악할 수 있는 보조물이다. 경우에 따라서 청중으로부터 제품설명회 등 발표에 대한 결과를 알고자 할 때는 설문지나 질문지를 간단하게 작성할 수 있도록 배부하면 바로 피드백을 받을 수 있다.

4. 자료의 비주얼(Visual)화

프레젠테이션을 할 때 텍스트, 그림, 사진, 그래프, 표 등을 이용하여 시각화하면 시각과 청각을 자극하여 전달력과 설득력을 높이고 전달된 정보는 오래 기억될 수 있다.

1) 비주얼화의 목적 및 필요성

비주얼은 그림(picture)과 표(table), 그래프(graph), 다이어그램(diagram) 등을 말한다. 글자나 숫자가 가지는 의미를 비주얼로 바꾸어 나타내면 이해와 전달이 쉽고 오래 기억될 수 있으며, 상대방에게 강한 인상은 물론 전문적이라는 느낌을 준다. 비주얼은 공개된 비주얼을 사용하거나 자신이 필요에 따라 만들어야 한다. 그런데 스스로 만드는 경우에는 비주얼 제작에 대한 기술이 필요하다. 비주얼을 효과적으로 제작하려면 단계별로 진행하는 것이 필요하다.

첫째, 준비된 자료나 정보를 새롭고 다양한 관점으로 바라본다.

둘째, 대상을 분석하고 이해하기 쉽게 가공한다.

셋째, 가공하여 만든 결과물을 비주얼 제작방법에 의거하여 멋지고 깔끔하게 다듬는다.

이와 같이 비주얼을 제작할 때는 다음에 제시하는 네 가지 원칙을 지키는 것이 효과적이다.

■ 적절성

프레젠테이션에 사용할 비주얼은 프레젠테이션이 실시되는 상황, 참여하는 청중, 프레젠테이션의 목적에 맞는 것이어야 한다. 비주얼이 화려하다고 해서 좋은 것이 아니라 프레젠테이션의 성격에 맞는 비주얼을 사용해야 한다.

■ 명확성

프레젠테이션에서 사용되는 비주얼은 청중에게 내용을 전달하기 위한 하나의 수단이므로 프레젠터가 전달하고자 하는 내용을 명확하게 담고 있어야 한다. 여기에서 지켜야 할 중요한 사항은 하나의 비주얼에 다양한 메시지를 담기보다는 되도록 하나의 메시지를 담아 혼동하지 않도록 해야 한다는 것이다.

■ 일관성

하나의 프레젠테이션 자료에 사용된 비주얼들은 일관성 있게 제작되어야 한다. 예를 들어, 막대그래프에 사용된 색상과 글자들이 다음에 제시된 그래프와 확연히 차이가 난다면 청중의 입장에서는 가독성이 떨어지며, 이는 결국 프레젠테이션의 내용을 전달할 때 문제로 작용한다.

■ 역동성

비주얼을 활용하여 메시지를 전달하고자 할 때는 인상적인 그래프, 상황에 맞는 매체를 활용하여 역동성 있게 제작해야 한다.

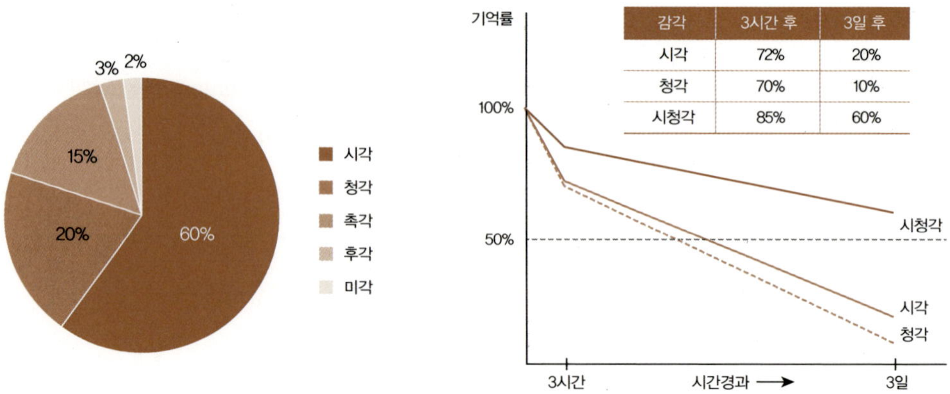

[그림 3] 프레젠테이션 비주얼 시각화

2) 비주얼 프레젠테이션의 장점

- 청중의 이해력, 기억력, 집중력을 높일 수 있다.
- 복잡한 내용을 단순화시킬 수 있다.
- 청중의 집중도와 흥미를 유발시켜 목적 달성의 확률을 훨씬 높일 수 있다.
- 프레젠터의 의사표현이나 전달이 쉽다.
- 발표시간을 절약할 수 있다.

창업Tip

파워포인트를 활용한 발표시 유의사항

파워포인트를 활용한 발표를 준비할 때는 발표내용을 담을 각 슬라이드마다 어떤 방식으로 구현할 것인가에 대한 설계가 필요하다.

▪ 다양한 시각자료 활용하기

발표주제를 청중이 읽기 쉽고, 한 번에 알아볼 수 있도록 하기 위해 도형과 차트, 그림, 사진, 동영상 등을 적절히 활용하여야 한다. 또한, 활용된 자료들은 전체적으로 통일감을 유지하는 것이 중요하다.

▪ 슬라이드 화면작성의 원칙

- 일관성 : 형식을 한 번 정하면 전체를 통일시켜 일관되게 유지할 수 있도록 한다.
- KISS(Keep It Simple and Short) : 각 슬라이드는 최대한 간결하게 한다.
- One Page, One Message : 한 장의 화면에는 하나의 중요 메시지만 전달한다.

참/ 고/ 문/ 헌

1. 한광식 외 1명 (2015). 돈 버는 아이디어로 재테크하기. 이프레스.
2. 한정화 (2015). 벤처창업과 경영전략(제6판). 홍문사.
3. 이선영 (2015). 1인 창업이 답이다. 갈라북스.
4. 김진영 외 4명 (2015). 기술창업가이드. 중소기업청.
5. 조준동 (2015). 창의융합 프로젝트 아이디어북. 한빛아카데미.
6. 홍성도 (2014). 벤처창업경영. 이프레스.
7. 김진영 외 7명 (2014). 2014 창업실무. 한국창업경영컨설팅협회.
8. 안광호 외 2명 (2014). 제6판 마케팅원론. 학현사.
9. 한국거래소 (2014). 2015 코넥스시장의 이해. 한국거래소.
10. 김형로 외 1명 (2013). 대한민국 창업 교과서. 정일.
11. 박평호 (2013). 개인창업&법인창업 쉽게 배우기. 한스미디어.
12. 창조경제타운 (2013). 아이디어 보호 매뉴얼. 창조경제타운.
13. 특허청 (2013~2014). 여성발명 창의교실.
14. 특허청 (2013~2014). 심사 편람.
15. 중소기업청 (2012). 기술창업보육론. 중소기업청.
16. 김상현 외 8명 (2012). 마케팅. 이프레스.
17. 특허청 (2012). 지식재산권의 손쉬운 이용. 특허청.
18. 특허청 (2012). 영업비밀 관리매뉴얼 이론편. 한국특허정보원.
19. 특허청 (2012~2014). 심 · 판결사례집.
20. 신유근 (2011). 제3판 경영학원론. 다산출판사.
21. 박윤호, 한광식(2009). 아이디어 특허로 재테크하기. 영진닷컴.
22. 윤남수 (2008). 벤처비즈니스의 이해와 창업. 백산출판사.
23. 조연순 외 2명 (2008). 창의적 교육. 이화여자대학교출판부.
24. 하버드 경영대학원 (2004). 창의와 혁신의 핵심 전략. 청림출판.
25. 박윤호 (2004). 돈버는 아이디어 엿보기. 한국생산성본부.
26. Wyatt, Valerie (2003). Inventions. Kids Can Pr.
27. 박윤호 (1999). 아이디어 하나로 당신도 성공할 수 있다. 한국생산성본부.
28. Gordon D. Griffin (1991). How to be a Successful Inventor. John Wiley & Sons, Inc.
29. 매일경제, 한국경제, 중앙일보 등 일간지

중소기업청(www.smba.go.kr)
창업진흥원(www.kised.or.kr)
중소기업진흥공단(hp.sbc.or.kr)
중소기업기술정보진흥원(www.tipa.or.kr)
한국청년기업가정신재단(www.koef.or.kr)
소상공인시장진흥공단(www.semas.or.kr)
신용보증기금(www.kodit.co.kr)
기술보증기금(www.kibo.or.kr)
벤처기업협회(www.venture.or.kr)
한국벤처캐피탈협회(www.kvca.or.kr)
중소기업기술혁신협회(www.innobiz.or.kr)
K-스타트업(www.k-startup.go.kr)
K-ICT창업멘토링센터(www.gomentoring.or.kr)
중소기업 지원 종합정보서비스(www.bizinfo.go.kr)
벤처인(VENTUREIN)(www.venturein.or.kr)
기술혁신형 중소기업(www.innobiz.net)
경영혁신형 중소기업(www.mainbiz.go.kr)
온라인 법인설립시스템(www.startbiz.go.kr)
1인창조기업협회(www.1company.or.kr)
창업보육센터 네트워크시스템(www.bi.go.kr)
한국창업보육협회(www.kobia.or.kr)
특허청(www.kipo.go.kr)
영업비밀보호센터(www.tradesecret.or.kr)
한국발명진흥회(www.kipa.org)
한국특허정보원(www.kipi.or.kr)
한국지식재산연구원(www.kiip.re.kr)
대한변리사회(www.kpaa.or.kr)
한국지식재산보호협회(www.kipra.or.kr)
한국여성발명협회(www.inventor.or.kr)
한국지식재산협회(www.kinpa.or.kr)
한국거래소(www.krx.co.kr)
한국거래소 코넥스시장(konex.krx.co.kr)

찾/ 아/ 보/ 기

한광식 (Han Kwang Sik)

- 김포대학교 CIT융합학부 교수(산학협력단장)
- 김포대학교 창업보육센터(KTBI) 설립 및 초대센터장
- 김포대학교 창업교육센터(KETC) 설립 및 초대센터장
- (사)한국지역산업진흥학회 초대회장(산업통상자원부)
- (사)지역특화자원사업화연구센터 회장(농림축산식품부)
- 한국인터넷창업학회(www.inb.or.kr) 회장
- 한국산업기술진흥원 대한민국 기술사업화자문단 정책보좌 분과위원
- 청년벤처포럼 〈어!벤처스〉 자문위원 및 멘토
- 서울특별시 특성화고 창의아이디어 경진대회 심사위원장
- 지역특화발전특구위원회 민간위원
- 대통령직속 지역발전위원회 지역발전사업 평가자문단 위원
- 농림축산식품부 통합재정사업 평가위원
- 농어촌산업정책추진지원단원[산업통상자원부/농림축산식품부]
- 농촌진흥청 통합재정사업 평가위원
- 정보통신부 국가지식정보자원관리평가 실무위원
- 교육인적자원부 평생직업교육정책 자문위원
- 교육인적자원부 산학협력중심대학 평가위원
- 교육인적자원부 학교기업지원사업 평가위원
- 기술보증기금 외부자문위원
- 벤처기업협회 M&A 자문위원
- 한국과학기술정보연구원(KISTI) 경기지역 과학기술정보협의회 자문위원
- 서울산업진흥원 서울특별시 창업스쿨 벤처창업과정 담당교수
- 경기중소기업종합지원센터 창업스쿨 담당교수
- 한국수산벤처대학 벤처창업과정 객원교수
- 서울상공회의소 중구상공회 자문교수

수상

- 신지식인 선정(2002. 8. 7)
- 근정포장(2012. 6. 2)
- 농림축산식품부장관 표창(2014. 12. 31)
- 산업통상자원부장관 표창(2013. 11. 28)
- 정보통신부장관 표창(2004. 6. 2)
- 부총리 겸 과학기술부장관 표창(2006. 4. 21)
- 부총리 겸 교육인적자원부장관 표창(2006. 12. 29)
- 대한민국성공대상 지역발전부문 수상(2015. 12. 29)
- 불가리아 소피아대학교 총장상(2004. 1. 31)
- 일본 사단법인 전국지재창조교육협회 공로패(2015. 1. 5)
- 한국강사협회 명강사 인증(2013. 5. 11) 외 다수

자격증

- 기술거래사(지식경제부, 2004)
- ISO9001 심사원(ERIA, 2004)
- M&A전문딜러(한국M&A협회, 2006)
- 브랜드전문가(산업정책연구원, 2014)
- 창업지도사(사단법인 한국창업지도사협회, 2015)

창업과 기업가정신

2017년 3월 5일 1판 1쇄 인쇄
2017년 3월 10일 1판 1쇄 발행
2017년 9월 10일 1판 2쇄 발행
2019년 9월 10일 1판 3쇄 발행

지 은 이 한광식
펴 낸 이 최용구
펴 낸 곳 이프레스

주 소 (04316) 서울시 용산구 원효로 1가 89길 19
전 화 02) 537-1720(영업부), 537-1721(편집부), 537-1711(팩스)
이 메 일 epress01@naver.com
홈페이지 www.epress1.com
등 록 2009년 12월 10일 제16-2710호

기획마케팅 최용구 장만동 송대용 최충구
책임편집 석기은 황가연
본문편집 다인
표 지 SDY

ISBN 979-11-87570-04-2 93320

정가 26,000원